马克思主义理论教学与研究文库

中共福建省委教育工委组织编写

史海求真

——“中国近现代史纲要”课基本问题文献精编

◎主　　编　李方祥

◎执行主编　李　颖

海峡出版发行集团 THE STRAITS PUBLISHING & DISTRIBUTING GROUP | 福建人民出版社 FUJIAN PEOPLE'S PUBLISHING HOUSE

“文库”总前言

高校育人之本，在于立德铸魂。党的十八大以来，以习近平同志为核心的党中央站在全局和战略高度，对加强和改进高校思想政治工作作出一系列重大决策部署。在全国教育大会上，习近平总书记又对教育定位、工作目标以及教育的首要问题和根本任务等进行了深入阐释，强调必须把培养德智体美劳全面发展的社会主义建设者和接班人作为根本任务，培养一代又一代拥护中国共产党领导和我国社会主义制度、立志为中国特色社会主义奋斗终身的有用人才。习总书记的重要讲话深刻回答了我国教育改革发展的重大理论和实践问题，形成了系统科学的新时代中国特色社会主义教育理论体系，把我们党对教育工作的规律性认识提升到新的高度，为做好教育工作提供了根本遵循和行动指南。

马克思主义是中国特色社会主义大学最鲜亮的底色。长期以来，福建省高校紧紧围绕落实立德树人的根本任务，深入实施习近平新时代中国特色社会主义思想大学习领航计划，大力推进高校思想政治工作质量提升工程，分级分类建设好马克思主义学院，深化课程体系和教育教学创新，打造一批“思政课程”“课程思政”精品项目，着力推动教材体系向教学体系转化，课程体系向知识体系转化，思想体系向信仰体系转化，不断创新马克思主义理论教育教学新途径新形式。特别是扎实推进习近平新时代中国特色社会主义思想进教材、进课堂、进头脑工作，着力在坚定理想信念、厚植爱国主义情怀、加强品德修养、增长知识见识、培养奋斗精神、增强综合素质上下功夫，努力培养中国特色社会主义事业合格建设者和可靠接班人。

中共福建省委教育工委、福建省教育厅组织力量编写出版“马克思主义理论教学与研究文库”，旨在坚持政治性与学理性相结合的教学理念，加强马克思主义理论与现实的重大问题研究，加强习近平新时代中国特色社会主义思想研究，加强新时代中国特色社会主义重大理论、重大实践和重大经验研究；深化思想政治理论课教学改革创新，从教学理念、教学方法、教学实践、考试方法改革、课堂教学方式等方面进行深入研究，开展专题式、案例式、探究式等行之有效的教学方法；围绕教材重点、学习难点、社会热点、思想疑点以及学生关注点，编写具有时代特色的高校思想政治理论课教学案例、文献史料等教辅读本；统筹推进思想政治理论课之间、思想政治理论课和各门通识课、专业课之间的有机融合，帮助学生掌握科学的世界观和方法论，提升运用马克思主义立场观点方法解惑析疑的理论自觉和理论自信；探索运用新媒体新技术，推动思想政治工作的传统优势同信息技术的高度融合，把立德树人融入思想道德教育、文化知识教育、社会实践教育各领域、各环节，构筑全员育人、全程育人、全方位育人的课程体系，不断增强高校马克思主义理论教学的亲和力和感染力。

教育是国之大计、党之大计。写好新时代高等教育的“奋进之笔”是每一位高校思想政治工作者的职责和使命。我们衷心希望“马克思主义理论教学与研究文库”这套丛书，能够凝集福建省优秀的马克思主义理论教育教学和研究工作者推出一批优秀教学与研究成果，服务于新时代高校思想政治工作和意识形态工作，让马克思主义科学真理绽放出更加绚丽光彩，为培养担当民族复兴大任的时代新人作出新的更大贡献。

前　言

党的十八大以来，以习近平同志为核心的党中央高度重视高校思想政治工作，在改进中加强新时代高校思想政治理论课建设，进一步巩固马克思主义在高校意识形态领域的指导地位。党的十九大以来，教育部全面推动习近平新时代中国特色社会主义思想进教材进课堂进头脑，制定了《新时代高校思想政治理论课教学工作基本要求》，进一步强化了思想政治理论课作为高校核心课程和灵魂课程的重要地位，强调指出：思想政治理论课承担着对大学生进行系统的马克思主义理论教育的任务，是巩固马克思主义在高校意识形态领域指导地位、坚持社会主义办学方向的重要阵地，是全面贯彻党的教育方针、落实立德树人根本任务的主干渠道和核心课程，是加强和改进高校思想政治工作、实现高等教育内涵式发展的灵魂课程。

"中国近现代史纲要"（以下简称"纲要"）课是全国高等学校本科生必修的思想政治理论课之一。课程旨在通过对中国近现代历史进程、事件和人物的分析，使学生认识近现代中国社会发展和革命、建设、改革的历史进程及其内在规律性，了解国史、国情，深刻领会历史和人民是怎样选择了马克思主义，选择了中国共产党，选择了社会主义道路，选择了改革开放。在中共福建省委教育工委和福建省教育厅的指导下，福建省高等学校思想政治理论课教学指导委员会"中国近现代史纲要"分教学指导委员会深入推动全省高校"纲要"课的教学改革，整合福建省高等学校思想政治理论教学研究会、高等学校思想政治理论课教学名师工作室等优质教学资源，推进"纲要"课的教学改革工作，努力探索教材体系向教学体系转换的新途径和新方式，积极推动习近平新时代中国特色社会主义思想融入"纲要"课程。为了给新时代高校"纲要"课教学提供教学辅助参考资料，由福建省高等学校思想政治理论课教学指导委员会"中国近现代史纲要"分教学指导委员会、福建师范大学马克思主义学院、福建省高校思想政治理论课教学名师工作室——李方祥名师工作室共同牵头，组织福建师范大学、福建农林大学、福建师范大学协和学院、（浙江）嘉兴学院等高校思想政治理论课的骨干教师共同编写了《史海求真——"中国近现代史纲要"课基本问题文献精编》（以下简称《精编》）。

与同类的文献史料选编相比，本书的编写主要突出以下三个特点：

第一，突出鲜明的问题意识。

鲜明的问题意识是"纲要"课由教材体系向教学体系成功转换的关键。近年来，历史虚无主义沉渣泛起，在重大历史事件、重要历史人物的评价等问题上披着学术的、文艺的或娱乐的外衣，企图歪曲历史真相、丑化英雄人物，否定中国共产党的领导，否定中国走向社会主义的历史必然性。针对近年来历史虚无主义的代表性观点，《精编》选择“纲要”课教学内容中的重大问题，精心汇编相关文献，旨在用史实发言，还原历史真相，澄清模糊认识，有理有据地批驳历史虚无主义的错误观点。《精编》选择的这类问题主要有：资本——帝国主义的入侵给中国带来了什么，清末新政能否实现救亡图存，武昌起义是资产阶级革命派领导的吗，新文化运动是不是全盘反传统，火烧赵家楼是革命行动还是群殴嗜血行为，中国共产党领导的土地革命是否具有正义性，中国共产党领导的敌后战场是否“游而不击”，抗日战争胜利后是谁关闭了中国的和平之门，等等。

第二，突出史料的丰富新颖。

“纲要”既是思想政治理论课，同时又具有历史学的学科特点，特别需要确凿扎实的文献史料作为支撑。《精编》选用的史料从来源看主要有：晚清和北洋政府时期的署衙文档，民国政府档案，中国共产党以及政府、军队、群众团体的文件，近代以来的报刊，资料汇编（丛稿、丛刊、汇刊），重要历史人物的文集（文章、日记、书信等），海内外知名专家的代表性研究成果，等等。不同来源的史料相互佐证有助于进一步增强“纲要”课教学的说服力。比如，对于国民党在抗日战争相持和反攻阶段的消极抗战问题，《精编》不仅选择了中国共产党批评国民党顽固派消极抗战、积极反共的史料，而且精选了张发奎、郑洞国、李宗仁等国民党高级将领批评国民党顽固派观战、避战、消极防御的回忆史料；此外，还选择了美国外交官戴维斯、记者福尔曼等用较客观公正的态度来观察中国抗战的文献史料。从内容上看，《精编》尽可能采用第一手文献资料，例如专题七中《逃兵的话》《休说重庆来》《中国政党政治往哪里走——一党制乎？两党制乎？多党制乎？》等史料翔实生动，之前并没有得到充分挖掘；同时，注意精选有关权威统计数据、统计资料，增强教学的说服力。

第三，突出使用的方便快捷。

《精编》围绕“纲要”课教学的基本问题开展史料的搜集和整理，希望能为教师开展教学、科研工作提供便捷的史料资源，减轻查阅、检索、整理工作之累，同时，也希望阅读本书的学生，能够在文献史料中获得释疑解惑的满足感。为此，本书在辑录的史料之前一般加注了言简意赅的引言，对史料涉及的历史语境、历史人物、历史事件以及史料的核心观点等内容做了必要的说明，以方便大家阅读、理解和使用。

尽管编者有美好的初衷，但限于时间和水平，本书依然有不尽如人意之处，错漏不足，敬请广大读者不吝批评指正。

编　者

2018 年 8 月

目 录

专题一

近代中国的沉沦和民族意识的觉醒

一、“三千年未有之大变局”

（一）西方人眼中灿烂的中国古代文明

1. 富庶的物质文明

◎1275 年至 1292 年，马可·波罗在中国游历，回国后口述《马可·波罗游记》，引起欧洲人对东方的向往。以下是马可·波罗对杭州的描述：

城内有许多屠宰场，宰杀家畜——如牛、小山羊和绵羊——来给富人与大官们的餐桌提供肉食。至于贫苦的人民，则不加选择地什么肉都吃。

一年四季，市场上总有各种各样的香料和果子。特别是梨，硕大出奇，每个约重十磅，肉呈白色，和糨糊一样，滋味芳香。还有桃子，分黄白二种，味道十分可口。这里不产葡萄，不过，其他地方有葡萄干贩来，味道甘美。酒也有从别处送来的，但本地人却不喜欢，因为他们吃惯了自己的谷物和香料所酿的酒。城市距海十五英里，每天都有大批海鱼从河道运到城中。湖中也产大量的淡水鱼，有专门的渔人终年从事捕鱼工作。鱼的种类随季节的不同而有差异。当你看到运来的鱼，数量如此多，可能会不信它们都能卖出去，但在几个小时之内，就已销售一空。因为居民的人数实在太多，而那些习惯美食，餐餐鱼肉并食的人也是不可胜数的。

……

众人为了维持自己的生计行业，来来往往，川流不息。任何地方要供养这许多人口，维持他们的生活，似乎都是一桩不可能的事。但就我观察，每到集市之日，市场中挤满了商人，他们用车和船装载各种货物，摆满地面，而所有商品都能够找到买主。拿胡椒为例，就可以推算出京师居民所需的酒、肉、杂货和这一类食品的数量了。马可·波罗从大汗海关的一个官吏处得悉，每日上市的胡椒有四十三担，而每担重二百二十三磅。

这个城市的居民是偶像崇拜者，通用纸币。男子与妇女一样，容貌清秀，风度翩翩。因为本地出产大宗的绸缎，加上商人从外省运来绸缎，所以居民平日也穿着绸缎衣服。

在此处所经营的手工业中，有十二种被公认高于其余各种，因为它们的用处更为普遍。每种手艺都有上千个工场，而每个工场中都有十个、十五个或二十个工人。在少数工场中，甚至有四十个人工作。这些工人受工场老板的支配。这些工场中富裕的手工业主人并不亲自劳动，而且他们还摆出一副绅士的风度，装模作样地摆架子。他们的妻子也同样不事劳作。前面已经说过，她们都非常美丽，并且从小娇生惯养。她们的绸缎衣服和珠宝饰品都贵得令人难以想象。古代帝王的法律虽然规定每个人都必须世代继承父业，但是只要他们有了钱，便能雇佣工人经营祖业，而不必亲自劳动。

居民的住宅雕梁画柱，建筑华丽。由于居民喜好这种装饰，所以花在绘画和雕刻上的钱数十分可观。

资料来源：［意］马可·波罗：《马可·波罗游记》，梁生智译，中国文史出版社 1998 年版，第 157—158 页。

◎1580 年来到中国并在中国生活了 30 年的利玛窦在其日记中记录并盛赞古代中国物质供给的丰富多样：

凡是人们为了维持生存和幸福所需要的东西，无论是衣食或甚至是奇巧与奢侈，在这个王国的境内都有丰富的出产，无须由外国进口。我甚至愿意冒昧地说，实际上凡在欧洲生长的一切都照样可以在中国找到。否则的话，所缺的东西也有大量其他为欧洲人闻所未闻的各种各样的产品来代替。

……

我在南京时曾目睹为了庆祝元月而举行的焰火会，这是他们的盛大节日，在这一场合我估计他们消耗的火药足够维持一场相当规模的战争达数年之久。

资料来源：［意］利玛窦、［比］金尼阁：《利玛窦中国札记》，何高济等译，中华书局 1983 年版，第 10、19 页。

◎葡萄牙传教士曾德昭 1613 年到达中国南京，1636 年返回欧洲。他在《大中国志》中记录了古代中国便捷的水上交通：

大部分地区都有大河灌溉，其中有几条水量丰富，许多地方望不到对岸，即使有能望到的地方，也很难观看清楚。它们都可通航，经常有大量船只行驶。谈到这种情况，使人难以置信。我要说的是，在这方面，它们超过世界上所有其他的河流。我曾在流往杭州的南京河的一个港湾停留 8 天，等待数量惊人汇集起来的船只通过。一个沙漏时辰过去，仅数一数往上航行的小船，就有三百艘。那么多的船都满载货物，便利旅客，简直是奇迹。船只都有顶篷，保持清洁。有的船饰以图画，看来是作为游乐之用，不是运货的。

他们的船上管理方式值得注意，因为船员全在旅客住处之外活动，有足够的地盘供他们上下奔走、整理帆篷及驾驶船只，毫不妨碍其余人享受宁静和休憩。

资料来源：［葡］曾德昭：《大中国志》，何高济译，上海古籍出版社1998年版，第2页。

2. 优越的制度和礼仪

◎法国思想家伏尔泰对古代中国的政治体制给予盛赞：

儿女孝敬父亲是国家的基础。在中国，父权从来没有削弱。……一省一县的文官被称为父母官，而帝王则是一国的君父。这种思想在人们心中根深蒂固，把这个幅员广大的国家组成一个大家庭。

正因为全国一家是根本大法，所以在中国比其他地方更把维护公共利益视为首要责任。因此，皇帝和官府始终极其关心修桥铺路，开凿运河，便利农耕和手工制作。

……

在别的国家，法律用以治罪，而在中国，其作用更大，用以褒奖善行。若是出现一桩罕见的高尚行为，那便会有口皆碑，传及全省。官员必须奏报皇帝，皇帝便给应受褒奖者立碑挂匾。……皇帝自古以来便是首席大祭司，由他来祭天，祭祀天上的神和地上的神。他可能是全国首屈一指的哲学家，最有权威的预言者；皇帝的御旨几乎从来都是关于道德的指示和圣训。

资料来源：［法］伏尔泰：《风俗论》（上册），梁守锵译，商务印书馆1994年版，第216—217页。

◎德国哲学家、数学家莱布尼茨对古代中华民族的道德修养给予高度评价：

然而谁人过去曾经想到，地球上还存在着这么一个民族，它比我们这个自以为在所有方面都教养有素的民族更加具有道德修养？自从我们认识中国人以后，便在他们身上发现了这点。如果说我们在手工艺技能上与之相比不分上下，而在思辨科学方面略胜一筹的话，那么在实践哲学方面，即在生活与人类实际方面的伦理以及治国学说方面，我们实在是相形见绌了。……他们在其庞大的社会群体中所取得的成效比宗教团体的创始人在其小范围内所达到的要大得多。他们极为尊长、敬重老人。孩子对父母双亲的关心与敬奉犹如宗教礼节，即便是因一言一语而伤害父母感情的事情在中国也几乎闻所未闻，如或有之，也将如欧洲的杀亲之罪一样受到严惩。此外，同辈之间或者相互关系不深的人之间也都彼此尊重，礼貌周全。这对于我们这些不惯于受规矩约束的欧洲人来说，简直有些低三下四，但对中国人来说，却已习以为常，并且很乐于遵守。

资料来源：［德］夏瑞春编：《德国思想家论中国》，陈爱政等译，江苏人民出版社1995年版，第4—5页。

3. 先进的科技文明

◎恩格斯高度评价中国古代科技发明对西方社会的巨大影响：

印刷术的发明以及商业发展的迫切需要，不仅改变了只有僧侣才能读书写字的状况，而且也改变了只有僧侣才能受较高级的教育的状况。在知识领域中也出现劳动分工了。新出现的法学家把僧侣们从一系列很有势力的职位中排挤出去了。僧侣从此也就多半变成了多余的人。

资料来源：［德］恩格斯：《德国农民战争》，见《马克思恩格斯全集》（第七卷），人民出版社1959年版，第391页。

火药和火器的采用决不是一种暴力行为，而是一种工业的，也就是经济的进步。……火器的采用不仅对作战方法本身，而且对政治上的统治和奴役关系起了变革的作用。要获得火药和火器，就要有工业和金钱，而这两者都为市民所占有。因此，火器一开始就是城市和以城市为依靠的新兴君主政体反对封建贵族的武器。以前一直攻不破的贵族城堡的石墙抵不住市民的大炮；市民的枪弹射穿了骑士的盔甲。贵族的统治跟身披铠甲的贵族骑兵队同归于尽了。

资料来源：［德］恩格斯：《反杜林论》，见《马克思恩格斯选集》（第三卷），人民出版社2012年版，第547页。

◎英国科技史学家李约瑟对古代中国在科学技术、科学哲学方面取得的成就进行了充分阐述：

和其他科学河流一样，中国科学之河在汇入现代科学的海洋之前已经有了显著的数学成就。十进制和空位表零法在黄河流域发明得要比其他任何地方都早，十进制度量衡也随之产生。公元前1世纪的中国工匠已经在用十进位刻度的滑动卡尺来检查工件。中国的数学思想总是深奥的代数式的，而不是几何式的。到了宋元时代（12世纪到14世纪），中国学派在解方程方面领先全世界，以至中国早在公元1300年就已经有了所谓的帕斯卡三角形。这样的例子比比皆是。我们所谓的“卡丹环”，即一套在枢轴上转动的彼此相连的轮环，在卡尔丹之前一千年就已经在中国普遍使用了。至于天文学，我只需提及在文艺复兴之前，中国人是最持久、最准确的天象观测者。虽然几何式的行星理论并未在中国发展起来，但中国人构想出一种有见识的宇宙论，用我们现代的坐标来绘制天空图，记录日月食、彗星、新星和流星，这些记录对今天的射电天文学家仍然有用。在天文仪器上，中国人也有卓越的发展，包括发明了赤道仪和转仪钟，这些发展深深地得益于当时中国工匠的能力。他们的技艺也影响了地震学等其他科学。公元130年前后，中国科学家张衡制作了世界上第一台实用地震仪。

资料来源：［英］李约瑟：《文明的滴定——东西方的科学与社会》，张卜天译，商务印书馆 2016 年版，第 6—7 页。

但是在随后的一千年里，不断有文献提到“指南针”，只有承认的确存在着这种东西，才能加以解释。至少在两三百年后的 1180 年左右，欧洲才第一次提到磁极性。的确可以说，当中国人关心磁偏角时，欧洲甚至还没听说过磁极性……

中国人不仅最早知道磁极性、磁感应、剩余磁性、磁偏角等，而且也最早将这些知识应用于航海，这至少从公元 10 世纪就已经开始。我们有一些公元 15 世纪初的地图，图上绘有航行路线，就像横越大洋的汽船路线图一样，路线上还标有罗盘的方位。

资料来源：［英］李约瑟：《文明的滴定——东西方的科学与社会》，张卜天译，商务印书馆 2016 年版，第 62—63 页。

中国有大量古代哲学、中世纪科学技术，只是缺乏现代科学（直到西学东渐）。我们先要确立这一事实，这并不难。关于古代哲学，我要说中国人和古希腊人一样有思考自然的能力。……在实践方面，（现在已经确定）道家是炼金［丹］术的创始人，而炼金［丹］术可能是由阿拉伯人传到欧洲的。墨家则对物理学和光学显示出强烈兴趣。所有这些活动都是在基督纪元之前的第一个 500 年里进行的，在时间上与希腊的爱奥尼亚科学和雅典科学类似。基督纪元开始后，科学哲学也没有停止。东汉时期的王充是全世界最伟大的怀疑论者之一。宋朝的朱熹领导着整个理学学派，他有时被称为维多利亚时代之前的斯宾塞，其哲学是彻底自然主义的。是他第一次认识到了化石的真正本性，早于西方的达·芬奇 400 年。明清之际的王船山则被称为恩格斯之前的一位马克思主义者。

资料来源：［英］李约瑟：《文明的滴定——东西方的科学与社会》，张卜天译，商务印书馆 2016 年版，第 136 页。

（二）中国封建社会由昌盛到衰落

1. 发展停滞、财政不支

◎商品经济在清代前期有了一定发展，但由于统治者厉行“重农抑商”政策，工商业发展受限，对外贸易也被长期遏制。因此，清政府的财政收入只能以田赋为主，而“永不加赋”“摊丁入亩”等改革又将田赋征收定额化，这就决定了此间的财政收入不可能有快速增长，而是长期徘徊在一个较低的水平之上：

在前近代时期，中国的经济发展水平显著低于欧洲国家。中国人均 GDP 在 1600 年时大约为英国的 40%，与美国（北美殖民地）几乎相等；1700 年不到英国的三分之一，略超过美国（北美殖民地）的 70%；1820 年不到英国的五分之一，略超过美国的四分之一；1840 年为英国的 16%，美国的五分之一。从整体上看，从 1600 年到 1840 年，中国和欧美国家人均收入的差距在不断扩大。

资料来源：刘逖：《前近代中国总量经济研究（1600—1840）——兼论安格斯·麦迪森对明清 GDP 的估算》，上海人民出版社 2010 年版，第 155 页。

◎银贵钱贱使清朝的经济基础遭到严重损坏：

彭信威（我国著名的货币史学家和钱币学家，引者注）的统计显示，万历十七年（1589 年）银一两值铜钱两贯（一贯为 1000 文），万历三十九年（1611 年）银一两值铜钱 1515 文；顺治元年（1644 年）银一两值钱 700 文，康熙二十三年（1684 年）为 800 文至 900 文，康熙六十一年（1722 年）为 780 文，雍正四年（1726 年）为 845 文，乾隆五年（1740 年）为 800 文，乾隆十四年（1749 年）为 800 文，乾隆二十五年（1760 年）为 880 文，乾隆三十五年（1770 年）为 1150 文，乾隆四十五年（1780 年）为 910 文，乾隆五十六年（1791 年）为 1550 文，乾隆六十年（1795 年）为 1000 文。《阅世篇》记载，清顺治二年，明朝之钱，废而不用，每千文仅值银不过一钱二分；清初颁行顺治通宝，官定一千文准定一两，但奉行甚难；顺治八年，每千钱值银四钱八分；康熙十七八年间，每千钱兑银约九钱。按钱泳在《履园丛话》中的记载，乾隆初年，一两银兑大钱 700 文，以后逐步上升，达到 1000 文，嘉庆元年（1796 年）上升到了 1300 文至 1400 文，以后才逐步下降。道光初年，一两白银换钱 1000 文，但到了道光二十年鸦片战争前夕，一两白银可以换到制钱 1600 余文。

资料来源：刘逖：《前近代中国总量经济研究（1600—1840）——兼论安格斯·麦迪森对明清 GDP 的估算》，上海人民出版社 2010 年版，第 152 页。

◎清道光十八年（1838 年），鸿胪寺卿黄爵滋力主严禁鸦片，他在《严塞漏卮以培国本疏》中，列举事实说明鸦片贸易导致银贵钱贱：

臣窃见近年银价递增，每银一两，易制钱一千六百有零，非耗银于内地，实漏银于外洋也。

盖自鸦片流入中国……道光三年以前，每岁漏银数百万两。其初不过纨绔子弟，习为浮靡，尚知敛戢。嗣后上自官府搢绅，下至工商优隶，以及妇女僧尼道士，随在吸食……粤省奸商沟通兵弁，用扒龙、快蟹等船，运银出洋，运烟入口。故自道光三年至十一年，岁漏银一千七八百万两；自十一年至十四年，岁漏银二千余万两；自十四年至今，渐漏至三千万之多。此外福建、浙江、山东、天津各海口合之，亦数千万两。以中国有用之财，填海外无穷之壑，易此害人之物，渐成病国之忧，日复一日年复一年，臣不知伊于胡底。

各省州县地丁漕粮，征钱为多，及办奏销，皆以钱易银，折耗太苦，故前此多有盈余，今则无不赔垫。各省盐商卖盐，俱系钱文，交课尽归银两，昔之争为利薮者，今则视为畏途。若再三数年，银价愈贵，奏销如何能办？税课如何能清？设有不测之用，又如何能支？

资料来源：黄爵滋：《严塞漏卮以培国本疏》，见赵靖、易梦虹主编：《中国近代经济思想资料选辑》（上册），中华书局1982年版，第68—72页。

◎清代学者洪亮吉认为人口增长过快制约了经济发展：

人未有不乐为治平之民者也，人未有不乐为治平既久之民者也。治平至百余年，可谓久矣。然言其户口，则视三十年以前增五倍焉，视六十年以前增十倍焉，视百年、百数十年以前不啻增二十倍焉。

试以一家计之：高、曾之时，有屋十间，有田一顷，身一人，娶妇后不过二人。以二人居屋十间，食田一顷，宽然有余矣。以一人生三计之，至子之世而父子四人，各娶妇即有八人，八人即不能无拥作之助，是不下十人矣。以十人而居屋十间，食田一顷，吾知其居仅仅足，食亦仅仅足也。子又生孙，孙又娶妇，其间衰老者或有代谢，然已不下二十余人。以二十余人而居屋十间，食田一顷，即量腹而食，度足而居，吾以知其必不敷矣。又自此而曾焉，自此而元焉，视高、曾时口已不下五六十倍，是高、曾时为一户者，至曾、元时不分至十户不止。其间有户口消落之家，即有丁男繁衍之族，势亦足以相敌。或者曰："高、曾之时，隙地未尽辟，闲廛未尽居也。"然亦不过增一倍而止矣，或增三倍五倍而止矣，而户口则增至十倍二十倍，是田与屋之数常处其不足，而户与口之数常处其有余也。又况有兼并之家，一人据百人之屋，一户占百户之田，何怪乎遭风雨霜露饥寒颠踣而死者之比比乎？

曰：天地有法乎？曰：水旱疾疫，即天地调剂之法也。然民之遭水旱疾疫而不幸者，不过十之一二矣。曰：君、相有法乎？曰：使野无闲田，民无剩力，疆土之新辟者，移种民以居之，赋税之繁重者，酌今昔而减之，禁其浮靡，抑其兼并，遇有水旱疾疫，则开仓廪，悉府库以赈之，如是而已，是亦君、相调剂之法也。

要之，治平之久，天地不能不生人，而天地之所以养人者，原不过此数也；治平之久，君、相亦不能使人不生，而君、相之所以为民计者，亦不过前此数法也。然一家之中有子弟十人，其不率教者常有一二，又况天下之广，其游惰不事者何能一一遵上之约束乎？一人之居以供十人已不足，何况供百人乎？一人之食以供十人已不足，何况供百人乎？此吾所以为治平之民虑也。

今日之亩，约凶荒计之，岁不过出一石。今时之民，约老弱计之，日不过食一升。率计一岁一人之食，约得四亩；十口之家，即须四十亩矣。今之四十亩，其宽广即古之百亩也。四民之中，各有生计：农、工自食其力者也，商贾各以其赢以易食者也，士亦挟其长佣书授徒以易食者也。除农本计不议外，工、商贾所入之至少者，日可余百钱；士佣书授徒所入，日亦可得百钱。是士工商，一岁之所入不下四十千。闻五十年以前吾祖若父之时，米之以升计者，钱不过六七；布之以丈计者，钱不过三四十。一人之身，岁得布五丈，即可无寒；岁得米四石，即可无饥。米四石，为钱二千八百；布五丈，为钱二百。是一人食力，即可以养十人。即不耕不织之家，有一人营力于外，而衣食固已宽然矣。今则不然，为农者十倍于前，而田不加增；为商贾者十倍于前，而货不加增；为士者十倍于前，而佣书授徒之馆不加增。且昔之以升计者，钱又须三四十矣；昔之以丈计者，钱又须一二百矣。所入者愈微，所出者益广，于是士农工贾各减其值以求售，布帛粟米又各昂其价以出市。此即终岁勤动，毕生皇皇，而自好者居然有沟壑之忧，不肖者遂至生攘夺之患矣。然吾尚计其勤力有业者耳，何况户口即十倍于前，则游手好闲者更数十倍于前。此数十倍之游手好闲者，遇有水旱疾疫，其不能束手以待毙也明矣。是又甚可虑者也。

资料来源：洪亮吉：《洪北江诗文集》（一），商务印书馆1935年版，第48—49页。

2. 体制僵化、积弊丛生

◎嘉庆皇帝直陈朝廷吏治腐败：

朕勤求民隐，整饬官方，惟恐下情不能上达。遇有直省控案，或关涉官吏营私民情屈抑者，特派大员前往谳办，实不得已之苦心。该大员仰承简命，必应自矢洁清，虚公听断，方为不负委任。前此山东省控牍频仍，朕以山东虽距京较近，何以小民来京控诉者比之直隶、山西、河南诸近省独为繁多，自由该省吏治废弛之故。因派周廷栋、广兴前往审讯，其该省续控之案，亦即令其接办。广兴两次在东居住多日，不料其玩法贪婪，纵欲败度，竟至斯极，业已明正典刑，用昭炯戒。惟是广兴性本贪鄙，又喜多言。东省官吏遂极意逢迎，饱其欲壑，希冀代为弥缝掩盖。广兴之祸虽由自作，实东省大小官吏酿成，终亦不免革职发遣，陷人终自陷耳。若该省官吏等平日悉皆奉公守法，无可指摘，亦何至畏惧广兴如此之甚乎？即如山东州县中原逊志、孙良炳、董鹏翱，不肯趋奉广兴，广兴亦不能将其任内事件格外搜求。乃不肖官吏，只知逢迎，罔顾廉耻，属员公然以差费为名，具禀上司，上司公然商同挪移库项摊捐归款。究其摊还之项亦不知出自何所。若谓自捐廉俸，尽出己资，则又何须先挪库贮耶！自此上下交通敛财取悦，吏治岂复可问，实属卑鄙无耻已极。况广兴任性作威，贪以酷济。伊等或尚以此借口。若如额勒布、金光悌等赴东审案，其供给俱经发价购办，何以亦浮开差费至三千两。可见外省官吏，竟乐以办差为靡费开销之地，名为利人，实质利己，竟成贪官要钱之一巧法。此等恶习实堪痛恨！

资料来源：张玉芬主编：《清朝通史·嘉庆朝》，紫禁城出版社2003年版，第248—249页。

◎嘉庆皇帝亲政后的首席军机大臣王杰将“各省亏空之弊”列为应亟加整顿的弊政之首。他在上疏中分析了亏空产生的原因：

各省亏空之弊起于乾隆四十年以后，州县有所营求，即有所馈送，往往以缺分之繁简，分贿赂之等差，此岂州县私财，直以国帑为夤缘之具！上官即甘其饵，明知之而不能问，且受其挟制，无可如何。间有初任人员，天良未泯，小心畏咎，不肯接收，上官转为说合，懦者千方抑勒，强者百计调停，务使受代而后已。一县如此，各县皆然。一省如此，天下皆然。于是大县有亏空十余万者，一遇奏销，横征暴敛，挪新掩旧，小民困于追呼，而莫之或恤，靡然从风，恬不为怪。名为设法弥补，而弥补无期，清查之数，一次多于一次；宽缴之银，一限不如一限。辗转相蒙，年复一年，未知所底。

资料来源：李元度纂，易孟醇校点：《国朝先正事略》（一），岳麓书社2008年版，第643—644页。

◎漳州知州周镐在《上制军条陈利弊书》中，描述了清朝的薪俸制度、捐派制度与官场腐败之间的关系：

今州县廉俸多者千两，少者五六百两，以至延请幕友尚虑不敷，加以养父母蓄妻子，仆役之工饩，差使之往来，上司之应酬，亲友同僚之赠送，皆人情世势之所不能已者。又以莅位之初以及交待盘查奏销册报各项，由府房以至司院各房，随举一事，必有规费。准之廉俸，不啻数倍矣。况以捐派，一年之间，为数无定，区区州县，岂有点金术耶？以故缓则敲筋炙髓，而取之于民；急则剜肉医疮，而盗之于库。凡今各县之亏空，捐款居十之四五，其明验也。国家经费，必有旧章，用民力者，民力承之，无庸捐也，动国帑者，国帑承之，亦无庸捐也。大抵大官之廉者仅足，小官则皆不足。不足则揭债，母十而岁三其子，子复为母，十年外简，债家相随不去，犹冀其洁清自好乎？

资料来源：《吏政二吏论・下》，见贺长龄、魏源等编：《清经世文编》（上册），中华书局1992年版，第397页。

◎清嘉庆四年（1799年），广西巡抚谢启昆上疏朝廷痛陈漕粮弊端：

各省仓库积弊有三变。始则大吏贪婪者利州县之馈赂，偾事者资州县之摊赔。州县匿其私橐，以公帑应之，离任则亏空累累。大吏既饵其资助，不得不抑勒后任接收。此亏空之缘起也。继则大吏庸暗者任其欺蒙，姑息者又惧兴大狱，以敢接亏空为能员，以禀揭亏空为多事。州县且有藉多亏挟制上司升迁美缺者。此亏空之滥觞也。

资料来源：蒋维明编：《川湖陕西白莲教起义资料辑录》，四川人民出版社1980年版，第1页。

◎孙中山认为“有系统的贪污”是中国各种苦难的根源：

中国人民遭到四种巨大的长久的苦难：饥荒、水患、疫病、生命和财产的毫无保障。……所有一切的灾难只有一个原因，那就是普遍的又是有系统的贪污。这种贪污是产生饥荒、水灾、疫病的主要原因……官吏的贪污和疫病、粮食缺乏、洪水横流等等自然灾害间的关系，可能不是明显的，但是它很实在，确有因果关系。这些事情绝不是中国的自然状况或气候性质的产物，也不是群众懒惰和无知的后果。坚持这说法，绝不过分。这些事情主要是官吏贪污的结果。

资料来源：孙中山：《中国的现在和未来——革新党呼吁英国保持善意的中立》，见广东省社会科学院历史研究室、中国社会科学院近代史研究所中华民国史研究室、中山大学历史系孙中山研究室合编：《孙中山全集》（第一卷），中华书局1981年版，第89页。

3. 虚谈废务、浮文妨要

◎乾隆朝兵部侍郎舒赫德上奏朝廷，言以时文“不足以得人”，奏请改科举、废八股：

古人询事考言，其所言者，即其居官所当为之职事也。今之时文，徒空言而不适于用，此其不足以得人者一。墨卷房行，辗转抄袭，肤词诡说，蔓衍支离，以为苟可以取科第而止，其不足以得人者二。士子各占一经，每经拟题多者百余，少者不过数十，古人毕生治之而不足，今则数月为之而有余，其不足以得人者三。表、判可以预拟而得，答策随题敷衍，无所发明，其不足以得人者四。

资料来源：《论时文取士疏》，见贺长龄、魏源等编：《清经世文编》（中册），中华书局1992年版，第1451—1452页。

◎清朝学者徐大椿讽刺明清八股取士禁锢人们的思想，使读书人脱离现实，而且使国家无法真正选拔人才：

读书人，最不济。烂时文，烂如泥。国家本为求才计，谁知道变作了欺人计。三句承题，两句破题，摆尾摇头，便是圣门高第，可知道三通四史是何等文章，汉祖唐宗是哪一朝皇帝？案头放高头讲章，店里买新科利器。读得来肩背高低，口角唏嘘。甘蔗渣儿嚼了又嚼，有何滋味？辜负光阴，白白昏迷一世。就教他骗得高官，也是百姓朝廷的晦气。

资料来源：徐大椿：《时文叹》，转引自曹聚仁：《中国学术思想史随笔》，三联书店 1986 年版，第 387 页。

4. 闭关自守、盲目排外

◎清顺治十二年（1655 年），顺治皇帝颁布禁海令，禁止商民船只私自出海：

海船除给有执照，许令出洋外，若官民人等擅造两桅以上大船，将违禁货物出洋贩卖番国，并潜通海贼，同谋结聚，及为向导，劫掠良民；或造成大船，图利卖与番国；或将大船赁与出洋之人，分取番人货物者，皆交刑部分别治罪。

资料来源：昆冈等：《钦定大清会典事例（光绪重修本）》（卷 629），第 39 页。

◎清顺治十三年（1656 年），顺治皇帝颁布谕令，几乎完全停止对外贸易：

敕谕浙江、福建、广东、江南、山东、天津各督抚镇曰：海逆郑成功等窜伏海隅，至今尚未剿灭，必有奸人暗通线索，贪图厚利，贸易往来，资以粮物，若不立法严禁，海氛何由廓清？自今以后，各该督抚镇，着申饬沿海一带文武各官，严禁商民船只私自出海，有将一切粮食货物等项与逆贼贸易者，或地方官察出，或被人告发，即将贸易之人，不论官民，俱行奏闻正法，货物入官，本犯家产尽给告发之人。其该管地方文武各官，不行盘诘擒缉（者），皆革职从重治罪。地方保甲通同容隐，不行举首，皆论死。凡沿海地方大小贼船，可容湾泊、登岸口子，各该督抚镇，俱严饬防守。各官相度形势，设法拦阻。或筑土坝，或树木栅，处处严防，不许片帆入口、一贼登岸。如仍前防守怠玩，致有疏虞，其专汛各官即以军法从事，该督抚镇一并议罪。

资料来源：戴逸、李文海主编：《清通鉴》（三），山西人民出版社 2000 年版，第 1155—1156 页。

◎18 世纪后期，英国商馆大班波朗（旧时译为“啵啷”）向中国当局递交呈禀，两广总督长麟对其批复极富睥睨与防范本色，体现了封闭社会的色彩：

（呈，引者注）“第四件，我夷人为身体怕有病，喜欢行走，到广东不能进城，也不能到阔野地方活动，求大人查核，或准进城，或在城外指一个地方，或准骑马，或准步行，我们就不生病了。”

(批，引着注)“查广东人烟稠密，处处庄园，并无空余地，若任其赴野闲游，汉夷言语不通，必致滋生事故。但该夷等锢处夷馆，或困倦生病，亦属至情。嗣后应于每月初三、十八两日，夷人若要略为散解，应令赴报，派人带送海幢寺陈家花园，听其游散，以示体恤。但日落即要归馆，不准在彼过夜。并责成行商严加管束，不准水手人等随往滋事。”

(呈，引者注)“第五件，我们买卖船水手甚多，万一有病，连别人都染了。或在河边，或在海岛，准我们盖搭几间草房子；有了病，就移他到草房子里住，也好养病，也免染别人。”

(批，引者注)“查黄浦船到，向许在附近岸上暂盖寮篷数间，船去即行拆毁，已属格外体恤。今若于黄浦改建草房，船来固可供夷人之栖止，船去交谁看守？若听夷人自行看守，是须夷人在黄浦终年长住。彼处并无官署驻劄，倘有汉民赴彼扰诈，以及水火盗贼等事，不能防范。应毋庸议。”

资料来源：《粤都批复英商啵啷所禀十一事件》，见许地山编：《达衷集：鸦片战争前中英交涉史料》，商务印书馆1931年版，第165—167页。

5. 民生困顿、民变迭起

◎清嘉庆五年(1800年)，在田主和高利贷的盘削下，农民得以“暖不号寒，丰不啼饥”者“十室中无二三焉”：

夫农民之常困于他途者，他途贫，谋口而止。而农民不但谋口而止。一亩之田，耒耜有费，籽种有费，罱斛有费，雇募有费，祈赛有费，牛力有费，约而计之，率需钱千。一亩而需千钱，上农耕田二十亩，则口食之外，耗于田者二十千。以中年约之，一亩得米二石，还田主租息一石，是所存者仅二十石。当其春耕急需之时，米价必贵，折中计之，每石贵一千有余，势不得不贷之有力之家，而富人好利，挟其至急之情，以邀其加四加五之息，以八阅月计之，率以二石偿一石。所存之二十石，在秋时必贱，富人乘贱而索之，其得以暖不号寒，丰不啼饥，而可以卒岁者，十室之中，无二三焉。

资料来源：章谦：《备荒通论》，见贺长龄、魏源等编：《清经世文编》(中册)，中华书局1992年版，第951—952页。

◎清嘉庆十八年(1813年)九月初，嘉庆皇帝在木兰围场得到天理教起事的消息，匆匆返京。就在赶回北京的当天，数十名天理教徒冲入皇宫，威逼内宫，虽被剿灭，乃创汉唐以来未有之国耻。为此嘉庆皇帝诏曰：

朕绍承大统，不敢暇逸，不敢为虐民之事。自川、楚教匪平后，方期与吾民共享承平之福，乃昨九月十五日，大内突有非常之事。汉、唐、宋、明之所未有，朕实恧焉。然变起一朝，祸积有素。当今大患，惟在因循怠玩。虽经再三诰诫，舌敝笔秃，终不足以动诸臣之听，朕惟返躬修省耳。

资料来源：赵尔巽等撰：《清史稿·仁宗本纪》，中华书局1976年版，第603页。

◎清朝地理学家、官员严如熤上书嘉庆皇帝，陈述陕西、四川、湖北三省民间结党状况：

三省者何？陕西、四川、湖北也。其边境毗连，犬牙相错，实为坤舆之奥区；高山长林绵亘千数百里，弥望蓊郁，竟日不见人烟。附近省民利其地广赋轻，襁负而至；佃山结屋，垦土开荒，土著目之曰新民。失业游民与避饥棚民往往以此为逋逃薮。游民有资则私贩趋利，折本则群聚为非，赌窃拐骗，无所不至。其为棚民者，扶老携幼，盈千累百，择肥勒食，一餐石米，伊自号曰："吃大户"。大户目伊曰："挨兵"。……路歧如麻，人窜似梭，咫尺隔省……其尤黠者有红钱、黑钱、大五、帽顶诸名色，其结党数十人或数百人。其羽翼既多，各习拳棍刀枪以资捍护。或夜劫富民，或昼抢场镇。先约：遇兵役追捕，不许散党；如事急，众议散去，始各逃窜；如未议而一二人先散者，众共戮之。以此，其艺既精，其党亦固，小则拒捕抗官，大则揭竿谋逆，甚或棋布要害，公然为犄角之势。

资料来源：蒋维明编：《川湖陕白莲教起义资料辑录》，四川人民出版社1980年版，第12页。

（三）西方世界的迅速崛起

1. 文艺复兴和启蒙运动

◎恩格斯高度评价欧洲文艺复兴和启蒙运动的历史影响：

这（指文艺复兴，引者注）是人类以往从来没有经历过的一次最伟大的、进步的变革，是一个需要巨人并且产生了巨人的时代，那是一些在思维能力、激情和性格方面，在多才多艺和学识渊博方面的巨人。给资产阶级的现代统治打下基础的人物，决没有市民局限性。相反，这些人物都不同程度地体现了那种勇于冒险的时代特征。那时，几乎没有一个著名人物不曾作过长途的旅行，不会说四五种语言，不在好几个专业上放射出光芒。

资料来源：［德］恩格斯：《自然辩证法》，见《马克思恩格斯选集》（第三卷），人民出版社2012年版，第847页。

他们（指启蒙思想家们，引者注）不承认任何外界的权威，不管这种权威是什么样的。宗教、自然观、社会、国家制度，一切都受到了最无情的批判；一切都必须在理性的法庭面前为自己的存在作辩护或者放弃存在的权利。思维着的知性成了衡量一切的唯一尺度。……以往的一切社会形式和国家形式、一切传统观念，都被当做不合理性的东西扔到垃圾堆里去了；到现在为止，世界所遵循的只是一些成见；过去的一切只值得怜悯和鄙视。只是现在阳光才照射出来，理性的王国才开始出现。从今以后，迷信、非正义、特权和压迫，必将为永恒的真理、永恒的正义、基于自然的平等和不可剥夺的人权所取代。

资料来源：［德］恩格斯：《社会主义从空想到科学的发展》，见《马克思恩格斯选集》（第三卷），人民出版社 2012 年版，第 775—776 页。

◎14 世纪到 17 世纪的欧洲思想文化运动为资本主义的发展带来了深远影响：

文艺复兴是 14 世纪中叶到 17 世纪初在欧洲发生的思想文化运动。这个运动意义重大，这不仅是因为在运动中天才辈出，灿若群星，他们创造出绚丽多彩的文学、艺术作品，写出有重大影响的政治思想、哲学思想方面的著作，而且也因为它改变了人们对于生活的态度，从而适应了一个新的、初见曙光的资本主义时代。诚然，文艺复兴只限于社会上的少数英才——学者、文人和艺术家的活动，但是它所宣扬的思想不啻是向长期以来在基督教神学笼罩下陷于沉闷窒息的西欧社会送来的一股清新的气息，令人的精神为之一爽，并且把绝大部分有文化教养的人士从中世纪的昏睡中唤醒过来。

……

文艺复兴与启蒙运动是世界近代史上两大思想运动，都为新兴资产阶级取得政治、经济上的统治地位作了思想上的准备。如果说文艺复兴所反对的是天主教神学思想，所追求的是现世的幸福的话，那么启蒙运动所反对的是封建专制主义，所追求的是自由平等。当然，现世的幸福和自由平等，资产阶级都是以全人类的名义提出来的，尽管他们实质上着眼狭隘的阶级利益。

资料来源：吴于廑、齐世荣主编：《世界史·近代史编》（上卷），高等教育出版社 2011 年版，第 43、182 页。

2. 资产阶级革命兴起

◎英国《权利法案》，全称《国民权利与自由和王位继承宣言》，是英国近代一部重要的宪法性文件。“光荣革命”后，为了避免 1660 年斯图亚特王朝复辟，议会决定以法律形式限制国王的权力。1689 年，由英国议会通过的《权利宣言》，经英王威廉三世和玛丽二世签署后，正式成为限制王权和保障公民权利的《权利法案》。君主立宪制在英国逐渐形成和发展起来。以下为《权利法案》内容节选：

1. 凡未经国会同意，以国王权威停止法律或停止法律实施之僭越权力，为非法权力。

2. 近来以国王权威擅自废除法律或法律实施之僭越权力，为非法权力。

3. 设立审理宗教事务之钦差法庭之指令，以及一切其他同类指令与法庭，皆为非法而有害。

4. 凡未经国会准许，借口国王特权，为国王而征收，或供国王使用而征收金钱，超出国会准许之时限或方式者，皆为非法。

5. 向国王请愿，乃臣民之权利，一切对此项请愿之判罪或控告，皆为非法。

6. 除经国会同意外，平时在本王国内征募或维持常备军，皆属违法。

7. 凡臣民系新教徒者，为防卫起见，得酌量情形，并在法律许可范围内，置备武器。

8. 国会议员之选举应是自由的。

9. 国会内之演说自由、辩论或议事之自由，不应在国会以外之任何法院或任何地方，受到弹劾或讯问。

10. 不应要求过多之保释金，亦不应强课过分之罚款，更不应滥施残酷非常之刑罚。

11. 陪审官应予正式记名列表并陈报之，凡审理叛国犯案件之陪审官应为自由世袭地领有人。

12. 定罪前，特定人的一切让与及对罚金与没收财产所作的一切承诺，皆属非法而无效。

13. 为申雪一切诉冤，并为修正、加强与维护法律起见，国会应时常集会。

彼等（即灵俗两界贵族与众议员等）并主张、要求与坚持上开各条为彼等无可置疑之权利与自由；凡上开各条中有损人民之任何宣告、判决、行为或诉讼程序，今后断不应据之以为结论或先例。

资料来源：蒋相泽主编：《世界通史资料选辑·近代部分》（上册），商务印书馆1964版，第28—29页。

◎美国独立战争同时也是一场资产阶级革命。1776年，第二届大陆会议通过的《独立宣言》是北美十三个殖民地人民反对英国殖民统治、宣布独立的纲领性文件。《独立宣言》第一次以政治纲领形式确立了资产阶级的革命原则——人权原则。它对推动后来的欧洲各国资产阶级革命，特别对法国大革命及《人权宣言》产生了积极影响。以下为其内容节选：

史海求真

在人类历史发展的进程中，当一个民族必须解除其与另一个民族之间存在的政治关联、而在世界列国中获得自然法则和自然神明所赋予他们的独立与平等的地位时，就有一种真诚的、尊重人类公意的心理，要求他们一定要把那些迫使他们不得已而独立的原因宣布出来。

我们认为这些真理是不证自明的：所有人生而平等，造物主赋予了每个人一些特定的不可转让的权利，其中包括生命权、自由权和追求幸福的权利。为了保障这些权利，政府才在人们中间成立。而政府的正当权力，全部都来自被统治者的同意。任何一种形式的政府，如果损害这些目的，人民就有权来改变它或废除它，按照这样的原则来建立新的政府，并且按照这样的方式来组织它的权力机关。因为这一点关系到大多数人的安全和幸福。

当然，出于审慎，人们不会为了轻微的、暂时的原因改变设立已久的政府，过去所有的经验也都表明，只要当那些罪恶尚可容忍时，人们宁愿默默忍受，而不愿为了恢复自己的权利废除他们所习惯了的那种政治形式。

然而，当一个政府一直强取豪夺，并一贯地奉行着那一个目标，显然，企图把人民压制在绝对专制主义的淫威之下时，人民就有这种权利，人民就有这种义务，来推翻那样的政府，而为他们未来的安全设立新的保障。因此，我们这些过去逆来顺受的殖民地，现在必须要改变以前的政府制度。

资料来源：[美] 托马斯·杰斐逊：《杰斐逊自传——一个民主斗士的人生、梦想和情怀》，王秀莉、朱慧斯译，中国长安出版社2011年版，第139—140页。

◎1789年颁布的《人权和公民权宣言》，简称《人权宣言》，是法国大革命时期颁布的纲领性文件。宣言宣布自由、财产、安全和反抗压迫是天赋不可剥夺的权利，肯定了言论、信仰、著作和出版自由，阐明了司法、行政、立法三权分立、法律面前人人平等、私有财产神圣不可侵犯等原则。以下为其内容节选：

组成国民议会之法国人代表认为，无视、遗忘或蔑视人权是公众不幸和政府腐败的唯一原因，所以决定把自然的、不可剥夺的和神圣的人权阐明于庄严的宣言之中，以便本宣言可以经常呈现在社会各个成员之前，使他们不断地想到他们的权利和义务；以便立法权的决议和行政权的决定能随时和整个政治机构的目标两相比较，从而能更加受到他们的尊重；以便公民们今后以简单而无可争辩的原则为根据的那些要求能确保宪法与全体幸福之维护。

因此，国民议会在上帝面前并在他的庇护之下确认并宣布下述的人与公民的权利：

1. 在权利方面，人们生来是而且始终是自由平等的。只有在公共利用上面才显出社会上的差别。

2. 任何政治结合的目的都在于保存人的自然的和不可动摇的权利。这些权利就是自由、财产、安全和反抗压迫。

3. 整个主权的本原主要是寄托于国民；任何团体、任何个人都不得行使主权所未明白授予的权力。

4. 自由就是指有权从事一切无害于他人的行为。因此，各人的自然权利的行使，只以保证社会上其他成员能享有同样权利为限制。此等限制仅得由法律规定之。

5. 法律仅有权禁止有害于社会的行为。凡未经法律禁止的行为即不得受到妨碍，而且任何人都不得被迫从事法律所未规定的行为。

……

17. 财产是神圣不可侵犯的权利，除非当合法认定的公共需要所显然必需时，且在公平而预先赔偿的条件下，任何人的财产不得受到剥夺。

资料来源：［美］罗宾·W. 温克、托马斯·E. 凯泽：《牛津欧洲史》（第2卷），赵闯译，吉林出版集团有限责任公司2009年版，第225—227页。

3. 工业革命

◎工业革命是资本主义发展史上的一次技术革命，实现了从传统农业社会向现代工业社会的重要变革，使资本主义最终战胜封建主义：

资产阶级，由于一切生产工具的迅速改进，由于交通的极其便利，把一切民族甚至最野蛮的民族都卷到文明中来了。它的商品的低廉价格，是它用来摧毁一切万里长城、征服野蛮人最顽强的仇外心理的重炮。它迫使一切民族——如果它们不想灭亡的话——采用资产阶级的生产方式；它迫使它们在自己那里推行所谓的文明，即变成资产者。一句话，它按照自己的面貌为自己创造出一个世界。

资料来源：［德］马克思、恩格斯：《共产党宣言》，见《马克思恩格斯选集》（第一卷），人民出版社2012年版，第404页。

◎19世纪完成工业革命的英国取得重大成就，成为“世界工厂”：

19世纪中叶是英国近代历史上的重要时期。这时，英国已完成了工业革命，正处在它的资本主义的成熟时期。虽然也发生过1857年和1866年的经济危机，但不论在时间上或规模上，都远不如三四十年代时危机的长久和严重。在各个工业部门，生产都在迅猛发展，生产技术也不断提高。除了原来发达的轻工业之外，重工业，特别是机器制造业也发展起来。英国成了世界上工业最发达的国家，号称“世界工厂”。从1850年到1870年，英国的纺织厂从1932个增加到

2483个；机器纺锭达到3000万个，比美国或法国多4倍；羊毛工厂从1998个增加到2579个。从产量来看，1848年的生铁产量为200万吨，1870年时已增长到600万吨；原煤1855年时产量为6150万吨，到1864年增长到9200万吨，铁和煤的产量都占全世界总产量的一半。特别是廉价的、大批生产的钢，已逐渐取代铸铁和锻铁。

资料来源：吴于廑、齐世荣主编：《世界史·近代史编》（上卷），高等教育出版社2011年版，第62页。

二、"先生老是侵略学生"

（一）殖民扩张给中国带来深重灾难

1. 阻碍中国经济发展

（1）鸦片输入和战争赔款造成严重的财政危机

◎英国的鸦片走私以及鸦片战争给中国造成严重危害：

中印贸易上白银和鸦片的对流（1838—1844年）①

年　度	印度输华鸦片（箱）	印度输华鸦片（银两）	中国输印白银（银两）
1838—1839	31995	8012973	6113996
1839—1840	4252	595424	1392690
1840—1841	17874	3653162	2627164
1841—1842	26321	5393663	3179168
1842—1843	30229	8235149	6225148
1843—1844	35618	9801600	10963419

注：资料原据加尔各答和孟买的海关报告册，马德拉斯无鸦片输华，对华白银进出口无记载；原统计以卢比计价，按0.288卢比折合银1两换算成银两数。中国从加尔各答和孟买输入少量黄金，已折成白银，从中国输印白银中剔除，中国输印白银为净出超。孟加拉土每箱120斤，孟买土每箱100斤，输华鸦片箱数为两处箱数总和，重量不一致，但不影响价值。

上表所列1838—1839年度的印度输华鸦片将近32000箱，价800万两。印度的财政年度从前一年的5月1日至后一年的4月30日，1839—1840年度正值

① 《小组委员会报告书》（英国蓝皮书），1847年，第1卷，第468—482页。

林则徐 1839 年 3 月 18 日严令外商呈缴鸦片以后那个印度财政年度。这个年度的印度输华鸦片从前一年度的近 32000 箱猛跌为 4000 多箱。可见只要中国政府不畏严暴，严禁外商走私，鸦片的为害是完全可以根绝的。然而从 1840 年 6 月 22 日英国舰队开始封锁广州以后的战争年代，随着英国侵略军在中国沿海逞凶，鸦片走私迅速扩张，到 1843—1844 年度竟增长到 35600 多箱，价值 980 多万两。

上表所列印度输华鸦片值，只是英印商人在加尔各答和孟买两个海关的申报价值，据此，每箱鸦片仅值银 200 多两，当时鸦片在中国的销售价格高达每箱 400 两左右。所以中国为支付鸦片进口所付的价值远比表列的价值高得多。

资料来源：严中平主编：《中国近代经济史（1840—1894）》（一），人民出版社 2012 年版，第 373—374 页。

◎巨额战争赔款给清政府造成巨大的财政压力：

中国近代不平等条约赔款情况表（部分）

和约名称	中方签约人	赔款数目	签约时间
中英《广州和约》	余葆纯	六百七十万元	1841 年 5 月 27 日
中英《南京条约》	耆英、伊里布	二千一百万元	1942 年 8 月 29 日
中英《北京条约》	奕䜣	八百万两	1860 年 10 月 24 日
中俄《伊犁条约》	曾纪泽	九百万卢布	1881 年 2 月 24 日
中日《马关条约》	李鸿章	二亿两	1895 年 4 月 17 日
中日《辽南条约》	李鸿章	三千万两	1895 年 11 月 8 日
八国联军《辛丑条约》	奕劻、李鸿章	十亿二千二百七十万两	1901 年 9 月 7 日

资料来源：吕思勉：《吕著中国近代史》，武汉出版社 2012 年版，第 394—395 页。

◎战争赔款、列强掠夺使白银大量外流：

赔款、掳掠和勒索（1840 年 7 月至 1843 年 4 月）

单位：元

项目	年　月	依据文书或地点	数　额	备　　注
赔款	1841. 5	广州，停战协定	6000000	
	1841. 5	广州	669615	赔外商损失，其中包括西班牙籍船费 41243 元
	1842. 8	南京，江宁条约	21000000	
	1843. 4	广州	314077. 75	其中赔美商的部分为 246680. 5 元
掳掠	1841. 8	厦门	20000	
	1841. 10	镇海	150000	黄铜 200 吨折合

续表

项目	年　月	依据文书或地点	数　额	备　　注
	1841.10	宁波	170000	现金和纹银折合
	1841.10	宁波	160000	制钱折合
		厦门、舟山、镇海、宁波、镇江五地	248276	掳劫物的变卖值
勒索	1841.10	宁波	(250000)	
	1842.7	上海	(500000)	
	1842.7	镇江	65000	六七万元折中计
	1842.7	镇江	(500000)	强迫扬州绅商交出
总计	28796968.75			

注：细目中数字加有“（）”者，在赔款中扣除，未计入“总计”。

总计军事赔款、鸦片烟价、商欠、抢劫和勒索各项之有数可查的，列如上表。赔款、勒索和掳掠的直接结果，使中国的白银大量外流，至少达银2880万元，或折银2000余万两。

……

按照《江宁条约》规定，赔款在签约时立即交银600万元为第一期，余额由清政府从1843年6月起至1845年12月每半年一次，分6期共7期交清。若未能如期交足规定的数额，加年息5%。英国以交清赔款作为撤军条件，即交清首期600万元，英军退出南京、京口等处江面，并从镇海的招宝山撤军。定海的舟山和厦门的鼓浪屿，则待赔款全数交清并五口开港后，方行撤退。

清政府偿付第一期600万元（折银426万两），除了扣除英国侵略军在战争期间向扬州、上海两地勒索到手的各50万元，共折银70万两外，分从（一）运库提用银54万两，（二）部拨和山东解拨江苏军需银中提取银65万两，（三）江宁藩库和江安粮道及龙江关库共提取银50万两，（四）苏州藩库和浒墅关库提用银45万两，和（五）浙江和安徽藩运各库共提用银141万两，凑足付给。上述第（一）笔系从商捐项下动支，第（二）笔归军需案内报销，其余（三）、（四）、（五）3笔，清政府责成各省地方官府设法使商民捐输来充数。但在民间的抵制下，地方当局认为“剿夷之银可劝捐，而赂夷之银不可劝捐”。一时从民间的“捐输”所得，只银182万两。这期赔款实际出自官库的是119万两银。1843年6月应交付第2期赔款为300万元，清政府迫使广东行商认缴，作为抵还赔款中的“商欠”部分。同年12月间应交第3期赔款银300万元，除去扣还英军前在浙江向宁波士民索取的25万元外，由广东地方当局从藩关各库筹拨付给。1844年6月应交付第4期赔款银250万元，仍由广东地方筹措。同年12月应交付第5期赔款银250万元和1845年6月、12月应交付的第六、七两期赔款各200万元，则都从粤海关税银中提取支付。

据上表，鸦片战争一役，英国从中国榨去赔款银2800万元，折合银1960万两。这笔巨款，直接取自商民的，约计1510万元，占总数的54%；余下的1290万元，取自官库，占46%。

资料来源：严中平主编：《中国近代经济史（1840—1894）》（一），人民出版社2012年版，第453、455—456页。

◎清政府各省财政出现严重困难：

山东等9省常年收支和入不敷出情况简表

省份	资料年代	常年岁入（包括协饷）	常年岁出	入不敷出情况
山东	1884	250万至260万两	照收入“不啻倍蓰”	250万至260万两以上
山西	1880	300余万两	500余万两	200万两以上
河南	1875	210余万两	300余万两	100万两以上
江苏	1873	570余万两	700余万两	130万两以上
浙江	1885	370万两	500余万两左右	100万两以上
福建	1874—1884	250万至350万两	300万至400万两	数十万至百余万两
广东	1880	280余万两	440余万两	160万两
贵州	1883	30余万两	一百数十万两	100万两左右
陕西	1870	150万至160万两	410余万两	180万两

如表中所示，各省不敷部分大多超出岁入总额的一半，山东、贵州、陕西3省更超过岁入的1倍乃至3倍以上。其他未列入表中的江西、广西、四川、甘肃、黑龙江等省，也同样因入不敷出而惶惶不可终日。如广西80年代后，因“增费浩繁”，财政“倍形竭蹶”；四川常年“以岁入之数比岁出之数，不敷甚巨”；黑龙江自光绪后，同样“民生日蹙，国用日匮”；甘肃更是收入寥寥，而支出日增，计无所出，只好挪借协饷，“稍为点缀”。

资料来源：严中平主编：《中国近代经济史（1840—1894）》（二），人民出版社2012年版，第780页。

（2）打击传统农产品出口，加速传统农业的衰败

◎资本主义大生产给中国茶叶生产造成严重冲击：

1870—1900年中国主要出口货所占百分比①

年份	总值（1000海关两）	茶叶 %	丝、丝织品 %	种子和油 %	豆类 %	皮革 %	原棉 %	羊毛 %	面粉 %
1870	55295	49.9	38.8	1.2	1.2	—	0.5	—	0.3
1880	77884	45.9	38.0	0.1	0.2	0.5	0.2	0.4	0.2
1890	87144	30.6	33.9	0.6	0.4	1.4	3.4	1.6	0.3
1900	158997	16.0	30.4	2.5	1.9	4.3	6.7	1.9	0.8

……

丝、茶是中国传统产品，但19世纪70年代以后，中国的茶受到英国资本家在印度、锡兰生产的茶叶的激烈竞争。印度、锡兰茶大多为大茶园生产，规模大，资金足，栽植和焙制都采用先进的科学技术，利用机器和当地廉价的劳动力，因此，生产成本低，具有很强的竞争力。中国茶生产规模小而分散，用手工土法生产，技术落后，缺少资金，农民生产出来的茶叶，经多次转手才能出口，中间层层盘剥，厘金和出口税约占茶叶价值的30%—40%，加之外国商人操纵中国市场，弄得茶叶生产者，终岁辛劳，不得温饱，茶商、茶庄纷纷倒闭。在20世纪初，印度、锡兰生产的茶叶在世界市场上代替中国，居世界首位，中国茶叶出口从此一蹶不振。这是资本主义大生产摧毁半殖民地国家农产品最明显的例证。

资料来源：杨遵道、叶凤美编著：《清政权半殖民地化研究》，高等教育出版社1993年版，第268—269页。

（3）冲击手工业和厂矿企业，阻碍民族工商业的发展

◎洋纱给中国棉纱生产造成严重冲击：

在东北四省，国产纱每年销量始终不曾超过1万担，而那里每年棉纱的全销量却几达20万担，可见东北市场也无国产纱的插足余地。华南、东北两大市场既为帝国主义所控制，国产纱便只好挤向华中和华北去了；但是，华中和华北两市场国产纱的销量仍然有限。以相对比重来看，在华中不足30%，在华北不足20%，帝国主义的棉纱势力却占着绝对的优势。

资料来源：陈诗启：《从明代官手工业到中国近代海关史研究》，厦门大学出版社2004年版，第194页。

① 杨端六、侯厚培等：《六十五年来中国国际贸易统计表》（表4、表8），国立中央研究院社会科学研究所专刊（第四号），1931年。

◎1872年6月20日，直隶总督李鸿章在给朝廷的奏折中谈到外国商品对中国铁制品的冲击：

楚粤铁商，咸丰年前销售甚旺。近则外洋铁价较贱，中土铁价较昂，又粗硬不适于用，以致内地铁商，十散其九。西洋炼铁炼铜及碾卷铁板铁条等项，无一不用机器，开办之始，置买器具，用本虽多，而炼工极省，炼法极精，大小方圆，色色俱备，以造船械军器。土铁贵而贵工，洋铁贱而得用，无怪洋铁销售日盛，土铁营运渐稀也。

资料来源：《李肃毅伯奏议·筹议制造轮船未可裁撤折》，见沈云龙主编：《近代中国史料丛刊》（第18辑），文海出版社1968年版，第883—884页。

◎帝国主义列强垄断中国厂矿业的生产与商品销售市场，严重地压抑、排挤、阻碍中国民族工业正常充分的发展：

自《马关条约》给予侵略者在中国通商口岸设立工厂等特权后，帝国主义国家纷纷投资于中国工矿企业。在轻工业方面，以棉织业为例，在战后五年中，它们掀起了向中国棉纺织业投资的高潮，仅在1895年一年内，上海一地就出现了英国的老公茂纱厂和怡和纱厂，美国的鸿原纱厂和德国的瑞记纱厂，除老公茂纱厂资本为80万两外，其余三个纱厂资本均为100万两，共约有15.8万纱锭，在当时可算是大型的外国纱厂。

在甲午战后，帝国主义列强在中国设立工矿企业，也有了显著的增加。从1895年到1900年间，新增的外国重要厂矿企业共29家，英、法、德、美、俄、日等国都竞相在中国投资设厂，所设厂矿数和投资数不断扩大。据统计，从1895年内至1913年，仅资金在10万元以上的就有136家，其中矿业32家，水电19家，纺织16家，食品39家，机器造船7家，其他厂矿23家，资本共1.3亿多元。投资多少的顺序是英、日、德、俄。由于“资本主义愈发达，原料愈缺乏，竞争和追逐全世界原料来源的斗争愈尖锐”，因此，帝国主义列强在中国争夺矿权的斗争也日益激烈。

帝国主义列强在中国设立的厂矿企业有如下的特点：一是在中国新式厂矿企业中占有垄断地位；二是规模大、资金足、技术新；三是拥有种种特权。因此，它们垄断了中国厂矿业的生产与商品销售市场，严重地压抑、排挤、阻碍了中国民族工业的正常充分的发展。

资料来源：杨遵道、叶凤美编著：《清政权半殖民地化研究》，高等教育出版社1993年版，第331—332页。

（4）控制现代交通运输业，攫取巨额利润和特殊权益

◎19 世纪末 20 世纪初，外国轮船公司在中国航运业中占有压倒优势：

航运业是外资在华运营最早的部门之一。甲午战后，随着通商口岸的增开，内河航行权的进一步丧失和中外贸易的发展，列强对中国航运事业的投资也大大增加，轮船公司纷纷设立，几乎垄断了中国沿海及内河航运。据不完全统计，帝国主义列强在华设立的主要轮船公司，1895 年至 1913 年新增了 14 个。外国在华商船航行吨位，1892 年为 2944.1 万吨，到 1913 年增加到 9333.5 万吨，增加了 3 倍多。

外国在华的航运公司，具有雄厚的实力，轮船吨位大，设备先进，经营管理好。而中国航运公司资金短缺，轮船吨位小，经营不善。加之外国轮船公司享有种种特权，中国轮船公司处处受中外反动势力的压制、排挤。因此，外国轮船公司始终居于压倒优势的地位。从 1877 年至 1897 年中外进出口轮船吨位数可见一斑。1877 年中国轮船吨位占总吨位数的 36.7%，外国轮船占总吨位数的 63.3%。到 1897 年，中国轮船吨位数降至 23.2%，外国轮船吨位数上升至 76.8%。再请看下表：

各国在华商船航行吨位表

单位：千吨

年份	英国	美国	法国	日本	德国	其他国家	中国	合计
1892	19317	61	253	631	1466	1152	6561	29411
1901	26151	898	733	5518	7542	1140	6439	48417

上表中各国的航行吨位数，包括远洋航运、沿海航运和内河航运；中国的航运吨位数包括轮船和民船。上表中外国商船航行吨位占绝对优势，其中英国又占有明显的优势，但也可看出在甲午战争后，日、德商船航运已开始向英国提出了严重的挑战。此后，日本在华航运事业迅速发展，打破了几乎由英国独霸的局面，逐步形成英、日两国对峙的形势。

资料来源：杨遵道、叶凤美编著：《清政权半殖民地化研究》，高等教育出版社 1993 年版，第 332—333 页。

◎帝国主义列强通过各种方式掠夺中国铁路利权：

帝国主义对中国铁路利权（建筑权、经营权、借款权）的掠夺，第一次高潮是在 1897—1898 年前后，所攫取的路权达 1.4 万公里。1900 年前开筑的有俄国

的中东铁路（满洲里—绥芬河）、南满铁路（长春—大连，1905年转让给日本），德国的胶济铁路（胶州—济南）和法国的滇越铁路（昆明—河口）等。这些铁路都是由外国直接组建铁路公司筹款修筑的，所以资本雄厚的铁路公司成了路权夺得国在这一区域经济统治的中心。20世纪初，帝国主义列强则主要通过借款的形式来控制中国的铁路。

清末十年间帝国主义掠夺中国路权表（已成各路）

开筑年代	铁路名称	掠夺国	里程(公里)	掠夺方式	侵占权利种类
1901	粤汉铁路	英、美、法、德	1238.75	借款	管理、用人、续借款项权
1902	道清铁路	英	231.51	合办矿务章程中规定	直接经营
1903	正太铁路	法	256.90	借款	管理经营权
1903	滇越铁路	法	464.20	强求建筑	直接经营
1904	安奉铁路	日	284.20	擅自建筑	直接经营
1904	沪宁铁路	英	327.13	强求承筑	管理、用人、续借款随权
1905	潮汕铁路	日	42.20	入股	——
1905	京绥铁路	日	881.06	借款	续借款项权
1905	陇海铁路	比、荷	1558.67	借款	用人及续借款项权
1907	广九铁路	英	142.77	强求承筑	管理、用人、续借款项权
1907	沪杭甬铁路	英	358.69	强求承筑	管理、用人、续借款项权
1907	南浔铁路	日	128.35	借款	担任顾问权
1908	津浦铁路	英、德	1105.74	强求承筑	用人及续借款项权
1909	吉长铁路	日	127.74	借款	用人权

资料来源：杨遵道、叶凤美编著：《清政权半殖民地化研究》，高等教育出版社1993年版，第457—459页。

（5）中国被迫作为世界资本主义体系的附庸卷入世界市场

◎甲午战后中国进出口贸易处于极其不利的地位：

甲午战后，随着列强对中国资本输出的增加以及通商口岸的增开，中国的进出口贸易有了显著的增长。如下表：

进出口贸易净值表

单位：百万元

指数：1871—1873＝100

年　份	出　口	指　数	进　口	指　数	出超（＋）或入超（－）
1871—1873	110	100.0	106	100.0	＋4
1881—1883	108	98.2	126	118.9	－18
1891—1893	167	151.8	219	206.6	－52
1901—1903	311	282.7	473	446.2	－162

再将进口商品中的生产和消费资料及出口商品中的原料、半制成品和制成品列表如下：

各年进出口货物分类统计表

价值单位：千元

年份	进　口				出　口			
	生产资料		消费资料		原料和半制成品		制成品	
	值	%	值	%	值	%	值	%
1873	8383	8.1	95104	91.9	43489	40.0	64959	60.0
1893	19733	8.4	216090	91.6	80184	44.1	101469	55.9
1903	76582	15.0	432477	85.0	197607	59.1	136354	40.9

从进出口贸易净值表中可以看出，中国对外贸易的入超日益严重。1891年至1893年的以后十年间，入超增加3倍多。从各年进出口货物分类统计表中进出口的商品结构看，消费资料的进口占90%左右，而生产资料的进口十分微弱；原料和半成品的出口绝对值成倍增长，在出口总值中所占比重不断上升，而制成品的出口比重则不断下降。中外贸易的增长本来是一件好事，但在半殖民地的中国，中外贸易并非我们所说的普通的、平等的国际贸易。首先，中国的金融为帝国主义的银行所垄断，国际汇兑也为外国银行垄断，成为它们控制中国对外贸易的有力工具。其次，中国海关不能自主，中国的对外贸易一直处于极其不利的地位。第三，中国的对外贸易几乎为在华商人所垄断，中国商人很难插足；在国内贸易方面，中国城乡的商店和商人，在外商的操纵下，为它们推销商品和收购原料服务。中国对外贸易的这种状况，只能说明中国的经济被迫卷入了世界资本主义的流通体系，作为世界资本主义殖民体系的附庸而存在。

资料来源：杨遵道、叶凤美编著：《清政权半殖民地化研究》，高等教育出版社1993年

版，第 329—330 页。

2. 破坏中国主权独立

◎近代中国海关沦为英国控制下的国际共管机构：

这个英国控制下的国际官厅，大抵是根据各国在中国势力的大小分配名额的。1861 年，主管税务部门（指总税务司署）的洋员是英国 5 人，美国 2 人，法国和德国各 1 人；到了 1864 年，则是英国 6 人，美国 3 人，法国 3 人，德国 1 人。1873 年，内班供事以上的洋员共 93 人，其中英占 58 人，法占 13 人，德占 11 人，美占 7 人，还有其他国籍人员 4 名。

随着列强在华势力的扩展，《烟台条约》签订后新的通商口岸的开辟和海关的增设，海关洋员的队伍越来越膨胀了。据 1885 年《新关题名录》的统计，是年海关洋员共 514 人，其中英国 332 人，德国 69 人，美国 43 人，法国 27 人，瑞典 14 人，丹麦 14 人，意大利 7 人。税务司共 41 人，其中英占 31 人，美占 6 人，德占 5 人，法占 3 人，挪威和匈牙利各 1 人。帮办共 97 人，其中英国 60 人，法国 11 人，美国 10 人，德国 5 人，奥地利 3 人，其余各国仅有 1 至 2 人。

资料来源：陈诗启：《从明代官手工业到中国近代海关史研究》，厦门大学出版社 2004 年版，第 214、215 页。

◎过低的关税损害中国的经济利益：

1858 年税则基本上是接受李泰国草案制定下来的。进口 176 种商品中，有 77 种的税率不足 5%，出口 174 种商品中有 97 种的税率不足 5%。中国出口最重要的丝茶两项税则未有增减。签订税则后，广州英商商会在致英方代表的函件中表示，1843 年的税则已经“无可非议”，因为“他们不知道世界上还有任何别的国家会有比它更为公道的税则”。对于这个已经“无可非议”的税则，再加削减以后的 1858 年税则，英国驻华公使阿礼国不禁问道：“哪个国家有像中国这样低的对外贸易税则呢?”

……

1859 年英法签订了互惠关税协定，英国以减低法国酒的进口税为条件，从每公担 159 法郎减低到 27.5 法郎，才换得法国减低英国各种麻、棉、毛织品的进口税，但平均税率仍达 15%。这个税率比当时中国对同类货物所征的进口税率高出 3 倍。19 世纪 70 年代初，德国进口棉纱征税 15%—30%，相当于中国同类进口税率的 3—6 倍。1864 年，美国对廉价棉布所课的进口税为每码 5 分，合每匹 2 元，而中国进口税率则为每匹 8 分，美国进口税约为中国进口税 25 倍。一般说来，当时中国进口税率水准只及美国六分之一。

资料来源：严中平主编：《中国近代经济史（1840—1894）》（一），人民出版社 2012 年版，第 234—235 页。

◎帝国主义列强通过租界、租借地、铁路附属地等方式侵犯中国国家主权：

各国租界、租借地、铁路附属地一览表

（1）租界

国　别	数目	所在城市与起讫年代
英租界	7	上海（1845—1863）、天津（1860—1945）、汉口（1861—1927） 九江（1861—1927）、镇江（1861—1927）、广州（1861—1945） 厦门（1878—1930）
法租界	4	上海（1849—1945）、天津（1860—1945） 广州（1861—1945）、汉口（1896—1945）
日租界	8	杭州（1896—1945）、苏州（1897—1945）、汉口（1898—1945） 沙市（1898—1945）、天津（1898—1945）、福州（1899，未划定） 厦门（1899，未划定）、重庆（1901—1937）
美租界	2	上海（1848—1863）、天津（1860—1902）
德租界	2	天津（1895—1917）、汉口（1895—1917）
俄租界	2	汉口（1896—1925）、天津（1900—1924）
意租界	1	天津（1902—1945）
奥租界	1	天津（1903—1917）
比租界	1	天津（1902—1931）
公共租界	2	上海（1863—1945）、鼓浪屿（1902—1945）

（2）租借地

国别	地　区	沿　　革
德国 日本	胶州湾	1898 年中德签订《胶澳租界条约》租与德国，租期 99 年。1914 年被日本强占，1922 年收回
英国	威海卫	1898 年中英签订《订租威海卫专条》租与英国，租期 25 年。1930 年收回
俄国 日本	旅顺、大连	1898 年中俄签订《旅大租地条约》租与俄国，租期 25 年。日俄战争后被日本强占，于 1915 年改租 99 年。1945 年收回
法国	广州湾	1899 年中法签订《广州湾租界条约》租与法国，租期 99 年。1945 年收回
英国	九龙“新界”	1898 年中英签订《展拓香港界址专条》，将北九龙半岛划为“新界”租与英国，租期 99 年

(3) 铁路附属地

国别	地　区	沿　　革
俄国	中东铁路沿线	1896 年中俄签订《御敌互相援助条约》与《合办东省铁路公司合同》，俄国取得在我国东北修筑铁路权利，后俄国借口保护铁路工程、运行及职工安全，沿线派驻军队与警察，并逐渐享有铁路沿线地区（包括哈尔滨、满洲里、海拉尔等城市）的司法权与行政权。1920 年中国政府收回了中东铁路公司的上述各种特权
日本	南满铁路沿线	1905 年 9 月，根据《朴茨茅斯条约》，俄国将中东铁路南部各线转让给日本经营，日本遂在南满铁路沿线地区（包括奉天、营口、长春、安东等城市）享有驻军、设警、司法、行政等权利。1931 年“九一八”事变后，日本占领了东北全境。1945 年 8 月，日本投降，中国政府光复国土，收回主权

资料来源：上海市政协资料委员会等合编：《列强在中国的租界》，中国文史出版社 1992 年版，第 590—592 页。

◎租界成为欺压中国平民、干涉中国内政的“独立王国”：

除日租界警察直接由日本领事统率外，英、俄、德、法租界工部局下都设有巡捕房，负责租界治安。英租界巡捕房的巡捕长必须是英国人，俗称头佬，副手称二道头、三道头。租界初设时，因不信任中国人，巡捕多用印度人。后才以愿为他们效忠、熟悉情况、待遇要求较低的华人为领班，招募了华人巡捕。法租界巡捕房负责人称大、二、三、四保正，大多为法国人，头佬为中国人，巡捕有法国殖民地的安南人，也有中国人。据 20 世纪初统计，英租界有印度巡捕 42 人，华人巡捕 45 人；俄租界巡捕 21 人，多是中国东北人；法租界有安南巡捕 12 人，华人巡捕 42 人；德租界有巡捕 50 人。1938 年日本占领武汉后，许多中国人逃到法租界避难，法租界巡捕于是猛增到 100 余人，分设手枪队、警棒队，由法国正规军一个营长率领。日租界的警察多为日本人以及日本殖民地的高丽人，只有少数中国人。租界的巡捕和警察秉承租界当局的意志进行统治，中国人在租界动辄得咎，经常受到侮辱、毒打，甚至生命也无保障。

租界里不仅有持枪、持棒的巡捕，还有外国侨民组织的准军事队伍。1862 年前后，借口防御太平军和其他农民起义武装，英租界组织了以英国在汉侨民为主的英国义勇队。义和团运动爆发后，英国又联合德国、法国组织了汉口国际义勇队。辛亥武昌起义前后，英国义勇队再度活动，参预了压制英国巡捕踢死人力车工人吴一狗后武汉人民的反抗斗争，并配合英国水兵拦阻武昌起义后的革命军进入租界。第一次世界大战期间，一些队员回国参战，但 1916 年 6 月时仍有队员 122 人。卢沟桥事变后，汉口日租界也建立了所谓“民众警察队”，协助租界里的日本军警参预收集情报等活动。

各国还非法地向租界派驻正规军，以干涉中国内政，威胁中国人民。武昌起义后，各国军舰联樯而至。到 1911 年 10 月 22 日，有英舰 8 艘，德舰 5 艘，美舰 3 艘，日舰 2 艘，俄、奥舰各 1 艘，共计 20 艘外国军舰云集汉口租界外的江边。日本等国还以保护租界为名，派来一支数百人的正规军，在租界附近架设电台，设置兵营。清帝退位，民国建立后仍常驻不撤。大革命时期，为包围和威胁国共合作的武汉国民政府，1927 年 4 月 21 日停泊在汉口租界江边的外国军舰达到 35 艘，其中英、日各 10 艘，美国 11 艘、法国 2 艘、意大利 2 艘。

资料来源：上海市政协资料委员会等合编：《列强在中国的租界》，中国文史出版社 1992 年版，第 192—194 页。

3. 屠杀和迫害人民群众

◎马克思在《英人在华的残暴行动》一文中控诉英国侵略者在广州的暴行：

广州城的无辜居民和安居乐业的商人惨遭屠杀，他们的住宅被炮火夷为平地，人权横遭侵犯，这一切都是在“中国人的挑衅行为危及英国人的生命和财产”这种站不住脚的借口下发生的！英国政府和英国人民——至少那些愿意弄清这个问题的人们——都知道这些非难是多么虚伪和空洞。有人企图转移对主要问题的追究，给公众造成一个印象：似乎在亚罗号划艇事件以前就有大量的伤害行为足以构成宣战的理由。可是这些不分青红皂白的说法是毫无根据的。英国人控告中国人一桩，中国人至少可以控告英国人九十九桩。

资料来源：［德］马克思：《英人在华的残暴行动》，见《马克思恩格斯选集》（第一卷），人民出版社 2012 年版，第 704 页。

◎1894 年，日军攻占旅顺后进行了 4 天 3 夜的屠城，死难者约 2 万人，只有埋尸的 36 人幸免于难。3 年后，英国冒险家詹姆斯·艾伦以目击者的身份，详细介绍了日军在旅顺大肆虐杀中国人的情景：

我自小巷拐出来的那块临湖的地面既高又陡，当我看到湖面时，下面的湖水大约距我有十五英尺。湖被好多日军团团围住，日军把无数的难民赶到湖中，从四面向他们开枪，并用刺刀把那些力图挣扎逃出湖面的难民赶回湖水中去，湖面上漂浮着死尸，湖水被血染红了。为复仇之欢乐而大叫大笑的日军，似乎对受害者所遭受的痛苦幸灾乐祸呢。眼前那些满身血污的难民在浑水中挣扎的情景真令人可怕，而那些还活着的难民，拼命想从无数尸体绊缠之中逃出来，却很快摔倒了；常常拼着最后一点力气又站了起来，满身淌着血水，发出可怜的叫声和哀求声，而他们周围的杀人魔鬼还学他们的叫声。难民之中有很多妇女。我看到一个抱着孩子的女人，孩子拼命向前扑，妈妈将孩子举向日军，似乎在哀求。她涉水到湖边时，一个鬼子用刺刀把她捅穿，她倒下去时，鬼子又刺了一刀，将这约两岁的孩子刺穿了，小小的尸体高高挂在刺刀上。妈妈爬起来，发狂似的想夺回孩子。很显然，她已精疲力竭快咽气了，又跌倒在湖水中。她的尸体——事实上每个够得着的尸体都遭到同样的待遇——被砍成碎片。

资料来源：［英］詹姆斯·艾伦：《在龙旗下——甲午战争亲历记》，见《近代史资料》（总57号），中国社会科学出版社1985年版，第71—72页。

◎列宁称八国联军的侵华战争不过是“战胜了手无寸铁的中国人”：

俄国正在结束对华战争。动员了许多军区，耗费了亿万卢布，派遣了数以万计的士兵到中国去，打了许多仗，取得了一连串的胜利，——不过，这些胜利与其说是战胜了敌人的正规军，不如说是战胜了中国的起义者，更不如说是战胜了手无寸铁的中国人。水淹和枪杀他们，不惜残杀妇孺，更不用说抢劫皇宫、住宅和商店了。而俄国政府以及奉承它的报纸，却庆祝胜利，欢呼英勇的军队的新战功，欢呼欧洲的文化击败了中国的野蛮，欢呼俄罗斯“文明使者”在远东的新成就。

资料来源：［俄］列宁：《对华战争》，见《列宁选集》（第一卷），人民出版社1995年版，第278页。

◎俄国记者德米特里·扬契维茨基在《八国联军目击记》中描绘了八国联军屠杀义和团团民的情景：

每一次齐射之后，我们都听到了刺耳的号叫声，只见红灯掉落了，溃散了，熄灭了。但是团民们仍然挥舞大刀长矛，高喊“义和拳，红灯照！”向车站前进。

他们中有一位师傅，是个脸色阴沉的高个子老头。他带领一群团民径直向我们连冲过来。走在前头的小孩子举着大旗，上面写着“义和团”三个大字。

月亮照耀着这些丧失理智的莽汉，照耀着他们的大刀和旗帜。

……

一排子弹射过去，大旗倒下了，又举了起来，接着又倒了下去。

资料来源：［俄］德米特里·扬契维茨基：《八国联军目击记》，许崇信等译，福建人民出版社1983年版，第92页。

◎第一次鸦片战争后，大批失业农民被人贩子用暴力强迫的手段掠往国外：

1847—1853年，先后共有40只外国苦力船从厦门掠走1万多人。其中36只是英国船。运往澳大利亚和圭亚那殖民地的共5062人。运往古巴的共有5205人。这40只苦力船中，有30只是从厦门装船出口的，10只是在汕头的南澳岛装船的。

资料来源：严中平主编：《中国近代经济史（1840—1894）》（一），人民出版社2012年版，第61页。

在妈屿岛死去的苦力，大都是被巴拉坑苦刑折磨致死的，其重伤、重病被苦力船拒收者则被弃于海滩，无人过问。有人在妈屿岛亲眼看到被遗弃的苦力尸堆，有已死的，也有还在尸堆中挣扎的。他们是从正在那里装载苦力的美国船上抬下来的，颈子上还系着船上发的号牌和船票，穿着船上发的苦力服。这些垂死的人说，已有四五天未进饮食，有的则以手指口，表示饥饿。人们看到这只美国苦力船，一次就抬下7名垂死的苦力，放置海滩，附近一些已被抛弃在那里的尸体，共有16具。

资料来源：严中平主编：《中国近代经济史（1840—1894）》（一），人民出版社2012年版，第63页。

1861年到1872年间，从香港开出的苦力船达403艘，其中英国船172艘，美国船159艘，分别占42.68%和39.45%。其他各国共72艘，占17.87%。

从1851年到1872年，从香港掠往南北美洲、大洋洲的契约苦力人数众多，其中掠往美国西部的共171579人；掠往英属殖民地的124108人。美国和英国共掠去295687人。可见，从香港掠走的苦力，基本上由美、英两家垄断了。此外，从这里掠往古巴的契约苦力，从1852年到1859年，共有6181人；掠往秘鲁的，从1850年至1870年，也有5515人。

资料来源：严中平主编：《中国近代经济史（1840—1894）》（一），人民出版社2012年版，第73页。

苦力船上的迫害和斗争，导致惊人的死亡率。1860年，法国苦力船沙利斯麻的尔号（Salis Martil）从澳门装运900名苦力，开到哈瓦那时，只剩下100人，死亡率近90%。1861年9月，另一法国苦力船奥古斯丁地那号（Augustin-dila）装运350名苦力，开到秘鲁时只剩11人，上岸后又死去6人，实到5人，死亡率高达99%。

资料来源：严中平主编：《中国近代经济史（1840—1894）》（一），人民出版社2012年版，第83页。

夫猪仔馆者，拐贩华人过洋为奴，其所居名曰招工，俗谓之“买猪仔”。粤东方言，物之小者曰“仔”，盖言被拐者若猪仔之贱，有去无还，既入其笠，又从而招之意也。奇货可居，获利极厚，每名归西洋国税洋一元，归澳门拟事亭番官使费银两元。近复用赂蒙蔽华官。又闻粤省拐徒千万，与洋人串通，散诸四方。被骗出洋而死于难者，每年以千百计。有半途病死者，有自经求死者，有焚凿船只者。要之，皆同归于尽。即使到岸，充极劳极苦之工，饮食不足，鞭挞有余；或被无辜杀戮，无人保护，贱同蝼蚁，命若草菅。噫！华民无辜，飘零数万里，而受如此之刻酷乎！

或云："所去者，皆经澳门拟事亭番官审讯。不愿去者，遣归原籍，而甘于去者，皆目为强徒"。实不知诡计百出，财通上下。堂中审讯，尽是冒名顶替之徒。解回原籍，岂是真情，诡称脱网，掩人耳目。计巧心狠，至此已极。富贵之家，聪明之子，亦往往误受其愚，自投陷阱，只身远出，四顾无亲，虽舍万金，无由可赎。况乎青年伉俪破镜重圆，白发高堂倚门怅望。其存其殁，杳不可知，一线宗祧，于焉中绝。良可哀已！然此犹害之在民也。若夫往者日众，其中岂无谲诈枭雄之辈。万一楚材晋用，或如明季倭患之徐、叶等，则毒蝮反噬，祸有不可问者。事关大局，窃抱杞忧。所愿与有心当事者，亟谋设法，为曲突徙薪之计也。

资料来源：郑观应：《澳门猪仔论》，见《郑观应集》（上册），上海人民出版社 1982 年版，第 6—7 页。

（二）殖民扩张给世界各国带来深重灾难

1. 殖民扩张给亚洲各国人民带来灾难

◎马克思认为，资产阶级在殖民地暴露了它伪善和野蛮的本性：

英国资产阶级将被迫在印度实行的一切，既不会使人民群众得到解放，也不会根本改善他们的社会状况，因为这两者不仅仅决定于生产力的发展，而且还决定于生产力是否归人民所有。但是，有一点他们是一定能够做到的，这就是为这两者创造物质前提。难道资产阶级做过更多的事情吗？难道它不使个人和整个民族遭受流血与污秽、蒙受苦难与屈辱就实现过什么进步吗？

……

当我们把目光从资产阶级文明的故乡转向殖民地的时候，资产阶级文明的极端伪善和它的野蛮本性就赤裸裸地呈现在我们面前，它在故乡还装出一副体面的样子，而在殖民地它就丝毫不加掩饰了。资产阶级是财产的捍卫者，但是难道曾经有哪个革命党发动过孟加拉、马德拉斯和孟买那样的土地革命吗？当资产阶级在印度单靠贪污不能填满他们那无底的欲壑的时候，难道他们不是都像大强盗克莱夫勋爵本人所说的那样，采取了凶恶的勒索手段吗？当他们在欧洲大谈国债神圣不可侵犯的时候，难道他们不是同时就在印度没收了那些把私人积蓄投给东印度公司作股本的拉甲所应得的红利吗？当他们以保护"我们的神圣宗教"为口实反对法国革命的时候，难道他们不是同时就在印度禁止传播基督教吗？而且为了从络绎不绝的朝拜奥里萨和孟加拉的神庙的香客身上榨取钱财，难道他们不是把札格纳特庙里的杀生害命和卖淫变成了一种职业吗？这就是维护“财产、秩序、家庭和宗教”的人的真面目！

资料来源：［德］马克思：《不列颠在印度统治的未来结果》，见《马克思恩格斯选集》（第一卷），人民出版社2012年版，第861—862页。

◎英国资本主义破坏了印度的家庭工业和农业：

经过工业革命，到19世纪初，英国已成为世界上最先进的资本主义工业大国。英国资本主义在印度破坏了印度自然经济社会，并且建设了西方式社会基础。英国凭借政治统治权力、工业技术优势和低关税等条件，破坏了印度手工纺织工业。他们首先把印度的棉织品排挤出欧洲市场，接着把印度的棉花运到英国各纺织工业城市进行加工，然后再把制成品输入印度。1814年至1835年，即英国对印度实行“自由贸易”的21年间，印度输入英国的棉布从125万匹跌到30多万匹；而同一时期，英国输入印度的棉织品由不足100万码增加到5100万码以上。印度手工纺织业的被破坏，意味着千百万手工业者的破产。往日工业发达和人口稠密的城市，如达卡遭到了毁灭性破坏，人口从1827年的15万人锐减到3万人。失业的手工业者找不到工作而挣扎于死亡线上。印度总督本丁克承认：“悲惨的情况在商业史上是无与伦比的。棉织工人的白骨使印度平原都白成一片了。”

英国资产阶级在破坏了维系印度公社的家庭工业的同时，也破坏了与手织业、手纺业相特殊结合的农业。1793年，印度总督康华礼在孟加拉、比哈尔和奥里萨等省实行“固定柴明达尔制”，废除了农村公社成员对土地的共有权，把包税人（柴明达尔）变为私有地主。柴明达尔以1790年的征税额为不变的“固定”数额，但须将土地税收的九成上缴公司。哈斯丁在总督任内（1813年至1823年），实行了两种土地税收制度：在马德拉斯和孟买省是“莱特瓦尔制”，承认公社农民（“莱特”）对所耕土地的所有权，但须向公司缴纳相当于全年收成的1/2以上的土地税；在中印度实行了“不固定的柴明达尔制”，把柴明达尔向农民征收的税额规定为每25—30年重定一次。这些土地制度是对印度农民群众的残酷压榨。榨取的土地税占殖民当局总收入的3/5，从而使印度农民陷入赤贫。

资料来源：吴于廑、齐世荣主编：《世界史·近代史编》（上卷），高等教育出版社2011年版，第131页。

◎荷兰东印度公司通过“强迫供应”“强迫种植”“强征税供”“强征劳役”等方式从印尼群岛获得巨额利润：

荷兰东印度公司的“强迫供应制”，首先在马打兰实行。它规定马打兰每年须以最低价格为公司供应足量的大米。这种制度逐渐推广到万丹，强迫万丹供应胡椒；推广到勃良安，强迫勃良安供应木材、大米、胡椒、牲畜、蓝靛、棉花；推广到井里汶，强迫井里汶供应蓝靛、蔗糖、大米、木材、棉花。公司在各州设置监督官，监督甫巴迪们把贡品送到巴达维亚。1709 年又从卡尔达苏拉开始，规定每一州所必须承担的上缴给东印度公司的贡品份额。

强迫供应制下，公司规定的土产的价格都非常之低。如 1696 年公司在勃良安地区试种咖啡，1706 年试种成功。从此，公司在当地首领的支持下，在爪哇强迫种植咖啡，减少粮食作物的种植面积，而收获的咖啡，则全部低价出售给公司。开始时，公司以每担 21 令吉的价格购买咖啡。后来，为了“不使人民手中有太多的钱”，竟将买价压低到每担 5 令吉。农民想砍掉咖啡树，但又被严厉禁止。1738 年公司又规定，支付农民咖啡款时一半用现金一半打欠条。气愤之极的农民纷纷离开种植园，于是，公司又规定每一州必须供应的咖啡数额。完不成数额，当地首领就要受惩罚。因此，他们只好用更强硬的手段强迫农民种植。

强迫供应和强迫种植，使农民深受压榨，苦不堪言。农民不堪其苦，纷纷采用怠工、毁树等种种方式进行反抗。后来，咖啡价格虽然升到每担 20 令吉以上，但农民经过层层压榨、层层盘剥，仍旧几无所得。如 1797 年公司对每担咖啡（160 磅）仅按 140 磅付钱，而这些钱一部分被当地首领和荷兰监工攫取；一部分偿付运输费；勃良安的“荷兰代表”还要在这些钱中扣除一部分，最后，种植者只得到一点点报酬，甚至一无所获。为维持价格稳定和市场上的适量供应，公司时常在供过于求时砍掉农民的咖啡树，在供不应求时又强迫农民扩种咖啡树。

除了强迫供应、强迫种植以外，公司还强征税贡、强征劳役。在荷兰东印度公司统治下，农民除了要为公司种植各种土产、缴纳各种税款外，还要从事各种无偿劳动。为公司作民夫，服劳役，兴建城堡、修筑道路、开发矿山、建造桥梁码头；为苏苏胡南、甫巴迪、村长耕种土地、开垦山林、建设家园；甚至为包税人服务……

荷兰殖民者的掠夺政策，使东印度公司从印尼群岛获得了巨额利润。公司分发的股息不断增加，平均每年股息 18%。从 1602 年至 1782 年，公司发给股东的利息共达 232000000 荷兰盾，相当于股本的 36 倍。公司的资产日益庞大，往返于荷印的船只日益增加。

资料来源：梁志明主编：《殖民主义史·东南亚卷》，北京大学出版社 1999 年版，第 122—124 页。

2. 殖民扩张给拉丁美洲人民带来灾难

◎西班牙在拉丁美洲的殖民统治导致印第安人大量死亡：

布宜诺斯艾利斯省于1620年至1621年所进行的第一次统计调查的结果表明：到1622年以前，在布宜诺斯艾利斯、圣非、科连特斯、贝尔梅奥及与其毗连的土地上，五百四十六户市民（贝西诺）共分到四千八百九十九名被监护的印第安人。到1673年，在拉普拉塔地区受监护的印第安人统共只剩下八百八十七人，即减少了百分之八十二。

但是，委托监护制的危害性，却以无与伦比的巨大规模在图库曼和库约两省表现出来。在这两省，这种剥削制度导致数万印第安人随之死亡。例如，仅在图库曼一个城市及其四郊之中，1607年受监护的印第安人为两万四千名，到1671年就只剩两千二百人了。而在库约省，则发生了更为骇人听闻的灭种惨剧。例如，根据同时代人所搜集的资料，在该省被征服后的头两年（1561—1562年），受监护的印第安人有十万名，而大致经过一百年以后（到1662—1674年），这些印第安人统共只剩下五千名左右。

虽然受监护的印第安人被认为是“自由人”和国王的子民，但是他们却被编在一定的征服者即监护人的名下，并且固定下来。他们应当向这些监护人缴纳赋税，或是为这些监护人服私人徭役。印第安人一经编定，就禁止由这一郡迁入其他的郡，也不准由这一监护人转让给另一监护人。

资料来源：[苏] 叶尔莫拉耶夫主编：《阿根廷史纲》，北京编译社译，三联书店1972年版，第52—54页。

◎拉丁美洲成为欧洲及美国的原料供应地和商品销售市场：

随着英、美等国殖民势力的入侵，拉丁美洲经济日益被纳入世界资本主义体系之中，并且逐渐成为欧洲列强及美国的原料供应地和商品销售市场。拉丁美洲向国外运出的农产品和工业原料迅速增加。1815年至1820年，智利与英国之间的商品贸易每年只使用二三艘船，但在1847年，将智利出口的商品运到英国需要300多艘船。从1825年至1850年，布宜诺斯艾利斯出口原料的价值翻了近三番。1830年至1831财政年度，委内瑞拉出口6万袋咖啡、3.8万袋可可、1500头牛、4.5万张皮革，而在1847年至1848财政年度，则增加为20万袋咖啡、6.7万袋可可、1.6万头牛、36.6万张皮革。同时，大量的外国货物进口，特别是英国工业品充斥拉丁美洲市场，打击了拉丁美洲国家的工业，导致工厂和企业倒闭，工人失业。

资料来源：吴于廑、齐世荣主编：《世界史·近代史编》（上卷），高等教育出版社 2011 年版，第 146 页。

3. 殖民扩张给非洲人民带来灾难

◎非洲奴隶贸易数量屡创新高：

1810 年前后，即禁止奴隶贸易的法令已经颁布 3—4 年后，每年运抵美洲的奴隶人数却超过 18 世纪的最高额；又过了 20 年，1830 年输入美洲的黑奴年均仍达到 12.5 万人。19 世纪 40 年代奴隶贸易达到了最高峰，年均输入美洲高达 13.5 万名奴隶。安哥拉、莫桑比克、刚果、下几内亚沿岸和东非成为非洲输出奴隶最多的地区。1821 年至 1822 年不到一年时间从博尼、卡拉巴尔驶往美洲奴隶船达 352 艘，运出 7 万名奴隶。1823 年至 1824 年仅运到巴西里约热内卢的，就有从非洲西海岸运出的 32085 名非洲奴隶，从东非运出的 12048 名非洲奴隶。尽管如此，1841 年英、奥、俄、普、法签订了“五国条约”，从形式上对奴隶贸易加以严格限制，但非洲以外的资本主义发展对奴隶劳动力的极大需求仍使非洲输出奴隶的数量在 19 世纪 40 年代达到了顶峰。据巴克斯顿统计，每年从东南海岸输出 1.5 万，安哥拉输出 2.9 万，从埃尔米纳以北地带输出 3 万，从贝宁湾和比夫拉湾输出 14 万，共 21.4 万非洲奴隶，加上阿拉伯商人输出 5 万，每年从非洲输出奴隶总数仍不少于 20 万人。

资料来源：郑家馨主编：《殖民主义史·非洲卷》，北京大学出版社 2000 年版，第 18—19 页。

◎殖民主义列强对非洲大陆的瓜分：

1914 年殖民主义列强瓜分非洲领土统计表

国名	占领非洲殖民地面积（平方公里）	占非洲总面积（百分比）	各殖民地人口（人）
英国	9,020,920	30%	51,660,000
法国	10,387,521	35%	38,500,000
德国	2,447,018	8%	11,527,000
意大利	2,397,260	7.9%	1,368,000
比利时	2,345,809	7.9%	15,007,000
葡萄牙	2,061,720	6.9%	8,352,000
西班牙	330,000	1%	（沙漠地带）不详

资料来源：中国社会科学院世界历史研究所编：《世界历史·殖民扩张与南北关系》，江西人民出版社 2011 年版，第 154 页。

三、“切扶大厦之将倾”

（一）社会制度的腐败是反侵略斗争失败的根本原因

◎清道光二十五年（1845年），陕西督粮道张集馨记录了晚清官场各种贿赂的名头、数量以及行贿方式：

将军三节两寿，粮道每次送银八百两，又表礼、水礼八色，门包四十两一次。两都统每节送银二百两，水礼四色。八旗协领八员，每节每员送银二十两，上白米四石。将军、都统又荐家人在仓，或挂名在署，按节分账。抚台分四季致送，每季一千三百两，节寿但送表礼、水礼、门包杂费。制台按三节致送，每节一千两，表礼、水礼八色及门包杂费，差家人赴兰州呈送。

遇有过客，皆系粮道承办。西安地当孔道，西藏、新疆以及陇、蜀皆道所必经。过客到境，粮道随将军、中丞等在官厅迎接，俟各官回署后，差人遍问称呼，由道中幕友写好送到各署，看明不错，然后差人送至官客公馆，一面张灯结彩，传戏备席。每次皆戏两班。上席五桌，中席十四桌。上席必燕窝烧烤，中席亦鱼翅海参。西安活鱼难得，每大鱼一尾，值制钱四五千文，上席五桌断不能少。其他如白鳝、鹿尾，皆贵重难得之物，亦必设法购求，否则谓道中悭吝。戏筵散后，无论冬夏，总在子末丑初。群主将客送出登舆，然后地主逐次揖送，再著人持群主名帖，到客公馆道乏，又持粮道衔柬，至各署道乏。次日，过客起身，又往城西公送，并馈送盘缠，其馈送之厚薄，则视官职之尊卑。每次宴会，连戏价、备赏、酒席杂支，总在二百余金，程仪在外。……大宴会则无月无之，小应酬则无日无之。春秋年节，又须请将军、副都统及中丞司道府县，以及外道府县之进省者，皆是戏筵；满城协领、绿营参游，亦于春秋延请一次。如十天半月，幸无过客滋扰，道中又约两司、盐道在署传戏小集，不如是不足以联友谊也。

资料来源：张集馨：《道咸宦海见闻录》，中华书局1981年版，第79—80页。

◎捐纳是一种异途选官制度。清晚期，这种出卖官爵典封的捐纳办法成为弥补国库空虚的重要手段：

在1843年至1850年8年间，由于清朝封建政府大力推广捐纳，报捐人数和捐纳银数都很可观……各省报捐人数共计62068人……所收捐纳银共计6734874两……如以当时仅由户部收入的捐纳银数和户部银库每年收入银数比较，捐银所占的比重：1843年为48.2%，1845年为16.5%，1846年为19.2%，1849年为12.2%。

资料来源：彭泽益：《十九世纪后半期的中国财政与经济》，中国人民大学出版社2010年版，第30页。

◎1865年9月18日，赫德向总理衙门呈递自己对中国政治现状和前途的观察与建议，即《局外旁观论》。其中，赫德认为清廷的官僚系统已经彻底糜烂：

外省臣工，不能久于其任，以致尽职者少，营私者多。寄耳目于非人，而举劾未当，供贪婪于戚友，而民怨弗闻。在京大小臣工，名望公正者，苦于管辖甚多，分内职分，反无讲求之暇；部员任吏胥操权，以费之有无定准驳，使外官清廉者必被驳饬。如是而欲民生安业，岂可得耶。

资料来源：《附件三 总税务司赫德〈局外旁观论〉抄件》，见曾国藩：《曾国藩全集·奏稿之九》，岳麓书社2011年版，第45—46页。

（二）民族意识的觉醒

◎郑观应在《盛世危言》中提出，中国如想自强，必须和外国展开“商战”：

自中外通商以来，彼族动肆横逆，我民日受欺凌，凡有血气孰不欲结发厉戈，求与彼决一战哉？……彼之谋我，噬膏血匪噬皮毛，攻资财而不攻兵阵，方且以聘盟为阴谋，借和约为兵刃。迨至精华销竭，已成枯腊，则举之如发蒙耳。故兵之并吞，祸人易觉，商之掊克，敝国无形。我之商务一日不兴，则彼之贪谋亦一日不辍。纵令猛将如云，舟师林立，而彼族谈笑而来，鼓舞而去，称心餍欲，孰得而谁何之哉？吾故得以一言断之曰：“习兵战，不如习商战。”

资料来源：郑观应：《盛世危言·商战上》，见夏东元编：《郑观应集》（上册），上海人民出版社1982年版，第586页。

◎康有为在《上清帝第二书》中提出“非变通旧法，无以为治”的思想：

然凡上所陈，皆权宜应敌之谋，非立国自强之策也。伏念国朝法度，因沿明制，数百年矣。物久则废，器久则坏，法久则弊。官制则冗散漫数，甚且鬻及监司，教之无本，选之无择，故营私交赂，欺饰成风，而少忠信之吏。学校则教及词章诗字，寡能讲求圣道，用非所学，学非所用，故空疏愚陋，谬种相传，而少才智之人。兵则绿营老弱，而募勇皆乌合之徒。农则地利未开，而工商无制造之业。其他凡百积弊，难以遍举。而外国奇技淫巧，流行内地，民日穷匮，乞丐遍地，群盗满山，即无外衅，精华已竭，将有他变。方今当数十国之觊觎，值四千年之变局，盛暑已至，而不释重裘，病症已变，而犹用旧方，未有不暍死而重危者也。

窃以为今之为治，当以开创之势治天下，不当以守成之势治天下；当以列国并立之势治天下，不当以一统垂裳之势治天下。盖开创则更新百度，守成则率由旧章。列国并立，则争雄角智；一统垂裳，则拱手无为。言率由而外变相迫，必至不守不成；言无为而诸国交争，必至四分五裂。《易》曰："穷则变，变则通。"董仲舒曰："为政不调，甚者更张，乃可为理。"若谓祖宗之法不可变，则我世祖章皇帝何尝不变太宗文皇帝之法哉？若使仍以八贝勒旧法为治，刚我圣清岂能久安长治乎？不变法而割祖宗之疆土，驯至于亡，与变法而光宗庙之威灵，可以大强，孰轻孰重，孰得孰失，必能辨之者。

不揣狂愚，窃为皇上筹自强之策，计万世之安，非变通旧法，无以为治。变之之法，富国为先。户部岁入银七千万，常岁亦已患贫，大农仰屋，罗掘无术，鬻官税赌，亦忍耻为之，而所得无几。然且旱潦河灾，船炮巨帑，皆不能举。闻日本索偿二万万，是使我臣民上下三岁不食乃能给之。若借洋债，合以利息扣折，百年亦无偿理，是自毙之道也。与其以二万万偿日本，何如以二万万外修战备，内变法度哉！

资料来源：康有为：《上清帝第二书》，见《康有为全集》（第二集），上海古籍出版社1990年版，第74页。

◎甲午战败引起全国极大震动。各阶层人民都卷入为国家民族抗争的爱国热潮中。梁启超提出变法是国家唯一出路：

唤起吾国四千年之大梦，实自甲午一役始也。吾国之大患，由国家视其民为奴隶，积之既久，民之自视，亦如奴隶焉。彼奴隶者苟抗颜而干预主人之家事，主人必艴然而怒，非摈斥则谴责耳。故奴隶于主人之事，罕有关心者，非其性然也，势使之然也。吾国之人视国事若于己无与焉，虽经国耻历国难，而漠然不以动其心者，非其性然也，势使之然也。且其地太辽阔，而道路不通，彼此隔绝，异省之民，罕有交通之事，其相视若异国焉。各不相知，各不相关，诚有如小说家所记巨鲸之体，广袤数里，渔人斫其背而穴焉，寝处于是，炊爨于是，而巨鲸渺然不之知也。故非受巨创负深痛，固不足以震动之。昔日本当安政间，受浦贺米舰一言之挫辱，而国民蜂起，遂成维新。吾国则一经庚申圆明园之变，再经甲申马江之变，而十八行省之民，犹不知痛痒，未尝稍改其顽固嚣张之习，直待台湾既割，二百兆之偿款既输，而鼾睡之声，乃渐惊起，此亦事之无如何者也。

乙未二三月间，和议将定。时适会试之年，各省举人集于北京者以万数千计。康有为创议上书拒之，梁启超乃日夜奔走，号召连署上书论国事。广东、湖南同日先上，各省从之，各自连署麇集于都察院者，无日不有。虽其言或通或塞，或新或旧，驳杂不一，而士气之稍申，实自此始。既而合十八省之举人，聚议于北京之松药庵（庵者，明代烈士杨继盛氏之故宅也），为大连署以上书，与斯会者凡千三百余人，时康有为尚未通籍，实领袖之。其书之大意凡三事：一曰拒和，二曰迁都，三曰变法。而其宗旨则以变法为归。盖谓使前此而能变法，则可以无今日之祸；使今日而能变法，犹可以免将来之祸。若今犹不变，则他日之患，更有甚于今者。言甚激切，大臣恶之，不为代奏。然自是执政者渐渐引病去，公车之人散而归乡里者，亦渐知天下大局之事，各省蒙昧启辟，实起点于斯举。

资料来源：梁启超：《戊戌政变记（外一种）》，上海古籍出版社 2014 年版，第 107—108 页。

◎梁启超《论变法不知本原之害》一文，在疾呼变法之声中，清醒准确地提出变法应求其本原之说，认为“一切要其大成，在变官制”：

吾今为一言以蔽之曰：变法之本，在育人才；人才之兴，在开学校；学校之立，在变科举，而一切要其大成，在变官制。难者曰：子之论探本穷原，靡有遗矣，然兹事体大，非天下才，惧弗克任，恐闻者惊怖其言以为河汉，遂并向者一二西法而亦弃之而不敢道，奈何？子毋宁卑之无甚高论，令今可行矣。释之曰：不然，夫渡江者汎乎中流，暴风忽至，握舵击楫，虽极疲顿，无敢云者，以偷安一息，而死亡在其后也。庸医疑证，用药游移。精于审证者，得病源之所在，知非此方不愈此疾，三年畜艾，所弗辞已，虽曰难也，将焉避之。抑岂不闻东海之滨，区区三岛，外受劫盟，内逼藩镇，崎岖多难，濒于灭亡，而转圜之间，化弱为强，岂不由斯道矣乎？则又乌知乎今之必不可行也。有非常之才，则足以济非常之变。呜呼！是所望于大人君子者矣。

资料来源：梁启超：《论变法不知本原之害》，见《饮冰室合集》（文集·第一册·卷一），中华书局 1989 年版，第 10—11 页。

◎《原强（修订稿）》是中国近代启蒙思想家严复介绍西学的政论文章，其主要内容是希望通过借鉴西学，探索和论述中国富强之道。严复提出“是以今日要政，统于三端：一曰鼓民力，二曰开民智，三曰新民德”：

夫如是，则中国今日之所宜为，大可见矣。夫所谓富强云者，质而言之，不外利民云尔。然政欲利民，必自民各能自利始；民各能自利，又必自皆得自由始；欲听其皆得自由，尤必自其各能自治始；反是且乱。顾彼民之能自治而自由者，皆其力、其智、其德诚优者也。是以今日要政，统于三端：一日鼓民力，二日开民智，三日新民德。夫为一弱于群强之间，政之所施，固常有标本缓急之可论。唯是使三者诚进，则其治标而标立；三者不进，则其标虽治，终亦无功；此舍本言标者之所以为无当也。虽然，其事至难言矣。夫中国今日之民，其力、智、德三者，苟通而言之，则经数千年之层递积累，本之乎山川风土之攸殊，导之乎刑政教俗之屡变，陶钧炉锤而成此最后之一境。今日欲以旦暮之为，谓有能淘洗改革，求以合于当前之世变，以自存于侹儴烦扰之中，此其胜负通窒之数，殆可不待再计而知矣。然而自微积之理而观之，则曲之为变，固有疾徐；自力学之理而明之，则物动有由，皆资外力。今者外力逼迫，为我权借，变率至疾，方在此时。智者慎守力权，勿任旁守，则天下事正于此乎而大可为也。即彼西洋之克有今日者，其变动之速，远之亦不过二百年，近之亦不过五十年已耳，则我何为而不奋发耶！

资料来源：卢云昆选编：《社会巨变与规范重建——严复文选》，上海远东出版社 1996 年版，第 29—30 页。

◎邹容的《革命军》以西方资产阶级革命理论为主要武器，从正面阐述革命的正义性和必要性，宣传革命排满和民主共和的思想：

吾同胞今日之所谓朝廷，所谓政府，所谓皇帝者，即吾畴昔之所谓曰夷、曰蛮、曰戎、曰狄、曰匈奴、曰鞑靼。其部落居于山海关之外，本与我黄帝神明之子孙不同种族者也。其土则秽壤，其人则膻种，其心则兽心，其俗则毳俗，其文字不与我同，其语言不与我同，其衣服不与我同，逞其凶残淫杀之威，乘我中国流寇之乱，闯入中原，盘踞上方，驱策汉人，以坐食其福。故祸至则汉人受之，福至则满人享之。太平天国之立（一作亡）也，以汉攻汉，山尸海血，所保者满人。甲午战争之起也，以汉攻倭，偿款二百兆，割地一行省，所保者满人。“团匪”之乱也，以汉攻洋，流血京、津，所保者满人。故今日强也，亦满人强耳，于我汉人无与焉；故今日富也，亦满人富耳，于我汉人无与焉。同胞！同胞！毋引为己类！贼满人刚毅之言曰：“汉人强，满人亡。”彼族之明此理久矣，愿我同胞当蹈其言，毋食其言。

以言夫满洲人之对待我者固如此，以言夫我同胞之受害也又如彼。同胞！同胞！知所感乎？知所择乎？夫犬羊啮骨，犹嫌鲠喉，我同胞受此种种不平之感，殆有若铜驼石马者焉，然而贼满人之奴隶我者，尚不止此。吾心之所欲言者，而口不能达之，口之所能言者，而笔不能宣之。吾今发一誓言以告人曰：有举满人对待我同胞之问题，以难于吾者，吾能杂搜博引，细说详辩，揭其隐衷微意，以著于天下。吾但愿我身化为恒河沙数，一一身中出一一舌，一一舌中发一一音，以演说贼满人驱策我、屠杀我、奸淫我、笼络我、虐待我之惨状于我同胞前。吾但愿我身化为无量恒河沙数名优巨伶，以演出践满人驱策我、屠杀我、奸淫我、笼络我、虐待我之活剧于我同胞前。

……

如是！如是！则贼满人为我同胞之公敌，为我同胞之公仇，二百六十余年之奴隶犹能脱，数十年之奴隶勿论已。吾今与同胞约曰：张九世复仇之义，作十年血战之期，磨吾刃，建吾旗，各出其九死一生之魄力，以驱除凌辱我之贼满人，压制我之贼满人，屠杀我之贼满人，奸淫我之贼满人，以恢复我声明文物之祖国，以收回我天赋之权利，以挽回我有生以来之自由，以购取人人平等之幸福。

噫！吁嘻！我中国其革命！我中国其革命！法人三次，美洲七年，是故中国革命亦革命，不革命亦革命。吾愿日日执鞭，以从我同胞革命，吾祝我同胞革命。

“忍令上国衣冠，沦于夷狄；相率中原豪杰，还我河山！”我同胞其有是志也夫！

资料来源：邹容：《革命军》，见邹容著，张梅编注：《邹容集》，人民文学出版社 2011 年版，第 18 页。

◎孙中山在《〈民报〉发刊词》中提出三民主义思想，认为“诚可举政治革命、社会革命毕其功于一役”：

今者中国以千年专制之毒而不解，异种残之，外邦逼之，民族主义、民权主义殆不可以须臾缓。而民生主义，欧美所虑积重难返者，中国独受病未深，而去之易。是故或于人为既往之陈迹，或于我为方来之大患，要为缮吾群所有事，则不可不并时而弛张之。嗟夫！所陟卑者其所视不远，游五都之市，见美服而求之，忘其身之未称也，又但以当前者为至美。近时志士舌敝唇枯，惟企强中国以比欧美。然而欧美强矣，其民实困，观大同盟罢工与无政府党、社会党之日炽，社会革命其将不远。吾国纵能媲迹于欧美，犹不能免于第二次之革命，而况追逐于人已然之末轨者之终无成耶！夫欧美社会之祸，伏之数十年，及今而后发见之，又不能使之遽去。吾国治民生主义者，发达最先，睹其祸害于未萌，诚可举政治革命、社会革命毕其功于一役。还视欧美，彼且瞠乎后也。

资料来源：孙中山：《〈民报〉发刊词》，见广东省社会科学院历史研究室、中国社会科学院近代史研究所中华民国史研究室、中山大学历史系孙中山研究室合编：《孙中山全集》（第一卷），中华书局 1981 年版，第 288—289 页。

专题二

国家出路的早期探索

一、中国旧式农民战争的高峰

（一）太平天国起义具有新的历史特点

1. 拜上帝会结合基督教教义和儒家的大同思想提出平等主义思想

◎在近代，农民问题随着时代变迁呈现出新的时代特点。洪秀全的宗教理论是农民平均主义、儒家大同思想和西方基督教义的结合。基督教在近代是列强用以侵略中国的工具，然而，基督教思想中的阶级对抗因素和平等理念适应了近代苦难的中国人民的政治需要，特别是洪秀全借用基督教理论来表达反清思想，对于文化落后的农民来说更容易接受。拜上帝会是洪秀全吸收基督教教义而成立的特殊宗教组织，主要教义体现在洪秀全受基督教布道书《劝世良言》的影响而写成的《原道救世歌》《原道醒世训》《原道觉世训》。其中，《原道醒世训》既吸收了儒家的大同思想，又吸收了基督教教义，提出"平等观"：

遐想唐虞三代之世，天下有无相恤，患难相救，门不闭户，道不拾遗，男女别涂，举选尚德。尧舜病博施，何分此土彼土？禹稷忧溺饥，何分此民彼民？汤武伐暴除残，何分此国彼国？孔孟殆车烦马，何分此邦彼邦？盖实见夫天下凡间，分言之，则有万国，统言之，则实一家。……何得存此疆彼界之私，何可起尔吞我并之念。是故孔丘曰："大道之行也，天下为公，选贤与能，讲信修睦。故人不独亲其亲，不独子其子，使老有所终，壮有所用，幼有所长，矜、寡、孤、独、废疾者皆有所养。男有分，女有归。货恶其弃于地也，不必藏于己；力恶其不出于身也，不必为己。是故奸邪谋闭而不兴，盗窃乱贼而不作，故外户而不闭，是谓大同。"而今尚可望哉！然而乱极则治，暗极则光，天之道也。

资料来源：洪秀全：《原道醒世训》，见中国史学会主编：《中国近代史资料丛刊·太平天国》（一），上海人民出版社1957年版，第91—92页。

◎洪秀全在《天情道理书》中提出"天下一家"的平等思想：

万姓同出一姓，一姓同出一祖，其原未始不同。我们蒙天父生养以来，异体同形，异地同气，所谓四海之内皆兄弟也。今者深沐天恩，共成一家，兄弟姊妹，皆是同胞，共一魂爷所生，何分尔我！何分异同！有衣同衣，有食同食……

资料来源：洪秀全：《天情道理书》，见中国史学会主编：《中国近代史资料丛刊·太平天国》（一），上海人民出版社1957年版，第382页。

2. 初步提出排满的民族主义观念

◎清咸丰二年（1852年），太平军由广西永安突围进入湖南后，东王杨秀清和西王萧朝贵联名发布《奉天讨胡檄布四方谕》，号召世人响应太平军的起义推翻清朝，体现出排满的民族主义观念：

夫中国有中国之形像，今满洲悉令削发，拖一长尾于后，是使中国之人变为禽兽也。中国有中国之衣冠，今满洲另置顶戴，胡衣猴冠，坏先代之服冕，是使中国之人忘其根本也。中国有中国之人伦，前伪妖康熙暗令鞑子一人管十家，淫乱中国之女子，是欲中国之人尽为胡种也。中国有中国之配偶，今满洲妖魔悉收中国之美姬为奴为妾，三千粉黛，皆为羯狗所污；百万红颜，竟与骚狐同寝。言之恸心，谈之污舌，是尽中国之女子而玷辱之也。中国有中国之制度，今满洲造为妖魔条律，使我中国之人无能脱其网罗，无所措其手足，是尽中国之男儿而胁制之也。中国有中国之言语，今满洲造为京腔，更中国音，是欲以胡言胡语惑中国也。凡有水旱，略不怜恤，坐视其饿莩流离，暴露如莽，是欲我中国之人稀少也。满洲又从贪官污吏布满天下，使剥民脂膏，士女皆哭泣道路，是欲我中国之人贫穷也。官以贿得，刑以钱免，富儿当权，豪杰绝望，是使我中国之英俊抑郁而死也。凡有起义兴复中国者，动诬以谋反大逆，夷其九族，是欲绝我中国英雄之谋也。满洲之所以愚弄中国、欺侮中国者，无所不用其极。巧矣哉！……今幸天道好还，中国有复兴之理；人心思治，胡虏有必灭之征。三七之妖运告终，而九五之真人已出。胡罪贯盈，皇天震怒，命我天王肃将天威，创建义旗，扫除妖孽，廓清中夏，恭行天罚。言乎远，言乎迩，孰无左袒之心；或为官，或为民，当急扬徽之志。甲胄干戈，载义声而生色；夫妇男女，摅公愤以前驱。

资料来源：杨秀清等：《奉天讨胡檄布四方谕》，见中国史学会主编：《中国近代史资料丛刊·太平天国》（一），上海人民出版社1957年版，第162—163页。

◎洪秀全在与洪仁玕的私下交谈中，体现出强烈的反清思想：

昔吾从游真圣主（指洪秀全，引者注），每与谈经论道，终夜不倦，言笑喜怒，未尝敢薄待己身。时论时势则慷慨激昂，独恨中国无人，尽为鞑妖奴隶所惑矣。予问其故，则答以难言；再三问之，则谓弟生中土，十八省之大受制于满洲狗之三省，以五万万兆之花（华）人受制于数百万之鞑妖，诚足为耻为辱之甚者。兼之每年化中国之金银几千万为烟土，收花（华）民之脂膏数百万回满洲为花粉。一年如是，年年如是，至今二百年，中国之民富者安得不贫？贫者安能守法？不法安得不问伊黎省或乌隆江或吉林为奴为隶乎？兴言及此，未尝不拍案三叹也。……本军师辅真圣主，得蒙上帝眷顾，以有当日之义心，乃有今日之义举……

资料来源：洪仁玕：《英杰归真》，见中国史学会主编：《中国近代史资料丛刊·太平天国》（二），上海人民出版社1957年版，第570页。

3. 后期提出发展资本主义的方案

◎清咸丰九年（1859年），洪仁玕在被任命为干王后，向洪秀全提出改革内政和建设国家的新方案《资政新篇》，并被批准作为官方文书正式颁行。《资政新篇》具有鲜明的资本主义色彩，是中国近代历史上第一个比较系统的发展资本主义的方案，集中反映了当时先进的中国人向西方寻找真理和探索救国救民道路的迫切愿望。曾国藩的幕僚赵烈文曾称“其中所言，颇有见识……皆是效法西人所为，其钦折外洋，贻为心悦诚服，而于夷情景最谙练……观此书，则贼中不为无人”：

一禁朋党之弊。朝廷封官设将，乃以护国卫民、除奸保良者也。倘有结盟联党之事，是下有自固之术，私有倚恃之端，外为假公济私之举，内藏弱本强末之弊。为兵者行此而为将之军法难行；为臣者行此而为君之权谋下夺，良民虽欲深倚于君，无奈为所隔绝，是不可以不察也。倘欲真知其为朋奸者，每一人犯罪，必多人保护隐瞒，则宜潜消其党，勿露其形。或如唐太宗之责尉迟恭以汉高故事，或如汉文之责吴不会而赐杖以愧之，亦保全之一道也。若发泄而不能制，反遭其害，贻祸不浅矣。倘至兵强国富、俗厚风淳之日，又有朝发夕至之火船火车，又有新闻篇以泄奸谋，纵有一切诡弊，难逃太阳之照矣。

……

凡外国人技艺精巧，国法宏深，宜先许其通商，但不得擅入旱地，恐百姓罕见多奇，致生别事。惟许牧司等并教技艺之人入内教导我民，但准其为国献策，不得毁谤国法也。

……

一要自大至小，由上而下，权归于一，内外适均而敷于众也。又由众下而达于上位，则上下情通，中无壅塞弄弊者，莫善于准卖新闻篇或暗柜也。法式见下。

一兴车马之利，以利便轻捷为妙。倘有能造如外邦火轮车一日夜能行七八千里者，准自专其利，限满准他人仿做。若彼愿公于世，亦禀准遵行，免生别弊……

一兴舟楫之利，以坚固轻便捷巧为妙。或用火、用气、用力、用风，任乎智者自创；首创至巧者赏以自专其利，限满准他人仿做。若愿公于世，亦禀明发行……

一兴银行，倘有百万家财者先将家资契式禀报入库，然后准颁一百五十万银纸，刻以精细花草，盖以国印图章，或银货相易，或纸银相易，皆准每两取息三厘，或三四富民共请立，或一人请立，均无不可也……

一兴器皿技艺。有能造精奇利便者，准其自售；他人仿造，罪而罚之。即有法人而生巧者，准前造者收为己有，或招为徒焉……

一兴宝藏。凡金银铜铁锡煤盐琥珀蠔壳琉璃美石等货有民探出者，准其禀报，爵为总领，准其招民采取……

一兴邮亭以通朝廷文书，书信馆以通各色家信，新闻馆以报时事常变、物价低昂。只须实写，勿著一字浮文。倘有沉没书扎银信及伪造新闻者，轻则罚，重则罪。邮亭由国而立，余准富民纳饷禀明而设……

一朝廷考察。若探未实者，注明有某人来说，未知是否，俟后报明字样，则不得责之也。

一兴各省新闻官。其官有职无权，性品诚实不阿者，官职不受众官节制，亦不节制众官，即赏罚亦不准众官褒贬……

一兴省郡县钱谷库，以司文武官员俸值公费，立官司理，每月报销。除俸值外，有妄取民贿一文者议法。

一兴市镇公司，立官严正，以司工商水陆关税。每礼拜呈缴省郡县库存贮或市镇公务支用。有为己私抽者议法。

一兴士民公会，富贵善义，仰体天父天兄好生圣心者，听其甘心乐助，以拯困扶危，并教育等件……

一兴医院以济疾苦。系富贵好善、仰体天父天兄圣心者，题缘而成其举，立医师必考取数场然后聘用，不受谢金，公义者司其事。

一兴乡官，公义者司其任，以理一乡民情曲直吉凶等事，乡兵听其铺调。

一兴乡兵。大村多设，小村少设，日间管理各户洒扫街渠，以免秽毒伤人，并拿打架攘窃及在旁证见之人到乡官处处决，妄证者同罪……

一罪人不孥。若讯实同情者及之，无则善视抚慰之，以开其自新之路。若连累及之，是迫之使反也。

一禁溺子女。不得已难养者准无子之人抱为己子，不得作奴视之。或交育婴堂。溺者罪之。外国有兴保人物之例，凡屋宇人命货物船等有防于水火者，先与保人议定每年纳银若干，有失则保人赔其所值，无失则赢其所奉。若失命则父母妻子有赖，失物则已不致尽亏。

一外国有禁卖子为奴之例，家贫卖子，只顾眼前之便，不思子孙永为人奴，大辱祖考，后世或生贤智者，不得为国之用，反为国之害矣。故准富者请人雇工，不得买奴，贻笑外邦。生女难养，准为女伺，长则出嫁从良也。

一禁酒及一切生熟黄烟鸦片。先要禁为官者，渐次严禁在下，绝其栽植之源，遏其航来之路，或于外洋入口之烟不准过关。走私者杀无赦。

一禁庙宇寺观。既成者还其俗、焚其书、改其室为礼拜堂、藉其资为医院等院。此为拯民出于迷昧之途，入于光明之国也。

一禁演戏修斋建醮。先化其心之惑，使伊所签助者转助医院、四民院、学馆等，乃有益于民生实事。

一革阴阳八煞之谬。名山利薮，多有金银铜铁锡煤等宝，大有利于民生国用。今乃动言风煞，致珍宝埋没，不能现用。请各自思之，风水益人乎，抑珍宝益人乎？数千年之疑团牢而莫破，可不惜哉！

一除九流惰民不务正业。专以异端诬民，伤风败俗，莫逾于此。准其归于正业，焚去一切惑民之说。若每日无三个时辰工夫者，即富贵亦是惰民，准父兄乡老擒送，迸诸绝域，以警颓风之渐也……

一屋宇之制，坚固高广，任其财力自为，不得雕镂刻巧，并类王宫朝殿；宜就方正，勿得执信风水；不依众向，致街衢不直。既成者勿改，新造者可遵，再建重新者亦可改直。

一立丈量官。凡水患河路有害于民者，准其申请，大者发库助支，小者民自捐助。而屋宇规模，田亩裁度，俱出此官。受赃者准民控诉革职罚罪。

一兴跛盲聋哑院。有财者自携资斧，无财者善人乐助，请长教以鼓乐书数杂技，不致为废人也。

一兴鳏寡孤独院，准仁人济施，生则教以诗书各法，死则怜而葬之。因此等穷民操心危，虑患深，往多有用之辈，不可不以恩感之也。

一禁私门请谒，以杜卖官鬻爵之弊。凡子臣弟友，各有分所当为，各有奉值，各有才德，各宜奋力上进，致令闻外著，岂可攀援以玷仕途？即推举者亦是为国荐贤，亦属分内之事，既得俸值何可贪赃？审实革职，二罪俱罚。

一上所议，是以法法之之法，多是尊五美、屏四恶之法。诚能上下凛遵，则刑具可免矣。虽然纵有速化，不鲜顽民，故又当立以刑刑之之刑。

资料来源：洪仁玕：《资政新篇》，见中国史学会主编：《中国近代史资料丛刊·太平天国》（二），上海人民出版社 1957 年版，第 524—525、528、532—537 页。

4. 提高了妇女的社会地位

◎英国海军军官呤唎（Augustus Frederick Lindley，奥古斯塔斯·弗雷德里克·呤唎）曾于1861年加入太平军，投效忠王李秀成，为其训练军队、采购武器和粮食等。呤唎在其所著《太平天国革命亲历记》中，指出太平天国推行一夫一妻制，废除妇女缠足陋习：

据我（指呤唎，引者注）看来，太平天国社会制度中最值得称赞的就是妇女地位的改善，她们已经由亚洲国家妇女所处的卑贱地位提高到文明国家妇女所处的地位了。太平天国革除了两千年来妇女所受到的被愚昧和被玩弄的待遇，充分地证明了他们的道德品质的进步性。虽然某些好战的基督徒以多妻制作为屠杀太平军的借口，可是这批极端的道德家却从来没有企图去教导太平军，指出他们的许多宗教教规是采自亚伯拉罕时代的律法，从而和基督教教规有所不同。如果认为太平天国是普遍推行多妻制的，那是大错特错的。首先，他们既已抛弃了他们国人的一切其他异教陋习，所以没有理由认为他们在多妻制这个问题上有所例外。其次，他们之间许多人因为受到《新约》的影响而变得开明起来，已经抛弃了多妻制；而其余仅受到一部分影响的大多数人，或者已经对多妻制感到了嫌恶，或则根据旧习惯，并以之作为高级品位的标志，只保持一妻数妾。此外，这也是事实，多妻制对于某些国家是有利的，中国亦或如此。更重要的是，不论我们如何憎恶多妻制，可是我们在什么地方见到过神反对多妻制的旨意呢？

太平天国已经废除了妇女缠足的恶俗。虽然在他们的进步的社会制度之下，女孩子不再受到这种苦刑，可是他们的妻子有许多人却是可怕的“小脚”，除广西人，一部分广东人和苗族外，其他各地妇女都遵守这种毁足的习惯。太平军起义后出生的女孩子全都是天足，这给妇女带来了巨大的福利，使她们从而改善了自己的外貌。妇女摆脱了缠足的恶俗，男子摆脱了剃发垂辫的奴隶标记，这是太平天国最显著、最富有特色的两大改革，使他们的外貌大为改善，和在鞑靼统治下的中国人的外貌显出了巨大的区别，并表现了巨大的改进。太平天国妇女的社会地位大大地超越了她们的姊妹，那些束缚在清朝的家庭制度中的妇女的社会地位，这是太平天国的辉煌标志之一。太平天国的下层人民，一个人只许娶一个妻子，并且须由教士主持婚礼。首领结婚举行隆重庆祝的盛大宴会；贫穷阶级则须被认为适当，并经上级批准，始可结婚。太平天国和清政府相反，婚姻一旦缔结之后就永远不能解除，因此，中国所常有的任意出妻鬻妻的风俗或英国离婚法庭所常有的任意离异的风俗，在太平天国则是不被准许的。

资料来源：[英] 呤唎：《太平天国革命亲历记》（上册），王维周译，上海古籍出版社

1985 年版，第 239—240 页。

◎历史学家范文澜盛赞太平天国的妇女政策：

太平革命最大的意义，就在于它是中国历史上第一次提出政治、经济、民族、男女四大平等的革命运动。

资料来源：范文澜：《中国近代史》（上编·第 1 分册），人民出版社 1951 年版，第 186 页。

◎太平天国史研究专家罗尔纲认为“太平天国却是妇女解放思想的第一个实行者”：

太平天国却是一个反封建的革命，男女平等是它的革命政纲之一。……太平天国却是妇女解放思想的第一个实行者。这样广大彻底的妇女解放运动，在俄国十月革命以前，世界历史上不曾有过，真是人类最光荣最先进的行动。

资料来源：罗尔纲：《太平天国史事考》，三联书店 1955 年版，第 318、340 页。

（二）太平天国的历史意义不容否定

1. 沉重打击了清朝封建统治和外国侵略势力

◎洪秀全直呼清廷统治者为“清妖”，彻底否定其政治合法性：

予惟天下者上帝之天下，非胡虏之天下也；衣食者上帝之衣食，非胡虏之衣食也；子女民人者上帝之子女民人，非胡虏之子女民人也。慨自满洲肆毒，混乱中国，而中国以六合之大，九州之众，一任其胡行而恬不为怪，中国尚得为有人乎？妖胡虐焰燔苍穹，淫毒秽宸极，腥风播于四海，妖气惨于五胡，而中国之人反低首下心，甘为臣仆，甚矣哉中国之无人也！夫中国，首也，胡虏，足也；中国，神州也，胡虏，妖人也……

资料来源：杨秀清等：《奉天讨胡檄布四方谕》，见中国史学会主编：《中国近代史资料丛刊·太平天国》（一），上海人民出版社 1957 年版，第 161—162 页。

◎太平天国颁布的《天朝田亩制度》给予农民阶级一定的物质利益，反映了农民阶级渴望平等的强烈愿望，从根源上打击和动摇了清王朝的封建土地所有制：

凡分田照人口，不论男妇，算其家口多寡，人多则分多，人寡则分寡，杂以九等，如一家六人，分三人好田，分三人丑田，好丑各一半。凡天下田天下人同耕，此处不足则迁彼处，彼处不足则迁此处。凡天下田丰荒相通，此处荒则移彼丰处以赈此荒处，彼处荒则移此丰处以赈彼荒处，务使天下共享天父上主皇上帝大福，有田同耕，有饭同食，有衣同穿，有钱同使，无处不均匀，无人不饱暖也。凡男妇每一人自十六岁以上，受田多逾十五岁以下一半，如十六岁以上分上上田一亩，则十五岁以下减其半，分上上田五分，又如十六岁以上分下下田三亩，则十五岁以下减其半，分下下田一亩五分。

资料来源：洪秀全：《天朝田亩制度》，见中国史学会主编：《中国近代史资料丛刊·太平天国》（一），上海人民出版社1957年版，第321页。

◎在太平天国起义前，为发动、壮大起义军，洪秀全的宣传充满孔孟传统思想、观念，如“颜回好学不贰过，非礼四勿励精神”“孔颜疏水箪瓢乐”等，但在起义后，因与阶级敌人对抗，洪秀全日益坚决反孔，明令只许诵读他颁布刊行的经典：

当今真道书者三，无他，旧遗诏圣书、新遗诏圣书、真天命诏书也。凡一切孔孟诸子百家妖书邪说者尽行焚除，皆不准买卖藏读也，否则问罪也。

资料来源：黄再兴：《诏书盖玺颁行论》，见中国史学会主编：《中国近代史资料丛刊·太平天国》（一），上海人民出版社1957年版，第313页。

◎英勇的太平军痛歼中外反动派，安德鲁·威尔逊（Andrew Wilson）在《“常胜军”：天王及其1860年以前的历史》中，对戈登率领的洋枪队遭遇的惨败进行了描述：

戈登得知他们（指太平军，引者注）的据点是华墅，等了前来增援的溧阳军一两天，然后就向华墅进发。他自己和炮兵在船队上，命令霍华德上校和罗德上校由陆路向右方前进，在到达叛军的栅栏以前，和船队会合。

戈登上校和他的炮队行进到靠近敌人阵地的地方，但在那里没有见到步兵，连影子也没有。结果，船队几乎被出击的太平军所消灭；由于河岸太高，炮无法发挥作用，向原出发的营地撤退，也极为困难。到了营地，一切都陷于混乱之中，船只被丢弃了，兵士正在逃跑，另一些人光着身子跳进河里，急忙泅水逃命。

事情证明，戈登的步兵已经被击败，遭受了很沉重的损失。他们在晨间出发，罗德上校带了一团部队向华墅前进，那里有太平军一座壁垒森严的营盘。……他和霍华德上校把部队按连队分头散开。……很快，太平军排山倒海而来，骑兵队也从埋伏处冲出，向两翼进攻。第六团，即新成立的溧阳团发现被围后，大为惊慌，……霍华德上校的团队也陷于混乱之中，开始节节后退。成千上万的太平军从四面八方进逼，他们的骑兵……双手各执刀剑，向敌人左右斩杀。结果，“常胜军”劲旅第四团和六百名溧阳军都逃跑了。想尽方法也不能把他们集结起来，他们为逃命而狂奔了三里多，……大约有四百人不是被杀，就是被俘，军官的损失特别大。这一战役中一直在前方的罗德上校，幸亏捉住了太平军的一匹小马，不然就难以逃脱了。上尉吉朋、契列科夫、赫斯以及中尉波尔克生、葛来扶斯、普辣脱和陶林，有的在战斗中阵亡，有的在被俘后被杀。

资料来源：Andrew Wilson：*The "Ever-Vietorious Army"：A History of the Chinese Campaign under Lt. Col. C. G. Gordon and of the Suppression of the Tai-Ping Rebellion*. Cambridge University Press，2010. pp. 224—226. 译文见北京太平天国历史研究会编：《太平天国史论文选》，三联书店 1981 年版，第 1348—1349 页。

◎太平天国敲响了气势汹汹的"常胜军"的丧钟：

自今春金坛、杨厍（指华市之战，引者注）两次挫衄，戈登颇觉气馁。三月二十二日常州之役，城已轰破未能爬入，戈登目击常胜军之不能得力，四月初六日，再举攻城，戈登即请以我军为前敌，常胜军为后队，盖自知不如我军之用命也。

资料来源：李鸿章：《裁遣常胜军折》，见吴汝伦编：《李文忠公奏稿》（卷 6），上海古籍出版社 2003 年版，第 304 页。

◎马克思在《中国革命和欧洲革命》中指出，太平天国运动是"一场惊心动魄的革命"，对西方列强造成极大的冲击：

中国的连绵不断的起义已经延续了约十年之久，现在汇合成了一场惊心动魄的革命……中国革命将把火星抛到现今工业体系这个火药装得足而又足的地雷上，把酝酿已久的普遍危机引爆，这个普遍危机一扩展到国外，紧接而来的将是欧洲大陆的政治革命。这将是一个奇观：当西方列强用英、法、美等国的军舰把"秩序"送到上海、南京和运河口的时候，中国却把动乱送往西方世界。

资料来源：［德］马克思：《中国革命和欧洲革命》，见《马克思恩格斯选集》（第一卷），人民出版社 2012 年版，第 779、783—784 页。

2. 对中国民主主义革命产生了深远影响

◎对孙中山及其领导的辛亥革命产生了直接影响：

太平天国一朝，为吾国民族大革命之辉煌史，只有清廷官书，难征文献。……吾欲子搜罗遗闻，撰著成书……发扬先烈，用昭信史，为今日吾党宣传排满好资料。

资料来源：孙中山：《与刘成禺的谈话》，见广东省社会科学院历史研究室、中国社会科学院近代史研究所中华民国史研究室、中山大学历史系孙中山研究室合编：《孙中山全集》（第一卷），中华书局 1981 年版，第 217 页。

革命思想之成熟固予长大后事，然革命之最初动机，则予在幼年时代与乡关宿老谈话时已起。宿老者谁？太平天国军中残败之老英雄是也。

资料来源：孙中山：《与宫崎寅藏的谈话》，见广东省社会科学院历史研究室、中国社会科学院近代史研究所中华民国史研究室、中山大学历史系孙中山研究室合编：《孙中山全集》（第一卷），中华书局 1981 年版，第 583 页。

五十年前，太平天国即纯为民族革命的代表。但只是民族革命，革命后仍不免为专制，此等革命，不能算成功。

资料来源：孙中山：《在南京同盟会会员饯别会的演说》，见中国社会科学院近代史研究所中华民国史研究室、中山大学历史系孙中山研究室、广东省社会科学院历史研究室合编：《孙中山全集》（第二卷），中华书局 1981 年版，第 319 页。

诸君或者还有不明白民生主义是什么东西的。不知道中国几千年以前，便老早有行过了这项主义的。……就是几十年以前，洪秀全在广西起义之后，打十几年仗，无形中便行了一种制度，那种制度和俄国的共产制度是一样。他得了湖北、江西、安徽、江苏、浙江几省，人民受过兵灾之后，许多财产无人管理，他便集中于国家，用政府去管理，所以他打了十几年仗，没有借外债，人民也丰衣足食。等到曾国荃破南京之后，搬运南京财产，有几个月之久。诸君看他的政府是何等富足呢？……太平天国此等制度，便和俄国所行的共产制度一样。……所以洪秀全的政府，便异常丰足。像那样把社会上无论大小财产都集中到政府手内的制度，只有洪秀全能够实行，俄国现在还行不通。所以他们改行一种国家资本制度，把极大的财产收到政府手内来，像大矿山、铁路、银行等都收归国有。

资料来源：孙中山：《在广州欢宴各军将领会上的演说》，见中山大学历史系孙中山研究室、广东省社会科学院历史研究室、中国社会科学院近代史研究所中华民国史研究室合编：《孙中山全集》（第八卷），中华书局 1981 年版，第 472 页。

至共产主义之实行，并非创自俄国，我国数十年前，洪秀全在太平天国已经实行，且其功效较俄国尤大；后为英国戈登所破坏，故今日无从考证。若俄国今日所行之政策，实非纯粹共产主义，不过为解决民生问题之政策而已。本党同志于此便可十分了解共产主义与民生主义毫无冲突，不过范围有大小耳。诸君既能明白民生主义之真义，则新旧同志因误会、怀疑而生之暗潮，从此便可打消。

资料来源：孙中山：《关于民生主义之说明》，见广东省社会科学院历史研究室、中国社会科学院近代史研究所中华民国史研究室、中山大学历史系孙中山研究室合编：《孙中山全集》（第九卷），中华书局 1981 年版，第 112—113 页。

民生主义，即贫富均等，不能以富者压制贫者是也。但民生主义在前数十年，已有人行之者。其人为何？即洪秀全是。

资料来源：孙中山：《在桂林广东同乡会欢迎会的演说》，见中山大学历史系孙中山研究室、广东省社会科学院历史研究室、中国社会科学院近代史研究所中华民国史研究室合编：

《孙中山全集》（第六卷），中华书局 1981 年版，第 56 页。

◎中国共产党人对太平天国起义给予高度评价：

自从 1840 年鸦片战争失败那时起，先进的中国人，经过千辛万苦，向西方国家寻找真理。洪秀全、康有为、严复和孙中山，代表了在中国共产党出世以前向西方寻找真理的一派人物。

资料来源：毛泽东：《论人民民主专政》，见《毛泽东选集》（第四卷），人民出版社 1991 年版，第 1469 页。

（三）农民阶级的局限性

1. 无法长期保持领导集团的团结

◎太平天国忠王李秀成认为，太平天国的失败在于天王洪秀全多疑且后期不理朝政，以及内部领导人之间的不团结、争权夺利：

东王令严，军民畏。东王自己威风张扬，不知自忌，一朝之大，是首一人。韦昌辉与石达开、秦日昌是大齐一心在家计议起首共事之人，后东王威逼太过，此三人积怨于心，口顺而心怒。北、翼二人同心一怒于东，后被北王将东王杀害。原是北王与翼王二人密议独杀东一人，因东王、天王实信，权太重，要逼天王封其万岁。那时权柄皆在东王一人手上，不得不封，逼天王亲到东王府封其万岁。北、翼两王不服，君臣不别，东欲专尊，后与翼计杀东王。翼与北王密议，杀东一人，杀其兄弟三人，除此以外，俱不得多杀。后北王杀东王之后，尽将东统下亲戚属员文武大小男妇尽行杀净，是以翼王怒之。翼王在湖北洪山营中，同曾锦兼、张瑞谋赶回计及免杀之事，不意北王顿起他心，又要将翼王杀害。后翼王得悉此事，吊城由小南门而出，走上安省，计议报仇。此时北王将翼王全家杀了。后移洪山之军救宁国。困宁国清朝帅将不知名字，此人后与侍王李世贤二人战死在芜湖湾沚。北王在朝，不分清白，乱杀文武大小男女，势逼太重，各众内外，并合朝同心将北王杀之，人心乃定。后将北王首级解至宁国，翼王亲看果是不差。后翼王回京，合朝同举翼王提理政务，众人欢悦。主有不乐之心，专用安、福两王，安王即是王长兄洪仁发，福王即王次兄洪仁达，主用二人，朝中之人甚不欢悦。此人又无才情，又无算计，一味固执，认实天情，与我天王一般之意见不差，挟制翼王，是以翼王与安、福王二人结怨，被忌挟制出京，今而远征未肯回者，因此之由也。

……

我自在天王殿下，与主面办一切国事之后，天王深为疑忌，京中政事，俱交其兄洪仁达提理，各处要紧城门要隘之处，概是洪姓发人巡查管掌。我在京并未任阖城之事，主任我专，政不能坏。我在京实因我母之念，见国中之势如斯，外城概失，日变多端，主不问国中军民之事，深居宫内，永不出宫门，欲启奏国中情节保邦之意，凡具奏言，天王言天说地，并不以国为事。朝中政事，并未提托一人，人人各理一事。

资料来源：李秀成：《忠王李秀成自述》，见中国史学会主编：《中国近代史资料丛刊·太平天国》(二)，上海人民出版社1957年版，第791—792、826页。

◎太平天国忠王李秀成认为“天朝之失误有十”，其中就包括太平天国诸王之间的内讧：

计开天朝之失误有十：

一、误国之首，东王令李开芳、林凤祥扫北败亡之大误。

二、误因李开芳、林凤祥扫北兵败后，调丞相曾立昌、陈仕保、许十八去救，到临清（原作青，下同）州之败。

三、误因曾立昌等由临清败回，未能救李开芳、林凤祥，封燕王秦日昌复带兵去救，兵到舒城杨家店败回。

四、误不应发林绍璋去湘潭（原作相谭，下同），此时林绍璋在湘潭全军败尽。

五、误因东王、北王两家相杀，此是大误。

六、误翼王与主不和，君臣相忌，翼起猜心，将合朝好文武将兵带去，此误至大。

六、误主不信外臣，用其长兄次兄为辅，此人未有才情，不能保国而误。

七、误主不问政事。

八、误封王太多，此之大误。

九、误国不用贤才。

十、误不应专保天京，扯动各处兵马，立政无章，误国误命者，因十误之由而起。

资料来源：李秀成：《忠王李秀成自述》，见中国史学会主编：《中国近代史资料丛刊·太平天国》(二)，上海人民出版社1957年版，第838页。

◎历史学家胡绳认为，太平天国起义的农民领袖们具有小生产者局限性，陶醉于既得的胜利，争权夺利，导致堡垒最终从内部被攻破：

农民起义的领袖人物，因为个人恩怨和权力争夺而互相猜忌，以至发生火并，这在历史上是不少见的。这种火并当然会损伤自己的力量。韦昌辉就是利用了洪秀全和杨秀清的矛盾而掀起了一场大变乱。他以自己的行动表明他已成为农民革命的敌人。他在天京城内进行的这样大规模屠杀，在自古以来的中国农民战争史上是罕见的，这已经远远超出了农民领袖互相火并的性质。在以后的太平天国文书中，仍然尊杨秀清为东王，并把他被杀的日子定为东王升天节，而韦昌辉则再不被称为北王。这是太平天国自己对于这场天京大变乱所作的结论。

在这场大变乱发生时，太平天国还远远没有达到预期推翻清朝统治的目的，但是领导者们已经从草莽英雄一变而为他们所说的“小天堂”的主人。洪秀全和杨秀清陶醉于既得的胜利中，为争夺权力而争斗起来，这既是小生产者的狭隘观点的表现，又是受地主阶级意识侵蚀的结果。他们当然无法防止在自己内部地主阶级势力的抬头，而恰恰为它创造了机会。

资料来源：胡绳：《从鸦片战争到五四运动》（上册），人民出版社 1995 年版，第 122 页。

◎美国历史学家费正清（John King Fairbank）认为，太平天国运动失败的主要原因之一是其领导人追求个人特权、追求享受：

然而甚至在最初那些有希望的年代中都有迹象表明，太平军制度不可能在长时期内制止私人财富的积累和特权的膨胀。虽然运动的基本教义包含大量有吸引力的社会空想主义，但从叛乱伊始就明显地见到令人不安的相反倾向。永安颁布的禁止豪奢的法令直接表明已经出现了一个生活汰侈的新特权阶级，他们的个人生活不受那些要求普通士兵尊奉的清规戒律的约束。华贵的服饰、成群的妻妾和精美的饮食都被认为是最上层领导集团的特权。这些法令不过是对高级官员在叛乱后期非正式享有的私人积累和奢华普遍开禁的先兆。

资料来源：[美] 费正清编：《剑桥中国晚清史》（上卷），中国社会科学院历史研究所编译室译，中国社会科学出版社 1985 年版，第 304 页。

2. 无法提出并践行科学的政治纲领和社会改革方案

◎英国驻华特使布鲁斯（F. Bruce）认为，太平天国失败的原因在于没有推行进步的纲领和政策：

咸丰十一年（1861 年，引者注）英国驻华特使布鲁斯（F. Bruce）根据米捷（A. Michie）之报告，转呈政府云：……我对于这种叛党的运动，认为绝无良好的希望，也没有一个正当中国人愿意和他们行动。他们的工作，就是烧、杀、破坏，除此以外，别无所事。国内一切人民都嫌恶他们，就是南京城内的人民，除了他们的所谓“老兄弟”外，都恨他们。他们占领了南京，已有八年，没有一点谋兴复改造的征兆。工商业是他们禁止的。他们的土地税比清政府加重三倍。他们绝不采用何种安慰人民的政策，他们的行动，并且不像与这块地方有永久利益关系的。他们不注意通常缓慢而永固的收入财源，专靠劫掠来维持生存。我可以坚决地说：在他们里面，我不能看出一点有永固的要素，也没有一点可以博取我们的同情的东西。

资料来源：萧一山：《清代通史》（卷下），中华书局1986年版，第309—310页。

◎历史学家郭廷以认为，太平天国滥封爵职是其“致命伤”：

滥封爵职为太平天国的另一致命伤。早期除东、南、西、北、翼王及燕王（秦日纲）、豫王（胡以晃）外，无其他王号。天京内讧后，洪氏兄弟首先封王，其次为陈玉成、李秀成，至一八六一年前期，仍仅十人左右。此后愈封愈滥，多至二千七百余人，一因出于猜忌……一欲借名号以收买臣属，但事姑息，不明赏罚。

资料来源：郭廷以：《近代中国史纲》（上册），格致出版社2009年版，第113页。

◎历史学家蒋廷黻认为，太平天国没有实行社会革命：

洪秀全除推行宗教革命及种族革命以外，他有社会革命的思想没有？他提倡男女平权，但他的宫廷充满了妃妾，太平天国的王侯将帅亦皆多蓄妻妾。他的诏书中有田亩制度，其根本思想类似原始共产主义：“有田共耕，有饭同食，有衣同穿，有钱同使。”但是他的均田主义虽有详细的规定，并未实行。是他不愿意实行呢，还是感觉实行的困难而不愿试呢？就现在我们所有的史料判断，我们可以说洪秀全对于宗教革命及种族革命是十分积极的，对社会革命则甚消极。

资料来源：蒋廷黻：《中国近代史》，武汉出版社2012年版，第40页。

◎马克思认为，太平天国起义“没有给自己提出任何任务”“没有一点建设工作的苗头”：

在桌子开始跳舞以前不久，在中国，在这块活的化石上，就开始闹革命了。这种现象本身并不是什么特殊的东西，因为在东方各国，我们经常看到社会基础不动而夺取到政治上层建筑的人物和种族不断更迭的情形。中国是被异族王朝统治着。既然已过了三百年，为什么不来一个运动推翻这个王朝呢？运动一开始就带着宗教色彩，但这是一切东方运动的共同特征。运动发生的直接原因显然是：欧洲人的干涉，鸦片战争，鸦片战争所引起的现存政权的震动，白银的外流，外货输入所引起的经济平衡的破坏，等等。看起来很奇怪的是，鸦片没有起催眠作用，反而起了惊醒作用。实际上，在这次中国革命中奇异的只是它的体现者。除了改朝换代以外，他们没有给自己提出任何任务。他们没有任何口号。他们给予民众的惊惶比给予老统治者们的惊惶还要厉害。他们的全部使命，好像仅仅是用丑恶万状的破坏来与停滞腐朽对立，这种破坏没有一点建设工作的苗头。

资料来源：马克思：《中国纪事》，见《马克思恩格斯全集》（第十五卷），人民出版社1963年版，第545页。

3. 无法克服领导集团腐败现象的滋长

◎清朝湘军采编所主持张德坚在《贼情汇纂》中认为，太平天国的失败在于领导集团内部后期追求享受，猜忌心日盛：

夫首逆数人起自草莽结盟，寝食必俱，情同骨肉。且有事聚商于一室，得计便行。机警迅速，故能成燎原之势。今踞江宁，为繁华迷惑，养尊处优，专务于声色货利，往之倚为心腹股肱者，今乃彼此睽隔，猜忌日生。禁令则徒立科条，军务则全凭文告，气脉不通，已成麻痹不仁之象，贼之灭亡，可烛照而数计矣。

资料来源：张德坚：《贼情汇纂》，见中国史学会主编：《中国近代史资料丛刊·太平天国》（三），上海人民出版社1957年版，第172页。

◎曾把中国近代化的希望寄托在太平天国运动的容闳，近距离观察到太平天国领导集团内部日益滋生的腐败、堕落，认为这些"促使他们更快地走向覆灭"：

这些新入伍者都是些地痞流氓和社会渣滓。这群乌合之众，不但没有增强战斗力，反而成了拖累，明显地削弱了战斗力。……在北方失败之后，他们的宗教特点和勇气都开始下降。攻取历来以财富和美女著称的扬州、苏州和杭州等城市后，更促进了他们的颓废和堕落。这些物质文明的中心，给他们带来了说不尽的财富和享乐，促使他们更快地走向覆灭。

资料来源：容闳：《西学东渐记》，王蓁译，中国人民大学出版社2011年版，第68页。

◎艾约瑟（Joseph Edkins）等外国传教士认为，太平军的道德品格并不高尚：

至于叛军的一般道德品格，我们几乎无法提出意见。就其全体而言，他们大概不会在这方面比他们的同胞高明多少。吸食鸦片，依法是禁止的；但我们知道，叛军中有不少人是在吸，普通士兵与一些首领都任意吸烟。我们听到一位首领（他本人虽然不吸鸦片）提到他们愿意得到供应的物品清单时，把鸦片列为首位，这令人痛心。他们还不断地申请购买鸦片与军火。我们不能指望在这种情况下人们的道德品格会怎样高尚。

资料来源：《艾约瑟等五名传教士赴苏州谒见忠王的经过和观感》，《北华捷报》第519期，1860年7月7日。

4. 没有正确对待儒学

◎太平天国排斥儒学，"举中国数千年礼义、人伦、诗书、典则，一旦扫地荡尽""乃开辟以来名教之奇变"：

自唐虞三代以来，历世圣人，扶持名教，敦叙人伦，君臣父子，上下尊卑，秩然如冠履之不可倒置。粤匪窃外夷之绪，崇天主之教，自其伪君伪相，下逮兵卒贱役，皆以兄弟称之。谓惟天可称父。此外，凡民之父，皆兄弟也，凡民之母，皆姊妹也。农不能自耕以纳赋，而谓田皆天王之田；商不能自贾以取息，而谓货皆天王之货；士不能诵孔子之经，而别有所谓耶稣之说，《新约》之书。举中国数千年礼义、人伦、诗书、典则，一旦扫地荡尽。此岂独我大清之变，乃开辟以来名教之奇变，我孔子、孟子之所痛哭于九原，凡读书识字者，又乌可袖手安坐，不思一为之所也？

资料来源：曾国藩：《曾国藩全集·文集》（上卷），河北人民出版社 2016 年版，第 38 页。

二、“坐知有洋务而不知有国务”

（一）中体西用

1. “中体西用”的主要内容

◎冯桂芬在《校邠庐抗议》中提出“以中国之伦常名教为原本，辅以诸国富强之术”：

夫学问者，经济所从出也。太史公论治曰：“法后王，为其近己而俗变相类，议卑而易行也。”愚以为在今日又宜曰：“鉴诸国”。诸国同时并域，独能自致富强，岂非相类而易行之尤大彰明较著者？如以中国之伦常名教为原本，辅以诸国富强之术，不更善之善者哉？且也通市二十年来，彼酋之习我语言文字者甚多，其尤者能读我经史，于我朝章、吏治、舆地、民情类能言之，而我都护以下之于彼国则瞢然无所知，相形之下，能无愧乎？于是乎不得不寄耳目于蠢愚谬妄之通事，词气轻重缓急，转辗传述，失其本指，几何不以小嫌酿大衅。

资料来源：冯桂芬：《校邠庐抗议》，上海书店出版社 2002 年版，第 56—57 页。

◎沈毓桂在《救时策》中提出“以中学为体，西学为用”：

夫中西学问，本自互有得失。为华人计宜以中学为体，西学为用。目前中外使聘往来交涉等事，西学固为当务之急。然专讲西学者往往见异思迁，食用起居，渐染西习，遂至见弃士林，皆由鲜中学以为根柢之故。凡为弟子幼学壮行，皆当深明此义。凡于西学，又皆宜剥肤存液，师其所长。慎勿窃取皮毛，不特为我华人鄙，更为彼西人笑也。西人之学问技艺高出于华人者甚多，今宜择其善而师之。如天文、地理、算法、治河、医药、律例，其大要也。其余农务、商务、工艺，无不有学，悉数难终。诚得广建书院，教以各种学艺，兼将西人有用之书，译成华文，俾初习西学者易于观览。即不习洋文者，亦一目了然。西人之所长，不难尽为我有矣。

资料来源：南溪赘叟（沈毓桂）：《救时策》，见李天纲编：《万国公报文选》，三联书店1998年版，第333页。

◎孙家鼐在《议复开办京师大学堂折》中提出“以中学为主，西学为辅”：

中国五千年来，圣神相继，政教昌明，决不能如日本之舍己芸人，尽弃其学而学西法。今中国京师创立大学堂，自应以中学为主，西学为辅；中学为体，西学为用；中学有未备者，以西学补之，中学有失传者，以西学还之。以中学包罗西学，不能以西学凌驾中学，此是立学宗旨。日后分科设教，及推广各省，一切均应抱定此意，千变万化，语不离宗。至办理章程，有必应变通尽利者，亦不得拘泥迹象，局守成规，致失因时制宜之妙。

资料来源：孙家鼐：《议复开办京师大学堂折》，见中国史学会主编：《中国近代史资料丛刊·戊戌变法》（二），上海人民出版社1957年版，第426页。

◎张之洞在《劝学篇》中提出“旧学为体，新学为用”：

其学堂之法约有五要：一曰新、旧兼学。四书五经、中国史事、政书、地图为旧学，西政、西艺、西史为新学，旧学为体，新学为用，不使偏废。

一曰政艺兼学。学校地理、度支赋税、武备律例、劝工通商，西政也；算绘矿医、声光化电，西艺也。西政之刑狱立法最善，西艺之医最于兵事有益，习武备者必宜讲求。才识远大而年长者宜西政，心思精敏而年少者宜西艺。小学堂先艺而后政，大中学堂先政而后艺。西艺必专门，非十年不成；西政可兼通数事，三年可得要领。大抵救时之计、谋国之方，政尤急于艺。然讲西政者亦宜略考西艺之功用，始知西政之用意。

资料来源：张之洞：《劝学篇》，上海书店出版社2002年版，第41页。

2. 洋务派开展洋务事业的具体设想

◎洋务派提出“灭发捻为先，治俄次之，治英又次之”：

臣等就今日之势论之，发捻交乘，心腹之害也；俄国壤地相接，有蚕食上国之志，肘腋之忧也；英国志在通商，暴虐无人理，不为限制则无以自立，肢体之患也。故灭发捻为先，治俄次之，治英又次之。惟有隐消其鸷疾之气，而未遽张以挞伐之威，倘天心悔祸，贼匪渐平，则以皇上圣明，臣等竭其颛蒙之力，必能有所补救。若就目前之计，按照条约，不使稍有侵越，外敦信睦，而隐示羁縻、数年间，即系偶有要求，尚不遽为大害。

资料来源：《奕䜣桂良文祥奏统计全局酌拟章程六条呈览清代遵行折》，见《筹办夷务始末（咸丰朝）》（卷71），中华书局1979年版，第2674页。

◎洋务派提出创办洋务事业的缘起及总体思路：

查治国之道，在乎自强。而审时度势，则自强以练兵为要，练兵又以制器为先。自洋人构衅以来，至今数十年矣。迨咸丰年间，内忧外侮，一时并起，岂尽武臣之不善治兵哉？抑有制胜之兵，而无制胜之器，故不能所向无敌耳。外洋如英、法诸国，说者皆知其惟恃此船坚炮利，以横行海外。而船之何以坚，与炮之何以利，则置焉弗讲。即有留心此事者，因洋人秘此技巧，不肯轻以授人，遂无从窥其门径。……臣等每于公余之际，反复筹维。洋人之向背，莫不以中国之强弱为衡……我能自强，可以彼此相安、潜慑其狡焉思逞之计。否则我无可恃，恐难保无轻我之心。设或一朝反复，诚非仓猝所能筹划万全。今既知其取胜之资。即当穷其取胜之术，岂可偷安苟且，坐失机宜？

资料来源：蒋廷黻编著：《近代中国外交史资料辑要》（上卷），东方出版社2014年版，第325—326页。

◎曾国藩认为“购买外洋船炮”“为今日救时之第一要务”：

至恭亲王奕䜣等奏请购买外洋船炮，则为今日救时之第一要务。凡恃己之所有夸人所无者，世之常情也；忽于所习见、震于所罕见者，亦世之常情也。轮船之速，洋炮之远，在英、法则夸其所独有，在中华则震于所罕见。若能陆续购买，据为己物，在中华，则见惯而不惊，在英、法，亦渐失其所恃。康熙、雍正年间，云南铜斤未曾解京之时，皆给照商人，采买海外之洋铜，以资京局之鼓铸。行之数十年，并无流弊。况今日和议既成，中外贸易，有无交通，购买外洋器物，尤属名正言顺。购成之后，访募覃思之士，智巧之匠，始而演习，继而试造，不过一、二年，火轮船必为中外官民通行之物，可以剿发逆，可以勤远略。谕旨期于必行，不得畏难苟安。仰见圣主沈几独断，开物成务，曷胜钦服。

资料来源：曾国藩：《复陈购买外洋船炮折》，见《曾国藩全集》（三），岳麓书社2011年版，第186页。

◎李鸿章认为“自强之道，在乎师其所能，夺其所恃耳”：

自强之道，在乎师其所能夺其所恃耳！况彼之有是枪炮轮船也，亦不过创制于百数十年间，而浸被于中国，已如是之速。若我果深通其法，愈学愈精，愈推愈广，安见百数十年后，不能攘夷而自立耶？日本小国耳，近与西洋通商，添设铁厂，多造轮船，变用西洋军器，彼岂有图西国之志？盖为自保计也。日本方欲自保，而逼视我中国，中国可不自为计乎？士大夫囿于章句之学，而昧于数千年来一大变局，狃于目前苟安，而遂忘前二三十年之何以创巨痛深，后千百年之何以安内而制外？此停止轮船之议所由起也。臣愚以为，国家诸费皆可省，惟养兵设防，练习枪炮，制造兵轮之费，万不可省。求省费，则必屏除一切，国无与立，终不得强矣。

资料来源：李鸿章：《筹议制造轮船未可裁撤折》，见周殿龙、孙素云主编：《李鸿章全集·奏稿》（卷19），时代文艺出版社1998年版，第874—875页。

◎李鸿章认为“天下事穷则变，变则通”，“中国欲自强，则莫如学习外国利器；欲学习外国利器，则莫如觅制器之器，师其法而不必尽用其人”：

伏查泰西各国，明于制器尚象之理而得其用，所凭藉以横行海外者，尤以轮船与火器为最。火器之得力者，尤以炸炮为最。鸿章自抵沪以来，购买外洋各种军火，尽心研究，略知端倪。又雇募精巧匠人，留心仿制，近来稍有把握……鸿章窃以为天下事穷则变，变则通。中土士大夫沉浸于章句小楷之积习，武夫悍卒，又多粗蠢而不加细心，以致所用非所学，所学非所用。无事则嗤外国之利器为奇技淫巧，以为不必学；有事则惊外国之利器为变怪神奇，以为不能学。不知洋人视火器为身心性命之学者，已数百年，一旦豁然贯通，参阴阳而配造化，实有指挥如意，从心所欲之快。其演习之弁兵，使由而不使知。其创制之员匠，则举国尊崇之，而不以曲艺相待。……鸿章以为中国欲自强，则莫如学习外国利器；欲学习外国利器，则莫如觅制器之器，师其法而不必尽用其人。欲觅制器之器，与制器之人，则或专设一科取士。士终身悬以为富贵功名之鹄，则业可成艺可精，而才亦可集。京城火器营尤宜先行学习炸炮，精益求精，以备威天下、御外侮之用。鸿章去年复书，曾拳拳及此，今又详布颠末，亦以明问所及，必有鉴于然，而防其未然，且思尽其所以然也。

资料来源：李鸿章：《致总理衙门书》，见沈云龙主编：《筹办夷务始末（同治朝）》（卷25），文海出版社1996年版，第4—10页。

◎李鸿章认为“古今国势，必先富而后能强”：

臣维古今国势，必先富而后能强，尤必富在民生而国本乃可益固。溯自各国通商以来，进口洋货日增月盛，核计近年销数价值，已至七千九百余万两之多。出口土货，年减一年，往往不能相敌。推原其故，由于各国制造均用机器，较中国土货成于人工者，省费倍蓰。售价既廉，行销愈广，自非逐渐设法仿造，自为运销，不足以分其利权。盖土货多销一分，即洋货少销一分，庶漏卮可期渐塞。

资料来源：李鸿章：《试办织布局折》，见周殿龙、孙素云主编：《李鸿章全集·奏稿》（卷43），时代文艺出版社1998年版，第1715—1716页。

◎张之洞认为“今日自强之端，首在开辟利源，杜绝外耗”：

窃以今日自强之端，首在开辟利源，杜绝外耗，举凡武备所资枪炮、军械、轮船、炮台、火车、电线等项，以及民间日用、农家工作之所需，无一不取资于铁。两广地方产铁素多，而广东铁质尤良，前因洋铁充斥，有碍土铁，经臣叠次奏请开除铁禁，暂免税厘，复奏免炉饷，请准任便煽铸，以轻成本而敌侵销，多方以图，无非欲收已失之利，还之于民。

……

窃为通商以来，凡华民需用之物，外洋莫不仿造，穷极精巧，充塞土货。彼所需于中国者，向只丝、茶两种，近年外洋皆讲求种茶、养蚕之法，出洋丝茶渐减，愈不足以相敌。土货日少，漏溢日多，贫弱之患，何所底止？近来各省虽间有制造等局，然所造皆系军火，于民间日用之物尚属阙如。臣愚以为华民所需外洋之物，必应悉行仿造，虽不尽断来源，亦可渐开风气。洋布、洋米而外，洋铁最为大宗。在我多出一分之货，即少漏一分之财，积之日久，强弱之势必有转移于无形者。是以虽然当竭蹶之时，亦不得不勉力筹办。

资料来源：张之洞：《筹设炼铁厂折》，见苑书义等主编：《张之洞全集》（第一册），河北人民出版社1998年版，第704—706页。

◎张之洞认为“采铁炼钢一事，实为今日要务”：

惟是此举之关系大局及创造之种种艰难，有不敢不详陈于圣主之前者。窃惟采铁炼钢一事，实为今日要务，海外各国无不注意此事。而地球东半面，凡属亚洲界内，中国之外，自日本以及南洋各国各岛暨五印度，皆无铁厂。或以铁矿不佳，煤不合用；或以天时太热不能举办。中国创成此举，便可收回利权。各省局厂商民所需，即已甚广。且闻日本确已筹备巨款，广造铁路，原拟购之西洋，若中国能制钢轨，彼未必舍近图远。是此后钢铁炼成，不患行销不旺。

资料来源：张之洞：《豫筹铁厂成本折》，见苑书义等主编：《张之洞全集》（第二册），河北人民出版社1998年版，第875页。

◎盛宣怀提出“练兵”“理财”和“育才”的自强主张，由此可见洋务派从创办军用工业到创办民用工业的思路转变：

泰西诸邦，用举国之才智，以兴农商工艺之利，即藉举国之商力，以养水陆之兵，保农工之业。盖国非兵不强，必有精兵然后可以应征调，则宜练兵；兵非饷曷练，必兴商务然后可以扩利源，则宜理财；兵与财不得其人，虽日言练，日言理，而终无可用之兵、可恃之财，则宜育才。

资料来源：盛宣怀：《条陈自强大计折》，见沈云龙主编：《愚斋存稿》（卷1），文海出版社1977年版，第8页。

◎洋务派希望派遣留学生，待留学归来之后能成为某一专门人才：

闽厂前堂学生本习法国语言文字，应即令赴法国官厂学习制造，务令通船新式轮机、器具无一不能自制，方为成效。后堂学生本习英国语言文字，应即令赴英国水师大学堂及铁甲兵船学习驾驶，务令精通该国水师兵法，能自驾铁甲船于大洋操战，方为成效。如此分投学习，期以数年之久，必可操练成才，储备海防之用。至学生中有天资杰出能习矿学、化学及交涉、公法等事。均可随宜肄业。

资料来源：陈学恂、田正平编：《中国近代教育史资料汇编·留学教育》，上海教育出版社1991年版，第230页。

3. “中体西用”的具体实践

◎汪敬虞在《中国资本主义现代企业的产生过程》中对洋务时期创办的近代化企业做过部分统计：

上海船舶机器修造工业统计表（1874年至1894年）

设立年份	厂　名	经营项目
1874	招商局同茂船厂	制造修理船只
1875	建昌铜铁机器厂	修理船舶
1875	邓泰记机器厂	修理船用零件
1880	远昌机器厂	修理船舶
1881	虹口铁厂	修理船舶，曾造船二艘
1881	合昌机器厂	修理船舶
1882前	均昌机器厂	修造船舶，曾造船六艘
1882	福昌机器厂	不详
1882	锦昌机器厂	专做铜铁等件
1882	永昌机器厂	修造轮船，后制缫丝车
1883	亚记机器厂	不详
1884	怡昌铜铁铺	承做铜铁器，装配煤气
1885	张万祥铁工厂	修造轧花机
1885	公茂机器船厂	修造小轮船
1886	中国机器轧铜公司	不详

续表

设立年份	厂　　名	经营项目
1887 前	成和机器厂	制造轮船，缫丝机器及石印、铅印机器
1888 前	顺成机器厂	制造石印机器，以及小轮船机器，马力机器，气炉等
1888	韦四德厂	不详
1888	鸿锠铁厂	制造铜铁各式轮船机器，印刷车床
1888	义昌铜铁店	不详
1888	大昌机器厂	修造小轮船，缫丝车
1888	广顺源车船厂	不详
1889 前	广德昌机器造船行	修造小轮船
1889	上海机器轧铜厂	不详
1889	黄元春磨刀厂	不详
1890	顺记翻砂厂	不详
1890	戴聚源铁工厂	修理轧花机
1891	炽丰机器厂	修理机器
1894 前	恒昌祥机器厂	不详
1894 前	家兴工厂	修造进口织袜机配件

全国纱厂资本、纱锭、布机统计表（1895 年）

厂　　名	资本（两）	纱锭（枚）	布机（台）
华新纱厂	240000	12000	——
湖北织布官局	1040000	30000	1000
裕源纱厂	400000	25000	——
盛华纺织总厂	2500000	65000	750
裕晋纱厂	350000	15000	——
大纯纱厂	400000	20000	
通久源纱厂	300000	18000	400
合计	5230000	185000	2150

全国工业分类统计表（1869年至1894年）

业别	厂　　名	所在地	成立年份	停闭年份
造纸	上海机器造纸总局	上海	1882	1892
	上海机器造纸总局申源分局	宁波	1887	1892
	广州造纸公司	广州	1882	
	宏远堂机器造纸公司	南海	1889	1906
	筲箕湾机器造纸局	香港	1888	
印刷	同文书局	上海	1882	1898
	蜚英馆石印馆	上海	1887	
	同裕昌印字局	上海	1888	
	積石书局	上海	1888	
	鸿文书局	上海	1888	
	鸿宝斋石印局	上海	1888	
	广州机器印刷局	广州	1882	
	宁波印刷厂	宁波	1874	
	杭州石印局	杭州	1892	
	撷华书局	北京	1884	
面粉	裕泰恒火轮面局	上海	1882	
	泰和火轮机器粉局	上海	1886	
	翕成号面粉局	上海	1886	
	贻来牟机器磨坊	天津	1878	
	大来生机器磨坊	天津	1894	
	北京机器磨坊	北京	1895前	1895
	贻来牟机器磨面公司	通州	1892	
	福州机器面粉厂	福州	1887	
火柴	荣昌火柴厂	上海	1887	不久即停
	燧昌火柴厂	上海	1890前	不久即停
	燮昌火柴厂	上海	1890	

续表

业别	厂　　名	所在地	成立年份	停闭年份
火柴	厦门自来火局	厦门	1886	1889
	慈鸡火柴厂	慈谿	1889	不久即停
	巧明火柴厂	佛山	1879	
	义和公司	广州	1893	
	油麻地火柴厂	香港	1880	
	森昌泰火柴厂	重庆	1889	
	森昌正火柴厂	重庆	1891 前	
	太原火柴局	太原		
榨油	汕头榨油一厂	汕头	1879	
	汕头榨油二厂	汕头	1893	
	潮阳榨油厂	潮阳	1881 前	
锯木	上海锯木厂	上海	1878	
	台湾锯木厂	基隆	1869	
制糖	利远糖厂	香港	1882	1886
	福州制糖厂	福州	1887	1890
制药	中西大药房	上海	1887	
	中英大药房	上海	1894	
碾米	源昌碾米厂	上海	1888	
焙茶	福州机器焙茶厂	福州	1891	
制冰	上海制冰厂	上海	1886	1890
肥皂	湾仔肥皂厂	香港	1894 前	
印柴	清和印花柴坊	上海	1882	
硝皮	北洋织绒硝皮厂	天津	1887	
水泥	唐山细棉土厂	唐山	1889	1894
电灯	广州电灯公司	广州	1890	1899

全国金、银、铜、铅矿统计表（1881 年至 1894 年）

矿　名	创办人	成立年份	招收资本（两）	停闭年份	概　况
热河平泉铜矿	朱其诏	1881	340000	1886	北洋大臣李鸿章、热河都统崇绮奏办，1881 年招股 4 万两，1882 年续招 8 万两，1883 年续招 12 万两，因入股踊跃，又添收 10 万两。因熔炼不得法，所出净铜不及土法之半，1885 年停工。1887 年朱其诏拟添资本 8 万两，再度筹办，无结果
湖北鹤峰铜矿	朱季云	1882	200000	1883	1877 年有本地绅商拟办未成。原定招股 15 万两，因股票涨价，复增股 5 万两。曾试采铜沙 200 余担。1883 年停闭后，1885 年拟重新招股，以老股二折折抵新股，无结果
湖北施宜铜矿	王辉远	1882	400000	1884	1883 年 11 月试采，至 1884 年 2 月共运黄铜 6200 余担。未正式开采，便以亏折停闭。主持人以股金私贩雄黄，移抵栈欠，股东亏折股本 75%
热河承平银矿	李文耀	1882	400000	1885	1881 年锦州人倪中兴用土法开采，得利 20 余万两。1882 年李文耀、朱其诏、唐廷枢等接办，由李文耀主持，办无成效，1885 年停。1887 年朱其诏再度开办，拟由李鸿章拨公款 16000 两，另招商股 10 万两。均未得法。赔累 40 余万两。1890 年改为土法生产，始略有盈余
直隶顺德铜矿	宋宝华	1882	200000	1884	开采后发现矿苗不旺，即行停工。股东股本亏折殆尽
云南铜矿	唐炯、胡家桢	1883	1000000	1890	1876 年云南巡抚岑毓英拟用机器开采不成，1883 年云贵总督岑毓英云南巡抚唐炯奏请招商集股开办，由胡家桢负责主持，实际只招得股本 7 万余两，中途停顿。1887 年唐炯再度开办，委王炽招股，1889 年开采巧家厂，每月产铜 7 万斤，并拟使用开凿、通风、泄水机器。1890 年以经费不敷停采，改向矿户收购矿砂

续表

矿　名	创办人	成立年份	招收资本（两）	停闭年份	概　况
湖北长乐铜矿	金涤泉	1883	100000	1883	未见经营
安徽池州铜矿	杨德	1883	300000	1891	最初勘察，估计每百斤铜砂可得铜10～15斤。开采结果，每百斤只能得铜3～4斤，不敷成本，停工。耗资30万两
山东登州铅矿	盛宣怀	1883	?	1883	未见经营
福建石竹山铅矿	丁枞	1885	100000	1888	曾设小炉化铅，结果不佳。所化铅砂仅及通常的六分之一。兼以经费无着，停歇
山东平度金矿	李宗岱	1885	210000	1889	1883年李宗岱请办棲霞等县金矿，未准。1885年再度请办平度金矿，1887年4月开工，有舂矿机一座，号称每日可出砂金50吨，但截至1889年只出金砂180吨，而且金质低下，因于1889年停闭。除耗股本21万两外，尚亏空公款6万两，汇丰银行借款18万两，共45万两
山东淄川铅矿	徐祝三	1887	?	1892	1888年每日出铅砂1600斤后，降至千斤以下，且成本高于手工生产，因而停顿
海南岛大艳山铜矿	张廷钧	1887	?	1888	主要目的在开垦荒地，兼购备机器开采铜矿。1887年底开工。至次年九月底共采矿砂14616斤，以成效不大停办
广东香山天华银矿	何崑山	1888	280000	1890	何原经办儋州银矿，大屿山铅矿，资本各十万两，1888年大屿山铅矿开工，1889年唐廷枢、徐润加入，将两矿合并为天华银矿，续招股本8万余元，以资本不继停办

续表

矿　名	创办人	成立年份	招收资本（两）	停闭年份	概　　况
广西贵县天平寨银矿	谢光绮	1889	?	?	未见经营
黑龙江漠河金矿	李金镛	1889	200000	1900	李金镛于1887年开始勘探，1892年正式开工。前两年经营比较困难，1890年李病故，由袁大化接办，1892年增添新股。1893—1894年扩大生产规模，继开观音山金矿，营业好转，出现巨额红利。1895年金产量达到五万两的高峰。以后又走下坡路。1900年被俄军占领，停办
吉林天宝山银矿	程光第	1890	10000	1896	1890年吉林将军长顺委程光第勘办，1891年立案，部分使用机器。1896年亏银五万两，查封
山东宁海金矿	马建忠、陈世昌等	1890	1500000	1890	接收平度金矿，并开采宁海金矿。实际只集股30万两。试采九个月即失败停工
山东招远金矿	李赞熏、陈世昌等	1891	600000	1892	接办平度金矿，并开办招远金矿。实际只招得资本6万两，1892年开采，不久即失败。以后又由李宗岱用土法开采，1895年被山东巡抚李秉衡封闭
热河建平金矿	徐润	1892	?	1898	1892年李鸿章札委徐润勘办，以工代赈。1893—1894年共出金7200余两。然成本过重，获利甚微。至1896年获利8500银两，1898年徐润即未再办
湖北兴山铜铅厂	吴某	1893	5000左右	?	1893年试采有效，拟设局增资，详情不明
吉林三姓金矿	宋春鳌	1894	100000	1900	开采略见有效，1900年由于八国联军入侵，停办

内河非通商口岸小轮公司统计表（1882年至1889年）

成立年份	公司名称	创办人	航线
1882	不详	李培松等	苏州—镇江，淮安—扬州
1883	湖南小轮公司	黎某	长沙—汉口及南湖内河
1884	兆昌	彭成丰	宁波—定海
1885	不详	黄日章	上海—苏州
1886	鸿顺船局	不详	上海—南翔—嘉定—浏河
1886	不详	吴子和等	上海—苏州
1887	不详	韩山曦等	宁波—定海
1888	广顺源车船厂	伦国材	上海—苏州
1888	不详	不详	杭州、松江一带水运
1886	不详	马建常	珠江
1888—1889	不详	不详	珠江
1890	广记	不详	芝罘—登州—龙口—虎头崖

资料来源：汪敬虞：《中国资本主义现代企业的产生过程》，《中国经济史研究》1986年第2期，第50—59页。

◎至1874年，福州船政局已是一个拥有近代大型造船厂所应有的机器设备和生产能力的船厂。日意格《福州船政局》一书造表如下（平方公尺即平方米，公尺即米，公分即厘米；匹马力，即马力，相当于735.499瓦）：

工　厂	占地面积（平方公尺）	工厂基本概况	
铁厂	4190	锤铁厂	自造约7000公斤的单锤一个，法尔蓑式6000公斤双锤一个，2000公斤单锤一个，300公斤铁锤两个，另有大炼炉16座，小炼炉6座等
		拉铁厂	有炼铁炉6座，展铁机4座，1座制坚铁与弯铁，1座制小型铁，4件座制铜件。设有100马力发动机1座，能锻制厚度在15公分以下的铁板，展制直径或每边自6公分至120公分的长的圆铁条或方铁条，直径或每边自7公分至30公分的铜条。此厂可日夜开工，计每年能展铁3000吨

续表

工　厂	占地面积（平方公尺）	工厂基本概况
水缸厂	2400	厂屋分3部分：中间是大厂房，宽20公尺，两边有小厂房各一，宽10公尺。厂房之一用做铜水缸厂。厂内装有15匹马力发动机1座，用以推动鼓风炉并运转两厂的机器。除装配外国运来的水缸、装合船只等工作外，还自造14座水缸，以供150匹马力轮机之用
轮机厂	2400	每年约能制造500匹马力的轮机，厂中装有30匹马力发动机1座，此厂已造成150匹马力的轮机7座
合拢厂	800	厂的上层有绘事楼，以供工程师打造机器图样
铸铁厂	2400	厂房分3部分，中间是大厂房，宽20公尺，两旁是小厂房，宽10公尺。厂中有15匹马力发动机1座。除铸铜设备不计外，厂中有铸铁炉3座，能熔铁15吨。以往平均每周铸铁12～15吨，其中包括150马力轮机的铁件等。它最多时曾1个月内铸铁90吨
钟表厂	720	分为3部：一为时表制造部，一为望远镜制造部，一为指南针制造部
打铁厂	2160	厂中有炼铁炉44座，铁锤3个，各重3000公斤。另有一专制船舶修造中需要的小件装配物和铁锁等物的小厂，占地510平方公尺。
木器模型厂	1440	曾制造3座150匹马力轮机木模、250匹马力轮机木模、7000公斤铁锤木模，其他轮船工厂所需的各种木模种类还很多
转锯厂	1020	
造船工厂		有船台3座，每座船台左右都有板棚，方便工人做工。1座很大的板棚用做模厂，厂中足以画下与船身同样大小的全部规划线。1架起重机，还有1座铁船槽。以上这些构成了造船工厂的全部主要设备。铁船槽能容拢骨长达100公尺，排水量达1500吨的船只

资料来源：［法］日意格：《福州船政局》，上海晚报社1874年版，第11—13页。

◎在容闳倡议、曾国藩和李鸿章的支持下，清政府先后选派四批共120名学生赴美国留学。这批学生平均年龄只有12岁。以下是洋务派制定的挑选幼童前赴泰西肄业酌议：

一、商知美国公使照会大伯尔士顿，将中国派员每年选送幼童三十名至彼中书院肄业缘由，与之言明，其束修膏火一切均中国自备，并请俟学识明通，量材拔人军政、船政两院肄习。至赴院规条，悉照美国向章办理。

一、上海设局经理挑选幼童派送出洋等事，拟派大小委员三员，由通商大臣札饬在于上海、宁波、福建、广东等处，挑选聪颖幼童年十三四岁至二十岁为止，曾经读中国书数年，其亲属情愿送往西国肄业者，即会同地方官取具亲属甘结，并开明年貌、籍贯存案，携至上海公局考试。如姿性聪慧并稍通中国文理者，则在公局暂住听候齐集出洋，否即撤退以节靡费。

一、选送幼童每年以三十名为率，四年计一百二十名，驻洋肄业十五年后，每年回华三十名由驻洋委员胪列各人所长，听候派用，分别奏赏顶戴官阶差事。此系官生，不准在外洋入籍、逗留及私自先回遽谋别业。

一、赴洋幼童学习一年，如气性顽劣，或不服水土，将来难望成就，应由驻洋委员随时撤回。如访有金山地方华人年在十五岁内外，西学已有几分工夫者，应由驻洋委员随时募补以收得人之效，临时斟酌办理。

一、赴洋学习幼童，入学之初，所习何书，所肄何业，应由驻洋委员列册登注，四月考验一次，年终注明等第，详载细册，赍送上海道转报。

一、驻洋派正副委员二员，每员每月薪水银四百五十两；翻译一员，每月薪水银二百五十两；教习二员，每员每月薪水银一百六十两。

一、每年驻洋公费银共约六百两，以备医药、信资、文册、纸笔各项杂用。

一、正副委员、翻译、教习来回川费，每员银七百五十两。

一、幼童来回川资及衣物等件，每名银七百九十两。

一、幼童驻洋束修、膏火、屋租、衣服、食用等项，每名每年计银四百两。

一、每年驻洋委员将一年使费开单知照上海道转报，倘正款有余，仍涓滴归公；若正款实有不足之处，由委员随时知照上海道禀请补给。

一、每年驻洋薪水、膏火等费，约计库平银六万两，以二十年计之，约需库平银一百二十万两。

资料来源：曾国藩、李鸿章：《拟选聪颖子弟赴泰西各国肄业折》，见《曾国藩全集》（十二），岳麓书社 2011 年版，第 404—406 页。

◎曾国藩、李鸿章重视留美幼童事业，认为“挑选幼童出洋肄业，固属中华创始之举，抑亦古来未有之事”：

伏查挑选幼童出洋肄业，固属中华创始之举，抑亦古来未有之事。所有携带幼童委员，联络中外，事体重大，拟之古人出使绝域，虽时地不同，而以数万里之遥，需之二十年之久，非坚忍耐劳、志趋卓越者，不足以膺是选。

查有奏调来江四品衔刑部候补主事陈兰彬，夙抱伟志，以用世自命。挹其容貌，则粥粥若无能，绝不矜才使气，与之讨论时事，皆能悉烛几微，盖有远略而具内心者。又运同衔江苏候补同知容闳，前在花旗居处最久，而志趣深远，不为习俗所囿。同治二年曾派令出洋购买机器。该员练习外洋风土人情，美国尤熟游之地，并以联外交而窥秘钥。以上二员，上次折内业经奏明，均堪胜任。相应请旨饬派陈兰彬为正委员，容闳为副委员，常川驻扎美国，经理一切事宜。

资料来源：曾国藩、李鸿章：《奏陈选派委员携带幼童出洋肄业及应办事宜折》，见《曾国藩全集》（十二），岳麓书社2011年版，第567页。

◎1866年11月5日，奕䜣等上奏提出在京师同文馆中添设天文算学馆，结果引发了倭仁等顽固派的反对，中央地方各级官员广泛参与讨论。其中最具代表性的两份奏折如下：

窃维开馆求才，古无成格，惟延揽之方张广，斯聪明之士争来。查臣衙门于同治元年七月间设立同文馆，延请英、法、俄三国教师，分馆教习，各馆学生系由八旗咨取年在十四岁内外。迄今几及五载，各馆学生于洋文洋话尚能领略；惟年幼学浅，于汉文文义尚难贯串，现仍督令该学生等将洋文翻译汉文，以冀精进。只以功力分用，速效难期，若再令讲求天文、算学等事，转恐博而不专。因思洋人制造机器、火器等件，以及行船、行军，无一不自天文、算学中来。现在上海，浙江等处讲求轮船各项，若不从根本上用着实功夫，即学习皮毛，仍无俾于实用。臣等公同商酌，现拟添设一馆，招取满汉举人及恩、拔、岁、副、优贡，汉文业已通顺，年在二十以外者，取具同乡京官印结、或本旗图片，赴臣衙门考试，并准令前项正途出身五品以下满汉京外各官，年少聪慧，愿入馆学习者，呈明分别出具本旗图片及同乡官印结，一体与考，由臣等录取后，即延聘西人在馆教习，务期天文、算学，均能洞澈根源，斯道成于上，即艺成于下，数年以后，必有成效。至现在已设之三馆，仍查照办理。诚以进取之途一经推广，必有奇技异能之士出乎其中华人之智巧聪明不在西人以下，举凡推算、格致之理，制器、尚象之法……倘能专精务实，尽得其妙，则中国自强之道在此矣。

其延聘洋人一事，前与总税务司赫德议及，伊可代为招聘。所有一切办理章程及学习人员，将来如有成效，应如何奖励之处，俟奉旨允准后，再由臣等详细酌定，奏请施行。

资料来源：《同治五年十一月初五日总理各国事务奕䜣等折》，见中国史学会主编：《中国近代史资料丛刊·洋务运动》（二），上海人民出版社1961年版，第22—23页。

请开设天文、算学馆，以为制造轮船、各机器张本，并非空讲孤虚，侈谈术数，为此不急之务。又恐学习之人不加拣择，或为洋人引诱误入歧途，有如倭仁所虑者，故议定考试必须正途人员，诚以读书明理之士，存心正大。而今日之局，又学士大夫所痛心疾首者，必能卧薪尝胆，共深刻励，以求自强，实际与泛泛悠悠漠不相关者不同。倭仁谓夷为吾仇，自必亦有卧薪尝胆之志。然试问所为卧薪尝胆者，姑为其名乎？抑将求其实乎？如谓当求其实，试问当求之愚贱之人乎？抑当求之士大夫乎？此臣衙门所以有招考正途之请也。今阅倭仁所奏，似以此举断不可行。该大学士久著理学盛名，此论出而学士大夫从而和之者必众，臣等向来筹办洋务，总期集思广益，于时事有裨，从不敢稍存回护。惟是倭仁此奏，不特学者从此裹足不前，尤恐中外实心任事不尚空言者亦将为之心灰而气沮，则臣等与各疆臣谋之数载者，势且隳之崇朝，所系实非浅鲜！臣等反复思维，洋人敢入中国肆行无忌者，缘其处心积虑在数十年以前，凡中国语言文字，形势虚实，一言一动，无不周知，而彼族之举动，我则一无所知，徒以道义空谈，纷争不已。现在瞬届十年换约之期，即日夜图维，业已不及；若安于不知，深虑江河日下，及设法求知，又复众论交攻，一误何堪再误！

资料来源：奕䜣等：《沥陈开设天文算学馆情由折》，见高时良、黄仁贤编：《中国近代教育史资料汇编·洋务运动时期教育》，上海教育出版社2007年版，第13页。

（二）封建性、依赖性和腐朽性

1. 封建性

◎两广总督、淮军将领张树声在《遗折》中对“中体西用”思想提出质疑：

近岁以来，士大夫渐明外交，言洋务筹海防，中外同声矣。夫西人立国自有本末，虽礼乐教化远逊中华，然驯致富强，具有体用。育才于学堂，论政于议院，君民一体，上下一心，务实而戒虚，谋定而后动，此其体也；轮船、大炮、洋枪、水雷、铁路、电线，此其用也。中国遗其体而求其用，无论竭蹶步趋，常不相及，就令铁舰成行，铁路四达，果足恃欤？

资料来源：张树声：《遗折》，见《张靖达公奏议》（卷8），光绪二十五年（1899年）刻本，第33页。

◎清同治五年（1866年），恭亲王奕䜣等奏请在京师同文馆设立天文算学馆，招生对象不限于八旗子弟，而扩大到满汉举人及五品以下京外各官，延请西人教习。这引起了以倭仁为代表的顽固派的反对。双方展开一场激烈的争论。其中，曾任总理各国事务衙门章京的李岳瑞对京师同文馆之争作了形象描述，揭示了当时洋务事业所遭遇的外部压力：

同文馆之始开也，朝议拟选阁部翰林宫年少聪颖者，肄业馆中。时倭文端方为首揆，以正学自任，力言其不可。御史张盛藻，遂奏称天文算法，宜令钦天监天文生习之。制造工作，宜责成工部督匠役习之。文儒近臣，不当崇尚技能，师法夷裔。疏上，都下一时传诵，以为至论。虽未邀俞允，而词馆曹郎，皆自以下乔迁谷为耻，竟无一人肯入馆者。朝廷岁縻巨款，止养成三数通译才耳。方争之烈，恭忠亲王奏命文端为同文馆大臣，盖欲以间执其口也。文端受命，欣然策骑莅任，中途，故坠马，遂以足疾请假，朝廷知其意不可回，亦不强之。文端之薨也，巴陵谢麐伯太史以联挽之曰："肩正学与道统绝续之交，诚意正心，讲席敢参他说进；夺我公于国是纷纭之日，攘夷主战，明朝无复谏书来。"当时士大夫见解如是，宜乎郭筠仙、丁雨生，皆以汉奸见摈于清议也。国之不竞，诸君子乌能辞其责哉？虽然，今日国家固已兴学矣，固已重用留学生矣，而效果果究何在耶？吾恐文端诸人，方齿冷于地下，而持用夷变夏之说者，且益张其焰而助之攻也。噫！

资料来源：李岳瑞：《春冰室野乘·倭文端沮开同文馆》，见《中华野史》编委会编：《中华野史》（卷11·清朝卷·中册），三秦出版社2000年版，第9739—9740页。

◎严复批评"中体西用"是"以牛为体，以马为用"，因此"分之则并立，合之则两亡"：

夫中国之开议学堂久矣，虽所论人殊，而总其大经，则不外中学为体，西学为用也；西政为本，而西艺为末也。主于中学，以西学辅其不足也；最后而有大报学在普通，不在语言之说。之数说者，其持之皆有故，而其言之也，则未必皆成理。际此新机方倪，人心昧昧，彼闻一二钜子之论，以为至当，循而用之，其害于吾国长进之机，少者十年，多者数纪。天下方如火屋漏舟，一再误之，殆无幸已。此走所以不避婴逆而有言也。

善夫金匮裘可桴孝廉之言曰：体用者，即一物而言之也。有牛之体，则有负重之用；有马之体，则有致远之用。未闻以牛为体，以马为用者也。中西学之为异也，如其种人之面目然，不可强谓似也。故中学有中学之体用，西学有西学之体用，分之则并立，合之则两亡。议者必欲合之而以为一物。且一体而一用之，斯其文义违舛，固已名之不可言矣，乌望言之而可行乎？

资料来源：严复：《与〈外交报〉主人书》，见王栻主编：《严复集》（第三册），中华书局1986年版，第558—559页。

◎洋务运动的留美幼童事业遭到沉重打击，奕䜣等洋务派官僚根据中国驻美大使陈兰彬的意见，上奏"将出洋学生一律调回"：

臣等查该学生以童稚之年，远适异国，路歧丝染，未免见异思迁，惟恃管带者督率有方，始能去其所短，取其所长，为陶铸人材之地。若如陈兰彬所称，是以外洋之长技尚未周知，彼族之浇风早经习染，已大失该局之初心。……臣等以为与其逐渐撤还，莫若概行停止，较为直截。相应饬下南北洋大臣，趁各局用人之际，将出洋学生一律调回。

资料来源：《光绪七年五月十二日总理各国事务衙门奕䜣等奏》，见中国史学会主编：《中国近代史资料丛刊·洋务运动》（二），上海人民出版社1961年版，第166页。

◎梁启超通过中日对比，分析了洋务运动失败的原因，认为洋务派“言变者，非真能变也”，中日向西方学习的重心不同因而结果迥异：

难者曰：中国之法，非不变也，中兴以后，讲求洋务，三十余年，创行新政，不一而足。然屡见败衄，莫克振救，若是乎新法之果无益于人国也。

释之曰：前此之言变者，非真能变也，即吾向者所谓补苴罅漏，弥缝蚁穴，漂摇一至，同归死亡；而于去陈用新，改弦更张之道，未始有合也。昔同治初年，德相毕士麻克语人曰：三十年后，日本其兴，中国其弱乎？日人之游欧洲者，讨论学业，讲求官制，归而行之；中人之游欧洲者，询某厂船炮之利，某厂价值之廉，购而用之。强弱之原，其在此乎！呜呼，今虽不幸而言中矣，惩前毖后，亡羊补牢，有天下之责者，尚可以知所从也。

资料来源：梁启超：《论变法不知本原之害》，见梁启超著，何光宇评注：《变法通议》，华夏出版社2002年版，第21页。

◎梁启超认为洋务运动失败的原因是“不除弊而不能布新”：

论者曰：“中国之当改革不待言矣，然此次之改革，得无操之过蹙，失于急激以自贻蹉跌之忧乎？”辩曰：“中国之言改革，三十年于兹矣，然而不见改革之效，而徒增其弊何也？凡改革之事，必除旧与布新两者之用力相等，然可有效也。苟不务除旧而言布新，其势必将旧政之积弊，悉移而纳于新政之中，而新政反增其害矣。”……夫不除弊而不能布新，前既言之矣，而除旧弊之一事，最易犯众忌而触众怒，故全躯保位惜名之人，每不肯为之。

资料来源：梁启超：《戊戌政变记》，中华书局1954年版，第81—84页。

◎孙中山认为洋务派“徒惟坚船利炮之是务，是舍本而图末”：

窃尝深维欧洲富强之本，不尽在于船坚炮利、垒固兵强，而在于人能尽其才，地能尽其利，物能尽其用，货能畅其流——此四事者，富强之大经，治国之大本也。我国家欲恢扩宏图，勤求远略，仿行西法以筹自强，而不急于此四者，徒惟坚船利炮之是务，是舍本而图末也。

资料来源：孙中山：《上李鸿章书》，见广东省社会科学院历史研究室、中国社会科学院近代史研究所中华民国史研究室、中山大学历史系孙中山研究室合编：《孙中山全集》（第一卷），中华书局1981年版，第8页。

◎历史学家夏东元认为，洋务派只是运用外国资本主义的新式武器来维护其封建统治而已：

洋务派官僚兴办洋务运动的动机和目的，已为学术界的人们所熟知，那就是：为了拯救清王朝的垂危统治，引进和学习西方先进科学技术首先是军事技术，以便将“心腹之害”的太平天国为代表的人民革命运动镇压下去，然后在逐渐富强起来的过程中抵御外侮战胜侵略者。很明显，目的是富强起来，既将人民革命镇压下去，又战胜侵略者，以拯救清朝统治；其手段是使用西方先进科学技术建立新式武装并发展近代工商业。除镇压人民革命是反动的之外，其他一些目的不为不善。问题是这些目的达到了没有？达到多少？答复是肯定与否定参半。清政府运用外国资本主义的新式枪炮将太平军、捻军和回民等少数民族起义镇压下去，维护和暂时稳定了统治地位，史称“同治中兴”是有一定道理的，这就是说它的这一目的达到了。

资料来源：夏东元：《洋务运动史》，华东师范大学出版社1992年版，第461页。

2. 对外国有依赖性

◎有些洋务派聘请的洋人心存优越感而不服管束，甚至滋生事端：

窃中国比年延用东西洋教习、工匠，端绪日繁。订立合同稍或疏漏，往往于辞退及原约期满之时，聒扰婪索，无所不至。

资料来源：张之洞：《咨会南、北抚院农务局禀呈浙、鄂二省延订东洋教习合同以备查核（附单）》，见苑书义等主编：《张之洞全集》（第五册），河北人民出版社1998年版，第3978页。

◎洋务派由于技术上过于依赖洋人，往往受制于人。对此，张之洞认为这些洋人“工夫尚好，惟性情奇傲”：

（张之洞委托驻俄公使许景澄从克虏伯厂招聘来的总矿师马克斯和汉阳铁厂总管德培，引者注）工夫尚好，惟性情奇傲。因合同系总管名目，自谓只归总局节制，厂委员概置不理，一切厂务不与驻厂委员相商，独断独行，稍不如意，即以停工挟制。

资料来源：张之洞：《致俄京许钦差》，见苑书义等主编：《张之洞全集》（第八册），河北人民出版社1998年版，第6692页。

◎洋人垄断技术，“绝不思教养华人”：

张之洞在湖北办枪炮厂，于德国高林洋行借银1000万元，聘一德人为铸造师，指挥华工约3000名，除德人铸造外，华人无知之者。

资料来源：陈真编：《中国近代工业史资料》（第三辑），三联书店1961年版，第244页。

3. 洋务企业的管理具有腐朽性

◎1885年，盛宣怀就任招商局督办伊始，就针对当时洋务企业的腐败现象，提出《用人章程十条》《理财十条》，改回到官方直接任命督办，再用两名“查账董事”作为监督机制，对招商局免蹈洋人把持之弊及促进营运活动有积极作用：

用人章程十条大旨：（一）专派大员一人，认真督办，用人理财，悉听调度。（二）会办三四人，应由督办察度商情，秉公保荐，亦三年一任。（三）帮办董事，拟分八股，曰揽载股，曰运漕股，曰银钱股，曰保险股（仁和济和所保各商货物均附各分局代办，每月会齐开折呈报），曰修验股，曰煤料股，曰翻译股，曰案牍股。（四）各分局总办，皆称董事，得力而无亏空者，酌量留用。（五）各局司事由各局董事自行选用。（六）各局司事应选择精明正派之人。（七）洋人旗昌荐来者太多，从前总船主及揽载洋人白拉，作弊最大，俱各发财而去，总船主拟在各船调用，每一年或二三年一换。（八）查账董事，拟就大股商人公举数人。（九）得力董事，必须优给花红，不得力者，随时惩戒。（十）如旧人不用者，或荐来人员不得力而撤退者，造谣惑众，请发交督办，明白禀复，以免功隳半途。

资料来源：盛宣怀：《用人章程十条》，见聂宝璋编：《中国近代航运史资料》（第一辑·下册），上海人民出版社1983年版，第888页。

理财章程十条，大旨（一）招商股本二百万两，连欠款共五百五十万两，作为接管之成本。（二）所有船产断不值五百五十万两之价，此次俟洋人公估后，即以公估之价，作为实价，其余作为浮值，以后如有盈余，逐渐弥补。（三）洋债限十年还清，计三十万磅（镑）。所有公款八十三万两，拟请奏明俟洋款还清，再行分年在漕运水脚项下扣还各省。（四）朝鲜契据押款二十万两，除利运售价七万两外，尚欠十三万两，该局本无力借与朝鲜，拟请俟朝鲜还与该局之后，即行转缴北洋归款。又直省藩库存款库平银十万两，原系八厘生息，亦应酌减，照五六厘行息。（五）船栈至多值四百万，则股本亏折一百五十万，暗中蚀去过半，外间股票市价，每百两只剩五六十两，光绪九年七月至十年六月底唐道手内已无利可分。十年七月至十一年六月底，马道手内归旗昌代办，亦无利可分。拟至十一年七月起，仍归每年六月底结账，按年暂给五六厘息。（六）仁济和存款七十万两，自光绪十年七月起至十一年六月底止，存于旗昌无息，本局力难代赔，以后给以年利五六厘。（七）贵池存款二十三万余两，系唐徐二道经手。而该道等欠局款二十余万两，本应相抵，但念旗昌代办后，该道利息一同无着，其本项可改给招商轮船股票，作二千三百股。（八）唐、徐二道经手欠款，曾禀明批准，由唐道清理前账，以应收之款抵还，如收抵有余，准其作为外结，以弥前亏。（九）收付均汇总于银钱股，用四联票办法，第一联凭收付与银号结账，第二联如收款给与付银人为收条，如支款给与修验股存档，第三联报督办，第四联存根。（十）自督会办以迄各局董事司事人等，于应得薪水花红外，不准丝毫挂欠，本局于轮船之外，不准分做别事。

资料来源：盛宣怀：《理财十条》，见聂宝璋编：《中国近代航运史资料》（第一辑・下册），上海人民出版社1983版，第888—889页。

◎美国历史学家费正清等认为，洋务企业“仍旧没有摆脱清朝官僚主义的习俗”，以至于“常常使流弊加剧”：

自汉代初年起就一直有关于国家控制盐铁的争论；一般同意法家的主张，即国家必须参与重大的经济活动。虽然受到把节俭仁慈的统治和自给自足的经济加以理想化的正统儒家的挑战，但大凡雄才大略的皇帝和讲求实效的官僚仍都赞成法家主张干预的思想。所以，关于这个问题反反复复出现的争论往往是关于国家控制的程度和性质，却很少涉及是否需要控制这一问题的本身。原来的清朝官员和学者所能够设想的是，只能在国家监督的范围内去提倡工业。他们关于国家特权的根深蒂固的观念由于新产生的国家危急感而得到加强，这种观念使官员们相信现代企业是如此重要，以致不能让商人去办。

资料来源：[美]费正清、刘广京编：《剑桥中国晚清史》（下卷），中国社会科学院历史研究所编译室译，中国社会科学出版社1985年版，第484—485页。

由于其中有些项目过于庞大，它们陷入了组织不力和经营困难的积弊之中。新的事业通常以特设新的政府机关的形式出现；它们在制度上比起一般政府机构要灵活一些，然而总的说来仍旧没有摆脱清朝官僚主义的习俗。例如京师同文馆，是由总理衙门直接管辖的。虽然终于授权给一个美国传教士学者（丁韪良）负责指导教学，但是这所学校还是继承了一些满洲旗人学堂的作法。多数其他项目，例如机器局、船政局，甚至招商局和矿务局在内，都是由省一级通过新设置的“局”来办理的。……这些新机构还是保存了不少老一套的作法，而且由于其他官僚部门的干预，常常使流弊加剧，这些流弊有时还相当严重。

资料来源：[美]费正清编：《剑桥中国晚清史》（上卷），中国社会科学院历史研究所编译室译，中国社会科学出版社1985年版，第571—572页。

（三）对李鸿章的评价

1. 李鸿章自嘲为“大清裱糊匠”

◎李鸿章认为大清帝国“如一间破屋”，自嘲是“大清裱糊匠”：

我办了一辈子的事，练兵也，海军也，都是纸糊的老虎，何尝能实在放手办理？不过勉强涂饰，虚有其表，不揭破犹可敷衍一时。如一间破屋，由裱糊匠东补西贴，居然成一净室，虽明知为纸片糊裱，然究竟决定不了里面是何等材料，即有小小风雨，打成几个窟窿，随时补葺，亦可支吾对付。乃必欲爽手扯破，又未预备何种修葺材料，何种改造方式，自然真相破露，不可收拾，但裱糊匠又何术能负其责？

资料来源：吴永口述，刘治襄笔记，李益波整理：《庚子西狩丛谈》，中华书局 2009 年版，第 121 页。

◎李鸿章的临终遗折，反映出李鸿章对时代及自己的认识：

为臣病垂危，自知不起，口占遗疏，仰求圣鉴事。窃臣体气素健，向能耐劳，服官四十余年，未尝因病请假。前在马关受伤，流血过久，遂成眩晕。去夏冒暑北上，复患泄泻，元气大伤。入都后又以事机不顺，朝夕焦思，往往彻夜不眠，胃纳日减，触发旧疾时作时止。迭蒙圣慈垂询，特赏假期，慰谕周详，感激零涕。和约幸得竣事，俄约仍无定期，上贻宵旰之忧，是臣未终心事。每一念及，忧灼五中。本月十九夜，忽咯血碗余，数日之间，遂成沉笃，群医束手，知难久延。谨口占遗疏，烦臣子经述恭校写成，固封以俟。伏念臣受知最早，蒙恩最深，每念时局艰危，不敢自称衰病。惟冀稍延余息，重睹中兴赍志以终，殁身难瞑。现值京师初复，銮辂未归，和议新成，东事尚棘，根本至计，处处可虞。窃念多难兴邦，殷忧启圣。伏读迭次谕旨，举行新政，力图自强。庆亲王等皆臣久经共事之人，此次复同更患难，定能一心效力，翼赞讦谟。臣在九泉，庶无遗憾。至臣子孙，皆受国厚恩，惟有勖其守身读书，勉图报效。属纩在即，瞻望无时，长辞圣明，无任依恋之至。谨叩谢天恩，乞皇太后、皇上圣鉴。谨奏。

资料来源：刘忆江：《李鸿章年谱长编》，河北大学出版社 2015 年版，第 731 页。

2. 梁启超称李鸿章为“时势所造之英雄，非造时势之英雄”

吾敬李鸿章之才，吾惜李鸿章之识，吾悲李鸿章之遇。李之历聘欧洲也，至德，见前宰相俾士麦，叩之曰：“为大臣者，欲为国家有所尽力。而满廷意见，与己不合，群掣其肘，于此而欲行厥志，其道何由？”俾士麦应之曰：“首在得君，得君既专，何事不可为？”李鸿章曰：“譬有人于此，其君无论何人之言皆听之，居枢要侍近习者，常假威福，挟持大局。若处此者当如之何?”俾士麦良久曰：“苟为大臣，以至诚忧国，度未有不能格君心者，惟与妇人女子共事，则无如何矣!”李默然云。呜呼！吾观于此，而知李鸿章胸中块垒牢骚郁抑，有非旁观人所能喻者。吾之所以责李者在此，吾之所以恕李者亦在此。

……

李鸿章所办商务，亦无一成效可睹者，无他，官督商办一语累之而已。……吾中国之政教风俗，无一不优于他国，所不及者，惟枪耳，炮耳，船耳，铁路耳，机器耳，吾但学此，而洋务之能事毕矣。

夫以李鸿章之忠纯也若彼，其明察也若此，而又久居要津，柄持大权，而其成就乃有今日者，何也?则以知有兵事而不知有民政，知有外交而不知有内治，知有朝廷而不知有国民，知有洋务而不知有国务。……故曰：为时势所造之英雄，非造时势之英雄也。

资料来源：梁启超：《李鸿章》，上海人民出版社2016年版，第1—2、47、50页。

中国之言改革，三十年于兹矣，然而不见改革之效，而徒增其弊何也?……譬之有千岁老屋，瓦墁毁坏，榱栋崩折，将就倾圮，而室中之人，乃或酣嬉鼾卧，漠然无所闻见，或则补苴罅漏，弥缝蚁穴，以冀支持。斯二者用心虽不同，要之风雨一至，则屋必倾而人必同归死亡一也。夫酣嬉鼾卧者，则满洲党人是也，补苴弥缝者，则李鸿章、张之洞之流是也。谚所谓室漏而补之，愈补则愈漏；衣敝而结之，愈结则愈破，其势固非别构新厦，别出新制，乌乎可哉?……

资料来源：梁启超：《戊戌政变记》，中华书局1954年版，第81—83页。

三、资产阶级维新派的软弱改良

（一）维新运动是资产阶级性质的政治改良运动

1. 维新变法的理论基础

◎康有为在《实理公法全书》“总论人类门”中，列举了四条实理、六条公法，相当于全书全部实理公法的总纲：

实理：（1）人各分天地原质以为人。（2）人各具一魂，故有知识，所谓智也。然灵魂之性，各各不同。（3）人之始生，便具爱恶二质。及其长也，与人相接时，发其爱质，则必有益于人；发其恶质，则必有损于人。又爱恶只能相生，不能两用。（4）人之始生，有信而无诈，诈由习染而有。

公法：（1）人有自主之权。（2）以平等之意，用人立之法。（3）以互相逆制立法。凡地球古今之人，无一人不在互相逆制之内。（4）以兴爱去恶立法。（5）重赏信罚诈之法。（6）制度咸定于一，如公议以某法为公法，既公共行用，则不许有私自行用诸比例之法者。

资料来源：康有为：《实理公法全书》，见康有为撰，姜义华、张荣华编校：《康有为全集》（第一集），中国人民大学出版社2007年版，第148页。

◎梁启超在《清代学术概论》中将康有为《新学伪经考》的内容概述如下：

一、西汉经学，并无所谓古文者，凡古文皆刘歆伪作。二、秦焚书，并未厄及六经，汉十四博士所传，皆孔门足本，并无残缺。三、孔子时所用字，即秦汉间篆书，即以“文”论，亦绝无今古之目。四、刘歆欲弥缝其作伪之迹，故校中秘书时，于一切古书多所羼乱。五、刘歆所以作伪经之故，因欲佐莽篡汉，先谋湮乱孔子之微言大义。

资料来源：梁启超：《清代学术概论》，见朱维铮校注：《梁启超论清学史二种》，复旦大学出版社1985年版，第63—64页。

◎康有为的《孔子改制考》在当时影响甚大，《申报》将其视为“中国二千年第一部教书”：

此书为南海康长素先生所著，判中国四千年之教案，明孔子为生民未有之教王，创儒为国号，托古为前驱，称王为制法，礼义制度皆出孔子，举天下万国饮食人伦，莫不范围于孔子之教中，而受孔子之泽。……考其实迹，传其真源，中国二千年第一部教书也，学者得而读之，如拨云雾、见青天，知孔子之功与天地并，而孔子之道大明于天下矣。

资料来源：汤志钧：《戊戌变法史》，人民出版社1984年版，第217页。

◎梁启超在《变法通议》中阐述了变法的合法性，提出“变者，古今之公理”：

法何以必变？凡在天地之间者，莫不变。昼夜变而成日，寒暑变而成岁；大地肇起，流质炎炎，热熔冰迁，累变而成地球；海草螺蛤，大木大鸟，飞鱼飞鼍，袋兽脊兽，彼生此灭，更代迭变而成世界；紫血红血，流注体内，呼炭吸养，刻刻相续，一日千变而成生人。藉曰不变，则天地人类并时而息矣。故夫变者，古今之公理也。贡助之法变为租庸调，租庸调变为两税，两税变为一条鞭。并乘之法变为府兵，府兵变为彍骑，彍骑变为禁军。学校升造之法变为荐辟，荐辟变为九品中正，九品变为科目。上下千岁，无时不变，无事不变，公理有固然，非夫人之为也。为不变之说者，动曰守古守古，庸讵知自太古、上古、中古、近古以至今日，固已不知万百千变。今日所目为古法而守之者，其于古人之意，相去岂可以道理计哉！

资料来源：梁启超：《〈变法通议〉自序》，见梁启超著，何光宇评注：《变法通议》，华夏出版社2002年版，第1页。

◎康有为在《公车上书》中提出"非变通旧法，无以为治""变之之法，富国为先"：

不揣狂愚，窃为皇上筹自强之策，计万世之安，非变通旧法，无以为治。变之之法，富国为先。户部岁入银七千万，常岁亦已患贫，大农仰屋，罗掘无术，鬻官税赌，亦忍耻为之，而所得无几。然且旱潦河灾，船炮巨帑，皆不能举。闻日本索偿二万万，是使我臣民上下三岁不食乃能给之。若借洋债，合以利息扣折，百年亦无偿理，是自毙之道也。与其以二万万偿日本，何如以二万万外修战备，内变法度哉！

资料来源：康有为：《上清帝第二书》，见康有为撰，姜义华、张荣华编校：《康有为全集》（第二集），中国人民大学出版社2007年版，第37页。

◎谭嗣同在《仁学》中阐述了变法的重要性，认为"变法则民富""变法则民强""变法则民生"：

唯变法可以救之，而卒坚持不变。岂不以方将愚民，变法则民智；方将贫民，变法则民富；方将弱民，变法则民强；方将死民，变法则民生；方将私其智其富其强其生于一己，而以愚贫弱死归诸民，变法则与己争智争富争强争生，故坚持不变也。究之智与富与强与生，决非独夫之所任为。

资料来源：谭嗣同：《仁学二》，见蔡尚思、方行编：《谭嗣同全集》（下册），中华书局1981年版，第343页。

◎《明定国是诏》是维新运动的纲领性文件，诏书提出"以圣贤义理之学，植其根本，又须博采西学之切于时务者，实力讲求，以救空疏迂谬之弊"：

光绪二十四年四月二十三日内阁奉上谕：

数年以来，中外臣工，讲求时务，多主变法自强。迩者诏书数下，如开特科，裁冗兵，改武科制度，立大小学堂，皆经再三审定，筹之至熟，甫议施行。惟是风气尚未大开，论说莫衷一是，或托于老成忧国，以为旧章必应墨守，新法必当摈除，众喙哓哓，空言无补。试问今日时局如此，国势如此，若仍以不练之兵，有限之饷，士无实学，工无良师，强弱相形，贫富悬绝，岂真能制梃以挞坚甲利兵乎？朕惟国是不定，则号令不行，极其流弊，必至门户纷争，互相水火，徒蹈宋明积习，于时政毫无裨益。即以中国大经大法而论，五帝三王不相沿袭，譬之冬裘夏葛，势不两存。用特明白宣示，嗣后中外大小诸臣，自王公以及士庶，各宜努力向上，发愤为雄，以圣贤义理之学，植其根本，又须博采西学之切于时务者，实力讲求，以救空疏迂谬之弊。专心致志，精益求精，毋徒袭其皮毛，毋竞腾其口说，总期化无用为有用，以成通经济变之才。

京师大学堂为各行省之倡，尤应首先举办，着军机大臣、总理各国事务王大臣会同妥速议奏，所有翰林院编检、各部院司员、大门侍卫、候补候选道府州县以下官、大员子弟、八旗世职、各省武职后裔，其愿入学堂者，均准其入学肄业，以期人才辈出，共济时艰，不得敷衍因循，循私援引，致负朝廷谆谆告诫之至意。

将此通谕知之。钦此。

资料来源：《上谕》，见中国史学会主编：《中国近代史资料丛刊·戊戌变法》（二），上海人民出版社1957年版，第17页。

2. 维新变法的具体主张

◎《保国会章程》十条体现了保国会的宗旨及维新派的变法主张：

一、本会以国地日割，国权日削，国民日困，思维持振救之，故开斯会以冀保全，名为保国会。

二、本会遵奉光绪二十一年五月二十六日（1895年6月18日）上谕，卧薪尝胆，惩前毖后，以图保全国地、国民、国教。

三、为保国家之政权土地。

四、为保人民种类之自立。

五、为保圣教之不失。

六、为讲内治变法之宜。

七、为讲外交之故。

八、为仰体朝士讲求经济之学以助有司之治。

九、本会同志讲求保国、保种、保教之事以为论议宗旨。

十、凡来会者激厉愤发，刻念国耻，无失本会宗旨。

资料来源：《保国会章程》，《国闻报》第185号，1898年5月7日。

◎1895年4月22日，康有为写就《上今上皇帝书》（即《公车上书》），提出下诏、迁都、练兵、变法四大主张：

夫言战者，固结民心，力筹大局，可以图存；言和者，解散民礼，鼓舞夷心，更速其亡。以皇上圣明，反覆讲辩，孰利孰害，孰得孰失，必当独断圣衷，翻然变计者。不揣狂愚，统筹大计，近之为可和可战，而必不致割地、弃民之策；远之为可富可强，而断无敌国外患之来。伏乞皇上下诏鼓天下之气，迁都定天下之本，练兵强天下之势，变法成天下之治而已。

何谓鼓天下之气也？天下之为物，譬犹器也，用其新而弃其陈，病乃不存。水积为淤，流则不腐；户闭必坏，枢则不蠹；炮烧则晶莹，久置则生锈；体动则强健，久卧则委弱。况天下大器日摩洗振刮，犹恐尘垢；置而不用，坏废放失；日趋于弊而已。今中国人民咸怀忠义之心，非不可用也。而将吏贪懦，兵士怯弱，乃至闻风哗溃，驯至辱国请和者，得无皇上未有以鼓其气耶？是有四万万之民，而不善用之也。

……

何谓定天下之本也？自古都畿皆凭险阻。自非周公盛德，不敢以洛邑为都，故娄敬挽辂，汉祖移驾，宋汴梁无险，致敌长驱，徽、钦之辱，非独失德使然也。方今旅顺已失，威海既隳，险阻无有，京师孤立。近自北塘、芦台、神堂、涧河，远自山海、抚宁、昌黎、乐亭、清河、蚕沙，处处可入，无以为防守之计。此次和议即成，而诸夷窥伺，皆可扬帆而达津、沽。《易》曰：王公设险，以守其国。

……

何谓强天下之势也？凡两物相交，必有外患，兽有爪牙之卫，人有甲胄之蔽，列国并立，兵者，国之甲胄也。昔战国之世，魏有武卒，齐有轻骑，秦有武士。楚庄投袂，屦及剑及，即日伐宋。盖诸国并骋，无日不训讨军实，国乃可立。今环地球五十余国，而泰西争雄，皆以民为兵，大国练兵至百余万。选兵先以医生视其强弱，乃入学堂学习布阵、骑击、测量、绘图。其阵法、营垒、器械、枪炮，日夕讲求，确有程度。操练如真战，平居如临敌，所由雄视海内也。日本步武其后，遂来侮我。而我犹守大一统之旧制以待之，不训兵备，至有割地款和之事。今日氛未已，不及精练，然能将卒相知，共其甘苦，器械精利，壮其胆气，亦可自用，选将购械，犹可成军。

……

窃以为今之为治，当以开创之势治天下，不当以守成之势治天下；当以列国并立之势治天下，不当以一统垂裳之势治天下。盖开创则更新百度，守成则率由旧章。列国并立则争雄角智，一统垂裳则拱手无为。言率由则外变相迫，必至不守不成；言无为而诸国交争，必至四分五裂。《易》曰：穷则变，变则通。董仲舒曰：为政不调，甚者更张，乃可谓理。若谓祖宗之法不可变，则我世祖章皇帝何尝不变太宗文皇帝之法哉？若使仍以八贝勒旧法为治，则我圣清岂能久安长治乎？不变法而割祖宗之疆土，驯至于亡，与变法而光宗庙之威灵，可以大强，孰轻孰重，孰得孰失，必能辨之者。

资料来源：康有为：《上清帝第二书》，见康有为撰，姜义华、张荣华编校：《康有为全集》（第二集），中国人民大学出版社 2007 年版，第 33—37 页。

◎1895 年 7 月 17 日，光绪皇帝颁布“因时制宜”上谕，提出“以筹饷练兵为急务，以恤商惠工为本源”的变法主张：

自来求治之道，必当因时制宜，况当国事艰难，尤应上下一心，图自强而弭祸患。朕宵旰忧勤，惩前毖后，惟以蠲除积习力行实政为先。叠据中外臣工条陈时务，详加披览，采择施行，如修铁路、铸钞币、造机器、开各矿、折南漕、减兵额、创邮政、练陆军、整海军、立学堂，大约以筹饷练兵为急务，以恤商惠工为本源，此应及时举办。至整顿厘金、严核关税、稽察荒田、汰除冗员各节，但能破除情面，实力讲求，必于国计民生两有裨益。著各直省将军督抚将以上各条，各就本省情形，与藩臬两司暨各地方官悉心妥筹，酌度办法，限文到一月内分晰覆奏。当此创巨痛深之日，正我君臣卧薪尝胆之时，各将军督抚受恩深重，具有天良，谅不至畏难苟安，空言塞责。原折片均著钞给阅看，将此由四百里各谕令知之。

资料来源：朱寿朋编：《光绪朝东华录》，中华书局 1958 年版，第 3631 页。

◎梁启超在《变法通议》中提出“变官制”“变科举”“育人才”等主张：

吾今为一言以蔽之曰：变法之本，在育人才；人才之兴，在开学校；学校之立，在变科举；而一切要其大成，在变官制。

资料来源：梁启超：《论变法不知本原之害》，见梁启超著，何光宇评注：《变法通议》，华夏出版社 2002 年版，第 24 页。

◎梁启超在《变法通议》中提出“变科举”的上策、中策和下策：

故欲兴学校，养人才，以强中国，惟变科举为第一义。大变则大效，小变则小效，综而论之，有三策焉，何谓上策？远法三代，近采泰西，合科举于学校，自京师以讫州县，以次立大学、小学，聚天下之才，教而后用之，入小学者比诸生，入大学者比举人，大学学成比进士，选其尤异者，出洋学习比庶吉士，其余归内外、户刑工商各部，任用比部曹，庶吉士出洋三年，学成而归者，授职比编检，学生业有定课，考有定格，在学四年而大试之，以教习为试官，不限额，不糊名。凡自明以来，取士之具，取士之法，千年积弊，一旦廓清而辞辟之，则天下之士，靡然向风，八年之后，人才盈廷矣。

何谓中策？若积习既久，未即遽除，取士之具，未能尽变，科举学校，未能遂合，则莫如用汉唐之法，多设诸科，与今日帖括一科并行……立明经……明算……明字……明法……使绝域……通礼……技艺……学究……明医……兵法……至其取之之法，或如康乾鸿博故事，特诏举试，或如近世算学举人，按省附考，而要之必予以出身，示以荣途，给以翰林进士举人之名，准以一体乡会朝殿之实，著书可以入翰林，上策可以蒙召见。告之以用意之所重，导之以利禄之所存，则岩穴之间，乡邑之内，与夫西学诸馆，及出洋学习之学生，皆可因此以自达。其未有成就者，亦可以益厉于实学，以为天下用，则其事甚顺，而其效亦甚捷。

何谓下策，一仍今日取士之法，而略变其取士之具，童子试非取录经古者，不得入学，而经古一场，必试以中外政治得失，时务要事，算法、格致等艺学，乡会试必三场并重，第一场试四书文、五经文、试帖各一首；第二场试中外史学三首，专问历代五洲治乱存亡之故；第三场试天、算、地、舆、声、光、化、电、农、矿、商、兵等专门，听人自择一门，分题试之各三首；殿试一依汉策，贤良故事，专问当世之务，对策者不拘格式，不论楷法，考试学差试差，亦试以时务艺学各一篇，破除成格，一如殿试，如是则向之攻八股哦八韵者，必将稍稍捐其故业，以从事于实学，而得才必盛于今日。

上策者，三代之制也。中策者，汉唐之法也。下策者，宋元之遗也。由上策者强，由中策者安，由下策者存。

资料来源：梁启超：《论科举》，见梁启超著，何光宇评注：《变法通议》，华夏出版社2002年版，第60—61页。

◎严复在《原强》中提出“鼓民力”“开民智”“新民德”三大变法主张：

盖生民之大要三，而强弱存亡莫不视此：一曰血气体力之强，二曰聪明智虑之强，三曰德行仁义之强。是以西洋观化言治之家，莫不以民力、民智、民德三者断民种之高下，未有三者备而民生不优，亦未有三者备而国威不奋者也。……凡可以进是三者，皆所力行；凡可以退是三者，皆所宜废；而又盈虚酌剂，使三者毋或致偏焉。西洋政教，若自其大者观之，不过如是而已。

……

然则鼓民力奈何？今者论一国富强之效，而以其民之手足体力为之基，此自功名之士观之，似为甚迂而无当。顾此非不佞一人之私言也，西洋言治之家，莫不以此为最急。历考中西史传所垂，以至今世五洲五六十国之间，贫富弱强之异，莫不于此焉肇分。

……

故中国礼俗，其贻害民力而坐令其种日偷者，由法制学问之大，以至于饮食居处之微，几于指不胜指。而沿习至深、害效最著者，莫若吸食鸦片、女子缠足二事……是鸦片、缠足二事，不早为之所，则变法者，皆空言而已矣。

其开民智奈何？今夫尚学问者则后事功，而急功名者则轻学问，二者交失，其实则相资而不可偏废也。顾功名之士多有，而学问之人难求，是则学问贵也。……学问之士，倡其新理，事功之士，窃之为术，而大有功焉。故曰：民智者，富强之原。此悬诸日月不刊之论也。……今者物穷则变，言时务者，人人皆言变通学校，设学堂，讲西学矣。虽然，谓千年以往，中国必收其益，则又未必然之事也。何故？旧制尚存，而荣途未开也。……是故欲开民智，非讲西学不可；欲讲实学，非另立选举之法，别开用人之途，而废八股、试帖、策论诸制科不可。

至于新民德之事，尤为三者之最难。……

西之教平等，故以公治众而贵自由。自由，故贵信果。东之教立纲，故以孝治天下而首尊亲。尊亲，故薄信果。然其流弊之极，至于怀诈相欺，上下相遁，则忠孝之所有，转不若贵信果者之多也。且彼西洋所以能使其民，皆若有深私至爱于其国与主，而赴公战如私仇者，则亦有道矣。

资料来源：严复：《原强》，见周振甫选注：《严复选集》，人民文学出版社2004年版，第14—54页。

◎康有为在《外衅危迫分割洊至急宜及时发愤大誓臣工开制度新政局折》中提出“大誓群臣”“开制度局”“设待诏所”，将此视为“变法之纲领，下手之条理”：

考日本维新之始，凡有三事：一曰大誓群臣以革旧维新，而采天下之舆论，取万国之良法；二曰开制度局于宫中，征天下通才二十人为参与，将一切政事、制度重新商定；三曰设待诏所许天下人上书，日主以时见之，称旨则隶入制度局。此诚变法之纲领，下手之条理，莫之能易也。

资料来源：康有为：《外衅危迫分割洊至急宜及时发愤大誓臣工开制度新政局折》，见康有为撰，姜义华、张荣华编校：《康有为全集》（第四集），中国人民大学出版社2007年版，第14页。

◎康有为在《外衅危迫分割洊至急宜及时发愤大誓臣工开制度新政局折》中提出设立法律局、税计局、学校局等十二局的变法主张：

其新政推行，内外皆立专局，以任其事：

一、法律局。考万国法律公法，以为交涉平等之计。或酌一新律，施行于通商口岸，以入万国公法之会。

二、税计局。掌参用万国之税则，定全地之税、户口之籍、关税之法、米禄之制、统计之法、兴业之事、公债之例、讼纸之制。

三、学校局。掌于京师、各直省即书院、佛寺为学堂，分格致、教术、政治、医、律、农、矿、制造、掌故、各国语言文字诸科，别以大、小、公、私，并立师范、女学而广励之；其有新书、新艺、新器者，奖劝焉。

四、农商局。掌凡种植之法、土地之宜、垦殖之事、赛珍之会、比较之厂，考土产，计物价，定币权，立商律，劝商学。

五、工务局。掌凡制造之厂、机器之业、土木之事。

六、矿政局。掌凡天下一切矿产，开矿学，定矿则，凡开矿者隶焉。

七、铁路局。掌凡天下开铁路事。

八、邮政局。掌修天下道路及递信、电报之事。

九、造币局。掌铸金、银、铜三品，立银行，造纸币，时其轻重。

十、游历局。掌派人游学外国，一法一艺，宜得其详。其有愿游学者报焉。

十一、社会局。泰西政艺精新，不在于官，而在于会；以官人寡而会人多，官事多而会事暇也。故皆有学校会、农桑会、商学会、防病会、天文会、地舆会、大道会、大工会、医学会、各国文字会、律法会、剖解会、植物会、动物会、要术会、书画会、雕刻会、博览会、亲睦会、布施会。宜劝令人民立会讲求，将会例、人名报局考察。

十二、武备局。掌编民兵、购铁舰、讲洋操、学驾驶、讲海战。

十二局立而新制举，凡制度局所议定之新政，皆交十二局施行。

资料来源：康有为：《外衅危迫分割洊至急宜及时发愤大誓臣工开制度新政局折》，见康有为撰，姜义华、张荣华编校：《康有为全集》（第四集），中国人民大学出版社 2007 年版，第 14—15 页。

（二）自上而下的改良道路在旧中国根本行不通

1. 主观原因在于资产阶级维新派的阶级局限性

◎梁启超对“皇上无权、西后阻挠”情形的描述：

初，君之始入京也，与言皇上无权、西后阻挠之事，君不之信。及七月二十七日，皇上欲开懋勤殿设顾问官，命君拟旨。先遣内侍持历朝圣训授君，传上言谓康熙乾隆咸丰三朝有开懋勤殿故事，令查出引入上谕中，盖将以二十八日亲往颐和园请命西后云。君退朝，乃告同人曰：今而知皇上之真无权矣。

资料来源：梁启超：《戊戌政变记》，中华书局 1954 年版，第 107 页。

◎维新派无权无势，最终不得不寄希望于袁世凯。梁启超对谭嗣同夜访袁世凯于法华寺的描述：

八月初一日，上召见袁世凯，特赏侍郎。初二日复召见。初三日夕，君径造袁所寓之法华寺，直诘袁曰：君谓皇上何如人也？袁曰：旷代之圣主也。君曰：天津阅兵之阴谋，君知之乎？袁曰：然，固有所闻。君乃直出密诏示之曰：今日可以救我圣主者，惟在足下，足下欲救则救之。又以手自抚其颈曰：苟不欲救，请至颐和园首仆而杀仆，可以得富贵也。袁正色厉声曰：君以袁某为何如人哉？圣主乃吾辈所共事之主，仆与足下同受非常之遇，救护之责，非独足下，若有所教，仆固愿闻也。君曰：荣禄密谋，全在天津阅兵之举，足下及董、聂三军，皆受荣所节制，将挟兵力以行大事。虽然，董、聂不足道也，天下健者惟有足下。若变起，足下以一军敌彼二军，保护圣主，复大权，清君侧，肃宫廷，指挥若定，不世之业也。袁曰：若皇上于阅兵时疾驰入仆营，传号令以诛奸贼，则仆必能从诸君子之后，竭死力以补救。君曰：荣禄遇足下素厚，足下何以待之？袁笑而不言。袁幕府某曰：荣贼并非推心待慰帅者。昔某公欲增慰帅兵，荣曰：汉人未可假大兵权。盖向来不过笼络耳。即如前年胡景桂参劾慰帅一事，胡乃荣之私人，荣遣其劾帅而已查办，昭雪之以市恩；既而胡即放宁夏知府，旋升宁夏道。此乃荣贼心计险极巧极之处，慰帅岂不知之？君乃曰：荣禄固操莽之才，绝世之雄，待之恐不易易。袁怒目视曰：若皇上在仆营，则诛荣禄如杀一狗耳。因相与言救上之条理甚详。袁曰：今营中枪弹火药皆在荣贼之手，而营哨各官亦多属旧人。事急矣！既定策，则仆须急归营，更选将官，而设法备贮弹药则可也。乃丁宁而去，时八月初三夜漏三下矣。

资料来源：梁启超：《戊戌政变记》，中华书局1954年版，第108页。

◎梁启超认为维新变法存在诸多缺点：

戊戌维新之可贵，在精神耳；若其形式，则殊多缺点，殆犹大辂之仅有椎轮，木植之始见萌坼也。当时举国人士，能知欧美政治大原者，既无几人，且掣肘百端，求此失彼；而其主动者，亦未能游西域读西书，故其措置不能尽得其当，殆势使然，不足为讳也。若其精神，则纯以国民公利公益为主，务在养一国之才，更一国之政，采一国之意，办一国之事。盖立国之大原，于是乎在。精神既立，则形式随之而进，虽有不备，不忧其后之不改良也。此戊戌维新之真相也。吾虽不敢尽以此为先生一人之功，然其主动者在先生，又天下人所同认而无异词也。先生所以尽力于国家者，于是为不薄矣。

资料来源：梁启超：《南海康先生传》，见夏晓虹编：《梁启超文选》（上集），中国广播电

视出版社 1992 年版，第 296 页。

◎戊戌政变以后，康有为、梁启超流亡日本，正值孙中山、陈少白也在日本。孙中山通过日本友人的关系，组织了一次孙、陈、康、梁的会谈。从陈少白的回忆中可以看出资产阶级维新派的阶级局限性：

我对康有为说："清政府已不可救药，先生也要改弦易辙了。今日局面，非革命国家必无生机，况且先生以前对于清政府，不算不尽力，到现在他们倒要杀你，你又何苦死帮他们呢？"康有为说："无论如何，不能忘记'今上'的。"我说："要是先生是个没有出息的人，我倒可以不说，如果你自命为一个当今之世，舍我其谁的人物，那末你不能为了你'今上'待的你好，就把中国都不要了。所以请先生出来的意思，就是不以私而忘公，不以人而忘国。……"康有为没有什么好回答，只说了"今上"怎样好，差不多比尧舜汤武都要胜过几倍。我同他三个师弟反复辩论了三点钟，末了他还说我不知其他，只知"冬裘夏葛"而已。我知道不会有什么结果了，就说我们改日再谈罢。就告辞出来。

资料来源：陈少白：《兴中会革命史略》，见中国史学会主编：《中国近代史资料丛刊·辛亥革命》（一），上海人民出版社、上海书店出版社 2000 年版，第 58 页。

◎历史学家陈恭禄对戊戌变法失败原因的认识：

康梁之徒，欲于最短期内铲除千余年之积弊，俾中国跃为强国。梁启超述其师语曰："守旧不可，必当变法；缓变不可，必当速变；小变不可，必当大变。"其视事也若此之易，实无政治上之经验。……康梁诸人不知环境之阻力，偏于理想，求效太急，多招忌妒，终则一无所成，其人固无经验之书生也。

资料来源：陈恭禄：《中国近代史》，商务印书馆 1935 年版，第 485—486 页。

◎历史学家荣孟源对戊戌变法失败原因的认识：

维新运动只是少数人的活动，他们不仅不接近广大的劳动群众，而且与广大的劳动群众对立，康有为公然诬蔑 18 世纪法国人民的民主主义革命为"无道已甚"，替满清封建统治筹划防止中国人民革命的方法。维新运动得不到广大群众的支持，只依靠载湉这样一个无权无力的皇帝下命令，其失败是必然的。……

戊戌变法失败，宣告改良主义在中国没有出路。

资料来源：荣孟源：《中国近百年革命史略》，三联书店 1954 年版，第 64 页。

2. 客观原因在于顽固守旧势力过于强大

◎梁启超认为戊戌变法失败的客观原因有二：一是慈禧太后，二是顽固大臣：

政变之总原因有二大端：其一由西后与皇上积不相能，久蓄废立之志也，其二由顽固大臣痛恨改革也……

有湖南某君谒张之洞诘之曰：“列国果实行分割之事，则公将何以自处乎？”张默然良久曰：“虽分割之后，亦当有小朝廷，吾终不失为小朝廷之大臣也！”某君拂衣而去。吾今又有一言告于读此书者，若不能知中国全国二品以上大员之心事如何，则张之洞此两语其代表也。

资料来源：梁启超：《戊戌政变记》，中华书局 1954 年版，第 69 页。

◎梁启超在《戊戌政变记》中对京师讹传的记载，可见当时顽固势力之强大：

举京师谣言纷纭不可听闻，皆谓康有为欲尽废京师六部九卿衙门。彼盈廷数千醉生梦死之人，几皆欲得康之肉而食之。其实康不过言须增新衙门耳，尚未言及裁旧衙门也。而讹言已至如此，办事之难，可以概见矣！

资料来源：梁启超：《戊戌政变记》，中华书局 1954 年版，第 71 页。

◎梁启超在《戊戌政变记》中对当时湖南政局的观察，体现出当地守旧党人势力强大：

先是湖南巡抚陈宝箴，湖南按察使黄遵宪，湖南学政江标、徐仁铸，湖南时务学堂总教习梁启超，及湖南绅士熊希龄、谭嗣同、陈宝箴之子陈三立等，同在湖南大行改革，全省移风。而彼中守旧党人嫉之特甚，屡遣人至北京参劾。于是左都御史徐树铭、御史黄均隆，相继入奏严劾。皇上悉不问，而湖南守旧之焰益炽，乃至哄散南学会，殴打《湘报》主笔，谋毁时务学堂。积谋数月，以相倾轧。

资料来源：梁启超：《戊戌政变记》，中华书局 1954 年版，第 70—71 页。

◎梁启超认为维新运动失败的原因在于“变事而不变法，变法而不变人”：

变事而不变法，变法而不变人，则与不变同耳。故先生（指康有为，引者注）所条陈章奏、统筹全局者，凡六七上，其大端在请誓太庙以戒群臣、开制度局以定规模、设十二局以治新政、立民政局以地方自治，其他如迁都兴学、更税法、裁厘金、改律例、重俸禄、遣游历、派游学、设警察、练乡兵、选将帅、设参谋部、大营海军、经营西藏新疆等事，皆主齐力并举，不能枝枝节节而为之。……无如下有老耄守旧之大臣，屡经严责而不恤，上有揽权猜忌之西后，一切请命而不行。故皇上与康先生之所欲改革者，百分未得其一焉！使不然者，则此三月之中，旧弊当已尽革，新政当已尽行，制度局规模当已大备，十二局之条理当已毕详，律例当已改，巨饷当已筹，警察当已设，民兵当已练，南部当已迁都，参谋部当已立，端绪略举，而天下肃然向风矣。

资料来源：梁启超：《戊戌政变记》，中华书局1954年版，第85页。

◎严复批评“有维新之貌，而无维新之心”的现象：

其一以谈新法为一极时势之妆，与扁眼镜、纸眼卷、窄袖之衣、钢丝之车正等，以此随声附和，不出于心，此为一类；其一见西人之船坚炮利，纵横恣睢，莫可奈何，以为此其所以强也，不若从而效之，此为一类；其一则极守旧之人，夙负盛名，为天下所归往，及见西法，不欲有一事为彼所不知不能也，乃举声光化电之粗迹，兵商工艺之末流，毛举糠秕，附会经训，张颏植髭，不自愧汗，天下之人，翕然宗之，郑声乱雅，乡愿乱德，维新之种，将为所绝，此又为一类。之斯三者，有维新之貌，而无维新之心者也。

资料来源：严复：《论中国分党》，见王栻主编：《严复集》（第二册），中华书局1986年版，第488页。

◎美国历史学家费正清认为维新运动的失败证明自上而下的改良道路在旧中国根本行不通：

没有别的事件能比这更有效地证明：通过自上而下逐步改良的办法来使中国现代化，是绝无希望的。1895年的战败和雄心勃勃的计划在1898年的彻底破产，第一次大大地促进了革命变革。从那时起，政治革命就和立宪维新形成两股齐头并进的力量了。

资料来源：［美］费正清：《美国与中国》，张理京译，世界知识出版社1999年版，第190页。

专题三

不能告别的革命

一、革命大风暴的由来

（一）清政府完全沦为列强在华的殖民代理人

1. 不平等条约对清政府殖民代理人角色的规定

◎《辛丑各国合约》相关条款规定：

第六款　按照西历本年五月二十九日，即中历四月十二日上谕，大清国大皇帝允定，付诸国债款海关银四百五十兆两。……此四百五十兆按年息四厘，正本由中国分三十九年，按后附之表各章清还。本息用金付给，或按应还日期之市价易金付给。还本于一千九百零二年正月初一起，一千九百四十年终止。……新关各进款，俟前已作为担保之借款各本利付给之后余剩者，又进口货税增至切实值百抽五，将所增之数加之，所有向例进口免税各货，除外国运来之米及各杂色粮面并金银以及金银各钱外，均应列入切实值百抽五货内。

第七款　大清国国家允定，各使馆境界，以为专与住用之处，并独由使馆管理，中国民人，概不准在界内居住，亦可自行防守。……

第八款　大清国国家应允将大沽炮台及有碍京师至海通道之各炮台，一律削平，现已设法照办。

第九款　按照西历一千九百零一年正月十六日，即中历上年十一月二十六日文内后附之条款，中国国家应允，由诸国分应主办，会同酌定数处，留兵驻守，以保京师至海通道无断绝之虞。今诸国驻守之处系：黄村、廊坊、杨村、天津、军粮城、塘沽、芦台、唐山、滦州、昌黎、秦皇岛、山海关。

第十款　大清国国家允定两年之久，在各府、厅、州、县，将以后所述之上谕颁行布告：一、西历本年二月初一日，即中历上年十二月十三日上谕，以永禁或设或入与诸国仇敌之会，违者皆斩。……四、西历本年二月初一日，即中历上年十二月十三日上谕，以各省督抚、文武大吏暨有司各官，于所属境内，均有保平安之责，如复滋伤害诸国人民之事，或再有违约之行，必须立时弹压惩办，否则该管之员，即行革职，永不叙用，亦不得开脱，别给奖叙。

资料来源：《辛丑各国合约》，见王铁崖编：《中外旧约章汇编》（第一册），三联书店1957年版，第1005—1007页。

◎《续订藏印条约》附约相关条款规定：

第八款　西藏允将所有自印度边界至江孜、拉萨之炮台、山寨等一律削平，并将所有滞碍通道之武备全行撤去。

第九款　西藏允定，以下五端非英国政府先行照允，不得举办：一、西藏土地，无论何外国皆不准有让卖、租典或别样出脱情事；二、西藏一切事宜，无论何外国皆不准干涉；三、无论何外国皆不许派员或派代理人进入藏境；四、无论何项铁路、道路、电线、矿产或别项利权，均不许各外国或隶各外国籍之民人享受，若允此项利权，则应将相抵之利权或相同之利权一律给与英国政府享受；五、西藏各进款，或货物、或金银钱币等类，皆不许给与各外国或籍隶各外国之民抵押拨兑。

资料来源：《续订藏印条约》，见王铁崖编：《中外旧约章汇编》（第二册），三联书店 1959 年版，第 347—348 页。

2. 清政府的媚外举动

◎1901 年 2 月 14 日，慈禧照允八国联军以及比利时、西班牙、荷兰等帝国主义国家共同提出的《议和大纲》，其上谕中尽显媚外姿态：

本年夏间，拳匪扰乱，开衅友邦，朕奉慈驾西巡，京师云扰。迭命庆亲王奕劻、大学士李鸿章作为全权大臣，便宜行事，与各国使臣止兵议款。昨据奕劻等电呈各国和议十二条大纲，业已照允。仍电饬该全权大臣将详细节目悉心酌核。量中华之物力，结与国之欢心。既有悔祸之机，宜颁自责之诏。朝廷一切委曲难言之苦衷，不得不为尔天下臣民明谕之：

此次拳教之祸，不知者或疑国家纵庇匪徒，激成大变。……今兹议约，不侵我主权，不割我土地。念列邦之见谅，疾愚暴之无知，事后追思，惭愤交集。

资料来源：《上谕》，见故宫博物院明清档案部编：《义和团档案史料》，中华书局 1959 年版，第 945—946 页。

◎八国联军侵华后顺治门外士大夫的媚外景象：

顺治门外一带为德军驻守地，其界内新设各店牌号，大都士大夫为之命名，有曰“德兴”，有曰“德盛”，有曰“德昌”，有曰“德永”，有曰“德丰厚”、“德长胜”等。甚至不相联属之字，而亦强以德字冠其首。种种媚外之名词，指不胜屈。而英、美、日、义（意）诸界亦莫不皆然。

资料来源：狄葆贤：《平等阁笔记（选录）》，见中国社会科学院近代史研究所《近代史资料》编译组编：《义和团史料》，中国社会科学出版社 1982 年版，第 666—667 页。

◎章太炎在《驳康有为论革命书》中对清廷媚外举动的批评：

今者北京之破，民则愿为外国之顺民，官则愿为外国之总办，食其俸禄，资其保护，尽顺天城之中，无不牵羊把茅，甘为贰臣者。若其不事异姓，躬自引决，搢绅之士，殆无一人焉。

资料来源：章太炎：《驳康有为论革命书》，见上海人民出版社编：《章太炎全集·太炎文录初编》，上海人民出版社1985年版，第183页。

3. 各种权益的让渡

◎1902年，《外交报》第四期发表文章对清政府出卖中国路矿主权进行批评：

我铁路若津榆，若芦汉，若粤汉，若龙州，若太原柳林，英、比、美、法、俄之款之所筑也。矿山若山西之盂平泽潞，若河南之怀庆左右、黄河以北诸山，若直隶之开平，若贵州之青溪，英、法、义[意]之款之所营也。此亦贷债招股也，何足异？异乎其与外交相紊耳。而况乎俄索东三省、日本索营口山东、英索浦口、义[意]索浙江、法索梧州冕宁若路若矿之又纷纷见告也！

资料来源：《论中国路矿尽归外人》，见张枬、王忍之编：《辛亥革命前十年间时论选集》（第一卷·上册），三联书店1960版，第105页。

◎1904年，陶湘致盛宣怀的《录闻四纸》中关于西藏主权问题的批评：

两藏事统归英人，情形较日本之处高丽尤甚。有大臣已将约章寄到，大致谓："此约章系奉英皇训条办理，不能更改一字，在西藏无论巨细均英主持，无论何国均不得在藏设电杆、造铁路、开矿、驻兵"等语，中国竟无一字提及。末了却云："此约交中国驻藏大臣翻译遵行。"政府亦无可如何。

资料来源：盛宣怀：《陶湘致盛宣怀"录闻四纸"》，见陈旭麓等主编：《辛亥革命前后：盛宣怀档案资料选辑之一》，上海人民出版社1979年版，第11—12页。

◎1904年5月，《东方杂志》发表社论批评洋员渗入到清政府军、政、学、商各部门充当顾问：

各局之首领依然归之外人，乃至一商船之船主，一海关之巡丁，一制造局之工头，亦从无以中国人任之者。……

于是外国政府借此等人以为机关，而加其力于中国政府；中国政府再借此人为机关，而加其力于中国平民，则其效遂不可问矣！

资料来源：《论中国要事不可全付外人》，《东方杂志》1904年第3期。

◎1904年12月，《东方杂志》转载《外交报》文章批判清政府丧权辱国：

几于寸寸之地，各有一人为地主；种种之人，各有一人为主人。即使外人侵入之事止于目前，已不可为国；况数年之后，相切益密，将无一事不有外人羼入其间，虽欲自办一事而不能矣。故其所处之国，自远过于完整瓜分。

资料来源：《论瓜分变相》，《东方杂志》1905年第1期。

◎1909年，《民呼日报》发表文章批评清政府让渡铁路权益损害国家利益：

呜呼！粤汉铁路而竟借德款，用德人，购德材料，定期三十年，而以路所经过之釐金作抵耶？柏林之议，喧传寰球，其约六条，果尽足据耶？近呈政府，已将签押。政府果贸然行之，悍然不顾。抑万一之中，犹或有迟回瞻顾否耶？夫粤汉铁路者，以中国地形论，非所称贯南北之咽吭，压东南之腰膂，而制全国死命者耶？

资料来源：《粤汉铁路之悲观》，见马鸿谟编：《民呼、民吁、民立报选辑》，河南人民出版社1982年版，第81页。

◎1911年，四川保路同志会报告中的“四川旅沪同乡会警告同乡京官书”批评清政府所谓铁路“国有”化政策：

查川汉铁路完全商办，经川人数次争执，先皇帝特谕批准，言犹在耳，曾几何时。新内阁成立，吾民方心喜政府将畀人民以立宪国民之权利。今乃吞蚀前言，悍然揭开立宪之假面目。煌煌谕旨，雷霆万钧之威，吾侪小人何敢正视。惟先朝既许可于吾民汗汨经营略有端绪，今乃以一二权臣弄国，至假天语以压倒吾民，此不可不力争者一也。况所谓国有不过假外人财力。外人财力愈多，其监督愈严，充其弊必举吾国铁道悉范围于外人势力之下，犹得谓之国有乎？吾川人以数年之苦心经营，一旦而畀之外人，是政府甘卖我民有之铁道，而假名国有以为其护符，此不可不力争者二也。此二端，吾民已得正当理论，可以诘责政府，政府虽横，其如理论何也。湘鄂粤各团体已纷纷举人入北京矣。吾川人要宜如何奋发抗争，挽转固有之商办性质，而与各省人士矢力并进。惟须一面与政府严重交涉，一面仍督促加工，如因此遂解散工人，倾倒公司，则铁路前途必成恶劣之结果，政府人民两受其损也。昨留东四川全体学生亦为此事专缄本会，联络合电北京邮传部及成都川路董事局：川路国有，阴即外有，川人危极，速死力争，死不承认等语。

资料来源：《四川旅沪同乡会警告同乡京官书》，见隗瀛涛、赵清主编：《四川辛亥革命史料》，四川人民出版社1981年版，第237—238页。

◎1908年6月3日，《外交报》发表文章批评清政府教育自主权缺失：

丁未，本报曾以外人争谋我教育之权，其积虑处心，较诸他事竞争尤阴鸷而险狠，已著为论说，以忠告我政府矣。……故庚子以后，彼所心营目注，专以教育为当务之急。建设学校也，推荐教员也，美其名曰扶植中国之文明，切其辞曰实行博爱之主义。吾国民方感其雅意之殷拳，而不察其阴谋之眈逐。合朝野上下，以心醉而欢迎之，而彼之计行矣。

资料来源：《申论外人谋握我教育权之可畏》，见张枬、王忍之编：《辛亥革命前十年间时论选集》（第三卷），三联书店1977年版，第5—6页。

◎杜亚泉对清末十年中国外交的批评：

我国自辛丑和约以后，外交之局面一变。势力范围之协议，渐成为机会均等之公言。十年以来，列强之扩张势力于吾领土以内者，一为于边境上扶植优势，二为于实业上获得特权。如满洲事件、西藏事件，以及间岛、片马之交涉，属于前者；而一切关于铁路、矿产及各种借款之交涉，则属于后者。

资料来源：杜亚泉等：《辛亥前十年中国政治通览》，中华书局 2012 年版，第 67 页。

（二）极度腐败混乱的晚清内政

1. 清廷的腐败混乱

◎杜亚泉对辛亥革命前清政府内务紊乱的描述：

清室末叶，行政极为紊乱，而内务，尤甚……试查光绪辛丑回京后，以逮宣统退位前，十余年间，地方何以不靖，盗贼何以横行，则内务紊乱使然也。户口散漫无稽，行政区划亦茫无主张，致宪政不能着手进行，则内务紊乱使然也。生活状至卑劣，道茀不可行，疫疠间作，则内务紊乱使然也。官僚勾结，怙过稔恶，第知钳制舆论，封报馆，禁结会，非法干涉著作权，则内务紊乱使然也。烟毒流传，上好是物，下必有甚，致未能实力扑灭，则内务紊乱使然也。饥民嗷嗷，不为之所，或啸聚劫掠，或转死沟壑，则内务紊乱使然也。蒙藏机关缺略，理藩理而不理，兵连祸结，辱国殃民，则内务紊乱使然也。

资料来源：杜亚泉等：《辛亥前十年中国政治通览》，中华书局 2012 年版，第 81—82 页。

◎德国人卫礼贤对清廷卖官鬻爵状况的描写：

在清王朝中，卖官鬻爵越来越流行，因此就有必要为众多的期待者提供足够的机会，让他们尽快收回为购买委任状而投入的大笔资本。

资料来源：［德］卫礼贤：《中国心灵》，王宇洁等译，国际文化出版公司 1998 年版，第 139 页。

2. 压榨百姓、漠视民众疾苦

◎1904 年，四川蓬州知州李龙彰对征纳弊端的描述：

兄弟分爨，同载一粮，其间贫富不同，境地各异。有欲先行完纳分立粮名者，向来陋规，每分一粮给钱二千至七八千不等，民间以花费太重，拨粮则剜肉补疮，不拨粮则代人受累。吏书勒措，则请好事劣绅代为调停，虽可减省公费，又为劣绅开需索之门。种种民情，最为可悯。

资料来源：李龙彰：《蓬州知州李龙彰请整顿地丁津捐三局诸弊禀》，见鲁子健：《清代四川财政史料》（上），四川省社会科学院出版社 1984 年版，第 589 页。

◎1909 年，甘肃大灾，当地官吏不仅对灾情不闻不问，反而继续粉饰太平、鱼肉百姓。革命党人、南社成员高旭对此进行大胆揭露：

天既灾于前，官复厄于后。贪官与污吏，无地而蔑有。歌舞太平年，粉饰相沿久。匿灾梗不报，谬冀功不朽。一人果肥矣，其奈万家瘦！官心狠豺狼，民命贱鸡狗。屠之复戮之，逆来须顺受。况当赈灾日，更复上下手。中饱贮私囊，居功辞其咎。甲则累累印，乙则若若绶。回看饿殍余，百不存八九。彼独何肺肝，亦曾一念否！

资料来源：高旭：《甘肃大旱灾，感赋四首》，见高旭著，郭长海、金菊贞编：《高旭集》，社会科学文献出版社 2003 年版，第 103 页。

3. 新政沦为腐败温床

◎晚晴史官恽毓鼎在《征漕不得抬价病民片》中批评清廷不断提高赋税：

再，近来时局日新，民财日困，州县之办事益艰，而聚敛之心亦益急。不肖者但为取盈之计，不复为久远之谋。吏治之坏，原于本斯。

资料来源：恽毓鼎：《征漕不得抬价病民片》，见恽毓鼎著，史晓风整理：《恽毓鼎澄斋奏稿》，浙江古籍出版社 2007 版，第 73 页。

◎晚晴史官恽毓鼎在《请饬农工商部停办富签彩票折》中批评清政府一些官员利用彩票敛财：

司官禄廪既厚，终日轻裘骏马，宴会嬉游，即有贤员，其才亦未由自见。近来财源日绌，渐觉不支，穷极无聊，忽想入非非，创为此法。夫富签票之即为彩票，尽人而知，虽该部苦心分明，亦不能指为非赌……堂堂中朝竟成赌国，煌煌立宪唯利是图，不将腾笑外邦，贻讥后世乎？

资料来源：恽毓鼎：《请饬农工商部停办富签彩票折》，见恽毓鼎著，史晓风整理：《恽毓鼎澄斋奏稿》，浙江古籍出版社 2007 版，第 108 页。

（三）陷于极度贫困的民众生活

1. 天灾频仍

◎《民呼日报》对 1909 年安徽西北部大水灾的描述：

皖省西北多山，东南多水。向来虽患遭水，犹冀振（赈）恤以赡余生。今则奇灾与重敛俱来，呼吁无闻，饿殍相望。其诛求之迫，受灾之惨，则尤以怀宁、潜山为最。……至今年水灾，则祸始于潜，殃及于怀。两邑所筑新堤单且薄，一遇洪流冲击，万无完理。自今年四月十五日，大雨不止，至十七十八两日，连溃数十圩。冲压田庐，漂没人口，死尸山积，惨不忍睹。……怀则由潜南而下，沿河百余里。山洪涨于内，江潮壅于外。汪洋一片，无异泽国。流离荡析之惨，儿啼女哭之声，不绝于耳目。奇灾惨祸，向所未睹。官吏既不抚恤，且追呼犹昔，若不知有此灾情者，言之真堪痛恨也。现怀、潜两属，饥民凡数十万，鸠形鹄面，无枝可依。啼饥号寒，所在皆是。

资料来源：《皖属怀潜之天灾人祸》，见马鸿谟编：《民呼、民吁、民立报选辑》，河南人民出版社1982年版，第202—203页。

◎清宣统二年（1910年）十二月初四日，溥良等人在奏折中描述蒙古等地的旱灾：

窃臣等于本年秋间访闻右翼四旗旱灾颇重，正拟派员往查，迭据正黄、镶蓝等旗呈称：各该游牧界内，自上年六月起至本年六月止，未得雨雪，业已成灾，秋成无望，牲畜亦饿毙殆尽。入秋以来，虽经得有微雨，亦因亢旱太久，不能沾足。蒙众向赖畜牧为主，近年右翼放垦各地恃耕种者亦复不少，去岁收成既欠，今年又颗粒无收，颠连困苦，惨不忍言。……秋后得雨，茂草已不能茁生，牲产自日多倒毙。其耕种资生者开垦新地收获全无，为状尤形窘迫。查各旗灾情，以镶蓝旗为最甚，目下兼遇大雪，寒冷异常。此外，正黄、正红、镶红三旗虽各处有轻重之殊，究之灾状稍轻者不过十之一二。现在灾区丁口无虑数万，均有嗷嗷待哺之势，来春青黄不接流离失所情形，益复不堪设想。

资料来源：《朱批档》，宣统二年十二月初四日溥良等折。转引自范宝俊主编：《中国自然灾害史与救灾史》(3)，当代中国出版社1999年版，第695—696页

◎清宣统三年（1911年）正月十四日，查赈大臣冯煦在奏折中描述江苏、安徽等地的大水灾：

此次被灾之区……在江省者，徐州府属则邳州、睢宁为重，宿迁次之，铜山、萧县、砀山又次之；淮安府属则安东为重，桃源次之，山阳、清河又次之；海州属则沭阳为重，海州次之，赣榆又次之；扬州府属之宝应、高邮亦有偏灾，又较轻于徐、海。凡灾重之区，村庄庐舍多荡为墟，流亡者十逾五六，每行数里、十数里罕见人烟。或围蔽席于野中，或牵破舟于水次，稚男弱女蜷伏其间，所餐则荞花、芋叶，杂以野菜和煮为糜，日不再食。甚则夫弃其妇，母弃其子，贩鬻及于非类，孑遗无以自存。惨劫情形，目不忍睹。一闻臣至，则鸠形鹄面，千百为群，环跪吁求，情词酸恻。……两省极贫灾民约二百数十万。

资料来源：《录副档》，宣统三年正月十四日冯煦折。转引自范宝俊主编：《中国自然灾害史与救灾史》(3)，当代中国出版社1999年版，第692页。

2. 赋税繁重

◎关于1903年山西省永济县民众反抗柿酒税的回忆：

到了清朝末年，政治日益昏暗，官吏日益贪暴。1903年（清光绪二十九年）永济县知县项则龄为了利己和媚上计，对人民敲骨吸髓地进行剥削，这真是阎王不嫌鬼瘦，竟在这微薄的柿酒上打主意。他们规定每酒缸一口，须抽税银十两，

每卖酒一斤，须抽税制钱八文。但那时每斤柿酒仅卖制钱十二文。像这样横征暴敛，人民不但不能借酿酒以维持其困苦的生活，而且也实在纳不起这样的重税。衙役下乡，如狼似虎，勒索讹诈，骚扰不堪，民众稍有违抗，即行打碎酒缸。当时西起韩阳镇，东连赵伊镇，沿山十八个种有柿树的村庄，人人叫苦，感到生活临于绝境。

资料来源：山西省文史研究馆：《永济县民众反抗柿酒税纪略》，见存萃学社编集：《辛亥革命资料汇辑》（第一册），大东图书公司 1980 年版，第 20—21 页。

◎御史王宝田认为 1910 年山东莱阳、海阳二县抗捐事变是当地官吏压榨民众的结果：

查莱阳与海阳壤地毗连，知县朱槐之借口新政，于正赋外，更议加捐，派定数目，花生、麻子亩捐制钱各八千，沙参、地瓜亩捐制钱六千，烟叶、蜡树亩捐制钱四千，房基草屋月纳铜元五枚，瓦屋倍之；人口男女月纳铜元三枚，奴仆倍之；骡马每头年纳制钱六千，牛驴半之；钱粮文契，皆于定章外一律加价，计一县正杂各款不过数万，今骤增至数十倍，民力实不能支，联名具呈哀诉，该县固执不许。

资料来源：《御史王宝田奏莱阳、海阳二县相继煽变请简派大臣驰往妥筹抚定折》，见存萃学社编集：《辛亥革命资料汇辑》（第一册），大东图书公司 1980 年版，第 27 页。

3. 民生凋敝

◎晚清江西监察御史叶芾棠描述各地民生“困苦流离，生无所赖”：

士为四民之首，近已绝无生路，农、工终岁勤动，难谋一饱，商贾资本缺乏，揭借者多，获利维艰，倒闭相望。城市村落，十室九空，无业游民居其大半，弱者转于沟壑，强者流为盗贼，土匪蠢动，此灭彼兴，民不聊生，何堪搜括。加以各省水旱蝗蝻，哀鸿遍野，徐、海饥民数百万，遮蔽江、淮，困苦流离，生无所赖。

资料来源：《御史叶芾棠奏官制不宜多所更张折》，见故宫博物院明清档案部编：《清末筹备立宪档案史料》（上册），中华书局 1979 年版，第 448 页。

◎1906 年，四川留日学生描述四川民生“十室九空，富者渐贫，贫者且死”：

四川虽以殷富闻。自咸同以后，地丁而外，津捐各款，名目繁多。近年来，兴学、练兵、办警察、筹赔款，竭泽而渔，势已不支。而外洋货物，充塞内地，工徒失业，农商亦因此受亏。生计艰难，迥异昔日，疮痍满道，乞丐成群。节衣缩食，卖儿鬻女，而不足以图生活供丁赋者，比比然也。凡我川人，环顾故乡族友，岂非一落千丈，十室九空，富者渐贫，贫者且死乎！

资料来源：《四川留日学生改良川汉铁路公司议》，见戴执礼编：《四川保路运动史料》，科学出版社 1959 年版，第 44 页。

（四）群众斗争风起云涌

◎1907年5月24日，《申报》报道各地民众举事、动荡不安：

比年以来，乱匪蜂起，二十二行省之以兵事告者，若山东之曹县，江西之萍乡，湖南之醴陵，四川之开县，两粤之钦、廉、潮、梧，少或两三月，多或一二年，庐居荡析，城郭邱墟。

资料来源：《论说各省匪乱之原因》，《申报》1907年5月24日。

◎1910年9月8日，《国风报》分析山东莱阳等地抗捐事变的原因：

呜呼！今日莱阳之事，祸犹未艾也。事变之起，官吏谓曲诗文聚众谋乱，调兵剿办，犹惧兵力之不足，复请朝旨，派第五镇练军驰赴助剿。今日人心浮动，谓曲某煽众谋乱，吾岂敢谓事之必无？乱事方殷，非兵力不能镇定，调兵惩压，吾岂敢谓其办理之失计？然莱民之激变，徒以不堪污吏劣绅之朘剥，吁诉无门，不能自达，穷无复之，乃悍然出而抵抗，固非处心积虑，果有揭竿斩木之异谋也。即曰曲某为之煽惑，然必民不聊生，而后煽之易动。人情孰不乐生而恶死，民虽至愚，亦知从乱之足以致死矣。使莱民衣食无缺，含哺鼓腹，则虽有狐火之诡谋，苏张之辨舌，宁能使安土乐俗之民，捐弃其身家妻子而从之赴死哉！文明国之法律，苟以自卫之故，虽至杀人，可勿论死。莱民今日之举动，不过救死自卫耳，情可哀矜，罪可末减，顾乃任凶残之劣弁肆其锄戮，甚至焚掠淫暴，黯无天日。以此靖乱，譬犹扬汤以止沸，适尽驱之于作乱之途也。

资料来源：长舆：《论莱阳民变事》，见张枬、王忍之编：《辛亥革命前十年间时论选集》（第三卷），三联书店1977年版，第656—657页。

◎日本人记录下的1910年长沙抢米风潮：

据说，十四日以来被焚烧的中国官署有巡抚衙门；按察使、长沙府、长沙县三个监狱被破坏，囚徒大多逃散；另外官钱局被抢。巡抚衙门破坏的状况极惨。推究祸源，皆由巡警道而起。

资料来源：迟云飞译：《1910年长沙抢米风潮史料》，见中国社会科学院近代史研究所近代史资料编辑部编：《近代史资料》（总77号），知识产权出版社2006年版，第131页。

二、掩饰国民耳目的新政

（一）清政府开启新政的原因与目标

◎1900年7月20日，八国联军侵入北京，第二天，慈禧、光绪西狩。1901

年1月29日，光绪帝在西安下诏变法，从中可以看出八国联军侵华对清末新政有直接触动作用：

自播迁以来，皇太后宵旰焦劳，朕尤痛自刻责，深念近数十年积敝相仍，因循粉饰，以致酿成大衅。现在议和，一切政事，尤须切实整顿，以期渐致富强。懿训以为取外国之长，乃可去中国之短；惩前事之失，乃可作后事之师。……今者恭承慈命，壹意振兴，严祛新旧之名，浑融中外之迹。……著军机大臣、大学士、六部九卿、出使各国大臣、各省督抚，各就现在情弊，参酌中西政治，举凡朝章国政、吏治民生、学校科举、军制财政，当因当革，当省当并，如何而国势始兴，如何而人才始盛，如何而度支始裕，如何而武备始精，各举所知，各抒所见，通限两个月内悉条议以闻，再行上禀慈谟，斟酌尽善，切实施行。

资料来源：朱寿朋编：《光绪朝东华录》，中华书局1958年版，第4601—4602页。

◎1901年2月，张之洞在致同僚的电文中指出，新政可以起到化解内外交困局面的目的：

此时非变西法，不能化中国仇视各国之见；非变西法，不能化各国仇视中国之见；非变西法，不能化各国仇视朝廷之见。必变西法，人才乃能出，武备乃能修，教案乃能止息，商约乃能公平，矿务乃能开辟，内地洋人乃不横行，乱党乃能消散，圣教乃能久存。应变者多，宜有次第。管见宜先办者有九事：一、亲贵游历；二、游学各国；三、科举改章；四、多设学校；五、西法练兵；六、专官久任；七、仿设巡捕；八、推广邮政；九、专用银元。此九条最要而不甚难，已足令天下人精神为之一振，陋习一变，各国稍加青眼。其余若多设行都、设矿务总公司、行印花税、酌改律例、设课农专官、各省推广制造局、鼓励工匠各条，相机量力，从容举办。其专论整顿中法者，如另制官禄、尽革部吏、更定选法、停止题本、仿减浮文、扫除漕弊等事，须另拟数条，另为一折。若西法折不能允，则希冀旧法之稍加变通耳。窃谓当此危如累卵之国势、千载一时之事机，似宜先以第一义陈之上前。如不采纳，再及第二义，聊尽臣子之心而已。总之，今日国土日蹙，国权日夺，群强日逼，同则存，孤则亡，决定不移，更无他说。若仅整顿中法，以屡败之国威、积弱之人才，岂能除二千余年养成之积弊？以此而望自强久存，必无之事也。

资料来源：张之洞：《致江宁刘制台》，见苑书义等主编：《张之洞全集》（第十册），河北人民出版社1998年版，第8533—8534页。

◎继西安下诏之后，1901年4月21日，清廷又下令成立了“督办政务处”，作为办理新政的最高规划、指导机构，并特颁谕旨催促“迅速条议具奏，勿再延逾观望”。各地方大员纷纷上奏，就变法问题各抒己见。而在地方督抚大员的变法奏议中，最为著名的就是两江总督刘坤一和湖广总督张之洞于1901年7月12日、19日、20日联衔上奏的三折一片，即《变通政治人才为先遵旨筹议折》《遵旨筹议变法谨拟整顿中法十二条折》《遵旨筹议变法谨拟采用西法十一条折》和《请专筹巨款举行要政片》最为全面具体，此即著名的《江楚会奏变法三折》。《江楚会奏变法三折》是刘坤一、张之洞为清廷提出的系统的变法方案。

第一折《变通政治人才为先遵旨筹议折》是关于教育制度改革的方案，提出了“设文武学堂”“酌改文科”“停罢武科”“奖劝游学”等四项改革措施，涉及建立近代学校教育体制、变革科举制度和奖劝游学等三个方面的内容：

臣等尝闻之《周易》“乾道变化”者，行健自强之大用也。又闻之《孟子》：过然后改，困然后作，动心忍性，增益其所不能者，生于忧患之枢机也。上年京畿之变，大局几危，其为我中国之忧患者可谓巨矣，其动忍我君臣士民之心性者可谓深矣。穷而不变，何以为国！然则修中华之内政，采列国之专长，圣道执中，洵为至当，惟是中国贫弱废弛之弊，或相沿百余年，或相沿二千余年，一旦欲大加兴革，必须规划周详，确有下手之处，然后气血生而宿疴自去，疣瘫决而元气可支。窃谓中国不贫于财而贫于人才，不弱于兵而弱于志气。人才之贫，由于见闻不广，学业不实。志气之弱，由于苟安者无履危救亡之远谋，自足者无发愤好学之果力。保邦致治，非人无由，谨先就育才兴学之大端，参考古今，会通文武，筹拟四条：一曰设文武学堂，二曰酌改文科，三曰停罢武科，四曰奖劝游学，敬为圣主陈之……

资料来源：张之洞、刘坤一：《变通政治人才为先遵旨筹议折》，见苑书义等主编：《张之洞全集》（第二册），河北人民出版社1998年版，第1393—1394页。

◎第二折《遵旨筹议变法谨拟整顿中法十二条折》是关于政治改革的方案，提出“崇节俭”“破常格”“停捐纳”“课官重禄”“去书吏”“去差役”“恤刑狱”“改选法”“筹八旗生计”“裁屯卫”“裁绿营”“简文法”等十二条，涉及改善用人行政制度、清除吏治腐败、改良司法、革除弊政以及调整满汉关系等五个方面的内容：

窃臣等筹议兴学育才四条，业经会同奏陈在案。窃惟治国如治疾，然阴阳之能为患者内有所不足也。七情不节，然后六气感之，此因内政不修，而致外患之说也。疗创伤者，必先调其服食，安其藏府，行其气血，去其腐败，然后施以药物针石而有功，此欲行新法必先除旧弊之说也。盖立国之道大要有三：一曰治，二曰富，三曰强国。既治则贫弱者可以力求富强，国不治则富强者亦必转为贫弱。整顿中法者所以为治之具也，采用西法者所以为富强之谋也。谨将中法之必应整顿变通者，酌拟十二条：一曰崇节俭，二曰破常格，三曰停捐纳，四曰课官重禄，五曰去书吏，六曰去差役，七曰恤刑狱，八曰改选法，九曰筹八旗生计，十曰裁屯卫，十一曰裁绿营，十二曰简文法。敬备朝廷采择胪陈于左……

资料来源：张之洞、刘坤一：《遵旨筹议变法谨拟整顿中法十二条折》，见苑书义等主编：《张之洞全集》（第二册），河北人民出版社1998年版，第1407页。

◎第三折《遵旨筹议变法谨拟采用西法十一条折》和附片《请专筹巨款举行要政片》是关于军事与经济改革，专门讲述对西法的兼采并用，提出了“广派游历”“练外国操”“广军实”“修农政”“劝工艺”“定矿律、路律、商律、交涉、刑律”“用银元”“行印花税”“推行邮政”“官收洋药”“多译东西各国书”共十一条，涉及军事改革、经济改革和学习西方的途径等三方面的内容：

窃臣等筹拟兴学育才四条及整顿中法十二条，业经两次会同奏陈在案。窃惟取诸人以为善，舜之圣也。多闻择其善者而从之，多见而识之，孔子之圣也。是故舜称大知，孔集大成。方今环球各国，日新月盛，大者兼擅富强，次者亦不至贫弱，究其政体学术，大率皆累数百年之研究，经数千百人之修改，成效既彰，转相仿效。美洲则采之欧洲，东洋复采之西洋，此如药有经验之方剂，路有熟游之图经，正可相我病症，以为服药之重轻，度我筋力以为行程之迟速，盖无有便于此者。今蒙特颁明诏，鉴前事之失，破迂谬之谈，将采西法以补中法之不足，虚己之衷，恢宏之度，薄海内外，无不钦仰，翘首拭目，以观自强之政。顾西法纲要更仆难终情形。固自有异，同行之亦必有次第。臣等谨就切要易行者，胪举十一条：一曰广派游历，二曰练外国操，三曰广军实，四曰修农政，五曰劝工艺，六曰定矿律、路律、商律、交涉、刑律，七曰用银元，八曰行印花税，九曰推行邮政，十曰官收洋药，十一曰多译东西各国书，大要皆以变而不失其正为主。谨为我皇上胪陈之……

资料来源：张之洞、刘坤一：《遵旨筹议变法谨拟采用西法十一条折》，见苑书义等主编：《张之洞全集》（第二册），河北人民出版社1998年版，第1429—1430页。

再，臣等此次所奏变通政治诸条，或养人才，或厚民生，或整军实，或肃官方，所需经费必皆不少。此次赔款极巨，筹措艰难，论者必以度支困绌为词，谓诸事方求节省，岂宜更增用费，遂不免顾惜迟疑。臣等之愚，窃以为不可。今若竭海内之力，百计搜括，但供每年赔款，以冀无事，则外国必将视我中国皆苟安无志之人，士无奋心，民无固志，各国之轻我侮我更将得步进步，不待赔款还清，而中国已不能立国矣。窃谓节用之与自强，两义自当并行，不宜偏废。此时应省之事必须省，应办之事必须办，应用之财必须用。尝闻数十年来，论理财者大率皆以省啬为先，谓以备有事时用之。此省事息民之常经，闭关自守之善策，而非所论于强邻环伺之时势也。大率富强之道，无论民事、兵事，皆须平日未雨绸缪，多年积累，近者四五年，远者一二十年。

资料来源：张之洞、刘坤一：《请专筹巨款举行要政片》，见苑书义等主编：《张之洞全集》（第二册），河北人民出版社1998年版，第1450—1451页。

（二）清末新政没有实行君主立宪的真实意愿

◎清光绪三十四年（1908年）八月初一，清政府颁布《钦定宪法大纲》，分为“君上大权”（14条）和“臣民权利义务”（9条）两部分共计23条，以日本近代宪法为蓝本，预备实行君主立宪。然而，宪法大纲不是经过民主程序产生，而是由皇帝审定颁布的，所以叫作“钦定”。清末新政的真实意图由其所规定的“君上大权”可见一斑：

君上大权

一、大清皇帝统治大清帝国，万世一系，永永尊戴。

二、君上神圣尊严，不可侵犯。

三、钦定颁行法律及发交议案之权。凡法律虽经议院议决，而未奉诏命批准颁布者，不能见诸施行。

四、召集、开闭、停展及解散议院之权。解散之时，即令国民重行选举新议员，其被解散之旧员，即与齐民无异，倘有抗违，量其情节以相当之法律处治。

五、设官制禄及黜陟百司之权。用人之权，操之君上，而大臣辅弼之，议院不得干预。

六、统率陆海军及编定军制之权。君上调遣全国军队，制定常备兵额，得以全权执行。凡一切军事，皆非议院所得干预。

七、宣战、讲和、订立条约及派遣使臣与认受使臣之权。国交之事，由君上亲裁，不付议院议决。

八、宣告戒严之权。当紧急时，得以诏令限制臣民之自由。

九、爵赏及恩赦之权。恩出自君上，非臣下所得擅专。

十、总揽司法权。委任审判衙门，遵钦定法律行之，不以诏令随时更改。司法之权，操诸君上，审判官本由君上委任，代行司法，不以诏令随时更改者，案件关系至重，故必以已经钦定为准，免涉分歧。

十一、发命令及使发命令之权。惟已定之法律，非交议院协赞奏经钦定时，不以命令更改废止。法律为君上实行司法权之用，命令为君上实行行政权之用，

两权分立，故不以命令改废法律

十二、在议院闭会时，遇有紧急之事，得发代法律之诏令，并得以诏令筹措必需之财用。惟至次年会期，须交议院协议。

十三、皇室经费，应由君上制定常额，自国库提支，议院不得置议。

十四、皇室大典，应由君上督率皇族及特派大臣议定，议院不得干预。

资料来源：《宪法大纲》，《政治官报》第301号，第9—11页。

◎清光绪三十四年八月初一日（1908年8月27日），清廷颁布谕旨对当天奕劻、溥伦上奏的《宪政编查馆资政院会奏宪法大纲暨议院选举法要领及逐年筹备事宜折》做出回应。由于该折符合清廷一贯主张的“大权统于朝廷，庶政公诸舆论之宗旨”的原则，因此清廷对编查馆、资政院“所拟宪法暨议院、选举各纲要”很是满意。由此，清政府走君主立宪道路的诚意可见一斑：

现值国势积弱，事变纷乘，非朝野同心，不足以图存立，非纪纲整肃，不足以保治安，非官民交勉，互相匡正，不足以促进步而收实效。该王大臣所拟宪法暨议院、选举各纲要，条理详密，权限分明，兼采列邦之良规，无违中国之礼教，要不外乎前次迭降明谕，大权统于朝廷，庶政公诸舆论之宗旨。将来编纂宪法暨议院、选举各法，即以此作为准则，所有权限悉应固守，勿得稍有侵越。其宪法未颁议院未开以前，悉遵现行制度，静候朝廷依次筹办，如期施行。

……

至开设议院，应以逐年筹备各事办理完竣为期，自本年起，务在第九年内将各项筹备事宜一律办齐，届时即行颁布钦定宪法，并颁布［召］集议员之诏。

凡我臣民皆应淬厉精神，赞成郅治，如有不靖之徒附会名义，藉端构煽，或躁妄生事，紊乱秩序，朝廷惟有执法惩儆，断不能任其妨害治安。总期国势日臻巩固，民生永保升平，上慰宗庙社稷之灵，下答薄海臣民之望。将此通谕知之。

资料来源：《九年预备立宪逐年推行筹备事宜谕》，见故宫博物院明清档案部编：《清末筹备立宪档案史料》（上册），中华书局1979年版，第67—68页。

◎清廷面对社会舆论不满皇族内阁的一次次联名上书，不仅不予理睬，反而于1911年7月5日下了一道措辞严厉的上谕：

黜陟百司，系君上大权，载在先朝《钦定宪法大纲》，并注明议员不得干预。值兹预备立宪之时，凡我君民上下，何得稍出乎大纲范围之外。乃该议员等一再陈请，议论渐近嚣张，若不亟为申明，日久恐滋流弊。朝廷用人，审时度势，一秉大公。尔臣民等均当禀遵《钦定宪法大纲》，不得率行干请，以符君主立宪之本旨。

资料来源：《各省咨议局议员请另组内阁议近嚣张当遵宪法大纲不得干请谕》，见故宫博物院明清档案部编：《清末筹备立宪档案史料》（上册），中华书局1979年版，第579页。

◎1911年10月3日，在革命战火烽烟四起之时，清帝仓皇下诏实行宪政，试图挽回局面，但为时已晚：

内阁奉上谕：朕缵承大统，于今三载，兢兢业业，期与士庶同登上理。而用人无方，施治寡术。政地多用亲贵，则显戾宪章，路事朦于佥壬，则动违舆论。促行新治，而官绅或藉为网利之图，更改旧制，而权豪或只为自便之计。民财之取已多，而未办一利民之事，司法之诏屡下，而实无一守法之人。驯致怨积于下而朕不知，祸迫于前而朕不觉。川乱首发，鄂乱继之。今则陕湘警报迭闻，广赣变端又见。区夏腾沸，人心动摇。九庙神灵不安歆飨，无限蒸庶涂炭可虞。此皆朕一人之咎也。

兹特布告天下，誓与我国军民维新更始，实行宪政。凡法制之损益，利病之兴革，皆博采舆论，定其从违。以前旧制旧法，有不合于宪法者，悉皆除罢。化除旗汉，屡奉先朝谕旨，务即实行。鄂湘乱事虽涉军队，实由瑞澄等乖于抚驭，激变弃军，与无端构乱者不同。朕维自咎用瑞澄之不宜，军民何罪，果能翻然归正，决不追究既往。朕以眇眇之躬，立于臣民之上，祸变至此，几使列圣之伟烈贻谋，颠坠于地，悼心失图，悔其何及。尚赖国民扶持，军人翼戴，期纳我亿兆生灵之幸福，而巩我万世一系之皇基。使宪政成立，因乱而图存，转危而为安，端恃全国军民之忠诚，朕实嘉赖于无穷。此时财政外交，困难已极，我君民同心一德，犹惧颠危。傥我人民不顾大局，轻听匪徒煽惑，致酿滔天之祸，我中国前途，更复何堪设想。朕深忧极虑，夙夜旁皇，惟望天下臣民，共喻此意。将此通谕知之。钦此。

资料来源：《实行宪政谕》，见故宫博物院明清档案部编：《清末筹备立宪档案史料》（上册），中华书局1979年版，第96—97页。

（三）立宪派对清廷立宪的期待与失望

◎1910年1月30日，以直隶咨议局议员孙洪伊领衔的十六省代表组成的请愿团向督察院递交请愿书，要求“期以一年之内召集国会”。这是立宪派的第一次速开国会请愿运动。清廷对此发出一道软硬兼施、冥顽不改的上谕，明确表示要等九年筹备完成，才能召开议会，根本不理睬代表们的请求：

据都察院奏代递直隶各省咨议局议员孙洪伊等呈请速开国会一折，披览均悉。具见爱国悃忱，朝廷深为嘉悦。……惟我国幅员辽阔，筹备既未完全，国民智识程度又未画一，如一时遽开议院，恐反致纷扰不安，适足为宪政前景之累。

非特朕无以慰先朝在天之灵，试问尔请愿代表诸人，其何以对我四万万国民之众乎？朕开诚布公，无所隐饰。总之，宪政必立，议院必开，所慎筹者，缓急先后之序耳。夫行远者必求稳步，图大者不争近功，现在各省咨议局均已举行，明年资政院亦即开办，所以为议院基础者，具在于此。但愿各臣民各勤职务，计日程功，毋骛虚名而隳实效。兹特明白宣示，俟将来九年预备业已完全，国民教育普及，届时朕必毅然降旨，定期召集议院，庶于励精图治之中，更寓慎重筹维之意。

资料来源：《俟九年预备完全定期召集议院谕》，见故宫博物院明清档案部编：《清末筹备立宪档案史料》（下册），中华书局 1979 年版，第 641—642 页。

◎1910 年 6 月 27 日，面对以孙洪伊等为代表的十个团体的第二次速开国会请愿运动，清廷依然顽固不化，拒绝其请求，坚持俟九年预备立宪，并令立宪派以后“毋得再行渎请”：

本年复经宪政编查馆奏派妥员分起前赴各省，按照筹备清单认真考核，并饬各省将军将筹备事宜应需之款详加预算。本日复面询各衙门行政大臣，亦皆奏称按期次第筹备，一切尚未完全等语。朕仰承先朝付托之重，俯念臣民呼吁之殷，夙夜孜孜，深望宪政早一日成立，即早纾一日忧劳，亦何靳于议院耶？惟思国家至重，宪政至繁，缓急先后之间为治乱安危所系。壮往则有悔，虑深则获全。论议院之地位，在宪法中祗为参预立法之一机关耳，其与议院相辅相成之事，何一不关重要，非尽议院所能参预。而谓议院一开即足致全功而臻郅治，古今中外，亦无此理。况以我国幅员之广，近今财政之艰，屡值地方偏灾，兼虞匪徒滋事，皆于宪政前途不无阻碍。而朝廷按期责效，并未尝任稍松懈，宵旰急切图治之心，当为薄海臣民所共谅。本年九月即届资政院开院之期，业已降旨选定议员，先期集会，如能上下一心，共图治理，不惟立议院之基础，兼以养议院之精神。朕缵述前谟，定以仍俟九年筹备完全，再行降旨，定期召集议院。尔等忠爱之忱，朕所深悉。惟兹事体大，宜有秩序，宣谕甚明，毋得再行渎请。兹特通行谕令知之。

资料来源：《仍俟九年预备完全再定期召集议院谕》，见故宫博物院明清档案部编：《清末筹备立宪档案史料》（下册），中华书局 1979 年版，第 645 页。

◎1910 年 10 月 7 日，孙洪伊等二十多人再次持请愿书赴监国摄政王府呈递，进行第三次速开国会请愿运动。此次请愿运动依然遭受冷冰冰的接待，只是由肃亲王善耆代为接受，答应转交。但 10 月 22 日，资政院第七次会议讨论陈请速开国会议案获得通过。10 月 25 日，以东三省总督锡良为首的十八省督抚联名致电军机处，请求代奏，要求“亲简大臣，立即组织内阁，特颁明诏，定以明年开设国会”。于是清廷延至11月3日召开御前会议，被迫决定将召开国会时间缩短为三年，改在宣统五年（1913年）开设，并在此之前先行组织内阁：

朕仰承付托之重，夙夜兢惕，无时不以继志述事为心。既不敢少事迟回，亦不敢过形急切。前经都察院两次代奏呈请速开国会，均即明白剀切宣谕。彼时为郑重要政起见，诚有不得不一再审慎者。乃揆度时势，瞬息不同，危迫情形，日甚一日。朝廷宵旰焦思，亟图挽救，惟有促行宪政，俾日起而有功，不待臣庶请求，亦已计及于此。第恐民智尚未尽开通，财力又不敷分布，操之过蹙，或有欲速不达之虞。故不能不验向背于舆情，决是非于廷议。

今者，人民代表吁恳既出于至诚，内外臣工强半皆主张急进，民气奋发，众论佥同，自必于人民应担之义务，确有把握，应即俯顺臣民之请，用协好恶之公。惟是召集议院以前，应行筹备各大端，事体重要，头绪纷繁，计非一二年所能蒇事，著缩改于宣统五年，实行开设议院。先将官制厘定，提前颁布试办，预即组织内阁。

资料来源：《缩改于宣统五年开设议院论》，见故宫博物院明清档案部编：《清末筹备立宪档案史料》（上册），中华书局1979年版，第78—79页。

◎清宣统三年（1911年）六月初九日，各省咨议局议长议员上奏认为：“皇族组织内阁不合君主立宪公例”，“君主不担负责任，皇族不组织内阁，为君主立宪国唯一之原则。世界各国号称立宪，即无一不求与此原则相吻合”，要求清廷“于皇族外另简大臣，组织责任内阁，以符合君主立宪之公例，以餍臣民立宪之希望”：

皇族组织内阁不合君主立宪公例，失臣民立宪之希望，仍请明降谕旨另行组织，以重宪政而固国本，恭请据情代奏事。

窃议员等前以组织内阁之主体不宜以皇族充任，呈请代奏，请取消内阁暂行章程，另简大臣组织，未奉明旨，刍荛之言，不足以动天听，惴惴待罪，罔知所措。伏念议员等伏阙请愿，以达国民之公意，既不得邀俯察，何敢再行渎请。惟议员等爱我国家，爱我皇上，惧愚诚之未至，使人民对于政府生希望断绝之感，实非国家前途之福，不避斧锧，谨再为我皇上缕陈之。

君主不担负责任，皇族不组织内阁，为君主立宪国唯一之原则，世界各国苟号称立宪，即无一不求与此原则相吻合。今中国之改设内阁，变旧内阁之官制而另订官制，改军机处之旧名而更定新名，其为实行宪政特设之机关，固天下臣民所共见，而第一次组织内阁之总理，适与立宪国之原则相违反。国外报纸屡肆讥评，以全国政治之中枢，而受外论之抨击，已有妨于国体，犹曰外人不知内情，可以置之不论也。自先朝颁布立宪之诏，天下喁喁望宪政久矣，请国会之早开，以求实行宪政也，责军机之不负责，亦以求实行宪政也。天下臣民求实行宪政之心日积日高，希望政府之心即日益日炽，挟最高最炽之希望，一睹新发布之内阁组织之总理，乃于东西各立宪国外开一未有创例，方疑朝廷于立宪之旨有根本取消之意，希望之隐变为疑阻，政府之信用一失，宪政之进行益难，未识朝廷何以处之。

内阁之责任显于弹劾，终于惩戒。各国内阁大臣惩戒之例，若英内阁之曾受弹劾而宣死刑，意内阁之曾受弹劾而致流放。惟其绝非皇族，故于国家大本无所动也。今以皇族当其冲，惩之则于亲亲之仁，不能无所顾惜；不惩则全国民之攻点交集于君主之身，国本动摇，实大变之所伏。

资料来源：《各省咨议局议长议员袁金铠等为皇族内阁不合立宪公例请另组责任内阁呈》，见故宫博物院明清档案部编：《清末筹备立宪档案史料》（上册），中华书局1979年版，第577—578页。

◎清政府安插宗室，将责任内阁变皇族内阁，引起立宪派不满。湖北咨议局议长汤化龙认为“以皇族当政治之中枢，与立宪国内阁之形神两相矛盾”：

中国第一次内阁发布以庆亲王充总理，无论各国务大臣是否为庆亲王所组织，而既以亲王为组织之主体，实以皇族当政治之中枢，与立宪国内阁之形神两相矛盾。……君主立宪国，君主握统治之大权，内阁负政治之责任，皇族立特别之地位，绝不涉于政治之范围。盖政治随时而革新，操政治枢要之机关，即随而生更迭。东西各国之内阁无数年不易之事实，当新旧交易之际，以政策之冲突，舆论之攻击，议会之弹劾，交集于一的，推倒内阁而促其新运，惟皇族不与于内阁之列，君主听舆论以行其黜陟，退一内阁更组织一内阁，大权仍操于君主，而不为众怨之所归。否则，皇族当内阁之冲，内阁与皇族相联，攻击内阁即及于皇族，徇舆论以惩戒之，则有伤笃亲之谊，拂舆论而纵容之，又易启骄盈之渐。群黎百姓对于皇族生政治之恶感，即对于君主必渐减其爱戴之至诚。

资料来源：汤化龙：《陈请提议实行内阁官制另简大臣组织责任内阁案》，吴剑杰主编：《湖北咨议局文献资料汇编》，武汉大学出版社2017年版，第779—780页。

（四）立宪派加入推翻清政府的阵营

◎最初，在所有的立宪派领袖里面，态度最温和、反对革命最力的人应该是张謇。1905年，吴樾爆炸案发，举国哗然。作为南方立宪派的领袖张謇发表了自己的看法：

是时革命之说甚盛，事变亦屡见。余以为革命有圣贤、权奸、盗贼之异。圣贤旷世不可得，权奸今亦无其人，盗贼为之，则六朝五代可鉴。而今世尤有外交之关系，与昔不同，不若立宪，可以安上全下，国犹可国。然革命者仇视立宪甚，此殆种族之说为之也。

资料来源：张謇研究中心、南通市图书馆编：《张謇全集》（第6卷），江苏古籍出版社1994年版，第867页。

◎1911年，皇族内阁的出现，让张謇这位全国立宪党人的领袖愤怒了：

三年以来，内而枢密，外而疆吏，凡所以违拂舆情，摧抑士论，剥害实业，损失国防之事，专制且视前益剧，无一不与立宪之主旨相反。枢密疆吏，皆政府而代表朝廷者也。人民求护矿权、路权无效，求保国体无效，求速开国会无效，甚至求救灾患亦无效。謇在江苏辄忝代表，瞠目挢舌，为社会诟责，无可解免。虽日持国运非收拾人心无可挽回，人心非实行宪法无可收拾之说，达之疆吏而陈之枢密者无济也。谏行言听之无期，而犹大声疾呼之不已，诚愚且妄。今年内阁成立，亲贵充任总理，铁道国有之政策发表。謇适由社会公推入都，晤阁部臣时，复进最后之忠告：谓实业须扶；国防须重；舆情非可迫压，愈压则反激愈烈；士论非可摧残，愈摧则愤变愈捷。一再披沥，不留余蓄，并以假立宪者真革命之说儆者，而川省之事已起，赵尔丰之焰顿横；謇复电端方，告瑞澄，为进治本须疏通、治标须抚慰之策；而鄂难作矣。至江宁，且为铁良、张人骏言鄂难须从政治根本解释；铁犹唯唯而张不省。曾未弥月而响应已十二三省；人心决去，大事可知。

方謇流转江海，哓音瘏口之时，我之立宪但求如日本耳；不敢望德，尤不敢望英。今则兵祸已开，郡县瓦解；环观世界，默察人心，舍共和无可为和平之结果者，趋势然也。

资料来源：《致袁内阁代辞宣慰使、农工商大臣电》，见张謇研究中心、南通市图书馆编：《张謇全集》（第1卷），江苏古籍出版社1994年版，第182—183页。

◎1911年，梁启超对清王朝的态度已经有了根本性改变，发表于《国风报》的《中国前途之希望与国民责任》一文，表现出他推翻清王朝的强烈愿望：

我国民未尝有一事弱于人也，而今乃至无一事不弱于人，则徒以现今之恶政府为之梗，我国民不并力以图推翻此恶政府而改造一良政府，则无论建何政策，立何法制，徒以益其敝而自取荼毒。诚能并力以推翻此恶政府而改造一良政府，则一切迎刃而解，有不劳吾民之枝枝节节以用其力者矣。

资料来源：梁启超：《中国前途之希望与国民责任》，见《饮冰室合集》（文集·第三册·卷二十六），中华书局1989年版，第29页。

◎梁启超呼吁全国反政府的各派能够捐弃前嫌、存同去异，共同攻击清廷恶政府：

当知今日之中国，危急存亡，仅余一发，为国民者，惟当并力一致攻击恶政府，以谋建设良政府，凡有向此目的进行者，宜互相提携，捐小异而取大同。无为排挤以相消其力，而令政府窃笑于旁。夫有明末叶，虽国破社屋，而倾轧之风犹未已，殷鉴不远，我辈岂宜尤而效之。

资料来源：梁启超：《与上海某某等报馆主笔书》，见《梁启超全集》（第4册），北京出版社1999年版，第2449页。

◎关于清政府罔顾民意、一意孤行，终于酿成革命的情形，徐佛苏在《梁任公先生逸事》中亦有详细记载：

梁先生仍不满意清廷缩短立宪期限之举，曾函勉余与孙洪伊诸君，谓吾辈同志为预防全国革命流血惨祸起见，劝告各省法团向政府和平请愿，此原系至缓进之法。不料吾辈要求声嘶气绝，而政府毫无容纳之诚意。然吾辈何颜以对国民及各省请愿代表，并何颜以对激烈党人乎？故今后仍当作第二次、第三次之激进请愿，不达到即开国会之目的不止。余等闻先生之主张，至愧至悚，孙洪伊先生更有血忱义愤，百折不挠，乃复领袖法团继续请愿。及第二次请愿书留中，孙君更愤。其第三次请愿书中，措辞则甚激昂，略谓“政府如再不恤国民痛苦，不防革命祸乱，立开国会，则代表等惟有各归故乡，述诉父老以政府失望之事，且代表等今后不便要求国会矣”等语。窃按末次请愿书措辞如此愤激者，其言外之意，系谓政府如再不允所请，则吾辈将倡革命矣。更不料清廷因此震怒，立下明谕，勒令代表等出京还里。各代表闻此乱命，亦极愤怒，即夕约集报馆中，秘议“同人各返本省，向咨议局报告清廷政治绝望，吾辈公决秘谋革命，并即以各咨议中之同志为革命之干部人员，若日后遇有可以发难之问题，则各省同志应即竭力响应援助起义独立”云云。

资料来源：丁文江、赵丰田编：《梁启超年谱长编》，上海人民出版社2009年版，第334—335页。

◎立宪派转向革命，已经不是个别人之选择，在部分省甚至不同程度地做了组织上的准备，时任湖南省咨议局副议长粟戡时追忆：

适遇四川请愿代表咨议局议长蒲殿俊等，因拒款请愿，被押解回籍，左搭车送之，蒲告以“国内政治，已无可为，政府已彰明较著不要人民了，吾人欲救中国，舍革命无他法，我川人已有相当准备，望联络各省，共策进行。”周因留京而左返湘，以目击情形，详告同人。于是遂各各暗中增组机关，而谋进行革命愈力。

资料来源：粟戡时等：《湖南反正追记》，湖南人民出版社1981年版，第4页。

◎熊希龄向袁世凯指出，时势不等人，清帝已失君主之资格，故“万不能再有君主立宪之理”，共和已是大势所趋：

北京内阁袁总理鉴：

连日阅报，和议相持，势将决裂，大局之危，不堪设想。在公左右为难，具有苦衷，然人心所趋，大势所在，万不能再有君主立宪之理。征之事实，约有三端：

一、满室所最关系者，无如祖宗发祥之地。乃东三省危亡在即，漠不为动，去年国会请愿，东省代表未蒙采纳，反被拘解。安奉铁路之约，为全国人民所最痛心者，日人以一年而竣通四百余里。中国京奉车站接筑沈阳城根，不过十里，至今尚未开工，此犹可诿之邮部也。赵、锡两督晋京陛见，拟决政策，而国务各大臣无一与商及要政者，监国召见，寥寥数语，即令请训，讳亡之深，至于如此！是满室对于满洲土地尚不见爱，更何爱于全国？

二、满室所最密切者，无如满蒙各旗之人。筹划八旗生计，内外臣民条陈甚众。乃旗制变通处设立五年，未定办法，致使北京旗民流离困苦，世裔降人娼优，老弱流于乞丐。蒙古王公，受数百年之压制，时至今日，理藩部以一书吏犹可以挟制王公。故各盟、旗袭爵留京者，贷借巨款，贿赂宫府，以至负债售地，部落日贫，债权操于外人之手。是满室对于满蒙同族尚不见爱，更何爱于汉人？

三、满室所最信任者，无如亲贵官吏。武昌事起，亲贵首先提取大清银行存款，市面因而摇动。王公眷属，迁入六国饭店，人心又因而恐慌。各省督、抚、司、道，平日以贿得官，为咨议局及言官所纠劾者，满室初袒置不理，一旦变起，纷纷逃走，无一死事者。是满室对于亲贵官吏尚不能得其信用，更何信用于今日之一般人民？

以上三项事实，征之满室，已失君主之资格，不能再临臣民之上，无可疑者。再征之外国舆论，希龄等上年得见《泰晤士报》记者柏勒特，谓彼游历日本、中国，比较政治，优劣悬殊。中国政府实无治理人民之能力。又得美洲留学生来函，谓美国议员游历中国，回美后各报载其演说，有中国人民无抵抗恶政府之能力，将为强邻所并吞之语。然则满室腐败至此，尚能泰然而为人主乎？

资料来源：熊希龄、张学济等：《请促满室明诏退位与张学济等致袁世凯电》，见周秋光编：《熊希龄集》（第 2 册），湖南人民出版社 2008 年版，第 553—554 页。

三、新兴社会力量的革命担当

（一）孙中山从改良到革命的转变

1. 孙中山早年曾希望改良以拯救中国

◎1890年，孙中山致书同乡郑藻如，表达了进行改革试验的设想，并提出改革的具体办法，即兴农会、设禁烟局、办学堂：

窃维立身当推己以及人，行道贵由近而致远。某留心经济之学十有余年矣，远至欧洲时局之变迁，上至历朝制度之沿革，大则两间之天道人事，小则泰西之格致语言，多有旁及。方今国家风气大开，此材当不沦落。某之翘首以期用世者非一日矣，每欲上书总署，以陈时势之得失。第以所学虽有师承，而见闻半资典籍；运筹纵悉于胸中，而决策未尝施诸实事；则坐而言者，未必可起而行。此其力学十余年，而犹踌躇审慎，未敢遽求知于当道者，恐躬之不逮也。

某今年二十有四矣，生而贫，既不能学八股以博科名，又无力纳粟以登仕版，而得之于赋畀者；又不敢自弃于盛世。今欲以平时所学，小以试之一邑，以验其无谬……伏以台驾为一邑之物望所归，闻于乡闻，无善不举，兴蚕桑之利，除鸦片之害，俱著有成效。倘从此推而广之，直可风行天下，利百世，岂惟一乡一邑之沾其利而已哉？

呜呼！今天下农桑之不振，鸦片之为害，亦已甚矣……农民只知斩伐，而不知种植，此安得其不胜用耶……道在鼓励农民，如泰西兴农之会，为之先导。此实事之欲试者一。

……今夫鸦片，物非虫蛇，而为祸尤烈，举天下皆被其灾，此而不除，民奚以生……此吾邑立会以劝戒，设局以助戒，当不容缓；推贵乡已获之效，仿沪上戒烟之规。此实事之欲试者二。

……今天下失教亦已久矣……必也多设学校，使天下无不学之人，无不学之地……此实事之欲试者三。

之斯三者，有关于天下国家甚大，倘能举而行之，必有他邑起而效者。将见一倡百和，利以此兴，害以此除，而人才亦以此辈出，未始非吾邑之大幸，而吾国之大幸也。某甚望于台驾有以提倡之，台驾其有意乎？兹谨拟创办节略，另缮呈览，恳为斧裁而督教之，幸甚。

资料来源：孙中山：《致郑藻如书》，见广东省社会科学院历史研究室、中国社会科学院

近代史研究所中华民国史研究室、中山大学历史系孙中山研究室合编：《孙中山全集》（第一卷），中华书局1981年版，第1—3页。

◎1894年，时年28岁的孙中山经盛宣怀引见至天津上书李鸿章，希望其能引导清政府仿效西方建立资本主义制度：

宫太傅爵中堂钧座：

敬禀者：窃文籍隶粤东，世居香邑，曾于香港考授英国医士。幼尝游学外洋，于泰西之语言文学，政治礼俗，与夫天算地舆之学，格物化学之理，皆略有所窥；而尤留心于其富国强兵之道，化民成俗之规；至于时局变迁之故，睦邻交际之宜，辄能洞其阃奥。当今光（风）气日开，四方毕集，正值国家励精图治之时，朝廷勤求政理之日，每欲以管见所知，指陈时事，上诸当道，以备刍荛之采……

窃尝深维欧洲富强之本，不尽在于船坚炮利、垒固兵强，而在于人能尽其才，地能尽其利，物能尽其用，货能畅其流——此四事者，富强之大经，治国之大本也。我国家欲恢扩宏图，勤求远略，仿行西法以筹自强，而不急于此四者，徒惟坚船利炮之是务，是舍本而图末也。

……

夫人能尽其才则百事兴，地能尽其利则民食足，物能尽其用则材力丰，货能畅其流则财源裕。故曰：此四者，富强之大经，治国之大本也。四者既得，然后修我政理，宏我规模，治我军实，保我藩邦，欧洲其能匹哉！

顾我中国仿效西法，于今已三十余年。育人则有同文、方言各馆，水师、武备诸学堂；裕财源则辟煤金之矿，立纺织制造之局；兴商务则招商轮船、开平铁路，已后先辉映矣。而犹不能与欧洲颉颃者，其故何哉？以不能举此四大纲，而举国并行之也。

资料来源：孙中山：《上李鸿章书》，见广东省社会科学院历史研究室、中国社会科学院近代史研究所中华民国史研究室、中山大学历史系孙中山研究室合编：《孙中山全集》（第一卷），中华书局1981年版，第8—15页。

2. 孙中山革命思想的萌生

◎辛亥革命后，孙中山撰《革命原起》一文，追述自己的革命经历，认为其革命思想始于中法战争之后：

予自乙酉中法战败之年（一八八五年），始决倾覆清廷，创建民国之志。由是以学堂为鼓吹之地，借医术为入世土媒，十年如一日。当予肄业于广州博济医学校也，于同学中物识有郑士良号弼臣者，其为人豪侠尚义，广交游，所结纳皆江湖之士，同学中无有类之者。予一见则奇之，稍与相习，则与之谈革命。

士良一闻而悦服，并告以彼曾投入会党，如他日有事，彼可为我罗致会党以听指挥云。

资料来源：孙文：《革命原起》，见中国史学会主编：《中国近代史资料丛刊·辛亥革命》(一)，上海人民出版社、上海书店出版社2000年版，第3—4页。

◎1912年5月，孙中山在《在广州岭南学堂的演说》一文中提及早年革命思想的形成：

又数年即回祖国，就学于本城之博济医院，与贵校廖得山同学。仅一年，又转香港推（雅）利士医院，凡五年，以医亦救人苦难术。然继思医术救人，所济有限，其他慈善亦然。若夫最大权力者，无如政治。政治之势力，可为大善，亦能为大恶，吾国人民之艰苦，皆不良政治为之。若欲救国救人，非锄去此恶劣政府不可，而革命思潮遂时时涌现于心中。

资料来源：孙中山：《在广州岭南学堂的演说》，见中国社会科学院近代史研究所中华民国史研究室、中山大学历史系孙中山研究室、广东省社会科学院历史研究室合编：《孙中山全集》(第二卷)，中华书局1981年版，第359页。

3. 孙中山革命思想的基本形成

◎1894年，孙中山在檀香山成立兴中会，制定《兴中会章程》，号召推翻清廷：

中国积弱，非一日矣！上则因循苟且，粉饰虚张；下则蒙昧无知，鲜能远虑。近之辱国丧师，剪藩压境，堂堂华夏不齿于邻邦，文物冠裳被轻于异族。有志之士，能无抚膺！夫以四百兆苍生之众，数万里土地之饶，固可发奋为雄，无敌于天下。乃以庸奴误国，涂（荼）毒苍生，一蹶不兴，如斯之极。方今强邻环列，虎视鹰瞵，久垂涎于中华五金之富、物产之饶。蚕食鲸吞，已效尤于接踵；瓜分豆剖，实堪虑于目前。有心人不禁大声疾呼，亟拯斯民于水火，切扶大厦之将倾。用特集会众以兴中，协贤豪而共济，抒此时艰，奠我中夏。仰诸同志，盍自勉旃！

资料来源：孙中山：《檀香山兴中会章程》，见广东省社会科学院历史研究室、中国社会科学院近代史研究所中华民国史研究室、中山大学历史系孙中山研究室合编：《孙中山全集》(第一卷)，中华书局1981年版，第19页。

◎1895年1月5日，孙中山与日本浪人梅屋庄吉的谈话体现了其革命思想：

我从康德黎老师那里得知你是爱中国、关心亚洲前途的人，我明白这是真实的。这是光荣的事，凡是关心亚洲前途的人，无论是谁，都是如此。但是，怎么办呢？昏睡的人太多了，你没有感觉到吗？所以欧美各国都称中国为睡狮。且不说狮子要醒来才有威力。睡觉的中国人虽不是全体国民，但是蒙上眼睛毫无反应的人实在太多了。这是为什么？你也能理解，这是清朝腐败的政治所致。在中国所谓清国仅仅是一个名称，国家只是在形式上存在，实际上等于没有国家。不仅如此，将来沦为欧美列强、白种人的奴隶的命运，也是不可避免的。

像你所说的那样，如允许现在的状态继续下去，中国就会被西欧列强的殖民主义者所瓜分。不独是中国，所有亚洲各国都将成为西欧的奴隶。我的祖国和日本不幸发生战争，但我们非团结起来不可。两国国民互相协助，使中国越过殖民地化的危机，是保卫亚洲的第一步。为了拯救中国，我和同志们正准备发动革命，推翻清朝，发誓创立我们汉民族的真正的国家。

资料来源：赵金钰：《日本浪人与辛亥革命》，四川人民出版1988年版，第239页。

◎1897年，孙中山与《伦敦被难记》俄译者等的谈话，表达了他推翻清廷的鲜明立场：

目前中国的制度以及现今的政府绝不可能有什么改善，也决不会搞什么改革，只能加以推翻，无法进行改良。期望当今的中国政府能在时代要求影响下自我革新，并接触欧洲文化，这等于希望农场的一头猪会对农业全神贯注并善于耕作，哪怕这头猪在农场里喂养得很好又能接近它的文明的主人。

资料来源：孙中山：《与〈伦敦被难记〉俄译者等的谈话》，见广东省社会科学院历史研究室、中国社会科学院近代史研究所中华民国史研究室、中山大学历史系孙中山研究室合编：《孙中山全集》（第一卷），中华书局1981年版，第86页。

（二）武昌起义前革命派的革命活动

1. 革命社团的成立

◎1897年至1911年资产阶级阶级革命团体成立状况：

1897年至同盟会成立前革命团体成立状况				同盟会成立后至1911年革命团体成立状况			
依成立年代分		依成立地区分		依成立年代分		依成立地区分	
时间	数量	地区	数量	时间	数量	地区	数量
1897年	1	华中	32	1905年	4	华中	62
1898年	1	华南	7	1906年	19	华北	24
1899年	1	华北	6	1907年	19	华南	18
1900年	4	国外	21（日本19）	1908年	11	东北	3
1901年	4			1909年	7	日本	14
1902年	6			“光宣之际”	29	美洲	4

续表

1897年至同盟会成立前革命团体成立状况				同盟会成立后至1911年革命团体成立状况			
依成立年代分		依成立地区分		依成立年代分		依成立地区分	
时间	数量	地区	数量	时间	数量	地区	数量
1903年	20			1910年	10	南洋	1
1904年	20			"宣统年间"	9	欧洲	1
1905年	9			1911年	19		

……

此一统计数字所代表的意义有四：其一，自同盟会成立后，每年平均有15个以上的革命团体成立，许多团体虽然旋生旋灭，革命势力的发展则愈来愈盛。其二，自兴中会晚期以来，日本和华中地区一直作为革命运动的轴心。其三，一般认为华北的革命势力微弱，从统计数字看来，并非如此。其四，湖北一地的革命团体凡33，占总数的26％弱，占华中地区的53％强。武昌革命所以能够成功，从此一统计数字可以略窥端倪。

资料来源：张玉法：《清季的革命团体》，北京大学出版社2011年版，第482、499页。

◎1894年11月24日，孙中山制定《兴中会章程》，章程规定：

一、是会之设，专为振兴中华、维持国体起见。盖我中华受外国欺凌，已非一日。皆由内外隔绝，上下之情罔通，国体抑损而不知，子民受制而无告。苦厄日深，为害何极！兹特联络中外华人，创兴是会，以申民志而扶国宗。

一、凡入会之人，每名捐会底银五元。另有义捐以助经费，随人惟力是视，务宜踊跃赴义。

一、本会公举正副主席各一位，正副文案各一位，管库一位，值理八位，差委二位，以专司理会中事务。

一、每逢礼拜四晚，本会集议一次。正副主席必要一位赴会，方能开议。

一、凡会中所收会底各银，必要由管库存贮妥当，或贮银行以备有事调用。惟管库须有殷商二名担保，以昭郑重。

一、凡会中捐助各银，皆为帮助国家之用，在此不得动支，以省浮费。如或会中偶遇别事要用小费者，可由会友集议妥允，然后支给。

一、凡新入会者，须要会友一位引荐担保，方得准他入会。

一、凡会内所议各事，当照舍少从多之例而行，以昭公允。

一、凡以上所订规条，各友须要恪守。倘有善法，亦可随时当众议订加增，以臻完美。

资料来源：孙中山：《檀香山兴中会章程》，见广东省社会科学院历史研究室、中国社会科学院近代史研究所中华民国史研究室、中山大学历史系孙中山研究室合编：《孙中山全集》（第一卷），中华书局1981年版，第19—20页。

◎1904年成立的光复会的基本概况：

光复会之起源

光复会成于（民前八年）甲辰清光绪三十年之冬，而源流则出自癸卯（民前九年）清光绪二十九年留日学生所设军国民教育会，先是章炳麟、秦力山、冯自由等所发起之支那亡国纪念会既遭日本政府解散，留日学生董鸿祎、叶澜、周宏业、秦毓鎏、王嘉榘、谢晓石、胡景伊、萨端、冯自由、苏子谷诸人乃创设青年会，以为之继，留学团体之揭櫫民族主义为宗旨者，青年会实为滥觞。及癸卯春，俄人迫清廷缔结满洲条约，留学界大愤，有志者遂倡议组织义勇队，自行赴满拒敌，学生多签名赞成之，青年会为谋扩张其党势，咸入义勇队为干事，后以日政府不许别国人在其国有军事行动，乃改义勇队名目为军国民教育会。旋闻清廷欲逮捕学生请愿代表，各会员以满虏甘心卖国，非从事根本改革，决难自保，于是纷纷归国，企图军事进行。其中有一部组织暗杀团，欲先狙击二三重要满大臣，以为军事进行之声援。所订规章，极为严密，浙江留学生之为团员者数人，龚宝铨其一也。宝铨既返国，遂在沪招集同志组织机关部，时中国教育会会长蔡元培方从青岛归上海，觇知其事，乃求入其会，愿与合作，团员非常欢迎，于是更将规章详加修订，定名曰光复会，又曰复古会。并推举元培为会长，壁垒为之一新，适陶成章自内地再渡日本，道经上海，宝铨与成章为莫逆交，且频年运动会党，咸与共事。元培亦知联络会党非成章莫属，因同约成章入会，成章从之。由是绍兴商学界及各属会党头目相与订盟者，大不乏人，元培以敖嘉熊素负重望，亲至嘉兴邀之订盟，嘉熊许其有事相助，而不入其会，成章尝介绍魏兰入会，因事不果，徐锡麟于是年冬十二月至上海，见元培于爱国女学校，遂亦入会。秋瑾则于丙午（民前六年）冬为反对日政府取缔留学生规则事归国，始由锡麟介绍入会，此光复会成立初期之大概情形也。

资料来源：冯自由：《革命逸史》（第五集），中华书局1981年版，第54—55页。

◎1904年华兴会成立的基本过程：

迨（1904年）十一月。（刘）揆一回湘。公乃邀合吴禄贞、陈天华、杨守仁、龙璋、张继、宋教仁、秦毓鎏、周震鳞、叶澜、徐佛苏、翁巩、章士钊、胡瑛、柳大任、张通典、谭人凤、王延祉、彭渊恂、萧翼鲲、柳继贞、彭邦栋、陈方度、何陶、萧堃、朱子陶、任震、陈其殷、吴超澂及予弟道一等，创立华兴会于省垣连升街机关部，公被举为会长。首先提议云：本会皆实行革命之同志，自当讨论发难之地点与方法，以何为适宜。

资料来源：刘揆一：《黄兴传记》，见中国史学会主编：《中国近代史资料丛刊·辛亥革命》（四），上海人民出版社 1957 年版，第 276—277 页。

◎1906 年日知会成立的基本概况：

予过武昌，寓于高家巷圣公会胡兰亭牧师家。圣公会之日知会，实系革命机关，表面则讲道阅书报，因附设于圣公会也，故推胡兰亭任会正，刘敬安副之。干部有评议员五，选举冯特民、陆费逵、李亚东、濮以正等任之。开幕之日，吴禄贞捐月薪五十两，以做开办之费。斯时吴禄贞将调至北京陆军部也。蓝天蔚亦暗助不少。结合军学两界之重要会员，分途运动。如吴兆麟、李亚东、辜天保、范腾霄、卢保三、徐竹坪、黄家麟、潘善伯、李胜美、黄警亚、蔡达生等数十人，援引青年，广结同志，宣传陈天华所著之革命小册子，如《猛回头》《警世钟》诸书。渐次军、学两界之有心革命者，均归纳于高家巷日知会，会务发达，一日千里。张纯一、余仲勉、范焕文等又充文华大学教授，张纯一于乙巳春夏之交，曾为日知会征求同志作宣言，文极沉挚，足令见者莫不心动。当时仅印千份，一散而尽，经丙午冬季之变，竟无存者。更以白话作军歌三首，以为军界、学界革命之鼓吹，一时风行全国。

资料来源：曹亚伯：《武昌革命真史》（上），上海书店出版社 1982 年版，第 10—11 页。

◎1905 年中国同盟会成立时通过的《中国同盟会总章》规定：

第一条　本会定名为中国同盟会，设本部于东京，设支部于各地。

第二条　本会以驱除鞑虏、恢复中华、创立民国、平均地权为宗旨。

……

第五条　凡国人所立各会党，其宗旨与本会相同、愿联为一体者，概认为同盟会会员。但各缴入会捐一元，一律发给会员凭据。

第六条　凡会员皆有实行本会宗旨、扩充势力、介绍同志之责任。

……

第十六条　本会支部于国内分五部，国外分四部，皆直接受本部之统辖。其区划如左：

国内之部：

西部：重庆——贵州、新疆、西藏、四川、甘肃
东部：上海——浙江、江苏、安徽
中部：汉口——河南、湖南、湖北、江西
南部：香港——云南、广东、广西、福建
北部：烟台——蒙古、直隶、东三省、陕西、山西、山东

国外之部
- 南洋：新嘉坡——英荷属地及缅甸、安南、暹罗
- 欧洲：比利时京城——欧洲各国
- 美洲：金山大埠——南北美洲
- 檀岛：檀山大埠——檀香山群岛

资料来源：孙中山：《中国同盟会总章》，见广东省社会科学院历史研究室、中国社会科学院近代史研究所中华民国史研究室、中山大学历史系孙中山研究室合编：《孙中山全集》（第一卷），中华书局1985年版，第284—285页。

2. 革命派的革命宣传

◎1894年，《檀香山兴中会盟书》直接以推翻清朝统治为盟约：

联盟人某省某县人某某，驱除鞑虏，恢复中国，创立合众政府。倘有贰心，神明鉴察。

资料来源：孙中山：《檀香山兴中会盟书》，广东省社会科学院历史研究室、中国社会科学院近代史研究所中华民国史研究室、中山大学历史系孙中山研究室合编：《孙中山全集》（第一卷），中华书局1981年版，第20页。

◎1903年，章太炎在《苏报》上发表《驳康有为论革命书》，批驳了康有为保皇立宪的观点：

至于近世，戊戌之变，长素所身受，而犹谓满洲政治，为大地万国所未有，呜呼！斯诚大地万国所未有矣！……欲言立宪，不得不以皇帝为圣明，举其诏旨有云："一夫失职，自以为罪者，而谓亟亟欲开议院，使国民咸操选举之权以公天下，其仁如天，至公如地，视天位如敝屣，然后可以言皇帝复辟，而宪政必无不行之虑。"则吾向者为《正仇满论》既驳之矣。盖自乙未以后，彼圣主所长虑却顾，坐席不煖者，独太后之废置我耳。殷忧内结，智计外发，知非变法，无以交通外人，得其欢心；非交通外人，得其欢心，无以挟持重势，而排沮太后之权力。载湉小丑，未辨菽麦，铤而走险，固不为满洲全部计。长素乘之，投间抵隙，其言获用，故戊戌百日之政，足以书于盘盂，勒于钟鼎，其迹则公，而其心则只以保吾权位也。……长素以为革命之惨，流血成河，死人如麻，而其事卒不可就。然则立宪可不以兵刃得之耶？既知英、奥、德、意诸国，数经民变，始得自由议政之权。民变者，其徒以口舌变乎？抑将以长戟劲弩，飞丸发旝变也？近观日本，立宪之始，虽徒以口舌成之，而攘夷覆幕之师在其前矣。使前日无此血战，则后之立宪亦不能成。故知流血成河，死人如麻，为立宪所无可幸免者。……今以革命比之立宪，革命犹易，立宪犹难。何者？立宪之举，自上言之，则不独专恃一人之才略，而兼恃万姓之合意；自下言之，则不独专恃万姓之合意，而兼恃一人之才略；人我相待，所倚赖者为多。而革命则既有其合意矣，所不敢

证明者，其才略耳。然则立宪有二难，而革命独有一难，均之难也，难易相较，则无宁取其少难而差易者矣。虽然，载湉一人之才略，则天下信其最绌矣。而谓革命党中必无有才略如华盛顿、拿破仑者，吾所不敢必也。……长素以为中国今日之人心，公理未明，旧俗俱在，革命以后，必将日寻于戈，偷生不暇，何能变法救民，整顿内治？夫公理未明，旧俗俱在之民，不可革命，而独可立宪，此又何也？岂有立宪之世，一人独圣于上，而天下皆生番野蛮者哉？虽然，以此讥长素，则为反唇相稽，校轸无已。吾曰不可立宪，长素犹曰不可革命也。则应之曰："人心之智慧，自竞争而后发生，今日之民智，不必恃他事以开之，而但恃革命以开之。"……人心进化，孟晋不已。以名号言，以方略言，经一竞争，必有胜于前者。今之广西会党，其成败虽不可知，要之，继此尔起者，必视广西会党为尤胜，可豫言也。然则公理之未明，即以革命明之；旧俗之俱在，即以革命去之。革命非天雄、大黄之猛剂，而实补泻兼备之良药矣！

资料来源：章太炎：《驳康有为论革命书》，见上海人民出版社编：《章太炎全集·太炎文录初编》，上海人民出版社1985年版，第176—181页。

◎1905年，孙中山为同盟会机关报撰写发刊词，强调革命的必要性：

余维欧美之进化，凡以三大主义：曰民族，曰民权，曰民生。罗马之亡，民族主义兴，而欧洲各国以独立。洎自帝其国，威行专制，在下者不堪其苦，则民权主义起。十八世纪之末，十九世纪之初，专制仆而立宪政体殖焉。世界开化，人智益蒸，物质发舒，百年锐于千载，经济问题继政治问题之后，则民生主义跃跃然动，二十世纪不得不为民生主义之擅场时代也。是三大主义皆基本于民，递嬗变易，而欧美之人种胥冶化焉。其他旋维于小己大群之间而成为故说者，皆此三者之充满发挥而旁及者耳。

今者中国以千年专制之毒而不解，异种残之，外邦逼之，民族主义、民权主义殆不可以须臾缓。而民生主义，欧美所虑积重难返者，中国独受病未深，而去之易。是故或于人为既往之陈迹，或于我为方来之大患，要为缮吾群所有事，则不可不并时而弛张之。嗟夫！所陟卑者其所视不远，游五都之市，见美服而求之，忘其身之未称也，又但以当前者为至美。近时志士舌敝唇枯，惟企强中国以比欧美。然而欧美强矣，其民实困，观大同盟罢工与无政府党、社会党之日炽，社会革命其将不远。吾国纵能媲迹于欧美，犹不能免于第二次之革命，而况追逐于人已然之末轨者之终无成耶！夫欧美社会之祸，伏之数十年，及今而后发见之，又不能使之遽去。吾国治民生主义者，发达最先，睹其祸害于未萌，诚可举政治革命、社会革命毕其功于一役。还视欧美，彼且瞠乎后也。

翳我祖国，以最大之民族，聪明强力，超绝等伦，而沉梦不起，万事堕坏；幸为风潮所激，醒其渴睡，旦夕之间，奋发振强，励精不已，则半事倍功，良非夸嫚。惟夫一群之中，有少数最良之心理能策其群而进之，使最宜之治法适应于吾群，吾群之进步适应于世界，此先知先觉之天职，而吾《民报》所为作也。抑非常革新之学说，其理想输灌于人心而化为常识，则其去实行也近。吾于《民报》之出世觇之。

资料来源：孙中山：《〈民报〉发刊词》，见广东省社会科学院历史研究室、中国社会科学院近代史研究所中华民国史研究室、中山大学历史系孙中山研究室合编：《孙中山全集》（第一卷），中华书局1981年版，第288—289页。

◎1907年，孙中山在槟榔屿向侨胞宣传革命：

举凡满清政府的举措，无一不为民害，亲贵弄政，舞弊营私，官场黑暗，惨无天日。他们所挟持以为残民之具者，为强权，为暴力，剥民之肤以为衣，吮民之血以为食，简直把四万万的民众，当似他们的鼎俎中物。在这种高压政策之下，谁也是忍气吞声，敢怒而不敢言。满清政府既知民怨之沸腾，更不惜与民为敌，压迫加甚。居今日而为中国人，生命曾蝼蚁之不若，一举手，一投手（足），动辄必罹刑网，辗转呻吟，毫无生人乐趣。于是有甘受压迫，略加反抗者，则立派大队进剿，清乡洗村，无论妇孺老弱，杀戮殆遍。然此等暴行，不但不足以已乱，而且适足以长乱。

满清政府既不能独立自强，又没有外交上的准备，一遇对外交涉，便觉图穷匕见，失败自是意中事。故道光时有鸦片之役，咸丰时有英法联军之役，最近又有甲午之役、庚子之役……没有一次不是失败；以致领土被占，藩属尽撤。然此因战败关系，迫于城下之盟，还可以说得去。至于列强不费一兵一弹，只要一纸公文的照会与要求，而满清政府则柔顺恭谨，惟命是听，举国防要地的大好军港，拱手而让之外人。这不是满清政府的丧心病狂，又何致贻外交上以莫大的奇辱呢！列强既鉴于满清政府的积弱，与其惧外媚外的心理，为求进一步的施行侵略起见，于是更划定势力范围于各省，充其极必至于瓜分中国而后止。而满清政府犹昧焉不察，偷息苟安，揣其意似以为中国的土地人民财产，都是得诸汉人，而非其私有，虽尽数以转赠外人，也于满清自身无所损失，“宁赠友邦，毋与家奴”，满清居心的狠毒与荒谬，当为天下人所共见。

资料来源：孙中山：《在槟榔屿对侨胞的演说》，见陈旭麓、郝盛潮主编：《孙中山集外集》，上海人民出版社1990年版，第45—46页。

◎1903年11月，黄兴在华兴会成立大会上开展革命宣传：

本会皆实行革命之同志，自当讨论发难之地点与方法以何为适宜？一种为倾覆北京首都，建瓴以临海内，有如法国大革命发难于巴黎，英国大革命发难于伦敦。然英、法为市民革命，而非国民革命。市民生殖于本市，身受专制痛苦，奋臂可以集事，故能扼其吭而拊其背。若吾辈革命，既不能借此北京偷安无识之市民得以扑灭虏廷，又非可与异族之禁卫军同谋合作，则是吾人发难，只宜采取雄据一省，与各省纷起之法。今就湘省而论，军学界革命思想日见发达，市民亦潜濡默化，且同一排满宗旨之洪会党人久已蔓延固结，惟相顾而莫敢先发。正如炸药既实，待吾辈引火线而后燃。使能联络一体，审势度时，或由会党发难，或由军学界发难，互为声援，不难取湘省为根据地。然使湘省首义，他省无起而应之者，则是以一隅敌天下，仍难直捣幽燕，驱除鞑虏。故望本省同志对于本省、外省各界与有机缘者分途运动，俟有成效，再议发难与应援之策。

资料来源：黄兴：《在华兴会成立会上的讲话》，见湖南省社会科学院编：《黄兴集》，中华书局1981年版，第1—2页。

◎邹容关于革命的宣传：

呜呼！我中国今日不可不革命；我中国今日欲脱满洲人之羁缚，不可不革命；我中国欲独立，不可不革命；我中国欲与世界列强并雄，不可不革命；我中国欲长存于二十世纪新世界上，不可不革命；我中国欲为地球上名国，地球上之主人翁，不可不革命。革命哉！革命哉！我国胞中老年、中年、壮年、少年、幼年、无量男女，其有言革命而实行革命者乎？我同胞其欲相存、相养、相生活于革命也。吾今大声疾呼，以宣布革命之旨于天下。

革命者，天演之公例也；革命者，世界之公理也；革命者，争存争亡过渡时代之要义也；革命者，顺乎天而应乎人者也；革命者，去腐败而存良善者也；革命者，由野蛮而进文明者也；革命者，除奴隶而为主人者也。

……

“量中华之物力，结友邦之欢心”，是岂非煌煌上谕之言哉！中国者，中国人之中国也。割我同胞之土地，抢我同胞之财产，以买其一家一姓五百万家奴一日之安逸，此割台湾、胶州之本心，所以感发五中矣！咄咄怪事！我同胞看者！我同胞听者！

……

革命者，国民之天职也；其根底源于国民，因于国民，而非一二人所得而私有也。今试问吾侪何为而革命？必有障碍吾国民天赋权之恶魔焉，吾侪得而扫除之，以复我天赋之权利。是则革命者，除祸害而求幸福者也。为除祸害而求幸福，此吾同胞所当顶礼膜拜者也。为除祸害而求幸福，则是文明之革命，此更吾同胞所当顶礼膜拜者也。

资料来源：邹容：《革命军》，见张梅编注：《邹容集》，人民文学出版社 2011 年版，第 7—8、23、31 页。

◎柳亚子关于革命的大声疾呼：

诸君！诸君！请看现在的中国，还是民权主义的中国么？还是民族主义的中国么？既然不是民权主义，就应该扩张民权；既然不是民族主义，就应该辨清民族。须晓得中国是中国人公共的中国，不是独夫民贼的中国，更不是蛮夷戎狄的中国。诸君！诸君！认定宗旨，整刷精神，除暴君，驱异族，破坏逆胡专制的政府，建设皇汉共和国的国家，那就是诸君的责任了。

资料来源：柳亚子：《民权主义！民族主义！》，《复报》1907 年第 9 期。

3. 革命派的革命实践

（1）领导武装起义

◎辛亥革命前孙中山在广东地区领导了十多次武装起义：

（1）乙未广州之役

纪元（指民国纪元，下同，引者注）前十七年（乙未）九月九日，总理举义广州，事败，陆皓东等死焉，是为乙未广州之役。

前此一年，中日战事发生，总理以时势可乘，赴檀香山创立兴中会，时总理有兄眉在檀岛经营牧畜业。总理往依之，以光复号召侨民，并筹募举义兵债。适值清兵屡挫，高丽既失，旅顺、威海卫继陷，京、津亦岌岌可危，清廷腐败渐呈，人心愤激，上海同志宋耀如函促总理归。总理乃偕邓荫南、宋居仁、侯艾泉、李杞、何早、陈南及欧美术师将校数人归国。于乙未孟春抵香港，与陆皓东、郑士良、陈少白、黄咏商、杨衢云、谢缵泰诸人，策划进行，欲袭广州以为根据。

（2）庚子惠州之役

纪元前十二年（庚子）闰八月十五日，举义惠州。

先是总理命史坚如入长江联络会党，命郑士良在香港设立机关，招待会党。而长江会党及两广福建会党并合于兴中会。庚子五月，总理由日本经港，不得上岸，即约同志会商于船中，预备在惠州举事，并交二万元为用费。适清廷有排外之举，假义和团以自卫，有杀洋人围使馆之事发生，因而有八国联军之祸。总理以有机可乘，加以助菲律宾独立之事失败，菲律宾委员以利用军械之事许总理。总理乃命郑士良入惠州，招集同志，以谋发动，而命史坚如入广州，招集同志以谋响应，筹备将竣。总理乃与外国军官由星加坡绕道至香港，希冀从此进入内地，亲率健儿组织一有秩序之革命以救危亡。不期中途为奸人告密，船一抵港即被香港政府监视。当时日本同志坚决主张夜暗上龙山，疾入内地，出广东省城，为迅雷不及掩耳之举动。总理以为此直投肉于饥虎耳，力阻之。总理已不能上岸，乃将惠州发动之责委之郑士良，而命杨衢云、李纪堂、陈少白等留香港为之接济。总理则折回日本，转向上海。上海因唐才常在汉口举义事戒严，乃折回长崎，转渡台湾，拟由台湾设法潜渡内地。时台湾总督儿玉，颇赞助中国之革命，以北方已陷于无政府之状态，乃饬民政长官后藤，与总理接洽，许以起事之后，可以相助。总理于是扩充原有计划，就地加聘军官，一面令士良即日发动，并改原定计划，不直逼省城，而先占领沿海一带地点，多集党众，以候总理来乃进行攻取。

（3）壬寅广州之役

纪元前十年（壬寅）十二月三十日，李纪棠谋举义广州，先一日事洩，梁慕义、叶胜、洪达明、李棠、梁慕信等死之。

（4）丙午萍乡浏阳醴陵之役

纪元前六年（丙午），浏阳、萍乡、醴陵举义，旋失败。

（5）丁未黄冈之役

纪元前五年（丁未）四月，党人起义于广东潮州之黄冈，以饷械缺乏而败。

（6）丁未惠州七女湖之役

纪元前五年（丁未）四月十二日，本党举义于惠州七女湖。黄冈不利，总理又命邓子瑜发难于惠州。惠州多会党，久为本党运动，加以苦于知府陈兆棠之残杀，故邓子瑜奉总理命号召……

（7）丁未防城之役

纪元前五年（丁未）七月二十四日，党人奉总理命举义于钦州之王光山，旋得防城，进围灵山，以所约不应，退归十万大山。

（8）丁未镇南关之役

纪元前五年（丁未）十月二十六日，革命军举义镇南关。

（9）戊申安庆之役

纪元前四年（戊申）冬十月，熊成基以炮队举义于安庆。

（10）戊申广州之役

纪元前四年（戊申）十一月十四日，广州党人谋举义事洩，谭馥、葛谦、严国丰等死之。

（11）庚戌广州新军之役

纪元前二年（庚戌）正月初三日，广州新军举义，事败，倪映典死之。

（12）辛亥广州三月二十九日之役

民国纪元前一年（辛亥）三月二十九日，黄兴率同志举义于广州，攻两广督署败，死者不明，得尸葬黄花冈者七十二人。

资料来源：邹鲁编著：《中国国民党史稿》（第3册），中华书局1960年版，第655、664、674、691、717、724、734、738、753、760、766、796页。

（2）进行政治暗杀

◎在辛亥革命史上，革命党人曾把政治暗杀作为一种革命手段，在特定历史时期也起过一定作用。蔡元培“觉得革命只有两途：一是暴动，一是暗杀”：

自三十六岁以后，我（指蔡元培，引者注）已决意参加革命工作，觉得革命只有两途：一是暴动，一是暗杀。在爱国学社中竭力助成军事训练，算是下暴力的种子。又以暗杀于女子更为相宜，于爱国女学，预备下暗杀的种子。

资料来源：高乃同编著：《蔡孑民先生传略》，商务印书馆1944年版，第36页。

◎吴樾认为“排满之道有二：一曰暗杀，一曰革命”：

夫排满之道有二：一曰暗杀，一曰革命。暗杀为因，革命为果。暗杀虽个人而可为，革命非群力即不效。今日之时代，非革命之时代，实暗杀之时代也。

……

吾敢断言曰：“十九世纪下半期，为虚无党之暗杀时代；二十世纪上半期，则为虚无党之革命时代。”不有昔日之因，焉得今日之果？……以复仇为援兵，则愈杀愈仇，愈仇愈杀，仇杀相寻，势不至革命而不已。欲言革命者，不得不前以暗杀，后以复仇。

资料来源：吴樾：《暗杀时代》，见张枬、王忍之编：《辛亥革命前十年间时论选集》（第二卷·下册），三联书店1963年版，第715、718—720页。

◎孙中山对暗杀既不完全赞同，亦不完全反对，主张在不阻碍革命运动的前提下，把组织暗杀作为重要的革命手段之一：

暗杀须顾当时革命之情形，与敌我两者损害熟［孰］甚。若以暗杀而阻我他种运动之进行，则虽歼敌之渠，亦为不值。敌之势力未破，其造恶者不过个人甲乙之更替，而我以党人之良博之，其代价实不相当。惟与革命进行事机相应，及不至摇动我根本计划者，乃可行耳。

资料来源：孙中山：《与胡汉民的谈话》，见广东省社会科学院历史研究室、中国社会科学院近代史研究所中华民国史研究室、中山大学历史系孙中山研究室合编：《孙中山全集》（第一卷），中华书局1981年版，第585—586页。

◎革命党人组织同盟会东京总部暗杀团：

至1905年后，这种暗杀活动更为扩大了，同盟会特地组织了一个专司暗杀的部门，由方君瑛（女）负责主持，我和黄复生、喻云纪、黎仲实、曾醒（女）等也参与其事。那时我们最爱读《铁假面》之类的惊险小说，经常仿照书中的人物研究进行暗杀的技术。

资料来源：吴玉章：《辛亥革命》，人民出版社1961年版，第98页。

◎辛亥革命时期，革命党人组织的暗杀活动大概不下五十起。实践者多是缺乏经验的青年猛士，但多以失败而告终。例举如下：

他（孙中山，引者注）在1900年所领导的广东起义，即由史坚如到广州去进行暗杀，以响应郑士良在惠州发动起义。史坚如就是在这次暗杀活动中被捕牺牲的。

资料来源：吴玉章：《辛亥革命》，人民出版社1961年版，第98页。

纪元前二年（庚戌）二月，汪兆铭、黄复生等谋炸摄政王载沣，事洩，汪兆铭、黄复生被逮下狱。

资料来源：邹鲁：《中国国民党史稿》，商务印书馆1947年版，第784页。

至1909年，同盟会所组织的许多次武装起义都遭到失败后，许多革命党人愤不欲生，亟谋刺杀清朝官吏，以为报复。这时把守长江口的两江总督端方和把守珠江口的水师提督李準，成为革命党人仇恨集中的焦点。是年夏，端方被调为北洋大臣，我们估计他会从汉口经过（当时没有津浦铁路，由江苏到北京以溯江至汉口转京汉铁路为最便当），决定由喻云纪同另外几个同志去汉口察看形势，布置一切；我们在日本购置器材和筹措经费。喻到汉口后住在孙武那里，孙也协助他进行工作。他亲自到汉口北面的刘家庙车站附近去勘察了地形。哪里布雷、哪里藏人以及如何引线拉火，他都作了周密的计划。当他把那份布置详图送来日本的时候，我们看了都很兴奋，立刻把准备好的东西派人送去。一切都准备妥当了，专等那万恶的端方前去送死，谁知端方却狡猾得很，他表面装作取道汉口，但到镇江后诡称要上焦山一游，即偷偷地转回上海乘船北上了。于是我们的一场心血归于白费。

资料来源：吴玉章：《辛亥革命》，人民出版社1961年版，第99—100页。

纪元前七年（乙巳）秋，八月二十六日，吴樾炸清五大臣载泽、戴鸿慈、徐世昌、端方、绍英于北京正阳门车站，不中，樾死之。

资料来源：邹鲁：《中国国民党史稿》，商务印书馆1947年版，第684页。

（三）革命派领导武昌起义

◎1900年以后，革命在湖北发展迅速：

自庚子以还，形形色色，奔凑咸来。外而东西留学生，内而军学两界，其倾向革命之热情，如雨后春笋，暴发于满山之间。各机关纷纷设立，前仆后起。迨辛亥义旗一举，满清即亡，实早植基于此矣。

资料来源：张难先：《湖北革命知之录》，商务印书馆2011年版，第23页。

◎武昌起义前湖北革命团体以及湖北革命党人皆为资产阶级革命派：

早在一九〇四年，武汉就出现了科学补习所和日知会等革命团体。日知会的会员分布在湘、鄂两省，同盟会成立后，他们纷纷加入，因此，后来日知会差不多成了同盟会的分支机构。萍、浏、醴起义时，日知会曾经图谋响应。一九〇六年，日知会遭到破坏，刘静庵（敬安）、胡瑛、季雨霖、李亚东、张难先等被捕入狱。一九〇八年七月，革命党人在武昌拟组织军队同盟会未成。七月，杨王鹏等人发起在新军中组织群治学社，并刊行《商务报》，积极鼓吹革命。一九一〇年，群治学社拟乘长沙的抢米风潮举行起义，引起了湖广总督瑞澂的注意，遂改名为振武学社，表面上宣称耕求武学，暗地里从事革命活动，扩大革命组织。一九一一年初，因遭受挫折，又改名为文学社，以研究文学作掩护，而积极地在新军士兵中发展革命组织。同时发行《大江报》，从事革命宣传。文学社的主要分子为蒋翊武、詹大悲、杨王鹏、刘复基、李六如等，社员至一九一一年七月，已有五千多人。当时湖北的新军共计不过一万六千人左右，而文学社员却占了这么大的数量，可见作为清朝反动政府支柱的新军，已经随着革命运动的发展，由于革命党人的工作，而一步步地革命化了。

资料来源：吴玉章：《武昌起义前后到二次革命》，见中国人民政治协商会议全国委员会文史资料研究委员会编：《辛亥革命回忆录》（第一集），中华书局1961年版，第100—101页。

◎广州新军起义后，两广总督袁树勋奏稿反映新军成为革命的主力。这也体现出革命的领导力量为资产阶级革命派：

综此次各兵所供投身会党，冀图乘间起事，并夺械戕官，昌言革命，几无异词。尤以黄洪昆一犯所供为最详尽，且亲笔书写，神色不变。并据供称新军为革命党出力，非为国家。其散布票纸有恢复中华、平均地权四言句，且伪立天运年号。该党军制亦有统领、标统各名目；其运动所至，以各省军界最多，利其器械多而操练熟。……新军与逆党勾结，皖省酿变于前，今粤又煽乱于后，且主动者多由该军各级官长。一经获案，亦昌言不讳。其病根误听自由独立之学说，而外来之诱胁遂以乘之。腹心可忧，燎原亦可虑。应请传旨练兵各省分，严加选练，力杜波邪。

资料来源：《电奏讯办黄洪昆等犯情形稿》，见仇江编：《广东新军庚戌起义资料选编》，中山大学出版社1990年版，第160—161页。

◎1911年6月，湖北新军中革命党人数量众多，同情支持革命者不少：

总计当时湖北新军第八镇和第二十一混成协共约一万五千人，纯粹革命党人将近两千人，经过联系而同情革命的约四千多人，与革命为敌的至多不过一千余人，其余都是摇摆不定的。

资料来源：万鸿喈：《辛亥革命酝酿时期的回忆》，见中国人民政治协商会议湖北省委员会编：《辛亥首义回忆录》（第一辑），湖北人民出版社1979年版，第125页。

◎湖北革命党人舒武、杨玉如筹划在湖北发动革命活动：

舒武说："革命潮流，一日千里，进步甚速，中国革命似有成功的希望。但是这几年孙总理、黄克强等专在沿海几省，靠几处会党，携少数器械，东突西击，总是难达到目的。我们长江的党人都想从腹地着手。尤其是我们湖北人，就想在湖北干起来，孙、黄总不大相信，所以我先约刘仲文回来做准备工作。居觉生（居正字）、彭汉遗、吴寿田（吴崑字）、田梓琴（桐）等他们都是要陆续回来的。我们这次自告奋勇，总要做点事业给孙、黄看看，所以我想先邀你出来参加，同我们切切实实干一下。"

玉如说："'不入虎穴，焉得虎子？'还是要从危险处去干。我们湖北据长江形胜，有枪炮厂，有官钱局，饷充械足，新军的知识又高，易受运动。你们想就在此地干起来，我是极端赞成的，当然加入。"

是时两人通宵密谈，决定在武昌另组织秘密机关，参加革命事宜。

资料来源：杨玉如编：《辛亥革命先著记》，科学出版社1958年版，第25页。

◎同盟会与湖北革命党人联系，为革命运动做准备：

一九一一年夏，中部同盟会在上海成立后，极力策动共进会和文学社合作。经过多次协商，这两个群众基础较好的革命团体终于联合成功。八月，他们鉴于四川的铁路风潮已开始发展为武装起义，感到革命的时机已经成熟，便共同组织了一个领导机构，准备大举起义。起义的临时总司令部设在武昌小朝街八十五号，由蒋翊武任总指指挥，孙武任参谋长。

资料来源：吴玉章：《武昌起义前后到二次革命》，见中国人民政治协商会议全国委员会文史资料研究委员会编：《辛亥革命回忆录》（第一集），中华书局1961年版，第101页。

◎四川保路运动激烈之时，黄兴欲前往武昌领导湖北革命，并言及湖北革命的优势，意欲以此为中心，推进革命进程：

近以蜀路风潮激烈，各主动人主张急进办法，现殆有弦满欲发之势。……盖鄂省军界久受压制，以表面上观之，似无主动之资格，然其中实蓄有反抗之潜力，而各同志尤愤外界之讥评，必欲一申素志，以洗其久不名誉之耻。似此人心愤发，倚为主动，实确有把握，诚为不可得之机会。若强为遏抑，或听其内部自发，吾人不为之指挥，恐有鱼烂之势，事诚可惜。……吾人之纯然注重于两粤而不注意于此者，以长江一带，吾人不易飞入，后来输运亦不便，且无确有可靠之军队，故不欲令为主动耳。今既有如此之实力，则以武昌为中枢，湘、粤为后动，宁、皖、陕（前本有陕西人井勿幕君在此运动，今已得有多款，势亦足自动，熊克武君已驰赴该处为之协助）、蜀亦同时响应以牵制之，大事不难一举而定也。急宜趁此机会，猛勇精进，较之徒在粤谋发起者，事半功倍，且于经济问题尤易解决。兹约计各处大略有二十万左右，即足为完全之预备，至少四五万亦可发起鄂事。总之，此次据居君所云事在必行，即无外款接济，鄂部同志不论如何竭绌，亦必担任筹措，是势成骑虎，欲罢不得。

资料来源：冯自由：《革命逸史》（初集），中华书局1981年版，第245—247页。

◎湖北革命党人与同盟会的联系：

一九一一年（辛亥）三月间，孙武因不能联系新军，便将邓玉麟找回来恢复共进会。三月初，谭人凤、居正带来同盟会接济的八百元，其中由孙武给邓玉麟百元开设同兴酒楼，借以联络军队，并拉文学社新同志加入共进会，其中也有因共进会停顿而加入文学社的人又被拉转去。我们发展组织的时候，对联系的群众总是说："孙武系孙文之弟，特派来做革命工作的，并带来钱与枪械甚多。"在那时革命基础尚未奠定，说孙武系孙文之弟，正是号召革命的一种方式，所以孙武也容易将加入文学社的人又拉转去。

资料来源：万鸿喈：《辛亥革命酝酿时期的回忆》，见中国人民政治协商会议湖北省委员会编：《辛亥首义回忆录》（第一辑），湖北人民出版社1979年版，第124页。

◎黄兴在武昌首义后前往前线领导革命军，为各省革命运动创造良机，推动革命形势迅速发展：

九月七日，黄克强到自上海，全军将士闻之大为振奋。克强遂率兵渡江，阵于满春茶园，与冯国璋血战四昼夜。至十二日下午，卒以众寡不敌败退汉阳。黎都督乃派人迎克强渡江议战守方略，诸同志以克强纯恃革命党资望号召各军，若督师无名，危险实甚，咸主张公推为战时总司令官，以专责成。黎都督从之……克强即日组织战时总司令部，以李书城为参谋长。次早率众渡江，坚守汉阳，与清军相持者一月。各省遂得乘机大举，先后响应，如张凤翙、井勿幕、景定成、李仲持等在陕西；温寿泉、阎锡山、孔庚、姚维藩等在山西；张培爵、夏之时等在重庆；陈其美、李燮和等在上海；朱瑞、陶成章、俞炜、龚味孙等在浙江；胡汉民、朱执信、陈炯明、王和顺、任鹤年、刘师复等在广东；林述庆、章梓、柏文蔚等在镇江；李恢、彭寿松、许崇智等在福建；李根源、罗佩金、蔡锷、黄子和等在云南；杨荩诚、张百麟、黄泽霖等在贵州；刘古香、王狮灵、周毅夫等在广西；张榕、蓝天蔚等在奉天；吴春阳、管鹏等在安庆；张锺端、王天纵等在河南，皆于九月内举兵讨虏，次第奏功。清廷知大势已去，始派使南下议和，而革命之基础因之日固，卒以开创中华民国之新局。故克强之功，虽在坚守汉阳，而其能坚守汉阳，以促各省革命党之响应，则关系民国之兴亡尤巨。

资料来源：冯自由：《革命逸史》（初集），中华书局1981年版，第243页。

◎武昌革命后，清廷官员上奏总结原因，即新军中革命党人居多，革命党以新军为革命主力：

自戎政改制，皆擢用学生以为统带。而学生之留学于外者，皆闻共和民主之说，虽不尽入革党，而革党实足多数。故新军成镇以来，安徽之军尝变矣，广东之军又变矣，新疆之军又变矣。……今鄂军一叛，风声所播，远近震动，不旦川粤军心时时不靖，即皖豫山东亦皆一日數惊。

资料来源：《宣统三年八月二十四日云南监察道御史王宝田奏折》，见中国史学会主编：《中国近代史资料丛刊·辛亥革命》（四），上海人民出版社1957年版，第408页。

四、不能因革命的失败而忽视它本身的光芒

（一）辛亥革命给中国带来的新气象

1. 政治的现代化与民主意识的崛起

◎《中华民国临时约法》关于民众基本权利的规定：

第一条　中华民国由中华人民组织之。

第二条　中华民国之主权属于国民全体。

……

第五条　中华民国人民一律平等，无种族、阶级、宗教之区别。

第六条　人民得享有左列各项之自由权：

一、人民之身体，非依法律不得逮捕、拘禁、审问、处罚；

二、人民之家宅，非依法律不得侵入或搜索；

三、人民有保有财产及营业之自由；

四、人民有言论、著作、刊行及集会、结社之自由；

五、人民有书信秘密之自由；

六、人民有居住、迁徙之自由；

七、人民有信教之自由。

第七条　人民有请愿于议会之权。

第八条　人民有陈诉于行政官署之权。

第九条　人民有诉讼于法院受其审判之权。

第十条　人民对于官吏违法损害权利之行为，有陈诉于平政院之权。

第十一条　人民有应任官考试之权。

第十二条　人民有选举及被选举之权。

资料来源：孙中山：《中华民国临时约法》，见中国社会科学院近代史研究所中华民国史研究室、中山大学历史系孙中山研究室、广东省社会科学院历史研究室合编：《孙中山全集》（第二卷），中华书局 1982 年版，第 220 页。

◎1912 年，南京临时政府颁布《大总统令内务部通知各官署革除前清官厅称呼文》，规定改称谓、倡导国民平等：

官厅为治事之机关，职员乃人民之公仆，本非特殊之阶级，何取非分之名称。查前清官厅，视官等之高下，有大人、老爷等名称，受之者增惭，施之者失体，义无取焉。光复以后，闻中央地方各官厅，漫不加察，仍沿旧称殊为共和政治之玷。嗣后各官厅人员相称，咸以官职；民间普通称呼则曰先生，曰君，不得再沿前清官厅恶称。

资料来源：《临时大总统关于革除前清官厅称呼致内务部令》，见中国第二历史档案馆编：《中华民国史档案资料汇编》（第二辑），江苏人民出版社 1981 年版，第 31 页。

◎1912 年，《大总统批示神州女界共和协济社禀明兴学办报并请拨女界协济会捐款呈》支持妇女的参政权：

天赋人权，男女本非悬殊，平等大公，心同此理。自共和民国成立，将合全国以一致进行。女界多才，其入同盟会奔走国事百折不回者，已与各省志士媲美。至若勇往从戎，同仇北伐，或投身赤十字会，不辞艰险；或慷慨助饷，鼓吹舆论，振起国民精神，更彰彰在人耳目。女子将来之有参政权，盖事所必至。

资料来源：孙中山：《复女界共和协济会函》，见中国社会科学院近代史研究所中华民国史研究室、中山大学历史系孙中山研究室、广东省社会科学院历史研究室合编：《孙中山全集》（第二卷），中华书局 1982 年版，第 52—53 页。

◎1912 年，南京临时政府颁布《大总统令内务部禁止买卖人口文》，禁止买卖人口：

今查民国开国之始，凡属国人咸属平等。背此大义，与众共弃。为此令仰该部遵照，迅即编定暂行条例，通饬所属，嗣后不得再有买卖人口情事，违者罚如令。其从前所结买卖契约，悉与解除，视为雇主雇人之关系，并不得再有主奴名分。

资料来源：孙中山：《令内务部禁止买卖人口文》，见中国社会科学院近代史研究所中华民国史研究室、中山大学历史系孙中山研究室、广东省社会科学院历史研究室合编：《孙中山全集》（第二卷），中华书局1982年版，第156页。

◎1912年，南京临时政府颁布《大总统令内务司法两部通饬所属禁止刑讯文》，禁止肉刑：

不论行政司法官署及何种案件，一概不准刑讯。鞫狱当视证据之充实与否，不当偏重口供。其从前不法刑具，悉令焚毁。

资料来源：《临时大总统关于禁止刑讯致内务司法两部令》，见中国第二历史档案馆：《中华民国史档案资料汇编》（第二辑），江苏人民出版社1981年版，第30页。

◎中华民国成立后，民众现代公民意识日渐觉醒，民众日益从旧式的封建结社中摆脱出来，参与新式社团谋求自身利益：

民初集会结社，犹如疯狂，而政党之名，如春草怒生，为数几至近百。

资料来源：丁世峰：《民国一年来之政党》，《国事》第1期，1913年5月。

试看武昌起义以后立即出现许多党派，争取参见政府，他们的活动在现在看来固然有许多是很幼稚的，但是不容否认，这是民主精神高涨的反映。

资料来源：吴玉章：《论辛亥革命》，人民出版社1972年版，第24页。

2. 工商业的发展与现代市场的发育

◎资本主义工商业发展出现了“黄金时代”：

在辛亥革命后的10年中，中国资本主义工商业得到了持续而较快的发展，出现了“黄金时代”。据统计，1912年至1921年6月的近10年间，在农商部注册的新办民族资本工交企业共计764家（不含银行数），资本总额近28540万元（不含银行业资本），与1911年之前相比，企业总数和资本总额均增加了1倍左右。

资料来源：章开沅、罗福惠主编：《辛亥革命与中国社会发展道路》，湖北人民出版社1993年版，第190页。

辛亥革命前，每年新注册工厂也就一二十家，而在革命后，1913年至1915年，平均每年注册工厂41.3家，1916年至1918年则更多，平均每年高达124.6家。

资料来源：陈真、姚洛合编：《中国近代工业史资料》（第一辑），三联书店1957年版，第14页。

民族资本工交企业的资本总额，1913年为28741万元，1920年为57977万元。产业资本平均年增长率为10.54%。

资料来源：许涤新、吴承明主编：《旧民主主义革命时期的中国资本主义》，人民出版社1990年版，第1046—1047页。

◎现代市场初步发育：

民国成立后，上海的南京路、北京的王府井、广州的长堤、重庆的民生路、成都的盐市口等都已发展成为极为繁华的中心商业区。在这些商业区里，各类店铺鳞次栉比，各种货物堆积如山，到处都是人山人海，显示出现代化城市的勃勃生机。随着商业的发展，商店管理更加现代化，出现了经理、会计、跑街、营业员等内部分工，市场发育也更加完善。在零售市场、级差市场进一步发展的同时，还出现了专业市场、期货市场、邮购市场、茶会市场等新的行式。

资料来源：朱英主编：《辛亥革命与近代中国社会变迁》，华中师范大学出版社2001年版，第576页。

3. 旧风俗的破除与传统观念的革新

◎全国各地剪辫流行：

（在广东，引者注）实行反正之义既决，无论老弱少壮之男子以及士农工商兵，罔不争先恐后，纷将天然锁链剪去。是日堤岸一带之剪辫店，自朝至暮，挤拥非常，操此业者，几致食亦无暇。……统计是日剪辫者，尽有二十余万人。

资料来源：大汉热心人辑：《广东独立记》，见中国科学院近代史研究所史料编译组编辑：《辛亥革命资料》，中华书局1961年版，第456页。

近日京内各白话报登载，工商界中剪发之踊跃，每日常不下数十人。下至优伶走卒，无不除旧布新，毅然剪去……近日八旗佐领全数剪尽，而旗丁剪发亦极形踊跃。据调查已剪去四分之三。

资料来源：《京中各社会之发辫问题》，《申报》1914年7月18日。

◎全国各地摒弃妇女缠足恶习：

女子裹脚从此解放了，已裹的放掉，已经裹小的也放大，社会上很自然地一致认定，民国纪元以后生下的女儿，一概不裹脚。

资料来源：黄炎培：《我亲身经历的辛亥革命事实》，见中国人民政治协商会议全国委员会文史资料研究委员会编：《辛亥革命回忆录》（第一集），中华书局1961年版，第68页。

◎反对封建宗法家长制作风，提倡个性自由、平等：

反对封建主义的宗法、宗族和家庭观，提倡个人自主与自由独立，家庭成员间人人平等。如成年以后，有财产独立权，个人自立，不依赖亲朋，男女平等，自主结婚，承认离婚的自由和再嫁的自由，戒除拜门换帖认干儿女之习和承继兼挑［祧］养子之习。

资料来源：陶英惠：《蔡元培年谱》（上），“中央”研究院近代史研究所1976年版，第

348页。

◎改称谓、废除跪拜礼，倡导人格平等：

反对封建礼节，废大人、老爷的称呼，以先生代之，废跪拜之礼，以鞠躬拱手代之，一切以合于生活的实用和效率为原则，力除繁烦的酬酢。

资料来源：陈旭麓主编：《宋教仁集》（下），中华书局2011年版，第379页。

（二）袁世凯窃夺革命果实的历史原因

1. 袁世凯拥有强大的政治实力

◎徐世昌对清廷同意南北议和过程中袁世凯作用的分析：

亲贵畏忌项城，但是北洋六镇，既是项城多年训练之兵，外人方面，并一致以此次事变，非项城不能收拾，事势所迫，不得不起用项城矣，故二十三日有袁世凯督办剿抚事宜之论。以项城才略经历，自属过人，其对于时局，言剿改而言抚，言抚改而言和，纯出于项城之主持。

资料来源：《清政府停战议和之动机》，见张国淦编：《辛亥革命史料》，文海出版社1976年版，第269页。

◎英国公使朱尔典公开对袁世凯表示支持：

袁此行形质上虽系军务，其实乃调和此事。以彼之声望，或能设一通融之法，以拯朝廷而令乱民之要求满意。此次革命蔓延如是之广，如仍欲强以镇压，袁之识见，或知其不能有大效。且欲选一调和汉人者，除袁外，无更相宜而又为人信从者。

资料来源：陈国权译述：《新译英国政府刊布中国革命蓝皮书》，见中国史学会主编：《中国近代史资料丛刊·辛亥革命》（八），上海人民出版社1957年版，第318页。

◎英国舆论对袁世凯的支持：

（孙中山）不知军事，就任以来，颇为人所反对，决不能与各省革命党连合无间。……现时孙之劲敌为袁，于大局最有希望，而得操最后之胜利，以底定中国者，亦惟袁一人而已。

资料来源：远东通讯社丛录：《欧报对于中国革命之舆论》，见中国史学会主编：《中国近代史资料丛刊·辛亥革命》（八），上海人民出版社1957年版，第508页。

◎日本政府对袁世凯的支持：

但是，当时日本官方有些人认为援助南京革命政府是太过分了，还不如援助北方的袁世凯更为有利。这种主张日益得势，以致这项借款没有成功。

资料来源：［日］宫崎滔天：《三十三年之梦》，林启彦改译、注释，花城出版社、三联书店香港分店1981年版，第291页。

◎欧洲资产阶级对袁世凯的支持：

“欧洲”支持准备实行军事独裁的袁世凯。为什么它要拥护袁世凯呢？因为这是一笔有利可图的生意。借款数目将近25000万卢布，但要按100卢布折合84卢布的行市计算。这就是说，“欧洲”资产者实际付给中国人21000万卢布；而他们向公众则要去22500万卢布。你看，在几个星期内，一下子就赚得1500万卢布的纯利！这岂不确实是一笔很大的“纯”利吗？

要是中国人民不承认这笔借款呢？在中国不是建立了共和制而国会中的多数又反对这笔借款吗？

啊，那时“先进的”欧洲就会大喊什么“文明”、“秩序”、“文化”和“祖国”！那时它就会出动大炮，并与那个冒险家、卖国贼、反动势力的朋友袁世凯勾结起来扼杀“落后的”亚洲的共和制！

资料来源：［俄］列宁：《落后的欧洲和先进的亚洲》，见《列宁选集》（第二卷），人民出版社1995年版，第318页。

2. 革命阵营内部许多人对袁世凯抱有天真幻想

◎黄兴对袁世凯的幻想：

以明公个人言之，三年以前满廷之内政、外交稍有起色者，皆明公之力。……明公之才能，高出兴等万万。以拿破仑、华盛顿之资格，出而建拿破仑、华盛顿之事功，直捣黄龙，灭此虏而朝食，非但湘、鄂人民戴明公为拿破仑、华盛顿，即南北各省当亦无有不拱手听命者。苍生霖雨，群仰明公，千载一时，祈毋坐失。

资料来源：黄兴：《致袁世凯书》，见湖南省社会科学院编：《黄兴集》，中华书局1981年版，第81—82页。

北京不早日戡定，恐招外人干涉。项城雄才英略，素负全国重望，能顾全大局，与民军为一致之行动，迅速推倒满清政府，令全国大势早定，外人早日承认，此全国人人所仰望。中华民国大统领一位，断推举项城无疑。

资料来源：黄兴：《复汪精卫电》，见湖南省社会科学院编：《黄兴集》，中华书局1981年版，第94页。

◎革命党人创办的《神州日报》发表多篇社论，鼓动袁世凯出任大总统：

全国同胞公鉴：救亡之策，惟泯汉满，和革党，调新旧，速建联邦共和大国，优养废帝后，不可迟疑失时。……务乞亿兆同胞，军民一心，速迎天机，各守公法，速建共和立宪国。袁世凯资格，适于总统，外论亦协，万不可折入满洲，存帝自扰。即为满人计，亦宜如此。……华侨泣血布各报。

资料来源：《伦敦华侨致全国同胞电》，《神州日报》1911年11月2日。

各报馆鉴：主张自开国民会议，废满帝建共和，袁助民党中外欢迎，已电资政院。留德学生。

资料来源：《留德学生电》，《神州日报》1911年11月2日。

各报馆鉴：项城宜于汉族总统，勿任满洲利用以延虏祚。

资料来源：《旅美芝加哥华侨公电》，《神州日报》1911年11月2日。

满人知其覆亡在即，乃师以往诸酋之故智，令公视师，欲公出为曾国藩第二，殊不知时事既移，曾氏已为天下所唾骂。今日为中国前途计，为万民生命计，乃至为公个人计、声誉计、身家性命计，惟有联合鄂军，卷旗北向，以如虎之新军，扫黄龙之残局，然后黄袍加身，为中国共和国初开幕之第一任大总统，则国人感公，外人慕公。天下岂有到手之华盛顿弃而不为，而甘心效法梅特涅者？

资料来源：《再告袁世凯》，《神州日报》1911年11月6日。

（三）对辛亥革命的评价

1. 国民党人对辛亥革命历史功绩和局限性的评价

◎1913年2月23日，孙中山在东京中国留学生欢迎会的演说时对辛亥革命的评价：

吾中华民国，为世界最伟大之国。土地人民，为诸国冠。不过因近二百年受制异族，文明退步，国势凌夷。外国遂谓中国为野蛮，实属大谬。今日革命成功，祖国前途，大有可为。各国相待，亦异往昔。盖我中国以最短促之时间，成就最伟大之事业，为地球上亘古所未有。

资料来源：孙中山：《在东京中国留学生欢迎会的演说》，见中国社会科学院近代史研究所中华民国史研究室、中山大学历史系孙中山研究室、广东省社会科学院历史研究室合编：《孙中山全集》（第三卷），中华书局1984年版，第25页。

◎何香凝对辛亥革命的评价：

辛亥革命是一个伟大的胜利，它摧毁了两千多年的君主专制制度，在广大人民中传播了民主共和国思想的种子，促进了中国人民革命斗争的新发展。

辛亥革命不仅结束了清王朝，而且整个地结束了长期统治中国的君主专制制度。历来认为神圣不可侵犯的君主专制制度被打倒了，这就扫除了中国前进道路上的一个严重障碍，使中国人民在精神上大大地获得了解放，民主主义从此成为不可抗拒的潮流。伟大的列宁曾经称赞过中国在辛亥革命以后所出现的“政治生活沸腾起来了”的新气象，他说：“四亿落后的亚洲人争得了自由，觉醒了起来，参加了政治生活。地球上四分之一的人口已经从酣睡中清醒，走向光明、运动和斗争了。”列宁并且断言：“世界上任何力量也不能在亚洲恢复旧的农奴制度，也不能铲除亚洲国家和半亚洲国家人民群众的英勇的民主精神。”中国历史的发展，完全证实了列宁的伟大预见和论断。尽管帝国主义和封建势力很快地就使“民国”只留下一个空名，但是中国人民群众英勇的民主精神，却是永远扼杀不了的。辛亥革命使民主共和国的观念深入人心，使人们公认，任何违反这个观念的言论和行动都是非法的。在辛亥革命之后，无论袁世凯自己做皇帝或者张勋复辟，都立刻遭到全国人民的反对和唾弃。国家的政权虽然不断被大大小小的军阀所篡夺，但是他们却得不到人民群众的任何支持。

资料来源：《何香凝在辛亥革命五十周年纪念大会上的讲话》，《人民日报》1961 年 10 月 10 日。

◎1912 年 4 月 25 日，孙中山在广州都督府欢宴席上致答词：

今日革命虽已成功，然人民多未明革命真理，故我辈仍不得谓功成身退。

资料来源：孙中山：《在广州都督府欢宴席上致答词》，见陈旭麓、郝盛潮主编：《孙中山集外集》，上海人民出版社 1990 年版，第 55 页。

2. 中国共产党人对辛亥革命历史功绩和局限性的评价

◎毛泽东对辛亥革命历史功绩和失败原因的揭示：

辛亥革命使人们有了一层觉悟，知道圣文神武的皇帝，也是可以倒去的。大逆不道的民主，也是可以建设的。我们有话要说，有事要做，是无论何时都可以说可以做的。辛亥而后，到了丙辰，我们又打倒了一次洪宪皇帝。

……

辛亥革命后，思想的解放，政治的解放，经济的解放，男女的解放，教育的解放，都要从九重冤狱，求见青天。我们中华民族原有伟大的能力！

资料来源：毛泽东：《民众的大联合》，见中共中央文献研究室、中共湖南省委《毛泽东早期文稿》编辑组编：《毛泽东早期文稿》，湖南出版社 1990 年版，第 393 页。

孙中山比改良派又更进一大步，他公开号召实行资产阶级民主革命，推翻了清朝的统治，结束了中国两千多年的封建帝制，建立了中华民国和临时革命政府，并制定了一个《临时约法》。辛亥革命以后，谁要再想做皇帝，就做不成了。所以我们说它有伟大的历史意义。

资料来源：毛泽东：《关于辛亥革命的评价》，见《毛泽东文集》（第六卷），人民出版社 1999 版，第 345—346 页。

辛亥革命只是一个把皇帝赶跑，中国仍旧在帝国主义和封建主义的压迫之下，反帝反封建的革命任务并没有完成。……正如孙中山先生说过的话：“革命尚未成功，同志仍须努力。”现在要问：中国革命干了几十年，为什么至今尚未达到目的呢？原因在什么地方呢？我以为原因在两个地方：第一是敌人的力量太强；第二是自己的力量太弱。一个强了，一个弱了，所以革命没有胜利。所谓敌人的力量太强，是说帝国主义（这是主要的）和封建主义的力量太强。所谓自己的力量太弱，有军事、政治、经济、文化各方面表现的弱点，但主要的是因为占全国人口百分之九十的工农劳动群众还没有动员起来，所以表现了弱，所以不能完成反帝反封建的任务。

资料来源：毛泽东：《青年运动的方向》，见《毛泽东选集》（第二卷），人民出版社 1991 版，第 564 页。

◎邓小平对孙中山革命事业的评价：

中国从鸦片战争起沦为半殖民地半封建社会，中国人成了世界著名的“东亚病夫”。从那时起的近一个世纪，我国有识之士包括孙中山都在寻求中国的出路。孙中山开始就想学西方，所谓西方即资本主义。后来，孙中山觉得资本主义西方不行了，提出“以俄为师”，学习十月革命后的俄国，开始了国共合作，导致北伐战争的胜利。

资料来源：邓小平：《用中国的历史教育青年》，见《邓小平文选》（第三卷），人民出版社 1993 年版，第 205—206 页。

◎江泽民对辛亥革命历史功绩及其局限性的评价：

辛亥革命，推翻统治中国几千年的君主专制制度。这是孙中山领导的。他首先喊出“振兴中华”的口号，开创了完全意义上的近代民族民主革命。辛亥革命未能改变旧中国的社会性质和人民的悲惨境遇，但为中国的进步打开了闸门，使反动统治秩序再也无法稳定下来。

资料来源：《江泽民在中国共产党第十五次全国代表大会上的报告》，《人民日报》1997 年 9 月 12 日。

辛亥革命的发生，有着深刻的社会历史背景，它是近代以来中国社会矛盾激化和人民顽强斗争的必然结果。……辛亥革命集中反映了当时中国人民争取民族独立、振兴中华的深切愿望。

辛亥革命，推翻了清王朝的封建反动政府，结束了统治中国几千年的君主专制制度，建立了中华民国。辛亥革命，极大地推动了中华民族的思想解放，为中国先进分子探索救国救民的道路打开了新的视野。辛亥革命，开始了比较完全意义上的反帝反封建的民族民主革命，虽然它未能改变旧中国的社会性质和人民的悲惨境遇，但为中国的进步潮流打开了闸门，使反动统治秩序再也无法稳定下来，激励中国人民为争取民族独立和人民解放、实现国家富强而更加勇敢地奋斗。

辛亥革命在中国近代历史发展中具有重要的地位，是中国人民为改变自己命运而奋起革命的一个伟大里程碑。

资料来源：江泽民：《在纪念辛亥革命90周年大会上的讲话》，《人民日报》2001年10月10日。

◎胡锦涛对辛亥革命历史功绩及其局限性的评价：

孙中山先生领导的辛亥革命，推翻了清王朝，结束了在中国延续几千年的君主专制制度，开创了完全意义上的近代民族民主革命，为中国的进步打开了闸门。但是，辛亥革命没有改变旧中国的社会性质和人民的历史命运，那时建立的资产阶级共和制没有能保障广大人民的权利，最终在各种反动势力的冲击下归于失败。

资料来源：胡锦涛：《在首都各界纪念全国人民代表大会成立五十周年大会上的讲话》，见中共中央文献研究室编：《十六大以来重要文献选编》（中），中央文献出版社2006年版，第219页。

辛亥革命推翻了清王朝统治，结束了统治中国几千年的君主专制制度，传播了民主共和的理念，以巨大的震撼力和深刻的影响力推动了近代中国社会变革。虽然由于历史进程和社会条件的制约，辛亥革命没有改变旧中国半殖民地半封建的社会性质，没有改变中国人民的悲惨境遇，没有完成实现民族独立、人民解放的历史任务，但它开创了完全意义上的近代民族民主革命，极大推动了中华民族的思想解放，打开了中国进步潮流的闸门，为中华民族发展进步探索了道路。

资料来源：胡锦涛：《在纪念辛亥革命100周年大会上的讲话》，《人民日报》2011年10月10日。

◎习近平对辛亥革命历史功绩的评价：

1911年，在他（指孙中山，引者注）领导和影响下，震惊世界的辛亥革命取得成功，推翻了清王朝统治，结束了统治中国几千年的君主专制制度。由于历史进程和社会条件的制约，辛亥革命虽然没有改变旧中国半殖民地半封建的社会性质，没有改变中国人民的悲惨命运，没有完成实现民族独立、人民解放的历史任务，但开创了完全意义上的近代民族民主革命，打开了中国进步闸门，传播了民主共和理念，极大推动了中华民族思想解放，以巨大的震撼力和影响力推动了中国社会变革。

资料来源：习近平：《在纪念孙中山先生诞辰150周年大会上的讲话》，《人民日报》2016年11月12日。

3. 外国观察家对辛亥革命的积极影响和局限性的评价

◎英国旅行家、作家埃德温·丁格尔（Edwin John Dingle），武昌起义时任上海《大陆报》的特派员，从事战地采访：

革命派人士……正在创造着历史。他们是崭露头角的改革家，以那种心态为中国的改革和进步的伟大时代努力着，他们的全部过去为此提供了证据。

……

旨在建立共和政体或其他形式政府体系的革命已经改变了中国呈现在世界面前的整个面孔。不管人们如何看待目前事件的转变，以及所有这些变化对改变中国的国家生活和中国人的性格所起的可能的影响……

但是总的来说，人们不得不承认，在那场骇人听闻的冲击中，这个在几个世纪以来严重滞后的古老民族已经融入世界政治的洪流中。……在这个奇怪民族的国家生活的表层，我们看到了一束希望之光，它预示着一个更伟大的日子的开端。

资料来源：［英］埃德温·丁格尔：《辛亥革命目击记——〈大陆报〉特派员的现场报道》，陈红民等译，中国青年出版社 2002 年版，第 123、170—172 页。

◎英国传教士麦高温讲述辛亥革命的情景：

（1911 年，引者注）大崩溃的时刻来到了。民众整装待发，各种计划紧锣密鼓，全国上下斗志昂扬地团结一致，决意为自由血战到底。随后是革命的爆发。人们喘息未定便惊异地发现，革命的消息已通过电报线路传至十八个省，并且还被传到了西方国家，拥有全国最出色演兵场和弹药取之不尽武器库的大清腹地重镇汉口也已处于义军控制之下。彼此相距遥远的城市一个接一个以令人吃惊的程度扯下龙旗，家家户户打出标志着向新政权投降的白旗。

资料来源：纪陶然编著：《天朝的镜像》，江苏人民出版社 2014 年版，第 150 页。

◎末代皇帝溥仪的外籍老师、英国人庄士敦，在威海看到中国民众对于革命的态度：

当北京和南京发生这些重大事件的时候，我正在威海卫。当地有几个高尚的忠实于皇帝的中国人愿意在英国国旗下得到庇护。而且，我们发现，很难使当地 18 万中国居民相信皇帝已经退位的事实。一连几个星期他们都默默地对此抱着怀疑态度。在这个离孔夫子家乡不远的地方，人们对革命的反应十分冷淡。居民中真正理解共和概念的也许还不到五十人，他们也不想理解这种概念。

资料来源：纪陶然编著：《天朝的镜像》，江苏人民出版社 2014 年版，第 150 页。

◎1905 年至 1909 年任美国驻华大使的柔克义对辛亥革命的评论：

我看不出没有君主的中国将如何存在，无论从伦理上还是从政治上——抑或是从国民狂热的崇拜上说——它是整个国家结构的基础。我相信这种共和国的形式是不会长久的。它是一个新王朝的过渡。是袁世凯建立的王朝还是他拥立一个王朝？

资料来源：纪陶然编著：《天朝的镜像》，江苏人民出版社2014年版，第149页。

4. 中外历史学家对辛亥革命的积极性和局限性的评价

◎沙健孙、龚书铎等中国学者对辛亥革命的评价：

辛亥革命虽然失败，但它的伟大历史功绩不可磨灭。这次革命的伟大功绩，恰恰是搞掉了清政府，结束了2000余年的君主专制，建立了共和国。它带来的直接后果，至少有两点值得提出：（1）给封建主义致命的一击，使中国人民在思想上得到一次大解放，使民主观念深入人心。……（2）解放了清朝专制统治禁锢下的生产力，为民国初年资本主义经济进入较大规模发展的“黄金时代”开辟了道路。

资料来源：龚书铎：《正确评价辛亥革命的历史意义》，见沙健孙、龚书铎主编：《走什么路——关于中国近现代历史上的若干重大是非问题》，山东人民出版社1997年版，第247页。

辛亥革命……为2132年的历史打了一个用铁和血铸成的句号。只有漫长的历史才能称量出这个句号的真正意义和重量。它是一条分界线。

资料来源：陈旭麓：《近代中国社会的新陈代谢》，中国人民大学出版社2015年版，第327页。

辛亥革命不仅推翻了极端专制、腐败、媚外的清政府，扫除了中国历史前进的这个严重障碍，而且一举结束了统治中国几千年的君主专制制度，建立起共和政体。

……

辛亥革命毕竟是20世纪中国发生的第一次历史性巨大变化，它跨出了一大步。但这一步仍是有限的，还没有能从根本上改变中国：中国的半殖民地半封建社会性质没有改变，中国人民的悲惨境遇也没有结束。

资料来源：金冲及：《新旧中国的交替——金冲及自选集》，首都师范大学出版社2014年版，第21、23页。

◎德国汉学家傅吾康对辛亥革命的评价：

辛亥革命和接着下来的共和国的建立，有一种异乎寻常的意义，而且这种意义在它的范围方面，远远超出于欧洲国家内像法德两国帝制的推翻。在中国，1911年结束了两千年甚或更长的一个基本上是持续发展的历史……随着皇朝和传统的国家思想的消失，一个实际上把政治分裂局面的帝国长时期箍在一起的思想纽带也消失了。全国各地沉睡着的、分散的人民力量觉醒起来，获得新生命。

资料来源：［德］傅吾康：《一百年来的中国革命：1851—1949年》，见戴逸主编：《中国近代史通鉴（1840—1949）·辛亥革命》，红旗出版社1997年版，第467页。

◎美国汉学家史扶邻对辛亥革命的评价：

史海求真

辛亥革命还是有意义的。尽管这场革命未建立一个新的稳固的政府，但破除了世界上持续时间最久的传统的政治制度。它留下一份虽令人失望可是又使下一阶段的现代中国革命得以如火如荼进行的遗产。

资料来源：［美］史扶邻：《孙中山：勉为其难的革命家》，丘权政、符致兴译，中国华侨出版社 1996 年版，第 132 页。

◎美国历史学家费正清对辛亥革命的评价：

为什么 1911 年的革命不能建立西方式的新中国呢？第一是没有共同目标。如前所述，起义时汇合的各种成分，除推翻满清这一点以外，没有什么共同目标。第二是缺乏政治体制并缺乏人民参与。革命党人在密谋策划时，不可能并且事实上也不怎么想去动员城乡民众的支持。

资料来源：［美］费正清：《美国与中国》，张理京译，世界知识出版社 1999 年版，第 208 页。

专题四

开辟中国革命的新纪元

一、新文化运动并非全盘反传统

（一）“打倒孔家店”的实质是反对封建专制

◎李大钊认为孔子沦为专制时代的“护符”，是由其所处的时代条件决定的：

余谓孔子为历代帝王专制之护符，闻者骇然，虽然，无骇也。孔子生于专制之社会，专制之时代，自不能不就当时之政治制度而立说，故其说确足以代表专制社会之道德，亦确足为专制君主所利用资以为护符也。历代君主，莫不尊之祀之，奉为先师，崇为至圣。而孔子云者，遂非复个人之名称，而为保护君主政治之偶像矣。使孔子而生于今日，或且倡民权自由之大义，亦未可知。而无如其人已为残骸枯骨，其学说之精神，已不适于今日之时代精神何也！故余之掊击孔子，非掊击孔子之本身，乃掊击孔子为历代君主所雕塑之偶像的权威也；非掊击孔子，乃掊击专制政治之灵魂也。

资料来源：李大钊：《自然的伦理观与孔子》，见中国李大钊研究会编注：《李大钊全集》（第一卷），人民出版社2006年版，第247页。

◎陈独秀认为儒家“三纲之说”是为了维护封建等级制度，与共和立宪制绝不相容：

伦理思想，影响于政治，各国皆然，吾华尤甚。儒者三纲之说，为吾伦理政治之大原，共贯同条，莫可偏废。三纲之根本义，阶级制度是也。所谓名教，所谓礼教，皆以拥护此别尊卑明贵贱制度者也。近世西洋之道德政治，乃以自由平等独立之说为大原，与阶级制度极端相反。此东西文明之一大分水岭也。吾人果欲于政治上采用共和立宪制，复欲于伦理上保守纲常阶级制，以收新旧调和之效，自家冲撞，此绝对不可能之事。盖共和立宪制，以独立平等自由为原则，与纲常阶级制为绝对不可相容之物，存其一必废其一。倘于政治否认专制，于家族社会仍保守旧有之特权，则法律上权利平等经济上独立生产之原则，破坏无余，焉有并行之余地？自西洋文明输入吾国，最初促吾人之觉悟者为学术，相形见绌，举国所知矣。其次为政治，年来政象所证明，已有不克守缺抱残之势。继今以往，国人所怀疑莫决者，当为伦理问题。此而不能觉悟，则前之所谓觉悟者，非彻底之觉悟，盖犹在惝恍迷离之境。吾敢断言曰：伦理的觉悟，为吾人最后觉悟之最后觉悟。

资料来源：陈独秀：《吾人最后之觉悟》，见任建树等编：《陈独秀著作选》（第一卷），上海人民出版社 1984 年版，第 179 页。

◎陈独秀认为儒家思想只是传统国粹之一，用宪法来确定儒学独尊地位是思想专制行为：

今再让一步言之。或云佛、耶二教，非吾人固有之精神，孔教乃中华之国粹。然旧教九流，儒居其一耳。阴阳家明历象，法家非人治，名家辨名实，墨家有兼爱节葬非命诸说，制器敢战之风，农家之并耕食力：此皆国粹之优于儒家孔子者也。今效汉武之术，罢黜百家，独尊孔氏，则学术思想之专制，其湮塞人智，为祸之烈，远在政界帝王之上。

今再让一步言之。或谓儒教包举百家，独尊其说，乃足以化民善俗。夫非人是己，宗风所同。使孔教会仅以私人团体，立教于社会，国家固应予以与各教同等之自由。使仅以"孔学会"号召于国中，尤吾人所赞许。西人于前代大哲，率有学会以祀之。今乃专横跋扈，竟欲以四万万人各教信徒共有之国家，独尊祀孔氏，竟欲以四万万人各教信徒共有之宪法，独规定以孔子之道为修身大本。呜呼！以国家之力强迫信教，欧洲宗教战争，殷鉴不远。

……

以今世学术思想之发达，无论集硕学若干辈，设会讨论教育大本，究应以何人学说为宗，吾知其未敢轻决而著书宣告于众。况挟堂堂国宪，强全国之从同，以阻思想信仰之自由，其无理取闹，宁非奇谈！

资料来源：陈独秀：《宪法与孔教》，见任建树等编：《陈独秀著作选》（第一卷），上海人民出版社 1984 年版，第 225—226 页。

◎陈独秀认为儒家"三纲之说"使国人丧失独立自由人格：

儒者三纲之说，为一切道德政治之大原。君为臣纲，则民于君为附属品，而无独立自主之人格矣；父为子纲，则子于父为附属品，而无独立自主之人格矣；夫为妻纲，则妻于夫为附属品，而无独立自主之人格矣。率天下之男女，为臣，为子，为妻，而不见有一独立自主之人者，三纲之说为之也。缘此而生金科玉律之道德名词，曰忠，曰孝，曰节，皆非推己及人之主人道德，而为以己属人之奴隶道德也。人间百行，皆以自我为中心，此而丧失，他何足言？奴隶道德者，即丧失此中心，一切操行，悉非义由己起，附属他人以为功过者也。自负为一九一六年之男女青年，其各奋斗以脱离此附属品之地位，以恢复独立自主之人格！

资料来源：陈独秀：《一九一六年》，见任建树等编：《陈独秀著作选》（第一卷），上海人民出版社 1984 年版，第 172—173 页。

◎吴虞认为儒家思想维护尊卑贵贱之等级制度，导致封建专制思想愈衍愈烈：

满清时，京师大学堂监督刘廷琛者，素主“三纲”之说。杨度在咨政院演说忠义之衰由于孝悌，刘大非之，诋杨为少正卯，宜加两观之诛，大有息邪说，正人心，觊觎两庑特豚之意。然吾于其奏疏中“欧美主耶教，重平等；中国重孔孟，重纲常”数言，谓足证东西教义之优劣。盖耶教所主，乃平等自由博爱之义，传布浸久，风俗人心皆受其影响，故能一演而为君民共主，再进而为民主平等自由之真理，竟著之于宪法而罔敢或渝矣。孔氏主尊卑贵贱之阶级制度，由天尊地卑演而为君尊臣卑，父尊子卑，夫尊妇卑，官尊民卑。尊卑既严，贵贱遂别；所谓“礼不下庶人，刑不上大夫”；所谓“王臣公，公臣大夫，大夫臣士，士臣皂，皂臣舆，舆臣隶，隶臣僚，僚臣仆，仆臣台”，几无一事不含有阶级之精神意味。故二千年来，不能铲除阶级制度，至于有良贱为婚之律，斯可谓至酷已！守孔教之义，故专制之威愈衍愈烈。

资料来源：吴虞：《儒家主张阶级制度之害》，见赵清、郑城编：《吴虞集》，四川人民出版社 1985 年版，第 95 页。

◎吴虞认为儒家思想维护封建专制，是吃人的礼教：

孔二先生的礼教讲到极点，就非杀人吃人不成功，真是惨酷极了！一部历史里面，讲道德说仁义的人，时机一到，他就直接间接的都会吃起人肉来了。就是现在的人，或者也有没做过吃人的事，但他们想吃人，想咬你几口出气的心，总未必打扫得干干净净！

到了如今，我们应该觉悟：我们不是为君主而生的！不是为圣贤而生的！也不是为纲常礼教而生的！什么“文节公”呀、“忠烈公”呀，都是那些吃人的人设的圈套来诳骗我们的！我们如今应该明白了！吃人的就是讲礼教的，讲礼教的就是吃人的呀！

资料来源：吴虞：《吃人与礼教》，见赵清、郑城编：《吴虞集》，四川人民出版社 1985 年版，第 171 页。

◎易白沙认为儒家缺乏对君权的限制，容易导致专制之弊：

孔子尊君权，漫无限制，易演成独夫专制之弊。君主独裁，若无范围限制其行动，势将如虎傅翼，择人而食。故中国言君权，设有二种限制：一曰天，一曰法。人君善恶，天为赏罚，虽有强权，不敢肆虐，此墨家之说也。国君行动，以法为轨，君之贤否，无关治乱，法之有无，乃定安危，此法家之说也。前说近于宗教，后说近于法治，皆裁抑君主，使无高出国家之上。孔子之君权论无此二种限制，君犹天也，民不可一日无君，犹不可一日无天（《尚书大传》孔子对子张语）；以君象天，名曰天王；又曰：帝者，天称也；又曰：天子者，继天理物，改一统，各得其宜，父天母地，以养万民，皆以君与天为一体，较墨翟以天制君者绝异，所以不能维持天子之道德。言人治不言法治，故是尧非桀；叹人才之难得，论舜治天下由于五臣，武王治天下由于十臣；一人有庆，兆民赖之；《孝经》《论语》之大义微言，莫不主张人治；荀子言，有治君，无治国，有治人，无治法，即师承孔子人治之义，彰明较著以言之也；较管、商、韩非以法制君，又迥然不同，所以不能监督天子之行动。

资料来源：易白沙：《孔子评议》，见陈先初编：《易白沙集》，湖南人民出版社 2008 年版，第 87 页。

（二）重新评定儒学价值并非全盘反传统

◎陈独秀认为儒学伦理虽然不适用于现代社会，但在封建社会具有一定的历史价值：

其伦理学说，虽不可行之今世，而在宗法社会封建时代，诚属名产。吾人所不满意者，以其为不适于现代社会之伦理学说，然犹支配今日之人心，以为文明改进之大阻力耳。

资料来源：陈独秀：《再答俞颂华（孔教）》，见任建树等编：《陈独秀著作选》（第一卷），上海人民出版社 1984 年版，第 309 页。

◎李大钊认为孔子是“其时代之圣哲”：

孔子于其生存时代之社会，确足为其社会之中枢，确足为其时代之圣哲，其说亦确足以代表其社会其时代之道德。使孔子而生于今日，或更创一新学说以适应今之社会，亦未可知。

资料来源：李大钊：《自然的伦理观与孔子》，见中国李大钊研究会编注：《李大钊全集》（第一卷），人民出版社 2006 年版，第 246—247 页。

◎恽代英认为在评价孔子学说时要考虑时代因素，不能否定儒学的历史价值：

孔子之学说，自然不尽可信，然苟确有所见之大学者，其根本观念每每不谬，其余则受当时社会之影响，有不正确处，亦有不可讳者。如孔子《礼运》《大同》及《论语·道之以政》章，何曾不好。至谓女子比于小人，事君期于尽礼，则囿于时见，此人之常情。以此责孔子，犹责其不用阳历而行夏之时，不坐摩托车而乘殷之辂，此岂非可笑事耶！甚者，必周纳孔子之言行，而《礼运》则必谓非孔子所作，此纯为批评陈死人之闲话则可，不然必是与孔子结下不共戴天之仇。不然，何苦必以如此凌辱孔子为快？一个人必定要争孔子是大圣，没有一句错的。一个人必定要争孔子是大愚，没有一句不错的。若不是为孔子，是为世界人，我看这都错了。

资料来源：中央档案馆、中国革命博物馆、中共中央党校出版社编：《恽代英日记》，中共中央党校出版社1981年版，第530页。

◎易白沙认为“国人为善为恶，当反求之自身”，不能“一一推委孔子”：

天下论孔子者，约分两端：一谓今日风俗人心之坏，学问之无进化，谓孔子为之厉阶；一谓欲正人心、端风俗、励学问，非人人崇拜孔子，无以收拾末流。此皆瞽说也。国人为善为恶，当反求之自身，孔子未尝设保险公司，岂能替我负此重大之责。国人不自树立，一一推委孔子，祈祷大成至圣之默祐，是谓惰性；不知孔子无此权力，争相劝进，奉为素王，是谓大愚。

资料来源：易白沙：《孔子评议》，见陈先初编：《易白沙集》，湖南人民出版社2008年版，第85页。

二、“走俄国人的路”

（一）中国先进知识分子对十月革命的赞颂

◎李大钊通过法俄革命的比较，宣传十月革命的伟大意义，表达了对俄国革命的无限欢欣和赞扬：

余尝考之，一世纪新文明之创造，新生命之诞生，其机运每肇基于艰难恐怖之中，征之历史，往往而是。方其艰难缔造之初，流俗惊焉，视此根本之颠覆，乃为非常之祸变，抑知人群演进之途辙，其最大之成功，固皆在最大牺牲、最大痛苦之后。俄国今日之革命，诚与昔者法兰西革命同为影响于未来世纪文明之绝大变动。在法兰西当日之象，何尝不起世人之恐怖、惊骇而为之深抱悲观。尔后法人之自由幸福，即奠基于此役。岂惟法人，十九世纪全世界之文明，如政治或社会之组织等，罔不胚胎于法兰西革命血潮之中。二十世纪初叶以后之文明，必将起绝大之变动，其萌芽即茁发于今日俄国革命血潮之中，一如十八世纪末叶之法兰西亦未可知。今之为俄国革命抱悲观者，得毋与在法国革命之当日为法国抱悲观者相类欤。

或者谓法人当日之奔走呼号，所索者“自由”，俄人今日之涣汗绝叫，所索者“面包”。是法人当日之要求，在精神在理性之解放，俄人今日之要求，在物质在贪欲之满足。俄人革命之动机视法人为鄙，则俄人革命之结果，必视法人为恶。且在法国当日，有法兰西爱国的精神，足以维持法兰西之人心，而今日之俄国无之。故法人虽冒万险以革命，卒能外御强敌内安宗国，确立民主之基业，昌大自由之治化，将来俄人能否恢复秩序，重建组织，如当年法人之所为，殊为一大疑问。不知法兰西之革命是十八世纪末期之革命，是立于国家主义上之革命，是政治的革命而兼含社会的革命之意味者也。俄罗斯之革命是二十世纪初期之革命，是立于社会主义上之革命，是社会的革命而并著世界的革命之采色者也。时代之精神不同，革命之性质自异，故迥非可同日而语者。法人当日，固有法兰西爱国的精神，足以维持其全国之人心；俄人今日，又何尝无俄罗斯人道的精神，内足以唤起其全国之自觉，外足以适应世界之潮流，倘无是者，则赤旗飘飘举国一致之革命不起。且其人道主义之精神，入人之深，世无伦比。数十年来，文豪辈出，各以其人道的社会的文学，与其专擅之宗教政治制度相搏战。迄今西伯利亚荒寒之域，累累者固皆为人道主义牺牲者之坟墓也。此而不谓之俄罗斯人之精神殆不可得。不过法人当日之精神，为爱国的精神，俄人之今日精神，为爱人的精神。前者根于国际主义，后者倾于世界主义；前者恒为战争之泉源，后者足为和平之曙光，此其所异者耳。

资料来源：李大钊：《法俄革命之比较观》，见中国李大钊研究会编注：《李大钊全集》（第二卷），人民出版社 2006 年版，第 225—226 页。

◎李大钊认为十月革命是多数人的胜利，符合社会历史发展的规律：

原来这次战局终结的真因，不是联合国的兵力战胜德国的兵力，乃是德国的社会主义战胜德国的军国主义。不是德国的国民降服在联合国武力的面前，乃是德国的皇帝、军阀、军国主义降服在世界新潮流的面前。战胜德国军国主义的，不是联合国，是德国觉醒的人心。德国军国主义的失败，是 Hohenzollern 家（德国皇家）的失败，不是德意志民族的失贩［败］。对于德国军国主义的胜利，不是联合国的胜利，更不是我国徒事内争托名参战的军人和那投机取巧卖乖弄俏的政客的胜利，是人道主义的胜利，是平和思想的胜利，是公理的胜利，是自由的胜利，是民主主义的胜利，是社会主义的胜利，是 Bolshevism 的胜利，是赤旗的胜利，是世界劳工阶级的胜利，是二十世纪新潮流的胜利。这件功业，与其说是威尔逊（Wilson）等的功业，毋宁说是列宁（Lenin）、陀罗慈基（Trotsky）、郭冷苔（Collontay）的功业；是列卜涅西（Liebknecht）、夏碟曼（Scheidemann）的功业；是马客士（Marx）的功业。我们对于这桩世界大变局的庆祝，不该为那一国那些国里一部分人庆祝，应该为世界人类全体的新曙光庆祝；不该为那一边的武力把那一边的武力打倒而庆祝，应该为民主主义把帝制打倒，社会主义把军国主义打倒而庆祝。

Bolshevism 就是俄国 Bolsheviki 所抱的主义。这个主义，是怎样的主义？……他们的主义，就是革命的社会主义；他们的党，就是革命的社会党；他们是奉德国社会主义经济学家马客士（Marx）为宗主的；他们的目的，在把现在为社会主义的障碍的国家界限打破，把资本家独占利益的生产制度打破。

……

因为二十世纪的群众运动，是合世界人类全体为一大群众。这大群众里边的每一个人、一部分人的暗示模仿，集中而成一种伟大不可抗的社会力。这种世界的社会力，在人间一有动荡，世界各处都有风靡云涌、山鸣谷应的样子。在这世界的群众运动的中间，历史上残余的东西——什么皇帝咧，贵族咧，军阀咧，官僚咧，军国主义咧，资本主义咧——凡可以障阻这新运动的进路的，必挟雷霆万钧的力量摧拉他们。他们遇见这种不可当的潮流，都像枯黄的树叶遇见凛冽的秋风一般，一个一个的飞落在地。由今而后，到处所见的，都是 Bolshevism 战胜的旗。到处所闻的，都是 Bolshevism 的凯歌的声。人道的警钟响了！自由的曙光现了！试看将来的环球，必是赤旗的世界！

我尝说过：历史是人间普遍心理表现的记录。……一七八九年法兰西的革命，不独是法兰西人心变动的表征，实是十九世纪全世界人类普遍心理变动的表征。一九一七年俄罗斯的革命，不独是俄罗斯人心变动的显兆，实是二十世纪全世界人类普遍心理变动的显兆。俄国的革命，不过是使天下惊秋的一片桐叶罢了。Bolshevism 这个字，虽为俄人所创造，但是他的精神，可是二十世纪全世界人类人人心中共同觉悟的精神。所以 Bolshevism 的胜利，就是二十世纪世界人类人人心中共同觉悟的新精神的胜利！

资料来源：李大钊：《Bolshevism 的胜利》，见中国李大钊研究会编注：《李大钊全集》（第二卷），人民出版社 2006 年版，第 259—263 页。

◎李大钊认为十月革命的胜利代表着专制主义的失败和民主主义的胜利，代表着资本主义的失败和劳工主义的胜利：

我们这几天庆祝战胜，实在是热闹的很。可是战胜的，究竟是那一个？我们庆祝，究竟是为那个庆祝？我老老实实讲一句话，这回战胜的，不是联合国的武力，是世界人类的新精神。不是那一国的军阀或资本家的政府，是全世界的庶民。我们庆祝，不是为那一国或那一国的一部分人庆祝，是为全世界的庶民庆祝。不是为打败德国人庆祝，是为打败世界的军国主义庆祝。

这回大战，有两个结果：一个是政治的，一个是社会的。

政治的结果，是“大……主义”失败，民主主义战胜。……

“大……主义”就是专制的隐语，就是仗着自己的强力蹂躏他人欺压他人的主义。有了这种主义，人类社会就不安宁了。大家为抵抗这种强暴势力的横行，乃靠着互助的精神，提倡一种平等自由的道理。这等道理，表现在政治上，叫作民主主义，恰恰与“大……主义”相反。欧洲的战争，是“大……主义”与民主主义的战争。我们国内的战争，也是“大……主义”与民主主义的战争。结果都是民主主义战胜，“大……主义”失败。民主主义战胜，就是庶民的胜利。

社会的结果，是资本主义失败，劳工主义战胜。原来这回战争的真因，乃在资本主义的发展。国家的界限以内，不能涵容他的生产力，所以资本家的政府想靠着大战，把国家界限打破，拿自己的国家作中心，建一世界的大帝国，成一个经济组织，为自己国内资本家一阶级谋利益。俄、德等国的劳工社会，首先看破他们的野心，不惜在大战的时候，起了社会革命，防遏这资本家政府的战争。联合国的劳工社会，也都要求平和，渐有和他们的异国的同胞取同一行动的趋势。这亘古未有的大战，就是这样告终。这新纪元的世界改造，就是这样开始。资本主义就是这样失败，劳工主义就是这样战胜。世间资本家占最少数，从事劳工的人占最多数。因为资本家的资产，不是靠着家族制度的继袭，就是靠着资本主义经济组织的垄断，才能据有。这劳工的能力，是人人都有的，劳工的事情，是人人都可以作的，所以劳工主义的战胜，也是庶民的胜利。

资料来源：李大钊：《庶民的胜利》，见中国李大钊研究会编注：《李大钊全集》（第二卷），人民出版社 2006 年版，第 254—255 页。

◎陈独秀认为十月革命和十八世纪法兰西革命一样，是“人类社会变动和进化的大关键”：

英、美两国有承认俄罗斯布尔札维克（布尔什维克，引者注）政府的消息，这事如果实行，世界大势必有大大的变动。十八世纪法兰西的政治革命，二十世纪俄罗斯的社会革命，当时的人都对着他们极口痛骂；但是后来的历史家，都要把他们当做人类社会变动和进化的大关键。

资料来源：陈独秀：《二十世纪俄罗斯的革命》，见任建树等编：《陈独秀著作选》（第一卷），上海人民出版社 1984 年版，第 525 页。

◎毛泽东认为十月革命必将引发世界性的“社会改革”潮流：

自法兰西以民众的大联合，和王党的大联合相抗，收了“政治改革”的胜利以来，各国随之而起了许多的“政治改革”。自去年俄罗斯以民众的大联合，和贵族的大联合资本家的大联合相抗，收了“社会改革”的胜利以来，各国如匈，如奥，如截［捷］，如德，亦随之而起了许多的社会改革。虽其胜利尚未至于完满的程度，要必可以完满，并且可以普及于世界，是想得到的。

资料来源：毛泽东：《民众的大联合（一）》，中共中央文献研究室、中共湖南省委《毛泽东早期文稿》编辑组编：《毛泽东早期文稿》，湖南出版社2008年版，第313页。

◎瞿秋白对俄国十月革命胜利表示祝贺，并期望世界革命的发生：

欧洲战争也影响到中国，使其遭到意外的不幸。凡尔赛和会上，我们的国家被置于和印度、朝鲜同等的地位。现在中国无产阶级心里明白，威尔逊鼓吹的国际联盟，对落后黑暗的中国是毫无帮助的。我国无产阶级只寄希望于你们这些勇敢的俄国工人，你们为全人类的幸福而英勇奋斗，建立了苏俄社会主义共和国，正在实现社会主义原则，克服种种困难，与黑暗势力进行斗争，历尽千辛万苦，而始终没有灰心丧气。中国无产阶级极为钦佩你们，衷心地祝愿你们获得成功和胜利。

我们尤为赞赏的是，你们的运动不仅具有民族主义性质，而且具有国际主义性质；不仅是为了自己的个人幸福，而且是为了全世界工人阶级的幸福。你们说过："世界应当属于劳动者"。我们将竭尽全力去取得彻底的胜利。希望由于你们的努力，全世界人民将觉醒起来。

资料来源：瞿秋白：《中国工人的状况和他们对俄国的期望》，见《瞿秋白文集·政治理论编》（第一卷），人民出版社2013年版，第164—165页。

（二）社会舆论对苏维埃俄国的钦佩和向往

◎1919年7月25日，苏俄政府发布宣言，声明放弃沙俄时代在中国攫取的特权：

凡从前俄罗斯帝国政府时代，在中国满洲以及别处，用侵略的手段而取得的土地，一律放弃。在那块土地上的人民，愿意成那样的国，采那种的政权，一任人民底自由选择。劳农政府把中东铁路矿产林业等权利，及其他由俄罗斯帝国政府，克伦斯基（Kerensky）政府，土匪霍尔瓦特（Horvath），谢米诺夫（Semenoff），和俄国军人律师资本家所取得的特权，都返还给中国，不受何种报酬。劳农政府并抛弃庚子赔款。我们对于这一层，所以不惜再三提议的，因为听说这一项赔款，我们已经声言放弃，而中国政府，反拿来供养从前俄罗斯帝国驻在北京底公使，和驻在中国各地方底俄罗斯帝国的领事。现在任命这种公使和领事底政府，早就消灭，而从前被任命的公使和领事，居然得日本和协约国的援助，反安居在中国，天天在那里欺蒙中国人民；中国人民，应该明白这件事，驱逐这班欺诈的人出境。

凡俄国从前所获取底各种特权，以及俄国商人在中国内地所设的工厂，与夫俄国官员、或牧师、或委员等，所有不受中国法庭底审判等的特权，都一律放弃。除劳农政府底全权大使，与中国人民往来，因而发生底特别情形外，以后在中国地方一切法律和权力，纯粹为中国人民的法律和权力，绝对没有第二者底法律和权力，混杂在这里面。

凡其他各种问题，与向来日本协约国、俄罗斯帝国政府，对于中国所施底暴乱而且不合正义的行为，都应该从此尽行芟除。

资料来源：《苏联第一次对华宣言》，《新青年》第7卷第6号，1920年5月1日。

◎在获悉苏俄政府颁布的对华宣言后，中国各群众团体和舆论界立即做出积极回应：

全国报界联合会

俄国人民及俄国人民的政府公鉴：我们接俄国劳农政府很公正而有力的通牒，无任欢喜。我们谨代表中国底舆论，对于俄罗斯社会主义联邦苏域共和国人民表示最诚恳的谢意。希望中俄两国人民，在自由、平等、互助底正义下面，以美好的友谊，致力于芟除国际的压迫，及国家的、种族的、阶级的差别。

中华民国全国报界联合会

全国各界联合会

俄国人民暨俄国劳农政府公鉴：顷接俄国劳农政府通牒，不胜欣喜。吾人前此，以中外报章传闻复杂，无从悉俄国之真相。今读俄国通牒，一种正谊人道之主张流露言表。凡世界各国人民中之宝爱正谊人道者，当无不表示赞同。吾人更信中国人民除一部分极顽朽之官僚、武人、政客外，皆愿与俄国人民携手。中华民国全国各界联合会，勇敢代表中国人民，答复俄国人民暨俄国劳农政府之盛意。

……

中华民国全国各界联会会

全国学生联合会

中华民国学生联合会总会，谨代表全国学生用极诚恳的心意，奉复于我们亲爱的俄罗斯国民及其新创造的共和政府之前：你们这一次的大举动，足为世界革命史开一新纪元。我们实在是钦佩得很。至于对于最近你们在致我侪的通牒中所表示之盛意，尤觉无限感谢。我们自当尽我们所有的能力，在国内一致主张与贵国正式恢复邦交；并敢以热烈的情绪，希望今后中俄两国人民在自由、平等、互助的正义方面，以美满的友谊戮力于芟除国际的压迫，以及国家的、种族的、阶级的差别，俾造成一个真正平等、自由、博爱的新局面。

中华民国学生联合会总会

中华民国九年四月十一日

中华劳动公会

俄国农民、工人、劳农政府、红卫军公鉴：我们中华的人民，接着你们的通告，非常的欢喜。知道你们的革命，是要恢复我们劳动者底权利，是为世界人类谋真正的自由、平等底幸福，知道你们全俄底农民、工人和红卫兵，是世界上最可亲爱的人类。中华全体底平民，都钦佩你们创造底势力和牺牲底精神。我们劳动界尤其欢欣鼓舞，愿与你全俄底农民，工人、红卫兵提携，立在那人道正义底旗帜下面，一齐努力，除那特殊的阶级，实现那世界的大同。

中华劳动公会

上海学生联合会等十七团体

中华民国国民致诚恳之答复于俄罗斯共和联邦国国民及苏维埃政府：吾人认苏维埃政府之通牒系根据其立国之根本主义，表示善意，声明无偿退还前俄帝国政府掠夺中国之土地及一切权利，交还中东铁路、矿产、林业等；及前俄帝国政府、克伦斯基政府、土匪霍尔瓦特、谢米诺夫、柯尔恰克以及其他军人、律师、资本家所掠夺中国之特权，皆归之于我民国人民；又自愿废止一九〇六年一九〇七年日俄条约，放弃庚子赔偿及领事裁判权，此等空前未有之义举，合于我人所信仰之天国大同主义，为世界永久和平之道。我人表示依我人主义而接受之意。惟我人亦不私其所有，除领土及主权在天国大同世界未完全实现前不可侵犯外，深愿公其利益于世界。我人愿以诚意与俄国拥护人道及公义之人民通好，以达世界人类互助共存之目的。

上海学生联合会，沪北六路商界联合会、邑庙豫园商业联合会、女界联合会、山东路商界联合会、天潼路商界联合会、东西百老汇路商界联合会、吴淞路商界联合会、爱克界三路商界联合会、东北城商业联合会、上海志成团、北城工商联合会、留日学生救国团、西书同业永志会、福建旅沪同乡会、上海救国恒心团、基督教救国会。

中华救国十人团联合会

俄国人民暨劳农政府钧鉴：自接贵国通牒以来，我中华民国人民如拨云雾而见天日，发生许多感触，及无限之钦佩。盖自欧战告终，正强权摧缩、公理伸张之际，贵国人民奋起刚毅之勇敢，牺牲宝贵之精神，建造共和政府，享受自由幸福，实足为世界革命史上开一新纪元。至通牒中声明将中东铁路、矿产、森林、实业、权利及其他由俄帝国政府以暨现在俄国军人、资本家攫得之特权，概行归还敝国，并抛弃庚子赔款等情，足见俄国人民努力于正谊人道，共谋人群互助之真诠，并欲铲除国际上之侵略，及种族上之阶级，以翼造成和平博爱之新世界，岂独敝国人民感佩已乎。今敝会敢代表中华民国真正之民意，披肝掬诚，复谢我挚爱之俄民与劳农政府通牒之盛意。并愿此后与贵国人民恢复平跻之邦交，实行恳切之亲善，庶几使中俄人民得以同心协力，再接再厉，打破一切侵害民权之障碍，则世界平治，实利赖之。诸维垂照，是为至幸。

中华救国十人团联合会总部，咸［缄］

中华实业协会

俄罗斯共和联邦国国民暨苏维埃政府红卫军公鉴：吾辈中国劳农学商全体人民，接到贵邦通牒，声明无条件退还俄前帝国政府强力取去中国之土地及各项权利；交还中东铁路及林业、矿业等，以及从前俄帝国政府、克伦斯基政府、霍尔瓦特、谢米诺夫、柯尔恰克等，及其他军人、律师、资本家所强夺中国之特权，皆一律返诸我国；又放弃领事裁判权、庚子赔款；又声明废止一九〇六年一九〇七年日俄私订条约；此项伟大壮举，非仅为世界七千年历史第一次创见；抑且足以扫清旧世界国际间一般罪恶，开辟现世界全体民族互助宏基。此中华民国国民所以欢迎贵邦通牒之伟壮精神，较诸欢迎物质归还之情绪，尤为殷恳倍切者也。吾人深信贵邦通牒所含蓄真精神，苟中俄两国劳农全体人民，能合力不欺，以发扬之，足以维持全球民族间之永久和平；而东亚及世界各民族，欲恃武力、欺凌、残暴、诡秘诸种私图，以为立国根本者，终当受上帝与公道之惩罚，无以自存。故吾人深愿与俄国拥护公道正义及东亚与世界永久和平之人民，正式通好，以达世界大同、民族互助之远大意志。抑我辈尤有慎重声明者，现在我国南北各方，皆属黑暗武人及腐败官僚之集合体，无论其号召与目标如何动听，要皆残民以逞，私利是图，与全体国民之公益及幸福，绝对不相容。国民对于彼辈间之争端等若械斗，非特不援助任何方面，并且毫不注视其情况，想俄国人民必不为彼辈之一切诡词所淆迷，对我中华民国之真实状况，早有正当明确之见解也。

……

天津益世报

俄劳农政府对于吾国早有善意之表示，惟因消息之防阻，莫由正式传达，遂有含义未申之患。今劳农政府之势力，已达于极东。据海参崴电传：劳农政府又以代理外务执行委员之署名，对吾国国民及南北当局，发表正式宣言。连日又有北京已接伊尔库茨克碟［牒］文，系由莫斯科发出，及莫斯科政府派员间道至满洲里投递国会，声明对吾国民族亲好，愿交还从前所得条约上之利益及特权。此实为世界人类从来未有之义举。苟非实行其防止人类掠夺人类之根本主义，而出于自动之行为，岂吾国力所能得之哉？

俄帝国早已复灭，而吾国犹承认俄使、俄领，天下之至愚无过是者。世岂有代表之国已不存在而代表自身尚能独立存在之理？俄约之害，与夫庚子赔款之巨，前俄帝国已不能要求吾国履行，而俄使尚能要求吾国履行，岂非怪事？古语曰："刻木为吏"，今俄使以一人而使已亡之俄帝国对吾国尚有余威，是尤甚于"刻木为吏"矣！在北京当局未经俄劳农政府声明前，或犹可诿为未悟，今劳农政府又明明宣言俄使、俄领之权已失坠，无要求履行义务之权利，倘北京当局犹对之履行条约及交付赔款惟谨，苟非童騃万不致此，吾不知北京当局亦能恍然大悟否？

总之，无论北京当局之悟否，惟劳农政府之宣言乃对吾国国民及南北当局而发，南北当局如何答复故置不问，记者以为国民对之必宜有所表示。本报请首先代表国民，对于劳农政府之宣言，表示接受。嗣后两国国民应即通好，愿我全国共鉴斯言！

上海时事新报

我们对于俄国劳农政府的通牒应当做下列的观察：

一、劳农政府本他固有的精神表示他的态度。

二、我们对于他应当感谢他这种精神，而不必斤斤物质上的权利。

三、这种精神是什么呢？就是威尔逊所提倡然而未实行的：（一）撤废国际上一切特权。（二）废除秘密外交。（三）不分割土地。（四）不要求赔偿。

（注）威氏所以在国际上不能做到这步田地的原故，是因为他在各国的国内不主张废去军阀财阀；我们不当像小孩子得了已失的糖饼，只管嬉笑，而忘了自己也应得立起来，做个有人格的事业，给人家看看。我想我们应得有下列两种表示：

一、用全体人民的名义答复他，表同情于他的世界和平主义。

二、驱逐旧俄国驻在我国的官吏，第一，因为旧俄国是代表侵略主义的，和日本一样；第二，因为旧俄国完全消灭，我们和他没有交涉可办了；第三，因为我们保存这些旧俄官吏，乃是表示我们不配讲人道主义，我们甘心做强国的奴隶，所以这一层非常要紧。

上海救国日报

……

唉！如果把他这些话都实行尽致了，世界的大同顿时可以实现，人类共同的幸福一天向上一天，什么保持国际平等、拥护主权独立那些话，简直不成问题了。缩小范围说，我们中国在国际上所受不平允的待遇，一定可以摆脱的。国人呀！中华民国国民的转机，世界真正的和平，就在此一举，不要怀疑他们政府未经人承认，国际的惯例是可以创造的；也不要听信他是过激派，怕与他接近，事实俱在，岂能由人信口雌黄的吗？赶快拿出主人翁的资格来表示意见。那尼古拉斯时代的公使、领事，当然是要送他出境的；现在合乎公理的外交官，当然是极表欢迎的。所有两国间的外交，即时公开谈判。能够逐条的做到了，其他的各友邦也只好顺应世界的潮流，期合人类共同生活的原则。英日同盟呀，军事协定呀，门户开放呀，势力范围呀，收回治外法权呀，退还庚子赔款呀，这都是迎刃而解的事情，我们又何必枝枝节节的去乱下功夫呢？

上海学生联合会日刊

这一种人种应得的自由，虽则确是人类所应得的，但在这强权横行、公理潜伏的短时期内，“自由”究竟还不能自然的为全人类所得到、所享受。故爱好自由的人——甘心子子孙孙作奴隶、作牛马的是例外，本来不好算得是人——只得用一种“力”去换得那自由来。俄国劳农政府致我们的通牒说得好：“深愿中国人民，因我们的提议，愿作一种自由的人民，为自由而力战！”这几句真是何等恳切！现在大家不是讨论对俄牒的表示么？我以为对俄的表示，单是拍电报、发宣言是没有用的。俄国人不好纸上空谈，他们既然这样真挚的希望我们，我们便应该实实在在做一些“为自由而力战”的成绩出来，才真是不负俄人！抑且不负自己哩！所以我对于此次的奋斗，抱有狠大的希望。如果能副这种希望，那么中国人在世界人类的进化史上自然可占一个位置，否则就没有价值……

上海星期评论（一）

……

俄国人民的政府，这次对我们人民的通告，在这一个意思上，的确是自有人类以来空前的美举。任何民族，任何国家，在历史上从来没有这样伟大的事业，没有这样清洁高尚的道德。我们在悲哀惨酷境遇里面的中国国民，对于这一个通告，应该十分感谢，应该要为全世界一切被侵略被压迫的民族感谢。更应该要觉悟，要从几千年弱肉强食的历史遗传性上觉悟转来，做一个为世界被掠夺者的自由而战的自由人民！

中国的同胞呵！我们要晓得俄国政府通告的意义，最主要的并不是在归还以前侵略我们中国的权利那一个事实；还是在最后很恳切的希望我们中国人民的一句话。

“希望中国人民，因为我们的提议，愿意做一种自由的人民，为自由而战！”

这是我们中国从一个善良而且强大的民族团体里面听来的最有力的忠告。倘若我们只是恬不知耻的，把人家义务的努力，互助的努力，当作一个慈善家的施与，持一个“敬领谢”的态度，忘记了自己也是人，忘记了自己也有应该为人类努力的义务，便真是世界和平文化的大不幸了！

资料来源：《对于俄罗斯劳农政府通告的舆论》，《新青年》第7卷第6号，1920年5月1日。

三、新民主主义革命的开端

（一）彻底的反帝反封建性

1. 五四运动的目标具有反帝反封建意义

◎陈独秀认为五四运动既反抗帝国主义和卖国贼，同时又打击封建思想：

以武力排满的辛亥革命，失了国民革命的真面目。国民革命的目的物——外国帝国主义者与国内军阀——因而虐焰愈炽，在此虐焰之下忍受了八年（自辛亥革命至五四运动）的中国青年，受了欧战后世界革命的潮流，遂发生五四运动。

……

此次运动的优点是：（一）纯粹的市民反抗外国帝国主义之压迫，及以直接行动的手段惩罚帝国主义者之走狗——卖国贼；（二）随之而起的文化运动和社会运动，加［对］旧思想以重大的打击。

资料来源：陈独秀：《二十七年以来国民运动中所得教训》，见任建树等编：《陈独秀著作选》（第二卷），上海人民出版社1993年版，第816—817页。

◎瞿秋白认为五四运动在反对以曹、章、陆等为代表的卖国贼的同时，打破了义和团失败之后的“尊洋主义”：

辛亥革命前后，直到五四运动，中国的革命运动往往只是军事的反对北洋军阀的运动，或者是限于士绅阶级的排外的爱国运动，没有群众的反抗，直接要求废除对外条约，收回外国攘夺的领土的。五四运动，一方面反对卖国亲日的官僚和军阀——安福系曹章陆等，以革命的群众的直接行动袭击这些反动派，别方面很明显的提出废除二十一条，收回青岛等要求。于是便把辛亥以来反动派与革命派争相“保障外人的生命财产尊重条约权利”，而求帝国主义者之援助的局面更变了，换句话说便是把义和团失败后之“尊洋主义”的天经地义打破了。这是五四在中国民族运动史上最值得纪念的一点。

资料来源：瞿秋白：《五四纪念与民族革命运动》，见《瞿秋白文集·政治理论编》（第三卷），人民出版社2015年版，第152—153页。

◎五四运动时期，新潮社成员杨振声认为“外争主权，内除国贼”的口号体现了运动反帝反封建的性质：

一个星期以后，我们被释放出来。运动在发展着，扩大着，街头上讲演的学生更多，听讲演的人群也更大了。我们当时，还不知道反帝反封建这个正确口号。可是“外争国权，内除国贼”的目标，实质上是反帝反封建的，也就表现了全国人民的要求。

资料来源：杨振声：《回忆五四》，见中国社会科学院近代史研究所编：《五四运动回忆录》，中国社会科学出版社 1979 年版，第 263—264 页。

◎民国学者陈人白认为“外抗强权，内惩国贼”的口号体现了五四运动反帝反封建的性质：

“五四”运动，就它的直接意义说来，是对外反抗日本帝国主义侵略，对内反对安福系专制政府卖国的一个政治运动。当时“外抗强权，内惩国贼”的口号，便是这一意义之最明显的表现。

资料来源：陈人白：《论五四运动之划时代的意义》，《求真杂志》第 1 卷第 1 期，1946 年 5 月 1 日。

◎五四运动时期，四川爱国学生领袖张秀熟认为运动主要斗争目标是日本帝国主义和北京卖国政府：

一九一九年的五四运动，是中国人民反帝反封建的革命运动，当时突出的是反对日本帝国主义和勾结帝国主义出卖民族利益、压迫人民的北京卖国政府。

自一八九四年日本帝国主义对中国进行武装侵略后，中国人民对日本帝国主义早已种下血海深仇。欧战刚起，一九一五年日本帝国主义竟又乘机向我国提出承认二十一条的最后通牒，接着又侵占了我青岛和胶州湾，更引起中国人民的无比愤恨，掀起了遍及全国的反对日本帝国主义和反对以北洋军阀为首的卖国政府的爱国运动。四川青年学生，一开始就参加了这个运动，抵制劣货（对日货初称劣货，后来称仇货），年年纪念五七，一直没有中断。一九一五年后，又不断受到《新青年》这一类进步刊物的影响，思想逐渐觉悟，革命情绪不断增长，加以自身所受的社会环境的刺激，热烈地要求打破现状，改造环境。因此，五四运动一到来，四川青年学生就高举大旗，走在先头，投入战斗。

资料来源：张秀熟：《五四运动在四川的回忆》，见中国社会科学院近代史研究所编：《五四运动回忆录》，中国社会科学出版社 1979 年版，第 871—872 页。

◎五四运动时期，济南爱国学生领袖李澄之认为这场运动既有因山东问题而反对日本帝国主义的色彩，同时又具有打破封建礼教束缚，求得妇女初步解放的意义：

一、从反帝来说，五四运动当时所争的主要是山东问题，所反对的主要是日本帝国主义，身受日本帝国主义侵略的中国人民和有着切肤之痛的山东人民对反日斗争同样都是积极的坚决的。因此，当时它便吸引了绝大多数人们的同情和参加，也可以说在反日斗争上有着最广泛的统一战线，虽然他们的坚决程度，持续时间，要求目标又各有所不同。不仅五四运动当时如此，就是在以后的收回青岛和胶济路，反对日本出兵所造成的济南五三惨案和抗日战争时的对敌斗争，也都表现出积极坚决的精神。山东青年和人民应当永远保持和发扬这种坚决反帝爱国的光荣传统。

二、从反封建、反对旧道德、打破封建礼教的束缚，求得妇女初步解放来看，五四运动也有它显著的影响。生在所谓孔孟之邦，处在封建旧礼教束缚下的山东妇女，首先通过女学生们参加五四爱国活动跑到街头和大庭广众面前，进行讲演宣传和募捐等活动，就为她们打开了初步解放的道路。

资料来源：李澄之：《五四运动在山东》，见中国社会科学院近代史研究所编：《五四运动回忆录》，中国社会科学出版社 1979 年版，第 664—665 页。

◎毛泽东认为五四运动最杰出的历史意义在于它彻底的不妥协的反帝反封建性：

五四运动是反帝国主义的运动，又是反封建的运动。五四运动的杰出的历史意义，在于它带着为辛亥革命还不曾有的姿态，这就是彻底地不妥协地反帝国主义和彻底地不妥协地反封建主义。五四运动所以具有这种性质，是在当时中国的资本主义经济已有进一步的发展，当时中国的革命知识分子眼见得俄、德、奥三大帝国主义国家已经瓦解，英、法两大帝国主义国家已经受伤，而俄国无产阶级已经建立了社会主义国家，德、奥（匈牙利）、意三国无产阶级在革命中，因而发生了中国民族解放的新希望。

资料来源：毛泽东：《新民主主义论》，见《毛泽东选集》（第二卷），人民出版社 1991 年版，第 699 页。

2. 火烧赵家楼的斗争精神

◎匡互生认为，五四运动是因为曹、章、陆的卖国行径激怒了学生，当时虽有少数学生主张用“激烈的手段”，而“最大多数的学生，实在没有这种预备的”：

北京各校全体学生本来有一种五月七日举行示威运动的预备。不料自五月一日起，由巴黎和会传到北京的消息一天险恶一天。到了五月三日，由几家报纸和几个外国教员宣传的消息，竟说中国的外交已完全失败，并说失败的原因完全在曹汝霖、章宗祥、陆宗舆等秘密订定的高徐、济顺两路借款合同的换文上所有的

"欣然承诺"四个大字上面。因为"二十一条"的承认还可以说是由于最后通牒压迫的结果，在以谋永久和平相标榜的和会场中可以借着各国的同情把全案推翻的，但日本的外交家却能立刻拿出中国专使所未曾知道的密约换文上所有的"欣然承诺"四个字来作非强迫承认的反证，来作钳制中国专使的口的利器。这一个消息宣传以后，北京所有的学生除了那些脑筋素来麻木的人以外，没有不痛骂曹、章、陆等没有良心的，没有不想借一个机会来表示一种反抗的精神的。因空气这样紧张的缘故，大家就有提前举行示威运动的提议，于是五月四日举行游街大会的议案就由各校代表会议议决了。

在提前举行示威运动的议案议决的前后，各学校的各小团体都有一度的会议。北京高工、高师各校的全体会议，那自然是应有的文章。现在我要特别告诉读者的，就是前面所说过的那些小团体在这个时候活动的真相。五月三日那一夜，某校的工学会开全体会议，由会员提议讨论"对于中日的示威运动，本会应取何种态度?"大多数主张采用激烈的手段去对付那几个仰日本军阀的鼻息，做国内军阀的走狗，并且惯以构成南北战争以快私意的曹、陆、章，就决定次日联络各学校的激烈分子，伴大队游行至曹、章、陆等的住宅时候，实行大暴动，并一面派会员先将曹、章、陆等住宅的门牌号数调查明白，以便直接行动……

五月四日下午一点钟的前后，到天安门集合的，共有十三个学校的学生。当时各人手中所持的旗帜，都写上什么"废止二十一条"，什么"卖国贼曹某章某"，什么"反对强权"，什么"抵制日货"一类使人不起注意的字样。因此当时政府派出在学生队伍前后巡逻的侦探虽然很多，却也一点摸不到头脑。不惟他们看不出学生们有痛打曹章等的决心，并且也不相信学生们会有什么暴动的——老实说，最大多数的学生，实在没有这种预备的。可是当时大家都以为须全队赴东交民巷走过，方才可以对外人表示中国民众的一种公意，就决定向东交民巷出发。不料东交民巷外国守卫队，竟不让通过，虽由代表再三向英、美、法、意各国公使署交涉，因庚子条约（辛丑条约）的束缚，终没有允许通过的可能！于是素不感觉外力欺压的痛苦的人们，这时也觉得愤激起来了！"大家往外交部去，大家往曹汝霖家里去!"的呼声真个响彻云霄。这时候，无论怎样怯懦的人也都变成了一些有勇气的人了！

资料来源：匡互生：《五四运动纪实》，见中国社会科学院近代史研究所编：《五四运动回忆录》，中国社会科学出版社1979年版，第305—306页。

◎许德珩回忆火烧赵家楼的过程：

1919年5月4日早晨，北京各校学生按计划在天安门广场集会，约计有

3000余人。那天到天安门最早的是高师、汇文两校。北大因整队出发时，有教育部代表及军警来劝阻，耽误了时间，所以到天安门最迟。天安门前，金水桥南，竖起大小白旗数十面，写的都是反对列强、惩办卖国贼的口号，谢绍敏的“还我青岛”的血书，也悬挂在内。我们在天安门停了好久，向群众说明游行示威的意义，群众因之也就参加的多了，游行示威的人数因之也就增加了。有人提议往东交民巷示威，于是游行队伍到了东交民巷西口的美国使馆。当时的东交民巷是使馆区，一向不许中国人成群结队进出。我们在军警林立的情况下，先到美国使馆递了英文声明（说帖），说明游行示威的目的，群呼口号之后过去了。再到日本使馆，军警围了三四层，其中还有许多日本军警，真是如临大敌。我们在这里待了很久，大家不想同日方正面冲突，高呼口号后，有人提议“我们找卖国贼算账去！”于是出东交民巷，经御河桥、东单牌楼，直奔赵家楼卖国贼曹汝霖家。因为交通总长曹汝霖是二十一条的签字人（那时外交总长陆征祥在国外，不负实际责任），正是爱国群众斗争的目标。

队伍到达赵家楼时，已是下午两点多钟。数百名军警早把胡同口封住了，队伍不得进去。我们于是变计，向军警和和气气的讲明来意说：“我们是爱国学生，来这里是找曹总长谈谈国事，交换意见，要他爱中国。我们学生手无寸铁，你们也是中国人，难道你们不爱中国吗?”我们做了很多说服教育工作，果然有效，军警让我们进了胡同。可是曹汝霖的住宅朱门紧闭，怎么办呢？我们还是用说服军警的办法，包围他们。我们进一步用三四个人包围一个军警的方式，向他们说服，几乎等于缴械。学生之中有两个身材很高的同学，其中一个是高师的学生名叫匡日休，他的个子高，站在曹宅向外的两个窗户底下。我们趁军警不备之际，踩上匡日休的肩膀，登上窗台把临街的窗户打开跳进去，接着打开了两扇大门，众多的学生蜂拥而入。原来曹汝霖正在同另两个卖国贼章宗祥（驻日公使）、陆宗舆（币制局总裁）以及日本新闻记者中江丑吉在开会。他们以为有重兵把守，学生不会进来。一见学生拥入，曹、陆二贼从后门溜走，只剩下章宗祥、丁士源和中江丑吉三人在客厅里被包围起来，不得脱身。大家见到章宗祥，以为是曹汝霖，就都上去打，把他打得头脸出血，倒在地上装死。有细心的同学，先切断了电话线，取下客厅里挂的曹汝霖的照片来一对，原来被打的不是曹汝霖，人就散开了。中江丑吉因掩护章宗祥，也被群众痛打一顿。丁士源则乘混乱之际逃出。随后我们来到曹汝霖的卧室，卧室里还有日本女人，由大家保护出去未挨打。有一个同学抽烟，身上带有火柴，看到卧室太华丽，又有日本女人，十分气愤，就用火柴把绿色的罗纱帐点燃了。顿时室内燃起大火，房子也就烧起来了。

资料来源：许德珩：《回忆五四运动》，见全国政协文史资料委员会办公室编：《五四运动亲历记》，中国文史出版社 1999 年版，第 28—30 页。

◎杨振声回忆痛打卖国贼和因“发现半桶煤油”而起“烧这些杂种”的念头：

我们的队伍自天安门出发，警察是始终跟在我们的周围的，到了赵家楼，一些警察就集合起来，保护着曹家紧闭的大门。而重要的卖国贼曹汝霖、陆宗舆、章宗祥又恰好都在里面。群众的怒火是挡不住的，我们终于冲破了警察的包围，打进了大门。失算在于忘记堵住他的后门，学生前门进去，曹、陆二贼后门溜掉了。章宗祥逃跑不及，群众打了他个半死。搜索到下房，有人发现半桶煤油，就起了“烧这些杂种”的念头。

火发后大队就渐渐散去了。留在后面的被他们捕去了三十二人。当时还是无经验，若大家整队而入，整队而出，警察是捕不了人的。

资料来源：杨振声：《回忆五四》，见中国社会科学院近代史研究所编：《五四运动回忆录》，中国社会科学出版社 1979 年版，第 262—263 页。

（二）更加广泛而深刻的思想解放运动

1. 具有广泛的群众基础

◎邓中夏记述五四运动的中心转移到上海以后，来自纺织、金属、运输、市政等行业的六七万工人参与了大罢工：

此次参加罢工的：纺织厂方面，有内外棉第三、四、五厂，日华纱厂，上海纱厂及叉袋角日本纱厂数家。金属业方面，有祥生船厂，船坞铜匠铁匠，江南船坞，铜铁机器工人，浦东和平铁厂，锐利机器厂，札新机器厂等。运输方面，有沪宁沪杭两路机师工人，浦口各轮船水手，沪南商轮公司等。市政工人方面，有南市电车，英美公司电车，全埠汽车夫，全埠马车夫，华洋德律风公司（属英国）接线人员，中国电报局，公共租界清道夫。其他的工人，有亚细亚美孚煤油栈，叉袋角大有榨油厂，荣昌火柴第一、二两厂，华昌梗片厂，华章造纸厂，商务印书馆印刷工厂，英美烟公司烟厂，查礼饭店工人，以及漆匠，泥水匠，洋行住户及西人饭店之执业者。总共人数无确实统计，大概有六七万人。罢工日参差不齐，有从六月五日罢工的，亦有在十一日才罢工的，十一日已得北京释放被捕学生和罢免曹、章、陆消息，于是商人开市，学生开课，工人开工。

其他各地工人参加此次运动不详，据我们所知道的，京奉铁路的唐山和京汉铁路的长辛店是加入了的，他们不仅仅有过大示威游行，而且还组织了团体，当然还只限于爱国的意义。

资料来源：邓中夏：《六三以后上海工人的大罢工》，见中国社会科学院近代史研究所编：《五四运动回忆录》，中国社会科学出版社 1979 年版，第 631—632 页。

◎杨明轩认为五四运动在 6 月 5 日后进入一个新阶段，成为全国工、商、报、学各界的群众运动：

反动政府以为大批逮捕，可以震慑广大学生不再闹事，但是，这一极其反动的措施，不仅没有挫伤学生的爱国意志，反而引起了全国各界人民的无比愤怒，纷纷抗议逮捕学生，要求还我青岛，废止二十一条。六月五日上海首先罢市，商店关门，连租界区的中国商店也一概停止营业。继之，武汉、南京、天津和其他各大城市也相继罢市；到六月六日和七日，上海和其他城市的工人阶级举行了政治性的大罢工，这就使得五四运动更加深入。反动政府惊慌起来，随于六月七日释放了被捕同学，撤退了驻扎在北河沿的军警。

……

至此，五四运动已经发展到了一个新的阶段：运动的主力已由学生转移为我国的工人阶级；运动的核心也由北京转移到了上海；运动的规模也超出了知识界，成为全国工、商、报、学各界的群众运动了。

资料来源：杨明轩：《在五四的日子里》，见中国社会科学院近代史研究所编：《五四运动回忆录》，中国社会科学出版社 1979 年版，第 238 页。

◎许德珩认为五四运动在 6 月 3 日后发展为工人、商人、学生各阶层的统一战线：

6 月 3 日，上海的商人罢市，工人罢工，随着南京、汉口、济南、天津等地也都相继罢市、罢工，由于上海自来水工人罢工，上海全市没有水喝，铁路工人罢工，交通断绝了。上海各马路也组织了马路联合会。五四运动到了这时，已经形成了一个全国性的政治运动，已是一个革命运动了。六三以后，知识分子的学生运动，便与工人阶级结合起来了，这一结合，五四运动的意义就与以前不同了，它指示了政治运动的路线，增加了运动的力量，同时也使工人阶级觉悟了。以前，反帝爱国运动只限于知识分子群的学生，现在扩大到了工人、商人、学生中。成为各阶层共同的任务，结成各阶层的统一战线了。

资料来源：许德珩：《五四回忆》，见中国科学院历史研究所第三所编：《五四运动回忆录》，中华书局 1959 年版，第 30—31 页。

◎何思源认为五四运动在 6 月 3 日后从知识分子扩大到工商各界，形成了全国规模空前广泛的群众运动高潮：

6 月 3 日，反动的北洋军阀政府大举逮捕学生，关押在北大文、理、法三院，这就更加激起广大群众的愤怒，引起了更大规模的罢课。

北京学生示威消息很快传遍全国，天津学生首先响应，接着南京、上海、武汉、浙江、山西、湖南、福建、两广等处学生，也都纷纷起来响应。6 月 3 日，上海各界举行民众大会，号召全国罢工罢市来援助学生。这样，五四运动就从知识分子的范围，扩大到工商各界，形成了全国规模的空前广泛的群众运动高潮，犹如烈火燎原，不可遏止。

至此，反动的北洋军阀政府被迫不得不释放全部被捕学生，下令免去卖国贼曹汝霖、章宗祥、陆宗舆三人的职务，并去电巴黎，令出席和会的中国代表顾维钧、王正廷拒绝签字。五四爱国运动取得了伟大的胜利。

资料来源：何思源：《五四运动回忆》，见全国政协文史资料委员会办公室编：《五四运动亲历记》，中国文史出版社 1999 年版，第 93 页。

2. 具有深刻的思想解放意义

◎陈独秀认为五四运动使中国进步青年逐渐接受世界的革命思潮，开始朝无产阶级社会主义革命方向前进：

可是最后的五四运动乃是在欧战后世界革命的怒潮中和中国城市工业开始发展中（民国八年，西历一九一九年）发生的，因此，五四运动虽然未能达到理想的成功，而在此运动中最努力的革命青年，遂接受世界的革命思潮，由空想而实际运动，开始了中国革命之新的方向。这新方向便是社会中最有革命要求的无产阶级参加革命，开始表现他的社会势力。

资料来源：陈独秀：《二十七年以来国民运动中所得教训》，见任建树等编：《陈独秀著作选》（第二卷），上海人民出版社 1993 年版，第 817—818 页。

◎邓中夏认为五四运动后中国知识分子的思想发生了深刻变化，开始宣传和研究社会主义：

一九一九年五四运动以后，中国知识阶级思想为之崭然一新，相率竟为新文化运动。开始尚为德莫克拉西的宣传，继而为社会主义的研究。后来社会主义的信仰者日胜一日，首先引起资产阶级学者的抗议，提出“多研究些问题，少谈些主义”（胡适之）以与社会主义信仰者挑战，于是在北京方面发生所谓“问题与主义”之争。经过一场激烈斗争后，结果，在形式上算是主义派取得了胜利。……这思想上的斗争，对于当时的工人阶级，自然没有若何的直接的关系，但对于当时从事职工运动的知识分子确有很大的影响，也就经过后者以影响前者。

资料来源：邓中夏：《回忆共产主义小组成立前后》，见中国社会科学院近代史研究所编：《五四运动回忆录》，中国社会科学出版社 1979 年版，第 90 页。

◎瞿秋白认为五四运动后社会思潮发生大变动，许多学生倾向于社会主义：

五四运动陡然爆发，我于是卷入旋涡。……抱着不可思议的“热烈”参与学生运动。我们处于社会生活之中，还只知道社会中了无名毒症，不知道怎么样医治……同时经八九年中国社会现象的反动，《新青年》《新潮》所表现的思潮变动，趁着学生运动中社会心理的倾向，起翻天的巨浪，摇荡全中国。当时爱国运动的意义，绝不能望文生义的去解释他。中国民族几十年受剥削，到今日才感受殖民地化的况味。帝国主义压迫的切骨的痛苦，触醒了空泛的民主主义的噩梦。学生运动的引子，山东问题，本来就包括在这里。工业先进国的现代问题是资本主义，在殖民地上就是帝国主义，所以学生运动倏然一变而倾向于社会主义……

社会主义的讨论，常常引起我们无限的兴味。然而究竟如俄国十九世纪四十年代的青年思想似的，模糊影响，隔着纱窗看晓雾，社会主义流派，社会主义意义都是纷乱，不十分清晰的。正如久壅的水闸，一旦开放，旁流杂出，虽是喷沫鸣溅，究不曾自定出流的方向。其时一般的社会思想大半都是如此。

资料来源：瞿秋白：《五四前后中国社会思想的变动》，见中国社会科学院近代史研究所编：《五四运动回忆录》，中国社会科学出版社 1979 年版，第 79—80 页。

◎浙江“一师”学生自治会成员傅彬然认为，五四运动以后进步刊物大量出现，社会主义思潮得到广泛传播：

五四运动，作为政治性的爱国运动，大致到了七八月间，高潮渐渐平息下去了。但是作为新文化运动来看，这个运动并没有平息，而且还在继续扩大、深入。自从《新青年》倡导新文化，抨击旧思想，中国固有的根深蒂固的封建思想受到了沉重的打击。十月革命成功，更使进步的知识分子感到莫大的兴奋。知识青年的求知欲更加旺盛起来。一九一八年到五四之前，出版的进步刊物，除了《新青年》之外，已经有《每周评论》、《新潮》等。五四以后，新的刊物更像雨后春笋般蓬勃生长出来。当时我们经常阅读的，除了上述几种刊物之外，有《星期评论》、《建设》、《解放与改造》、《少年中国》、《觉悟》（上海《民国日报》副刊）、《学灯》（上海《时事新报》副刊）等。这一类的刊物里所载介绍新思想的文章，我们不加选择，什么都贪婪地拿来看。介绍巴枯宁、克鲁普得金、托尔斯泰、易卜生、哥德，以至杜威、罗素的文章都看。介绍苏俄情况和马克思列宁主义的文章当然更爱看。

资料来源：傅彬然：《五四前后》，见中国社会科学院近代史研究所编：《五四运动回忆录》，中国社会科学出版社 1979 年版，第 745—746 页。

◎茅盾认为五四运动时期马克思主义引起很多进步青年的关注：

那时已是一九一九年尾，我已开始接触马克思主义，我觉得看看这些书也好，知道社会主义还有些什么学派。那个时候是一个学术思想非常活跃的时代，受新思潮影响的知识分子如饥似渴地吞咽外国传来的各种新东西，纷纷介绍外国的各种主义、思想和学说。大家的想法是：中国的封建主义是彻底要打倒了，替代的东西只有到外国找，“向西方国家寻找真理”。所以，当时“拿来主义”十分盛行。拿来的东西基本上分两大类，一类是民主主义的，一类是社会主义的。马克思主义作为社会主义的一个学派被介绍进来，但十分吸引人，因为那时已经知道，俄国革命是在马克思主义的指导下取得胜利的。

资料来源：茅盾：《茅盾回忆五四前后的思想和文学活动》，见中国社会科学院近代史研究所编：《五四运动回忆录》，中国社会科学出版社 1979 年版，第 206 页。

◎邓颖超认为五四运动时期各种新思潮在中国广泛传播，列宁领导的十月革命引起了大家的关注和憧憬：

在五四那年的夏末，我们男女同学中比较进步的积极分子二十多人，感觉需要一个比学联的组织更严密一点的团体，更能作一些科学和新思潮的研究，就组织了个小团体——“觉悟社”。这团体的社员常在一起谈论研究一些新思潮。那时我是年纪最小的一个，不常参加正规的讨论，但常听到比我年长的男女社员们谈论着社会主义、无政府主义、基尔特社会主义等等。大家都还没有一定的信仰，也不懂得共产主义，只听说最理想的社会是“各尽所能”、“各取所需”，只知道有列宁，苏俄十月革命成功了；只知道他们的革命是把多数被压迫者解放了，要实现一个没有阶级的社会，引起了我们的同情和对十月革命的憧憬。

资料来源：邓颖超：《五四运动的回忆》，见中国社会科学院近代史研究所编：《五四运动回忆录》，中国社会科学出版社 1979 年版，第 75 页。

（三）促进马克思主义与中国工人运动的结合

1. 促进马克思主义的传播

◎五四运动时期吴玉章的思想发生了很大转变，走俄国十月革命道路的思想日益坚定：

处在十月革命和五四运动的伟大时代，我的思想上不能不发生一种非常激烈的变化。当时我的感觉是：革命有希望，中国不会亡，要改变过去革命的办法。虽然，这时候我对中国革命还不可能立即得出一个系统的完整的新见解，但是通过十月革命和五四运动的教育，必须依靠下层人民，必须走俄国人的道路，这种思想在我头脑中日益强烈、日益明确了。

资料来源：吴玉章：《回忆五四前后我的思想转变》，见中国社会科学院近代史研究所编：《五四运动回忆录》，中国社会科学出版社 1979 年版，第 61 页。

◎在董必武、恽代英等先进分子的宣传下，五四运动时期马克思主义在武汉得到广泛传播：

列宁领导的俄国十月革命，开辟了人类历史的新纪元，也给中国送来了马克思主义。在五四运动时期，以恽代英为代表的先进分子，在武汉领导了轰轰烈烈的反帝爱国运动，武汉工人阶级以前所未有的姿态登上了政治舞台。一九一九年，从五月到八月，武汉各行业的工人不断地举行罢工，大大促进了马克思主义的传播。“五四”时期，先后出现了一些宣传马列主义的进步刊物和团体，尤其是恽代英同志创办的“利群书社”，大量经销各种马克思主义书籍和革命刊物，实际上成了当时武汉地区传播马克思主义的主要基地，进步青年活动的重要场所。

董必武同志是武汉共产主义小组的创始人之一，他于一九一九年春由川赴沪，结识了倾向马克思主义的李汉俊。此后，董必武同志读了《马克思主义入门》《政治经济学入门》等著作，开始认识到马克思主义“就是我们的老师，我们的本钱。”他在上海还读了许多进步刊物，亲眼看到了轰轰烈烈的五四运动，更觉得辛亥革命没有头绪，“方向不对”，决心“从头来”。至于究竟怎么办，“都很漠然”，“当时只想设立一种人民说话的机关”，“办报纸，办学校，鼓吹革命，教育青年”。同年秋，董必武同志回汉，办报未成。次年春办起了武汉中学，这样就有了一个宣传马克思主义，培养革命骨干的据点。

……

“五四”时期鼓吹新思潮的陈独秀，一九二〇年二月应邀来汉讲学，先后作了“社会改造的方法与信仰”“新教育之精神”等专题演说。他宣传了马克思主义，批判了腐败的旧社会制度和教育制度，在武汉知识界和学生界产生了深刻的影响。

资料来源：谢经华、廖惠民：《党在湖北的第一个支部——武汉支部》，见中国人民大学中共党史系资料室编：《共产主义小组和党的“一大”资料汇编》（校内用书），第486—488页。

◎李澄之回忆五四运动时期在王尽美、邓恩铭、王翔千等人的努力下，马克思主义在山东得到广泛传播：

从提倡新思潮来看，五四运动帮助了马克思列宁主义的宣传，扩大了俄国十月革命的影响。新书店的设立，如由齐鲁派报社而扩大成的齐鲁书社，它推广了《新青年》等进步刊物的销路，帮助了世界新思想的传播。山东第一个共产党员王尽美同志在一九二〇年夏天，他和邓恩铭、王翔千等同志成立了马克思主义研究会，在山东开始有组织的宣传马克思主义思想，使不少人以后能够走上正确的革命道路，为中国人民的解放事业，为中国的无产阶级社会主义和共产主义运动做了开路先锋，这个意义的重要性是不可估量的。

资料来源：李澄之：《五四运动在山东》，见中国社会科学院近代史研究所编：《五四运动回忆录》，中国社会科学出版社1979年版，第664—665页。

◎冰心回忆五四运动对许多进步青年思想转变的影响：

五四运动的前后，新思潮空前高涨，新出的报刊杂志，像雨后春笋一样，目不暇给。我们都贪婪地争着买，争着借，彼此传阅。其中我最喜欢的是《新青年》里鲁迅先生写的小说，像《狂人日记》等篇，尖刻地抨击吃人的礼教，揭露着旧社会的黑暗与悲惨，读了使人同情而震动。

五四以后，在这伟大的运动里醒起的青年们，有许许多多看清了必须革反动政权的命，必须走俄国人的道路，才能救国，他们勇敢地投身到火热的革命斗争中去，走了百折不挠的艰苦的道路，终于和工农兵在一起把祖国拯救了出来。

资料来源：冰心：《回忆五四》，见中国社会科学院近代史研究所编：《五四运动回忆录》，中国社会科学出版社1979年版，第974页。

◎罗章龙回忆，五四运动时期马克思主义的广泛传播为马克思主义研究会以及上海、北京等地共产主义小组成立打下了基础：

当时中国的革命知识分子从十月革命成功的经验中，还认识到了一条真理：只有马克思主义才能救中国。因此在五四运动时期，在反对旧道德、旧文化、旧思想和反帝反军阀的万丈光芒中，还闪耀出一道灿烂的红光普照神州大地，这就是马克思列宁主义在中国的传播。它为一九二〇年三月马克思学说研究会的发起，以及上海、北京、长沙、汉口、济南、广州等地先后建立共产主义小组打下了基础。

资料来源：罗章龙：《回忆北京大学马克思学说研究会》，见中国社会科学院近代史研究所编：《五四运动回忆录》，中国社会科学出版社1979年版，第410—411页。

2. 马克思主义与中国工人运动相结合

◎杨东莼认为五四运动时期邓中夏通过成立劳动补习学校以及创办《先驱报》等方式，推动了马克思主义在工人阶级中的传播：

五四以前，邓中夏曾经组织过平民教育讲演团，宣传过有关马克思主义的思想，在群众中起过很大的作用。他平日很注意实际的革命行动，不爱表现自己，五四以后许多重要的组织工作几乎都是在李大钊同志的指导下，由他一手搞起来的。我常常见他整天都在找人谈话、研究和处理问题，很少看见他休息。那时，他除了参加少年中国学会的活动以外，还积极地从事了铁路工人的组织和教育工作。在他的领导下，在长辛店成立了一个劳动补习学校。这个学校表面上以补习为名，实际上却是对铁路工人进行马克思主义的宣传和教育的。此外，还秘密地创办了工人刊物——即前页提到的《先驱报》，主要也是对工人进行宣传和教育用的。这个报当时系在北大地下印刷厂秘密地印刷，我记得报头上在“先驱”两字的下面还有“Vorwärts”这个德文字。先后出过好几期，撰稿人就是以他为首的许多同学。

资料来源：杨东莼：《关于五四运动和邓中夏同志几点回忆》，见中国社会科学院近代史研究所编：《五四运动回忆录》，中国社会科学出版社 1979 年版，第 380 页。

◎吴玉章回忆，先进知识分子在工人中积极开展宣传和组织工作，取得了很大的成效：

在这时，我们还派人深入到工人和农民中去做宣传和组织工作。成都市有一个兵工厂，工人很集中，此外市内还有许多分散的丝织工人，我们派学生去分片联系，组织工会，发动罢工。另外在成都近郊和某些乡村的农民中，也有学生去进行活动，组织农会。当时成都经常发生罢工事件，我的一个老朋友跟我开玩笑地说：“只要把吴玉章捉来杀了，罢工就不会发生了。”的确，当时四川的一些军阀对我很头痛，但是因为我和同盟会、国民党的历史关系，更因为当时群众伟大力量的支持，反动派也奈何我不得。

资料来源：吴玉章：《回忆五四前后我的思想转变》，见中国社会科学院近代史研究所编：《五四运动回忆录》，中国社会科学出版社 1979 年版，第 67—68 页。

◎何长工回忆，先进知识分子在长辛店铁路工厂大力宣传马克思主义，为共产党早期组织的成立创造了条件：

长辛店铁路工厂，虽然是半殖民地半封建社会的工业，是交通运输工业发展的一个最初阶段，工人阶级的觉悟程度与组织程度也刚才开端，但从我们与工人阶级共同生活、共同斗争的紧密结合里，已经切身地体验到工人阶级的力量与智慧。如果不是依靠工人，我们在长辛店五四前后的革命活动是不可能取得什么胜利的。

这种崭新的体会与认识，立刻化为我们的行动。在五四的群众运动高潮过去后，我们立刻展开了在工农群众中的活动，主要是搞宣传。差不多两个月，我们根本没有上课，也没有做工，打着长辛店救国宣传队的旗子，三五个人一组，到车间或下乡去做宣传工作。每天，带上几个窝窝头，早出晚归，一天要跑几十里路，到处向工人、农民演说，宣传爱国反帝，劝老百姓抵制日货，揭露帝国主义和反动派对工农群众的残酷剥削和压迫，呼叫国家到了危亡地步，以激发群众爱国热情和阶级仇恨。

……

五四运动在思想上和干部上，准备了中国共产党的诞生。后来，在五四运动以后不久，长辛店工厂在工人运动的基础上，就有了共产党的小组，成为当时工人运动的据点之一。中国工人阶级和全体人民的伟大领导者毛主席，在当时也曾到过长辛店。

资料来源：何长工：《五四运动在长辛店》，见中国社会科学院近代史研究所编：《五四运动回忆录》，中国社会科学出版社1979年版，第290—291页。

四、马克思主义与反马克思主义的三次论战

（一）问题与主义之争的实质

◎胡适批评高谈“主义”是懒人“畏难求易”：

凡“主义”都是应时势而起的。某种社会，到了某时代，受了某种的影响，呈现某种不满意的现状。于是有一些有心人，观察这种现象，想出某种救济的法子。这是“主义”的原起。主义初起时，大都是一种救时的具体主张。后来这种主张传播出去，传播的人要图简便，便用一两个字来代表这种具体的主张，所以叫他做“某某主义”。主张成了主义，便由具体的计划，变成一个抽象的名词。“主义”的弱点和危险就在这里。因为世间没有一个抽象名词能把某人某派的具体的主张都包括在里面。比如“社会主义”一个名词，马克思的社会主义，和王揖唐的社会主义不同；你的社会主义，和我的社会主义不同：决不是这一个抽象名词所能包括。你谈你的社会主义，我谈我的社会主义，王揖唐又谈他的社会主义，同用一个名词，中间也许隔开七八个世纪，也许隔开两三万里路，然而你和我和王揖唐都可自称社会主义家，都可用这一个抽象名词来骗人。这不是“主义”的大缺点和大危险吗？

……

我因为深觉得高谈主义的危险，所以我现在奉劝新舆论界的同志道：“请你们多提出一些问题，少谈一些纸上的主义。”

更进一步说：“请你们多多研究这个问题如何解决，那个问题如何解决，不要高谈这种主义如何新奇，那种主义如何奥妙。”

现在中国应该赶紧解决的问题，真多得很。从人力车夫的生计问题，到大总统的权限问题；从卖淫问题到卖官卖国问题；从解散安福部问题到加入国际联盟问题；从女子解放问题到男子解放问题；……那一个不是火烧眉毛紧急问题？

我们不去研究人力车夫的生计，却去高谈社会主义；不去研究女子如何解放，家庭制度如何救正，却去高谈公妻主义和自由恋爱；不去研究安福部如何解散，不去研究南北问题如何解决，却去高谈无政府主义；我们还要得意扬扬夸口道，我们所谈的是根本“解决”。老实说罢，这是自欺欺人的梦话，这是中国思想界破产的铁证，这是中国社会改良的死刑宣告！

为什么谈主义的人那么多，为什么研究问题的人那么少呢？这都由于一个懒字。懒的定义是避难就易。研究问题是极困难的事，高谈主义是极容易的事。比如研究安福部如何解散，研究南北和议如何解决，这都是要费工夫，挖心血，收集材料，征求意见，考察情形，还要冒险吃苦，方才可以得一种解决的意见。又没有成例可援，又没有黄梨洲、柏拉图的话可引，又没有《大英百科全书》可查，全凭研究考察的工夫：这岂不是难事吗？高谈“无政府主义”便不同了。买一两本实社《自由录》，看一两本西文无政府主义的小册子，再翻一翻《大英百科全书》，便可以高谈无忌了：这岂不是极容易的事吗？

高谈主义，不研究问题的人，只是畏难求易，只是懒。

资料来源：胡适：《问题与主义》，见欧阳哲生编：《胡适文集》(2)，北京大学出版社1998年版，第250—251页。

◎李大钊认为研究实际问题和宣传理想主义是交相为用、并行不悖的：

我觉得“问题”与“主义”，有不能十分分离的关系。因为一个社会问题的解决，必须靠着社会上多数人共同的运动。那么我们要想解决一个问题，应该设法使他成了社会上多数人共同的问题。要想使一个社会问题，成了社会上多数人共同的问题，应该使这社会上可以共同解决这个那个社会问题的多数人，先有一个共同趋向的理想、主义，作他们实验自己生活上满意不满意的尺度（即是一种工具)。那共同感觉生活上不满意的事实，才能一个一个的成了社会问题，才有解决的希望。不然，你尽管研究你的社会问题，社会上多数人，却一点不生关系。那个社会问题，是仍然永没有解决的希望；那个社会问题的研究，也仍然是不能影响于实际。所以我们的社会运动，一方面固然要研究实际的问题，一方面也要宣传理想的主义。这是交相为用的，这是并行不悖的……

大凡一个主义，都有理想与实用两面。例如民主主义的理想，不论在那一国，大致都很相同。把这个理想适用到实际的政治上去，那就因时、因所、因事的性质情形，有些不同。社会主义，亦复如是。他那互助友谊的精神，不论是科学派、空想派，都拿他来作基础。把这个精神适用到实际的方法上去，又都不同。我们只要把这个那个的主义，拿来作工具，用以为实际的运动，他会因时、因所、因事的性质情形生一种适应环境的变化。……一个社会主义者，为使他的主义在世界上发生一些影响，必须要研究怎么可以把他的理想尽量应用于环绕着他的实境。所以现代的社会，主义包含着许多把他的精神变作实际的形式使合于现在需要的企图。这可以证明主义的本性，原有适应实际的可能性，不过被专事空谈的人用了，就变成空的罢了。那么，先生所说主义的危险，只怕不是主义的本身带来的，是空谈他的人给他的。

……

“根本解决”这个话，很容易使人闲劫［却］了现在不去努力，这实在是一个危险，但这也不可一概而论。若在有组织有生机的社会，一切机能都很敏活，只要你有一个工具，就有你使用他的机会，马上就可以用这工具作起工来。若在没有组织没有生机的社会，一切机能，都已闭止，任你有什么工具，都没有你使用他作［做］工的机会。这个时候，恐怕必须有一个根本解决，才有把一个一个的具体问题都解决了的希望。就以俄国而论，罗曼诺夫家没有颠覆，经济组织后［没］有改造以前，一切问题，丝毫不能解决。今则全都解决了。依马克思的唯物史观，社会上法律、政治、伦理等精神的构造，都是表面的构造。他的下面，有经济的构造作他们一切的基础。经济组织一有变动，他们都跟着变动。换一句话说，就是经济问题的解决，是根本解决。经济问题一旦解决，什么政治问题、法律问题、家族制度问题、女子解放问题、工人解放问题，都可以解决。

资料来源：李大钊：《再论问题与主义》，见中国李大钊研究会编注：《李大钊全集》（第三卷），人民出版社 2006 年版，第 1—6 页。

◎陈独秀认为改造现实社会需要建立一个主义，并且是一个“比较最适于救济现社会弊病的主义”：

上海《时事新报》上所载 P. R. 君那篇《世界改造原理》，简直是梦话，简直是渔猎社会以前之人所说的……

至于他反对一切建立一个主义的改造，我试问他反对一切建立一个主义，是否也是一种主义？他主张个人物质的及精神的方面完全解放以后再改造，是否也是一种主义？他所希望的人人各得其所的理想世界，他所希望的干干净净的人生，是否也是一种主义？我们若是听命于他的这种无信仰、无归宿之改造，是否也要“深入一层地狱不能自由超拔的反于本来大路上去”，是否也是“人类听命于人的改造”方法，是否也要“弄得非常紊乱无限苦恼，造罪作恶总不了悟”呢？

我们中国学术文化不发达，就坏在老子以来虚无的个人主义及任自然主义。现在我们万万不可再提议这些来遗害青年了。因为虚无的个人主义及任自然主义，非把社会回转到原人时代不可实现。我们现在的至急需要，是在建立一个比较最适于救济现社会弊病的主义来努力改造社会；虚无主义及任自然主义，都是叫我们空想、颓唐、紊乱、堕落、反古。

资料来源：陈独秀：《虚无的个人主义及任自然主义》，见陈独秀：《陈独秀文集》（第二卷），人民出版社 2013 年版，第 98—100 页。

◎陈独秀认为改造社会犹如行船，主义代表方向，方向和努力缺一不可：

我们行船时，一须定方向，二须努力。不努力自然达不到方向所在，不定方向将要走到何处去？

我看见有许多青年只是把主义挂在口上不去做实际的努力，因此我曾说："我们改造社会是要在实际上把他的弊病一点一滴一桩一件一层一层渐渐的消灭去，不是用一个根本改造底方法，能够叫他立时消灭的。"又曾说："无论在何制度之下，人类底幸福，社会底文明，都是一点一滴地努力创造出来的，不是像魔术师画符一般把制度改了，那文明和幸福就会从天上落下来。"这些话本是专为空谈主义不去努力实行的人而发的，譬如船夫只定方向不努力，船如何行得，如何达到方向所在。

但现在有一班妄人误会了我的意思，主张办实事，不要谈什么主义什么制度。主义制度好比行船底方向，行船不定方向，若一味盲目的努力，向前碰在礁石上，向后退回原路去都是不可知的。

我敢说，改造社会和行船一样，定方向与努力二者缺一不可。

资料来源：陈独秀：《主义与努力》，见陈独秀：《陈独秀文集》（第二卷），人民出版社 2013 年版，第 93 页。

◎毛泽东认为要研究各种问题，首先必须研究各种主义：

凡事或理之为现代人生所必需，或不必需，而均尚未得适当之解决，致影响于现代人生之进步者，成为问题。同人今设一会，注重解决如斯之问题，先从研究入手，定名问题研究会。

……

问题之研究，须以学理为根据。因此在各种问题研究之先，须为各种主义之研究。下列各种主义，为特须注重研究之主义。

资料来源：毛泽东：《问题研究会章程》，见中共中央文献研究室、中共湖南省委《毛泽东早期文稿》编辑组编：《毛泽东早期文稿》，湖南出版社 2008 年版，第 362—366 页。

◎毛泽东认为主义就像旗帜：

兄所谓善良的有势力的士气，确是要紧。中国坏空气太深太厚，吾们诚哉要造成一种有势力的新空气，才可以将他斢换过来。我想这种空气，固然要有一班刻苦励志的“人”，尤其要有一种为大家共同信守的“主义”，没有主义，是造不成空气的。我想我们学会，不可徒然做人的聚集，感情的结合，要变为主义的结合才好。主义譬如一面旗子，旗子立起了，大家才有所指望，才知所趋赴，兄以为何如?

资料来源：毛泽东：《致罗璈阶信》，见中共中央文献研究室、中共湖南省委《毛泽东早期文稿》编辑组编：《毛泽东早期文稿》，湖南出版社2008年版，第498页。

（二）关于社会主义的论争

◎张东荪认为中国当下最要紧的是发展实业，而不是空谈什么社会主义：

有一部分人住通商口岸，眼所见都是西洋物质文明的工业状态，于是觉得西方人所攻击西方物质文明的话，都可移到东方来，而忘了内地的状态和欧洲大不相同。

我此次旅行了几个地方，虽未深入腹地，却觉得救中国只有一条路，一言以蔽之，就是增加富力。而增加富力就是开发实业。因为中国的惟一病症就是贫乏，中国真穷到极点了。罗素先生观察各地情形以后，他也说中国除了开发实业以外无以自立。我觉得这句话非常中肯又非常沉痛。舒新城君尝对我说：“中国现在没有谈论什么主义的资格，没有采取什么主义的余地，因为中国处处都不够。”我也觉得这句话更是非常中肯又非常沉痛。现在中国人除了在通商口岸与都会的少数外，大概都未曾得着“人的生活”。筑山君自美来信，他说美国农夫比中国中等人家还要好得多，可见得中国人大多数都未经历过人的生活之滋味。我们苟不把大多数人使他得着人的生活，而空谈主义必定是无结果。或则我们也可以说有一个主义，就是使中国人从来未过过人的生活的，都得着人的生活，而不是欧美现成的什么社会主义、什么国家主义、什么无政府主义、什么多数派主义等等，所以我们的努力当在另一个地方。

这个教训我以为是很切实的，好高骛远的人不可不三思之。

资料来源：张东荪：《由内地旅行而得之又一教训》，见克柔编：《张东荪学术文化随笔》，中国青年出版社2000年版，第98—99页。

◎张东荪认为中国缺乏成熟的劳动阶级及其政党，因而社会主义革命时机未到，现在最重要的是发展实业：

总之，党的奋斗与阶级的自觉是相待相成的。须知并不是党的组织必定后于阶级的自觉，不过党的组织若不在阶级自觉的萌芽之初，则除了静待以外，无法发展。可见凡是一种主义的运动，都是以党的奋斗为先锋，以阶级自觉为后盾。并且无论他的思想是否改进的，而其初发于运动必是顺应的，所以议会主义失败而直接行动主义方为有力。党是代表那阶级的，若他背后没有阶级，必不成立。

中国现在离劳动阶级的完成与自觉尚早，所以纵有人热心运动，然只能缩短程途，而断不能一跃而跻。这是说真正劳动者的国家之组织尚早。

……

据以上所说，则真的劳农制度决组织不成，而伪的劳农革命或可一度发生。我所谓伪有两个意思：一个是破坏的意思，一个是假借名义的意思。……所以我敢说，假定伪劳农革命发生，不过在已过的许多内乱上再添一个内乱罢了。这个内乱完了以后，差不多仍恢复未乱以前的状态。或则亦许弄假成真，但非经过长期的混乱不可，这事总是万中之一。

资料来源：张东荪：《现在与将来》，见克柔编：《张东荪学术文化随笔》，中国青年出版社2000年版，第104—107页。

◎张东荪的“阶段说”认为实现社会主义必须首先发展资本主义：

我的阶段说是什么？简言之，资本主义必倒而社会主义必兴……我承认各种社会主义皆有缺点；但我相信，以人智为进步，终久后依着现在社会主义之根本的趋势，发见一个比较上最圆满的社会主义。……我有一句要言：我们对于资本主义须把实际看得重些，而我们对于社会主义须把理想看得重些，我们对于资本主义须把切近的目前看得重些；而我们对于社会主义须把较远的未来看得重些。更换言之，我们要创造新社会主义便不能不把他推得很远。

资料来源：张东荪：《一个申说》，见克柔编：《张东荪学术文化随笔》，中国青年出版社2000年版，第118—119页。

◎梁启超认为当前中国因经济落后而缺少真正的劳动者，所以不适合开展社会主义运动：

吾以为社会主义所以不能实现于今日之中国者，其总原因在于无劳动阶级……劳动阶级者，非游民阶级之谓。劳动阶级者，以多数有职业之人形成之（其中有一时偶失职业，或求职业而未得者，当然可以为附属品）。此项有职业之人，结合团体，拥护其因操业所得之正当利益，毋俾人掠夺，此在道德上为至当，在事势上为至顺。若夫无业游民，则与此异。彼本来并无所谓因操业所得之正当利益，则更何拥护之可言？故劳动阶级可以责人掠夺其剩余，可以向人索还其所掠夺，游民阶级则不能有此权利。游民而分有业者之利益，其事还同于掠夺。今穿短衣服跑腿的人虽盈天下，然其中实分为劳动者与游民之两大类，断不容并为一谭。其属于劳动者之一类，则可以为社会运动之主体者也，其属于游民之一类，则决不可以为社会运动之主体者也。

劳动阶级之运动，可以改造社会；游民阶级之运动，只有毁灭社会。

今论者徒见国中游民之多，而谓吾之社会运动已得有主体焉。此最误谬之观察，不可以不明辨也。

资料来源：梁启超：《复张东荪书论社会主义运动》，见中国社会科学院近代史研究所编：《五四运动文选》，三联书店1959年版，第515—516页。

◎陈独秀深刻揭露了资本主义制度的罪恶，认为发展资本主义实业无法改变国家命运：

通观先生（指张东荪，引者注）前后几篇文章，先生所谓人的生活，自然是专指必不可少底衣、食、住等生活费。按资本生产制一面固然增强财富，一面却增强贫乏，这是稍有常识的人都应该知道的……先生所谓中国人除通商口岸与都会的少数外，大概都未曾得着人的生活，这正是因为机器用在资本主义生产制下必然的结果；就是在通商口岸与都会，真是先生所谓除少数外都未得着人的生活，所谓少数就是掠夺阶级的资本家（合中外人而言），那被掠夺的劳动者实在未得着人的生活，先生若到闸北或营盘口贫民窟里去看看那些劳动者“非人的生活”，必定比内地旅行可以得到更好的教训。

如果说中国贫穷极了，非增加富力不可，我们不反对这话；如果说增加富力非开发实业不可，我们也不反对这话；如果说开发实业非资本不可，且非资本集中不可，我们不但不反对这话而且端端赞成；但如果说开发实业非资本主义不可，集中资本非资本家不可，我们便未免发笑。

资料来源：陈独秀：《关于社会主义的讨论·复东荪先生底信》，见任建树等编：《陈独秀著作选》（第二卷），上海人民出版社1993年版，第208—209页。

◎陈独秀从无产阶级世界革命的角度阐述了在中国进行社会主义革命的必要性和可能性：

一定又有人说：资本主义在欧美是要崩溃的了，是可以讲社会主义了；我们中国资本制度并不甚发达，更没有到崩溃的地步，如何能讲社会主义呢？像这种似是而非的话，恐怕很有许多人相信，其实他最大的缺点，是忘记了现代人类底经济关系乃国际的而非国别的了。如果他断定欧美资本制度要崩溃，能讲社会主义，他便不应该说中国不能讲社会主义，仍要采用资本制度。因为交通便利，需要复杂底缘故，有许多事都渐渐逃不了国际化，经济制度更是显著。各国资本制度都要崩溃，中国那能够拿国民性和特别国情等理由来单独保存他，倒是各国资本制度底崩溃还未实现以前，中国单独完全采用社会主义的生产分配方法，恐怕免不了资本主义各国经济上、政治上的压迫，这层事实上的困难，我们倒不能不承认的。但是我们确有几个理由可以说明努力打破这层困难底必要及可能：（一）是救济中国断不能不发展实业，但采用在欧美已经造成实业界危机的资本主义来发展中国实业，未免太无谋了；（二）中国全民族对于欧美各国是站在劳动的地位，只有劳动阶级胜利，才能救济中国底危急及不独立；（三）是现代国际化的力量固然很大，但是制度底改变，必先由于国别的提倡，冒着困难使新制度渐渐实现，渐渐成为国际化，那时新的制度便确立了；（四）是欧战以来，资本制度已经大大动摇了，我们正应该联络各国底同志作国际的改造运动；（五）是在不完全破坏外资相当的利益范围以内，由国家立在资本家的地位经营国内产业及对外贸易，也未必不能免绝对的干涉。

据这五个理由，此时我们中国不但有讲社会主义底可能，而且有急于讲社会主义的必要。

资料来源：陈独秀：《社会主义批评——在广州公立法政学校演讲》，见任建树等编：《陈独秀著作选》（第二卷），上海人民出版社1993年版，第249—250页。

◎李大钊认为中国想要发展实业，就必须“依社会主义的组织经营实业不可”：

要问中国今日是否已具实行社会主义的经济条件，须先问世界今日是否已具实现社会主义的倾向的经济条件，因为中国的经济情形，实不能超出于世界经济势力之外。现在世界的经济组织，既已经资本主义以至社会主义，中国虽未经自行如欧、美、日本等国的资本主义的发展实业，而一般平民间接受资本主义经济组织的压迫，较各国直接受资本主义压迫的劳动阶级尤其苦痛。中国国内的劳资阶级间虽未发生重大问题，中国人民在世界经济上的地位，已立在这劳工运动日盛一日的风潮中，想行保护资本家的制度，无论理所不可，抑且势所不能。再看中国在国际上地位，人家已经由自由竞争，发达到必须社会主义共营地位，我们今天才起首由人家的出发点，按人家的步数走。正如人家已达壮年，我们尚在幼稚；人家已走远了几千万里，我们尚在初步。在这种势力之下，要想存立，适应这共同生活，恐非取兼程并力社会共营的组织，不能有成。所以今日在中国想发展实业，非由纯粹生产者组织政府，以铲除国内的掠夺阶级，抵抗此世界的资本主义，依社会主义的组织经营实业不可。

资料来源：李大钊：《中国的社会主义与世界的资本主义》，见中国李大钊研究会编注：《李大钊全集》（第三卷），人民出版社2006年版，第277—278页。

◎李达批判梁启超“若要行社会主义运动，惟有奖励资本家生产”的错误观点：

至于梁任公说，中国现在没有劳动阶级不能行社会主义运动，若要行社会主义运动，惟有奖励资本家生产，“有资本阶级然后有劳动阶级，有劳动阶级然后社会主义运动有所凭借。”若照这样说，简直是为实行社会主义，才造劳动阶级；为造劳动阶级，才奖励资本主义，梁先生就有故意制造社会革命的嫌疑了。

资料来源：李达：《讨论社会主义并质梁任公》，见《李达文集》编辑组编：《李达文集》（第一卷），人民出版社1980年版，第66页。

◎李汉俊批判只有用资本主义的方式发展实业才能使大多数人过上“人的生活”的错误思想：

有位先生跑到内地去，看见了这种景象，才晓得人间也有地狱的景象，中国也有营非人生活的人，于是大发慈悲，发愿救济这些人，使他们能够营“人的生活”。因为实业，才能够使人营“人的生活”。社会主义是不能发展实业，是不能使人营人的生活的！但我都不知道这位先生睁着眼睛跑到那资本主义的实业发达到了极点的英国去，看了伦敦底伊斯特砚德，美国去，看了纽育底哈克洛、巴俄列，要使这些人能够营“人的生活”，就想到要发展实业，因为要发展实业，就主张资本主义。因为要主张资本主义，于是就反对社会主义。大概世间只有资本主义的发展实业，并跑到那资本主义的实业不为英美而比中国发达的日本去，看了大阪底滩波，东关谷叮，俄国去，看了莫斯科底希特尔斯卡耶（现在的景象或者变了）。——不知又作若何感想，又来提倡什么？

资料来源：李汉俊：《社会主义是教人穷的么?》，见中共一大会址纪念馆编：《中共一大代表早期文稿选编（1917.11—1923.7）》（上册），上海人民出版社2011年版，第431页。

◎刘仁静认为中国要发展实业必须进行社会主义革命：

但是我们如何能大规模发展实业呢？我以为只能盼望革命，只能盼望社会革命。在现在制度之下，能发展实业与否，很是疑问。既令有了资本主义发展实业亦不过是畸形的。不过本着最有利于自己的原则，求实业发展。不过造成生产上的安那其。不过造成周期的Crisis失业者众多，愈使社会不安。怎么能救济民生？只有社会革命以后，对于生产通盘筹划，分配各种生产能力，不像现在资本主义之下资本家只图私利将机器集中工业毫不顾及农业，成了畸形的发展。不像现在资本主义下的资本家流连忘返，劳动者堕落不堪。

资料来源：刘仁静：《致恽代英信》，见中共一大会址纪念馆编：《中共一大代表早期文稿选编（1917.11—1923.7）》（下册），上海人民出版社2011年版，第1128—1129页。

（三）关于无政府主义的论争

◎黄凌霜批判马克思主义政治学说，主张由平民自己建立各种团体会社取代国家：

马氏的政策论详见他和Engels合著的《共产党宣言》……其大意如左：

（一）废除产业。

（二）一切交通机关，收归国家管理。

（三）一切工厂及生产的机器，并为国有。

（四）设立工兵，而犹注重农兵。

批评这种主张的人，以无政府党为最多。……无政府党人以为国家的组织，从历史上观之，无非建立私权，保护少数特殊幸福的机关。现在教育，国教，和保护领土种种大权，都在政府掌握之中。若更举土地，矿山，铁道，银行，保险，等等给了他，谁保国家的专制，不较现在还要利害（这是克鲁泡特金 Kropotkin 的话，见英国百科全书他所著的 Anarchism 一条）。我们的首领，谁保他们不变了拿破仑袁世凯呢？且社会主义，不应当压制个人的自由。社会民主党的政府，又要设立什么工兵农兵，这不是压制个人的表征吗？此外还有他们所主张的分配问题，也有可批评之点。……无政府共产党想将国家的组织改变。由平民自己建立各种团体会社，如办教育就有教育会，办农业就有农业会等等，由单纯以趋于复杂，以办理社会所应需的事，去除一切强权，而以各个人能享平等幸福为主。

资料来源：凌霜：《马克思学说的批评》，《新青年》第 6 卷第 5 号，1919 年 5 月。

◎郑贤宗认为废除国家符合历史进化规律，也符合人类自由博爱的天性：

无政府党反对国家有两个最大的理由：（一）国家是进化道上所经过的一种形式，是人类共同生活历史中某时期的一个制度；并不是天经地义不可磨灭的东西。先生（指陈独秀，下同，引者注）常说世间没有万古不易的东西，难道国家是万古不易的么？无政府党以为国家的作用，国家的出风头期，已经过了；要是再不废掉他，就要变成进化道上的障碍物，所以大声疾呼的打破他。……（二）无政府党主张大地众生应当互相亲爱，视地球上一切人类都是兄弟；不当有什么仇视，嫉妒，以及相侵相夺，相杀相害等事。自有了那国家之后，于是把地球上同样的人类，划了不知多少堆数：什么“支那人”，“日本人”，“美国人”……于是而“博爱”这个名词的意义，至多不能超越国界了；国家以外的人，就视同仇敌，大家坚甲利兵，互相防御；从此战争呀，并吞呀，杀人如山，血流成河……无政府党的反对国家，既是根据于上面两层理由，所以反对及者，倒不是先生所说的过去与现在，乃是现在与未来；因为过去的国家，无政府党承认他是应当有的，——他是进化轨道上所应当经历的一种形式；而且已经过去了，何用反对？未来的国家，不管他是甚么形式，只要他可以受上面所说的两个理由的攻击，一切都在反对之列。

至于政治与法律，都是随国家而来的，于人类生活上只是有害无利；无政府党反对了国家，当然一并反对之；这是无容疑义的。说官僚政治，拥护资本家私有财产的法律不好；难道压制人民的政治，束缚人民的法律，就会好了么？

先生又说强权如水火一样，有善用与恶用之两方面，所以只要善用之就是了。无政府党主张人类绝对自由，根本上反对强权。

资料来源：郑贤宗：《国家、政治、法律》，《新青年》第8卷第3号，1920年11月1日。

◎区声白认为自由是无政府主义的基本特征：

据我所知到无政府主义的社会，是自由组织的，人人都可自由加入，自由退出，所以每逢办一件事，都要得人人同意，如果在一个团体之内，有两派的意见，赞成的就可执行，反对的就可退出，赞成的既不能强迫反对的一定做去，反对的也不能阻碍赞成的执行，这岂不是自由吗？若照先生说“九十九人赞成，一人反对，也不能执行。”就是以少数压服多数，无政府党人是绝对不敢赞成的……

中国有一种旧习惯，每逢一地方遇了火警，各地方的居民都很踊跃同往救援……因一处地方的灾难，各地方的居民竟能以一最短促的时间，自由联合起来，可见联合与自由是完全没有冲突的。……于此更可证明法律之无用，军队之无能，而自由确可以联合，有联合就不能自由一言之不足信……

总之无政府主义的社会，虽然没有法律，但是有一种公意，凡事皆由公众会议解决。公意是因事实之不同，而可随时变更的，不像法律是铜板铁铸的，由几个人订定不管他人如何一定要他人遵守的。且订法律的时候也没有得遵守法律之人的同意，这是不对的。由此可以证明无政府之不难实现，若果依照自由自立自主的原则向前进行，沿途都是康庄大道，除了盲目的人外，断不致撞得头破额裂的。

资料来源：区声白：《讨论无政府主义·区声白致陈独秀书》，《新青年》第9卷第4号，1921年8月1日。

◎区声白认为无政府主义者不需要法律，可以通过自由契约来维持社会秩序：

无政府的时代没有法律，维持社会的秩序全靠信约，如果有人一旦疯狂起来，破坏了他们自己所定的契约，若是出于不得已的我们准可原谅他；但是如果有意的，我们就可以宣布说“某人破坏契约，以后大家请勿上他的当”便得了。因谓现在之不顾廉耻、甘犯众怒者，皆因私产制度迫之使然，到了共产之世，这种人——除了疯狂的——当可绝迹，纵有亦居极少数，断不能与大多数的人为敌的，万恶的资本制度都可推翻，少数之破坏分子，亦何难解决。如果他一定要甘与社会的幸福为敌，极其量我们就用对待资本家的手段对待他便得了……

个人与个人间既以自由契约集合而成小团体，团体与团体间也是以自由契约集合而成更大的团体，无关系之各团体及个人于其他团体有冲突时，就可找第三者之团体出来就理排解。如有恃强欺弱的，我们就可联合起来干涉他，象协约国之对待德国一样便得了。将来各地方各团体之联合，也如协约国一样，不必要有一中央统治机关来干涉他的，所以不必要一国压服那一国，一地方压服那一地方。如果自由就不能联合，为什么英法日都能够联合呢？可见联合是不必要武力的，只求两方的契约便得了。

资料来源：区声白：《讨论无政府主义·区声白致陈独秀书》，《新青年》第9卷第4号，1921年8月1日。

◎陈独秀认为不要国家、政治、法律的结果是劳动阶级永远无法摆脱资产阶级的奴役：

从事实上说起来，第一我们要明白世界各国里面最不平最痛苦的事，不是别的，就是少数游惰的消费的资产阶级，利用国家、政治、法律等机关，把多数极苦的生产的劳动阶级压在资本势力底下，当做牛马机器还不如。要扫除这种不平这种痛苦，只有被压迫的生产的劳动阶级自己造成新的强力，自己站在国家地位，利用政治，法律等机关，把那压迫的资产阶级完全征服，然后才可望将财产私有、工银劳动等制度废去，将过于不平等的经济状况除去。若是不主张用强力，不主张阶级战争，天天不要国家、政治、法律，天天空想自由组织的社会出现；那班资产阶级仍旧天天站在国家地位，天天利用政治、法律，如此梦想自由，便再过一万年，那被压迫的劳动阶级也没有翻身的机会。法国底工团派，在世界劳动团体中总算是很有力量的了；但是他们不热心阶级战争，是要离开政治的，而政治却不肯离开他们，欧战中被资产阶级拿政权强迫他们牺牲了，今年“五一节”后又强迫他们屈服了，他们的自由在那里？所以资产阶级所恐怖的，不是自由社会的学说，而是阶级战争的学说；资产阶级所欢迎的，不是劳动阶级要国家政权法律，是劳动阶级不要国家政权法律。劳动者自来没有国家没有政权，正因为过去及现在的国家、政权，都在资产阶级底手里，所以他们才能够施行他们的生产和分配方法来压迫劳动阶级；若劳动阶级自己宣言永远不要国家不要政权，资产阶级自然不胜感激之至；你看现在全世界底国家对于布尔塞维克底防御、压迫、恐怖，比他们对于无政府党利害的多，就是这个缘故。

资料来源：陈独秀：《谈政治》，《新青年》第8卷第1号，1920年9月1日。

◎陈独秀认为无政府主义提倡的绝对自由不适用于政治经济领域：

无政府主义虽然也分为几派，我以为各派共通的精髓所在，就是尊重个人或小团体底绝对自由。这种偏重自由的精神，最好是应用于艺术、道德方面。因为艺术离开了物质社会的关系，没有个体自由底冲突，所以他的自由是能够绝对的，而且艺术必须有绝对的自由，脱离了一切束缚，天才方可以发展；道德重在自律自动，和法律的作用完全不同，不自由的道德很少有价值。若论到政治经济方面，无政府主义便完全不适用了。……先就经济而言：现代工业发达，一个工厂往往有数千数万人，而无政府主义要保护人人绝对自由，不许少数压多数，也不许多数压少数，九十九人赞成，一人反对，也不能执行，试问数千数万人的工厂，事事怎可以人人同意，如不同意，岂不糟极了么？而且个人或小团体绝对自由，则生产额可以随意增减，有时社会需要多而生产少，有时需要少而生产多，因为没有统一机关用强制力去干涉调节，自然会发生生产过剩或不足的弊端。但无政府主义者必定说：我们可以自由联合，公议生产事业，断不至有这样过剩或不足的情形发生。那知一面赞成绝对自由，一面又赞成联合，是不对的，也不能成功的。我常说要绝对自由就不能联合，要联合就不能绝对自由，这是不易的道理。因为各个生产团体各个利害不同，若是没有一个统一机关用强制力去干涉调节，各个生产团体主张各个的绝对自由，这样能联合不能？无政府主义者用这种没有强制力的自由联合来应付最复杂的近代经济问题，试问怎么能够使中国底农业工业成为社会化？怎么能够调节生产只使不至过剩或不足？怎么能够制裁各生产团体使不至互相冲突？怎么能够转变手工业为机器工业？怎么能够统一管理全国交通机关？再就政治方面而言：他主张人不干涉人，要根本废除法律，这件事也是很错的。因为我们固然不满意现在的法律，但将来只可以把他修改，不能绝对的废除，如果绝对的废除，便发生困难。凡有社会组织，必有一种社会制度，随之亦必有一种法律保护这种制度，不许有人背叛，就在无政府时代也必须是如此。发癫的人，任何时代都是有的，我想不会有人主张放任发癫的人去杀人放火，倘若干涉他，把他拘管起来，便是压制他的自由。不过发癫是极端的现象，由发癫以至最轻的精神病者或强汉，都应该受法律之制裁。又如两性恋爱，以两男恋一女，或二女恋一男，彼此便会发生冲突，冲突剧烈的时候，又怎样裁判呢？再从事实上着想，像中国人赌钱、吸鸦片烟这等恶习，是不是应该有法律禁止呢？社会制度初变更的时候，应受教育的人而不肯受教育，有劳动能力的人而不肯劳动，要不要加以法律的干涉呢？监守公物而自盗，强力胁迫不悦己的妇女，这种人无论到何时代恐怕都有，应不应加以法律的制裁呢？所以我敢说：无政府主义在政治、经济两方面，都是走不通的路；明知此路不通，还要向这条路走，非致撞得头破额裂不可，这是何苦呢？

资料来源：陈独秀：《社会主义批评——在广州公立法政学校演讲》，见任建树等编：《陈独秀著作选》（第二卷），上海人民出版社1993年版，第251—253页。

◎李大钊认为自由与秩序是密不可分的，缺一不可：

由此看来，真正合理的个人主义，没有不顾社会秩序的；真正合理的社会主义，没有不顾个人自由的。个人是群合的原素，社会是众异的组织。真实的自由，不是扫除一切的关系，是在种种不同的安排整列中保有宽裕的选择机会；不是完成的终极境界，是进展的向上行程。真实的秩序，不是压服一切个性的活动，是包蓄种种不同的机会使其中的各个分子可以自由选择的安排；不是死的状态，是活的机体。

我们所要求的自由，是秩序中的自由；我们所顾全的秩序，是自由间的秩序。只有从秩序中得来的是自由，只有在自由上建设的是秩序。个人与社会、自由与秩序，原是不可分的东西。

资料来源：李大钊：《自由与秩序》，见中国李大钊研究会编注：《李大钊全集》（第三卷），人民出版社2006年版，第253—254页。

◎蔡和森认为无产阶级革命后必须实行无产阶级专政：

无产阶级革命后不得不专政的理由有二：

无政权不能集产，不能使产业社会有。换言之，即是不能改造经济制度。

无政权不能保护革命，不能防止反革命，打倒的阶级倒而复起，革命将等于零。

因此我以为现世界不能行无政府主义，因为现世界显然有两个对抗的阶级存在，打倒有产阶级的迪克推多，非以无产阶级的迪克推多压不住反动，俄国就是个明证。所以我对于中国将来的改造，以为完全适用社会主义的原理和方法。

资料来源：蔡和森：《蔡林彬给毛泽东》，见湖南人民出版社编：《蔡和森文集》（上），湖南人民出版社1979年版，第23—24页。

五、"请看今日之蒋介石"

（一）孙中山晚年思想的伟大转变

◎1923年1月26日发表的《孙文越飞联合宣言》体现了孙中山的联俄思想：

孙逸仙博士与苏俄派至中国特命全权大使越飞授权发表下记宣言。在越君留上海时，与孙逸仙博士为数度之谈话，关于中俄间关系，披沥其许多意见，对以下各点，尤为注意。

一、孙逸仙博士以为共产组织，甚至苏维埃制度，事实均不能引用于中国。因中国并无使此项共产制度或苏维埃制度可以成功之情况也。此项见解，越飞君完全同感。且以为中国最要最急之问题，乃在民国的统一之成功，与完全国家的独立之获得。关于此项大事业，越飞君并确告孙博士，中国当得俄国国民最挚热之同情，且可以俄国援助为依赖也。

二、为明了此等地位起见，孙逸仙博士要求越飞君再度切实声明一九二〇年九月二十七日俄国对中国通牒列举之原则。越飞君此向孙博士重行宣言，即俄国政府准备且愿意根据俄国抛弃帝政时代中俄条约（连同中东铁路等合同在内）之基础，另行开始中俄交涉。

三、因承认全部中东铁路问题，只能于适当之中俄会议解决，故孙逸仙博士以为现在中东铁路之管理，事实上现在只能维持现状；且与越飞同意，现行铁路管理法，只能由中俄两政府不加成见，以双方实际之利益与权利，权时改组。同时，孙逸仙博士以为此点应与张作霖将军商洽。

四、越飞君正式向孙博士宣称（此点孙自以为满意）：俄国现政府决无亦从无意思与目的，在外蒙古实施帝国主义之政策，或使其与中国分立，孙博士因此以为俄国军队不必立时由外蒙撤退，缘为中国实际利益与必要计，中国北京现政府无力防止因俄兵撤退后白俄反对赤俄阴谋与抵抗行为之发生，以及酿成较现在尤为严重之局面。

越飞君与孙博士以最亲挚有礼之情形相别，彼将于离日本之际，再来中国南部，然后赴北京。

资料来源：《孙文越飞联合宣言》，见中山大学历史系孙中山研究室、广东省社会科学院历史研究所、中国社会科学院近代史研究所中华民国史研究室合编：《孙中山全集》（第七卷），中华书局1985年版，第51—52页。

◎宋庆龄在《孙中山和他同中国共产党的合作》一文中阐述了孙中山联共思想的形成：

孙中山也痛苦地认识到国民党的严重局限性。我曾多次听他说国民党的内部矛盾怎样使它不能有效地进行革命。国民党中不真心想在中国进行彻底的社会改革的党员太多了。在帝国主义已成了主要敌人，并且已经有了列宁和布尔什维克党的榜样的时期，怎样领导革命斗争，这是他想得越来越多的问题。正当他在寻求新的出路的时候，马克思列宁主义思想在中国的最早的代表接近了他。

中国共产党是在中国人民迫切希望得救、革命潮流遍及全世界的刺激下建立的。共产党是中国历史上第一个以科学的和有系统的理论和世界观为基础的无产阶级政治组织。这使它能够以阶级观点正确地分析中国和国际局势，从而制定中国革命的战略和策略。它也是中国唯一的遵循列宁的政治组织思想、使民主和集中相结合并有铁的纪律的党。最后，它是中国第一个扎根于劳动人民中间、扎根于被压迫群众中间的政治组织；这就是说，它首先强调为人民服务，把他们最珍贵的愿望作为它自己的愿望，组织、教育和动员他们向他们真正的敌人——同反动派相勾结的帝国主义——进行斗争。

孙中山很快就了解到中国共产党的建立的重要性，而当时其他人不是害怕它的主张，就是由于它早期党员不多而低估了它。一九二三年当李大钊、林伯渠等人来商谈国民党和中国共产党合作的问题时，孙中山立即看到把力量联合起来的价值。

资料来源：宋庆龄：《孙中山和他同中国共产党的合作》，见《宋庆龄选集》（下卷），人民出版社 1992 年版，第 388—389 页。

◎孙中山在 1924 年 1 月 23 日《中国国民党第一次全国代表大会宣言》中阐述了扶助农工的思想：

中国以内，自北至南，自通商都会以至于穷乡僻壤，贫乏之农夫，劳苦之工人，所在皆是。因其所处之地位与所感之痛苦，类皆相同，其要求解放之情至为迫切，则其反抗帝国主义之意亦必至为强烈。故国民革命之运动，必恃全国农夫、工人之参加，然后可以决胜，盖无可疑者。国民党于此，一方面当对于农夫、工人之运动，以全力助其开展，辅助其经济组织，使日趋于发达，以期增进国民革命运动之实力；一方面又当对于农夫、工人要求参加国民党，相与为不断之努力，以促国民革命运动之进行。盖国民党现正从事于反抗帝国主义与军阀，反抗不利于农夫、工人之特殊阶级，以谋农夫、工人之解放。质言之，即为农夫、工人而奋斗，亦即农夫、工人为自身而奋斗也。

资料来源：孙中山：《中国国民党第一次全国代表大会宣言》，见广东省社会科学院历史研究所、中国社会科学院近代史研究所中华民国史研究室、中山大学历史系孙中山研究室合编：《孙中山全集》（第九卷），中华书局 1986 年版，第 121 页。

（二）各方对蒋介石发动反革命政变的声讨

◎中国共产党发表宣言号召推翻新军阀蒋介石：

中国共产党完全赞成国民党中央执行委员会之决议，罢免蒋介石国民革命军总司令，开除党籍和拿办的决定。

蒋介石业已变为国民革命公开的敌人，业已变为帝国主义的工具，业已变为屠杀工农和革命群众的白色恐怖的罪魁。现在决不能容许他再留在国民革命的党内了，决不能再信托他当国民革命军的总司令了。他反叛国民政府，他谋推翻国民政府，这个革命的叛徒值得国民政府最严厉处分的。工人阶级是极端拥护国民党和国民政府去肃清内部一切反动分子和战胜国民革命的敌人的。

国民党内部的冲突，结果采取了这种严厉而且必须的对付蒋介石的行动，这是有很深刻的社会意义的。这不是一个人违叛党国，违叛革命。蒋介石与他的党羽是代表国民党内与党外一种社会成分。

……

国民党决议将蒋介石免职、开除党籍、拿办，这个意义就是国民党宣布在他的行伍中之封建资产阶级分子已经反叛革命，应该公认为敌人，为国民革命之完成与最后胜利计，必须战胜这些敌人。这个决议案是表现随着革命之发展而发展的阶级分化之一个时期。共产党坚决的拥护这个决议，因为无产阶级坚决的要巩固革命的民主政权，而且是民主革命政权的主干。

……

开除蒋介石党籍之后，蒋介石主义的根芽还可以在所有国民政府领土内找得着。这就是反动的社会阶级——地主土豪劣绅等，只有国民革命用激进的农民改革政策，才能消灭这些势力，使蒋介石主义衰弱下去。从前封建资产阶级分子跟着国民革命走，所以策略上尚须有步骤的发展阶级斗争。现在他们已经采白色恐怖屠杀政策宣布阶级战争了，那末任何策略上的顾虑都不能阻止向反动的阶级的进攻了。这是推翻新军阀蒋介石，破坏他设立对抗的“国民政府”的企图，形成一个巩固的革命民主主义的战线来对付与战胜帝国主义、军阀、封建、资产阶级的联合势力之最有效力的唯一方法。

资料来源：《中国共产党为蒋介石屠杀革命民众宣言》，见中共中央文献研究室、中央档案馆编：《建党以来重要文献选编（1921—1949）》（第四册），中央文献出版社2011年版，第170—174页。

◎宋庆龄谴责蒋介石背叛孙中山制定的革命原则和政策：

我们面临一个严重的危机。但是这个危机对于我们个人比对于中国全国的关系更大。不论现在的国民党在此时是上升到它的最高理想，勇敢地寻求纠正错误的革命方法，还是堕落到一种可耻的反动与妥协的地步，孙中山的三民主义终究是要胜利的。革命在中国是不可避免的。

现在，我认为我们背弃了孙中山领导群众和加强群众的政策。因此我只有暂时引退以待更贤明的政策出现。

我对于革命并没有灰心。使我失望的，只是有些领导过革命的人已经走上了歧途。

现在本党虽然有些党员离开了孙中山手定的中国革命的道路，然而已站在本党旗帜之下的千百万中国人民，仍将遵循这条道路以达到最后的目的。所以抱着这样的信念的并不只是我一个人。我相信国民党一切忠实的党员一定都会遵循这条革命的道路。

资料来源：宋庆龄：《为抗议违反孙中山的革命原则和政策的声明》，见《宋庆龄选集》（上卷），人民出版社1992年版，第47—48页。

◎陈独秀认为整个中国资产阶级走向反动，革命面临严重危机：

蒋介石之反动，在中国革命过程中，不是一件小小事体；因为这不只是蒋介石个人的问题，他所代表的是整个的中国资产阶级对于中国革命的理论与政策，这是全国革命的民众和革命的领袖都应该认识的。他假革命之名，行反革命之实，所以一切不容于革命势力的许多反动派如国家主义者、研究系、安福系等，一向反对国民党，现在都跑到蒋介石旗帜之下，帮着他摇旗呐喊，向革命势力进攻。至于一些反动的大小军阀，自然有与蒋介石结合之可能，刘湘、杨森、于学忠、张联升、夏斗寅、许克祥等，不用说了；蒋介石、阎锡山、杨宇霆的三角同盟，不久也会实现。

安徽的蒋党，竟揭出“拥护新军阀”的标语，重庆的蒋党，竟挂出“一切反革命联合起来”的标语，这是何等新奇的事！

一切反动的军阀、官僚、政客，不但要依附假革命的蒋介石之名义以保存其反革命的实力，而且还要强奸三民主义一下，这是革命运动中最可耻的危险！

资料来源：陈独秀：《蒋介石反动与中国革命》，见任建树等编：《陈独秀著作选》（第二卷），上海人民出版社1993年版，第1250页。

◎瞿秋白认为国民党已经走向全面反动，号召大家认清其真实面目：

“青天白日是白色恐怖的旗帜！”——广州的革命工人这样说。

青天白日是国民党的所谓党旗；国民党在这面旗帜之下“革命”了几十年，何以工人要说这是白色恐怖的旗帜呢？因为这面旗帜已经完全被豪绅资产阶级霸占住了。国民党在这面旗帜之下，施行全国的大屠杀，工农民众死于这面旗帜之下的，至少有两三万人——这就是最近几月来所谓清党反共的成绩。革命的工农，那能不认定这面旗帜是白色恐怖的旗帜呢！

……

青天白日和镰刀斧头红色旗比一比看！“青天白日”之下是屠杀工农，“镰刀斧头”之下是无产阶级的政权。中国的工人和农民自然是挑选镰刀斧头红色旗。真的不错。拿俄国十月革命后十年的情状和中国革命后十七年的情状比一比看！

这青天白日之下的中国，是个军阀混战国民党屠杀工农民众的局面。那镰刀斧头红色旗之下的苏俄，却是建设社会主义、工农执政的国家。中国的工农民众自然很清楚的看得出：那是自己的旗帜，那是敌人的旗帜。

资料来源：瞿秋白：《“青天白日是白色恐怖的旗帜！”——国民党的所谓革命方法与布尔什维克的革命方法》，见《瞿秋白文集·政治理论编》（第五卷），人民出版社2013年版，第44—45页。

◎周恩来在给中共中央的意见书中谴责蒋介石的叛变行为，建议立刻组织有力回击：

郭沫若来，道及九江、安庆捣毁党部、工会，屠杀民众，纯由蒋氏直接指挥。近日宁波、杭州、南京及上海之大屠杀与捕杀共产党，死伤者近四百人；封闭党部、工会，解散市政府，强缴工人武装，勾结帝国主义与中国银行界，借款一千万，组织租界包探、流氓专司暗杀，成立工贼工会，压迫工人，引诱资产阶级，巩固政权，控制财源，更得以动摇左倾而穷苦之军队。蒋氏之叛迹如此，苟再犹豫，图谋和缓或预备长期争斗，则蒋之东南政权将益固，与帝国主义关系将益深。……政府苟下决心讨伐，迅速出师，直指南京，则安庆有三军二师与芜湖七军隔江相持，二、六军之一部闻已退至安徽，可任侧面攻击。七军不过万人。陈调元仅四团，且在前敌不易调回。芜湖如下，南京必震动。蒋能直接使用之军队仅五个师，但一师、二十一师薛、严走后，战斗力已失泰半，现改驻镇江、苏州；二师久败之师，现驻昆山；在南京者仅为三师、十四师，如何能抗东下之兵？四十军已一半渡江，余者未必尽为蒋助。十七军为蒋牺牲于扬州，大陆。二十六军、十四军都有反蒋愿望。南京一失，苏、沪可不战自定。故为全局计，政治不宜再缓和妥协。上海于暴动后，已曾铸此大错。再不前进，则彼进我退，我方亦将为所动摇，政权领导尽将归之右派，是不仅使左派灰心，整个革命必根本失败无疑。又，东南军事工作必须有计划、有名义、有负责人、有密函，方能使左派军官相信中央政府也。如何，望与左派同志切实商复为要。

资料来源：周恩来：《迅速出师讨伐蒋介石》，见《周恩来选集》（上卷），人民出版社1980年版，第6—7页。

◎邓中夏号召“取下白色恐怖的青天白日旗，竖起镰刀斧头的红旗！”：

中国工人阶级有他数年来斗争所集聚的伟大力量，决不是白色恐怖所能完全消灭的，他们虽受了几次重大伤创，以他们的丰富的经验是可以很快的医治好的。何况有与他们相依为命的共产党，势力依然存在，他的党员现在比国民党未反动以前增加一倍。他们日日在前线上与广大的工人群众共同奋斗。何况有新开展的同盟者——农民，在全国各地特别在广东、湖北、湖南、江西、江苏、浙江有广大的农民实行游击战争，建立苏维埃，没收地主土地，为城市工人的绝大援助。所以中国工人阶级终于要得着最后胜利的。

中国工人阶级在此奋争苦斗中，希望世界无产阶级予以广大的援助。中国工人阶级可告诉全世界无产阶级的口号，就是：

“取下白色恐怖的青天白日旗，竖起镰刀斧头的红旗!”

这两句话的释意，就是“打到［倒］国民党，建立苏维埃!”

亲爱的兄弟们！援助中国工人阶级完成他们的伟大任务呵！

资料来源：邓中夏：《白色恐怖下之中国职工运动》，见《邓中夏全集》（中），人民出版社 2014 年版，第 1295 页。

专题五

中国特色革命道路的开辟与曲折发展

一、国民党新军阀的反革命统治

（一）对外投靠帝国主义

1. 妥协处理南京惨案和济南惨案

（1）对南京惨案采取妥协处理的方针

◎1928 年 3 月 6 日晚，时任国民革命军总司令的蒋介石在南京欢宴日本新闻记者团发表演说时，再次对南京事件给日本等帝国主义国家造成损害而深表歉意：

不幸自北伐军淹有长江，攻下宁沪之时，忽于革命军入宁之际，有南京事件发生，使友邦人士蒙莫大之损害。吾人未克防患于事前，对于友邦之民众与国家，所始终衷心抱歉，引为遗憾者也。故国民政府自去岁奠都南京以来，迄于今日，实无日不准备以诚意与日本解决此不祥之事件。

资料来源：《蒋总司令对日本新闻记者之谈话》，见秦孝仪主编：《中华民国重要史料初编——对日抗战时期》（绪编・一），“中央”文物供应社 1981 年版，112—113 页。

◎1928 年 3 月 29 日，时任国民政府外交部部长黄郛代表南京国民政府接受美方的全部要求，包括向美国政府深表歉意、赔偿损失、惩办肇事者等：

兹本部长以国民政府名义，对于本事件，虽经调查证实，完全为共产党于国民政府未建都南京前所煽动而发生，但国民政府仍负其责。兹因对于美国国旗、政府代表等有不敬之处，领馆暨侨民受有生命财产上之损失，不得不以极诚恳之态度，向贵国政府深示歉意。国民政府对于在华美人生命财产，迭经本其素持之政策，通令军民长官继续切实保护。现在共产党及其足以破坏中美人民友谊之恶势力，业已消灭，国民政府深信此后保护外人，自必较易为力，故特担任对于美侨生命及其正当事业，决不致再有同样之暴行及鼓动。至当时被共产党煽动而参加不幸事件之该军队，业已解散，国民政府且已实行切实办法，以惩办肇事兵卒及其他人。此则本部长堪为贵公使附带通告者也。国民政府依照国际公法通行原则，对于美国在宁领馆员及美侨所受生命财产上之损失，担任充分赔偿。为此，国民政府提议组织中美调查委员会，以证实美人从有关系之华人方面所确受之损失，并估计宁案中所应赔偿之数目。

资料来源：洪均培：《国民政府外交史》（第一集），文海出版社 1988 年版，第 149—150 页。

◎南京国民政府仅要求美方对于南京事件表示歉意，而美方不仅辩解美国军舰开的是“保护炮”，而且对炮击造成中国军民伤亡和财产被毁及赔偿等只字不提：

（三）黄部长致美公使照会

为照会事：关于去年三月二十四日南京事件发生之问题，业经本日换文解决，惟本部长尤有为贵公使声明者。去年三月二十四日贵国停泊南京江面之诺亚及泼利司登两美舰，向南京城内萨家湾开火。为此国民政府深望贵国政府对于此举，表示歉意……

（四）美公使复黄部长照会

为照会事准贵部长本月来文，关于去年三月二十四日停泊南京江面之诺亚暨泼利司登号美兵舰，对于南京萨家湾开火一事，深望美政府表示歉忱等由。准此，查当日炮火实系保护炮，专对美领事及其眷属馆员暨他人因无管束兵丁殴击，迫而躲避之房屋邻近地点而发。当时此项人众生命危险，故开炮一层，不但藉以保护，且为一时思想得到之惟一办法。俾生命确实濒危之驻宁各美侨，亦得离境。因此，美国政府颇感美国兵舰不得已而采取此种手段，盖当时情形无法制止，藉以保护南京美侨生命，美国政府深为抱歉也……

资料来源：洪均培：《国民政府外交史》（第一集），文海出版社 1988 年版，150—151 页。

（2）对济南惨案取妥协处理的方针

◎1928 年 5 月 4 日，南京国民政府要求前线官兵和后方民众均“力持镇静”：

日兵挑衅，意欲逼我于无可忍，资为口实，勿堕奸计，前敌武装同志力持镇静，总司令部不宜与日军逼处太近，似可慎择老成持重之将领，在济妥慎应付，如何乞酌，支卯电已摘要发表，并告民众暂持镇静……

资料来源：《国民政府谭延闿主席、张人杰委员、蔡元培委员自南京致蒋总司令告以中央对济案方针电》，见秦孝仪主编：《中华民国重要史料初编——对日抗战时期》（绪编·一），“中央”文物供应社 1981 年版，第 127 页。

◎1928 年 5 月 5 日，蒋介石为改道北伐致函日军师团长福田，希望以此换得日军停火：

本月三日不幸事件发生，本总司令以和平为重，严令所属官兵全数撤离贵军所强占设防地域，现在各军已先后离济，继续北伐，仅留相当部队藉维秩序，本总司令亦于本日出发，特此通知贵师团长查照，并盼严令贵军立即停止两日以来之一切特殊行动，藉固两国固有之睦谊，而维持东亚和平之大局，不胜盼切之至。

资料来源：《蒋总司令为改道北伐致日军师团长福田函》，见秦孝仪主编：《中华民国重要史料初编——对日抗战时期》（绪编·一），“中央”文物供应社 1981 年版，第 127 页。

◎1929 年 3 月 10 日，《东方杂志》报道：济南惨案是中国的“奇耻大辱”，日本在南京国民政府一再忍辱、妥协、一让再让的情况下，才与南京国民政府签订《解决济南事件临时协定》，日本同意在互换签字后两个月内撤军，但只字不提济南惨案的责任和赔偿的问题，更拒绝就日军杀害蔡公时一事道歉：

去年五月三日所发生的济南惨案，简直是中国空前所未有的奇耻大辱。在日本无故杀害我外交官吏，无故炮轰我国名城，无故屠杀我国军民数千人，论物质上的损害，为数总在数千万元以上；论精神上的损害，则侵犯领土主权的损失，却更非数字所能估计。事变发生，以迄于今，快要达一年了，直到本月（1929年3月，引者注）二十八日，方由我国外长王正廷和日使芳泽交涉的结果，才把这件惨案签字解决了。

……

我们就上项文件看来，可见这次议定的办法，真已经过不少周折：第一、关于撤兵问题，我们的国土无缘无故被人占领了这许久，虽然从前我国要求“先撤兵后开谈判”办不到；后来要求“无条件撤兵”，也为日本在野党所反对；现在终算由我国承认“以全责保障在华日侨的生命财产”，日本才答应“于签字之日起，两个月内，将山东全部日军撤去”。从此胶济一片净土得以归还故物，总算费了不少的力气！关于赔偿问题，在上次（二月四日）王芳协定中，是议定“赔偿以同价格为原则”，便是双方损失在民间者，会同调查确实后，须以同样价格赔偿，如死一人赔一万元，则日方死亡，根据济领西田报告不过十三人，赔偿不过十三万元；而我方死亡数千人，赔偿须数千万元之巨。因此，田中觉着太不合算，终令芳泽取消赔偿一条。所以这次济案协定中也就全不提及“赔偿”字样。仅只议定将来共同设立调查委员会实地调查双方损害。那样将来纵有抚恤金额，却也不算是赔偿了。不过实地调查一事，事隔一年，日本已将证据湮灭净尽，将来究竟如何调查，还有待于我国外交当局的努力呢。复次，关于我国外交大吏蔡公时的被杀，上次王芳会议，我国曾要求“日本道歉了事”，后来田中训令芳泽，谓：“蔡公时交涉员之死，系双方互击时误伤，不能道歉。”所以这次也毫没有提及。这虽是我国的大大让步，但为急切解决悬案起见，恐怕也是由于甚么环境的变迁吧！

资料来源：育干：《中日济案解决》，《东方杂志》第26卷第5号，1929年3月10日。

2. 变相承认列强在华特权

（1）关税自主权依然受到限制

◎1930年5月6日，中日签署《关税协定》，中国承诺3年之内中国对于大部分的日本产品的进口税维持不变和每年从海关收入中提取500万日元用于偿还西原借款等无担保债务，以换得日本承认中国的关税自主：

（一）自本协定发生效力之日起，中国政府将于三年期内，维持附表甲部之第一、第二、第三款应课之税率，并于一年期内，维持该附表甲部第四款应课之税率。各该税率，为对于日本国境内出产品或制成品向中国境内输入之各该款货物在各该时期内所课之最高进口税率，但关于税率之增加，经中国政府在该表内声明保留者，不在此限。

……

为照会事：接准本日贵代理公使照会，内开："日本债权人借与中国无担保及担保不足之款，计有多宗，为数甚巨，亟宜从速整理。日本政府提议，由中国政府于最早日期内，召集各债权人代表会议。应请贵部长将中国政府现在或将来用以实行上述整理之办法示知。"等因。兹奉达贵代理公使：中国政府现已自海关收入项下，每年提存五百万元，以为整理中国内外债之用；并拟于本年十月一日或于是日前召集一债权人代表会议，于此会议，将关于整理之适当计划（包括增加上述数额之办法）提付讨论，俾便设法实行该项之整理。

资料来源：《关税协定》，见王铁崖：《中外旧约章汇编》（第三册），三联书店 1982 年版，第 801、804 页。

◎历史学者石源华指出，改定新约后，中国的关税自主权没有全部马上实现，依然受到某些限制：

南京政府与各国政府签署的通商条约、关税条约及通好条约……但这些条约的签署并不意味着关税自主权的全部马上实现，如《中英关税条约》的附件规定，中国对英国货物所征税率在 1 年内不得超过 1925 年关税会议所讨论及暂时议定之税率；《中日关税协定》的附件也规定，在 3 年内，中国对棉货类、鱼类及海产品、麦粉、杂品等产品共 67 品种 110 种货物的税率不能提高。另一方面，中国的海关行政管理制度没有变化，总税务司的权柄依然操之于英人手中。中国的关税自主权依然受到某些限制。

资料来源：石源华：《中华民国外交史》，上海人民出版社 1994 年版，第 348—349 页。

（2）领事裁判权依然保留

◎1928 年 11 月 22 日，中比签署《友好通商条约》，条约正文明确废除比利时在华的领事裁判权，但在附件中却又做了保留，即在华拥有领事裁判权之国有半数以上承认放弃在华领事裁判权时，比利时才放弃在华领事裁判权：

中、比两国本日签订之条约，其第二条于民国十九年（一九三〇年）一月一日起发生效力，在是日前，中国政府与比国政府订定中国对于比国人民行使法权之详细办法。如该项办法届时尚未订定，比国人民应于现有领事裁判权之国半数以上承认放弃是项特权时，受中国法律及法院之管辖。

资料来源：《友好通商条约》，见王铁崖：《中外旧约章汇编》（第三册），三联书店 1962 年版，第 644 页。

◎顾维钧指出，南京国民政府与比利时签署的《友好通商条约》，比北洋政府时代还要倒退，比利时通过巧妙的方式“保住在中国的特权”而把“问题推给了其他国家”，结果导致“中国将永远无法摆脱这种恶性循环”：

南京外交部和比利时公使馆达成的协议令人相当吃惊。因为协议接受了中国北京政府一贯反对的内容，即双方同意实行一项暂行协定，其中一条说，比利时侨民在过去六十年中依据领事裁判权以及治外法权所享受的保护，将要继续到享有同样权利的缔约国一半以上同意放弃这些权利时为止。在治外法权这一特殊规定上，上述协定使比利时摆脱了原来的困难处境。因为它无需再为坚持这些特权而承担任何责任，而把这一棘手的问题推给了其他国家。

……

然而，南京外交部却同意旧条约中关于治外法权和领事裁判权这些主要条款的实质性内容继续有效。

……

比利时力图保住在中国的特权。通过坚持这一条款，比利时将责任推给了其他国家。当比利时表示，如果四国中的任何一国放弃在华特权、它也同样愿意放弃时，就是在制造恶性循环。如果这些国家都持同样的态度，中国将永远无法摆脱这种恶性循环。

资料来源：顾维钧：《顾维钧回忆录》（第一分册），中国社会科学院近代史研究所译，中华书局 1983 年版，第 358—359 页。

◎1931 年 12 月 29 日，国民政府正式宣布暂缓实行《管辖在华外国人实施条例》，实际上变相承认了列强在华拥有领事裁判权：

兹因本年各地天灾变故，所有应行筹备事项，尚未就绪，该项管辖在华外国人实施条例，应暂缓施行。

资料来源：《国民政府令》，《国民政府公报》（第 963 号），第 1 页。转引自王建朗：《中国废除不平等条约的历史考察》，《历史研究》1997 年第 5 期，第 16 页。

◎历史学者石源华指出，只有墨西哥放弃在华领事裁判权，而美英等国则暗中协商，以中国法制未西化、司法情形黑暗等为由，一致拒绝了南京国民政府关于撤销在华领事裁判权的要求：

除日本外，意大利、葡萄牙、西班牙、丹麦 4 国在与中国签署的条约中也都承认撤销领事裁判权，但同时都做了保留：该国人民须俟中国与签订华盛顿条约各国议定取消领事裁判权之日起，方能接受中国法律及法院之管辖。7国中只有墨西哥于1929年10月31日与中国互换照会，表示自动放弃在华领事裁判权。

1929年4月27日，南京外交部又照会条约尚未届期的美、英、法、荷、挪、巴（西）等国，要求撤销在华领事裁判权。各国暗中协商，议定一致拒绝。8月10日，美、英、法、荷、挪5国政府分别复照南京外交部，大意为：虽对中国的要求表示同情，但是目前不能取消领事裁判权，因中国法制未西化，司法情形黑暗，如若取消领事裁判权，则各国人生命财产将置于危险之中。只有在中国实行1926年法权会议报告书提出的建议后，各国才能考虑逐步取消领事裁权的办法。

资料来源：石源华：《中华民国外交史》，上海人民出版社1994年版，第350—351页。

（二）对内实行地主阶级和买办资产阶级的军事独裁统治

1. 依靠封建势力，维护地主土地所有制

（1）封建地主阶级是国民党政权的重要社会基础和支柱

①农村基层政权掌握在地主阶级手中

◎1933年，农村经济学家陈翰笙撰文指出，中国农村的行政、税收、警务、司法、教育等为地主的势力所渗透，其中，无锡的104个村长中，地主占了91.3%：

中国的农村行政，为地主的广大的势力所渗透。税收、警务、司法、教育，统统建筑在地主权力之上……

无锡有518个村长，其中之104个，经调查其经济情形如下：91.3%为地主，7.7%为富农，1%为小商人。此等地主之中，有43.27%为中等地主，56.73%为小地主。有59个村长，所有土地不及100亩，平均每家有地44亩；有45个村长，各有土地100亩以上，平均每家有地224亩。于此，不难窥见地主在农村行政上力量之大。在这一点上，无锡可谓全国各地之代表。

资料来源：陈翰笙：《现代中国的土地问题》，见《陈翰笙集》，中国社会科学出版社2002年版，第50页。

◎1935年5月，范郁文在《新农村》上撰文指出，山西大同、天镇、阳高三县的公务员中出身富农与地主的占到81.9%，而农民出身的仅占4.9%：

（山西大同、天镇、阳高三县，引者注）在二十七个自治单位底公务人员底

总数五百一十五人中，富农与地主居然占了四三三人；而小商人与手工业者在农村人口底分量中本来占绝对底少数，而同时也可以有三十六名与二十一名底当选者；反之，占人口总数绝对多数底劳动农民群众，仅仅当选了二十五名，而且是处于无关紧要的位置。

资料来源：范郁文：《晋北边境三县农民生活概观》，《新农村》第24期。转引自章有义编：《中国近代农业史资料》（第三辑），三联书店1957年版，第382页。

◎1935年7月，李珩在《中国农村》上撰文指出，中国农村基层的政治中心人物如镇长、乡长、村长或保长等多出身于地主：

中国农村政治带有浓厚的封建意味，愈在下层的政治层，愈表现得显明。……惟有最下层的政治中心人物如镇长、乡长、村长或保长等，才实足地为地方封建势力所操纵。

无锡六个区的乡镇长底性质

（1933年调查）

	总户数	地　主	百分比（%）	富　农	百分比（%）	中　农	百分比（%）
合　计	235	184	78.3	32	13.6	19	8.1
乡镇长	119	107	89.9	8	6.7	4	3.4
乡镇副	116	77	66.4	24	20.7	15	12.9

资料来源：李珩：《中国农村政治结构的研究》，《中国农村》第1卷第10期，第35、36页。转引自章有义编：《中国近代农业史资料》（第三辑），三联书店1957年版，第378页。

②国民党许多党政官员本身就是大地主

◎1933年，农村经济学家陈翰笙撰文指出，中国的地主大都是四位一体，他们既是地主，同时也是收租者、商人、盘剥重利者、行政官吏；在江苏的374个大地主之中，44.39%为地位不同的军政官吏：

中国的地主和法国旧时代即大革命前的地主不同，他们大都是四位一体。他们是收租者、商人、盘剥重利者、行政官吏。许多的地主兼高利贷者，可以变为地主兼商人，许多的地主兼商人，又可变为地主商人兼政客。同时许多商人、政客，也可变为地主。……江苏北部，经济较为落后，地主以官吏为职业的更多……

江苏 374 个大地主主要职业表

（每个占有土地千亩以上，1930 年）

项别		军政官吏	放高利贷者	商人	经营实业者
江苏南部	家数	44.00	69.00	36.00	12.00
	百分比（%）	27.33	42.86	22.36	7.45
江苏北部	家数	122.00	60.00	31.00	—
	百分比（%）	57.28	28.17	14.55	—

经过调查的 514 个大地主，他们每户占有土地千亩至六万亩，其中 374 个大地主，都有主要职业，其余 140 个大地主，虽未确知其操何职业，但纯粹收地租者为数很少。在 374 个地主之中，44.39%为地位不同的军政官吏，34.49%为当铺及钱庄老板或放高利贷者，17.91%为店主及商人，仅有 3.21%为工厂股东。

资料来源：陈翰笙：《现代中国的土地问题》，见《陈翰笙集》，中国社会科学出版社 2002 年版，第 49—50 页。

◎1935 年，董成勋根据 1931 年至 1932 年广东崖县（今海南三亚，引者注）土地交易的调查数据，指出在土地所有权移转中，军警政界处于“优越之地位”，取得大量田地：

（广东）崖县土地所有权移转状况比较表

时间	新买主职业	成交件数	成交地价总数
十九年（1931 年，引者注）	军警政界	62	10849 元
	商界	37	4215 元
	教育界	14	2504 元
	不明	8	174 元
二十年（1932 年，引者注）	军警政界	105	16658 元
	商界	55	11002 元
	教育界	10	1644 元
	不明	23	2813 元

在两年中，田地交易共三百十四件。所有权移入军警政者一百六十七件，占总数三分之一，成交地价总数四万九千八百九十九元，而军警政者占二万七千五百零七元，约占总数二分之一。占第二位者，始为商人，故工商业（包括工商业资本及高利贷资本）仍未取得较军警政界为优越之地位。

资料来源：董成勋：《中国农村复兴问题》，见章有义编：《中国近代农业史资料》（第三

辑），三联书店1957年版，第701—702页。

◎1936年，吕平登撰文指出，以官僚、军阀为代表的新兴地主在川西地区占有大量的土地，最高占田达3万亩以上：

（1935年，引者注）在川西区中，新兴地主户数占71%，占田为87%，中尤以大邑一县最强，旧地主在大邑亦等于绝迹。

官僚地主，户数占24.2%，占田为19%；军阀地主，户数占2%，占田为48%；其他新地主（豪劣团阀商人自由职业者），户数为55.5，占田只2%。

各县中以大邑为首位，新地主以78.9%的户数，占田为99%；军阀地主以2.9%的户数，占田66%，最高占田在三万亩以上，每户平均亦在三千亩以上，这是民国以前四川从来未有的情形；官僚地主，以4.7%的户数，占田33%，最高占田达八千亩，每户平均亦约一百亩；至旧小地主不过9.9%的户数，占田2%而已。

资料来源：吕平登：《四川农村经济》，商务印书馆1936年版，第192页。

（2）中国农村积弊已深的封建土地制度依然保留

①维护封建土地制度

◎1929年，蒋介石否认在国民党治下中国农村存在封建剥削的现实，反对改变农村土地制度的现状，他鼓吹阶级调和论，认为国民党宣传合作、发展生产的农工政策是保护农工的利益：

若在今日，革命之势力既已普及，地主、资主已不敢再肆摧残与压迫，即有非分之举动，本党亦得以政权、法令以裁制之。故今日不患地主、资主之压迫农民，而反恐农民之转而压迫地主、资主，此亦以造成社会之不平，为本党主义所不许者也！……苟各地同志于从事农工运动，以实施农工教育，代加资减工之要求，以宣传合作，代罢工、抗租之鼓吹，与政府之政策相符合，相呼应，则农工实际幸福，得确实之保护。

资料来源：蒋介石：《对于关税自主之感想》，见张其昀主编：《先总统蒋公全集》（第一册），台湾中国文化大学出版部1984年版，第573—574页。

◎1933年12月22日，蒋介石电复汪精卫，反对仿效中共实行土地分配，尽管他口头上也讲“耕者有其田”，但他否认中国存在农民土地问题，他制定的土地政策在实质上是维护封建土地所有制的：

须知今日中国之土地，不患缺乏，并不患地主把持，统计全国人口，与土地之分配，尚属地浮于人，不苦人不得地，惟苦地不整理，即人口繁殖之内地各省区，亦绝少数百亩、数千亩之地主，而三数十亩之中小耕农，确占半数以上。职是之故，中正对于土地政策，认为经营及整理问题，实更急于分配问题。既就分配而言，本党早有信条，即遵奉平均地权遗教，应达到耕者有其田之目的。而关于经营与整理，则应倡导集合耕作，以谋农业之复兴。盖本党立场，不认阶级，反对斗争。关于土地分配，自应特辟和平途径，以渐进于耕者有田。

资料来源：《二十二日 蒋委员长电复汪院长，提供有关土地政策之意见》，见中华民国史事纪要编辑委员会编：《中华民国史事纪要（初稿）》（1933年10—12月），“中央”文物供应社1981年版，第885页。

◎1932年10月，鄂豫皖三省剿匪总司令部发布《剿匪区内各省农村土地处理条例》，土地处理的基本原则是承认并恢复地主土地所有权：

第二章 所有权之确定

第十一条 农村复兴委员会处理被匪分散之田地及其他不动产所引起之纠纷，一律以发还原主，确定其所有权为原则。

资料来源：《鄂豫皖三省剿匪总司令部公布〈剿匪区内各省农村土地处理条例〉》，见中国第二历史档案馆编：《国民党政府政治制度档案史料选编》（上），安徽教育出版社1994年版，第420页。

◎1934年11月，国民党军占领苏区后，重新恢复地主土地所有权：

而中共苏维埃政权维持不过三年，此期间，田地被分的原产权人，其未遭杀害者，或藏匿乡间，或逃亡在外，即或身亡者，亦多有家属戚族，以时间经过不长，谁分了谁的田地，众目昭彰，当地人民都非常清楚。故当中共苏维埃政权垮台以后，经其分得田地者，能不因中共力量取的他人田地而获罪，已感到十分满足和安慰，自然不敢再把是项取得据为己有，于是纷纷物归原主。

资料来源：赖晋：《中共苏维埃运动对赣南社会的冲击影响》（节录），见中华民国史事纪要编辑委员会编：《中华民国史事纪要（初稿）》（1934年10—12月），“中央”文物供应社1981年版，第784页。

②土地分配不均

◎1928年11月25日，毛泽东在《井冈山的斗争》一文中指出，地主占有边界土地的60%以上，其中江西遂川的土地最集中，地主占有土地高达80%：

边界土地状况：大体说来，土地的百分之六十以上在地主手里，百分之四十以下在农民手里。江西方面，遂川的土地最集中，约百分之八十是地主的。永新次之，约百分之七十是地主的。万安、宁冈、莲花自耕农较多，但地主的土地仍占比较的多数，约百分之六十，农民只占百分之四十。湖南方面，茶陵、酃县两县均有约百分之七十的土地在地主手中。

资料来源：毛泽东：《井冈山的斗争》，见《毛泽东选集》（第一卷），人民出版社1991年版，第68—69页。

◎1930 年 5 月，毛泽东在江西省寻乌县的农村经济调查报告《寻乌调查》中指出，占全县人口 3.445%的地主却占有全县 30%的土地：

（一）农村人口成分

大地主（收租五百石以上的）	百分之零点零四五
中地主（收租五百石以下二百石以上的）	百分之零点四
小地主（收租二百石以下的）	百分之三
破落户	百分之一
新发户	百分之二
富农（有余钱剩米放债的）	百分之四
中农（够食不欠债的）	百分之一十八点二五五
贫农（不够食欠债的）	百分之七十
手工工人（各种工匠，船夫，专门脚夫）	百分之三
游民（无业的）	百分之一
雇农（长工及专门做零工的）	百分之零点三

（二）旧有田地分配

公田	百分之四十
地主	百分之三十
农民	百分之三十

资料来源：毛泽东：《寻乌调查》，见《毛泽东文集》（第一卷），人民出版社 1993 年版，第 176—176 页。

◎毛泽东在《关于农村调查》一文中指出，永丰区的地主与富农仅占总人口的 6%却占有 80%的土地：

我在兴国调查中，知道……地主与富农占有土地百分之八十，中农、贫农只占有百分之二十。但是，地主人口不过百分之一，富农人口不过百分之五，而贫农、中农人口则占百分之八十。一方面以百分之六的人口占有土地百分之八十，另方面以百分之八十的人口则仅占有土地百分之二十。因此得出的结论，只有两个字：革命。

资料来源：毛泽东：《关于农村调查》，见《毛泽东文集》（第二卷），人民出版社 1993 年版，第 383 页。

◎1933 年，农村经济学家陈翰笙撰文指出，白河流域、长江下游地区、两广地区的土地分配很不平均，地主占有大量土地，农民只有少量土地，甚至无立锥之地：

白河流域的土地，分配的就很不平均。河北省定县，自耕农占 70%，佃农仅占5%，然而经过调查的14617农家之中，有70%的农家占有耕地不到全数的30%，其余不到3%的农家，占有耕地几当全数1/5。

……

（保定，引者注）65.2%的农家只有耕地的25.9%，反之11.7%的地主与富农，却有土地41.3%。

……

扬子江下游的情形与河北省大不相同，在扬州与杭州之间的地带，地主完全是收租的，自己经营的地主，甚属少见。在杭江平湖，很多大地主，该处土地多为地主所独占的，地主以3%的人口，而占有土地80%。

在平湖，因为尚有4%以下的耕地未曾开垦，所以地主占有耕地的百分数，显见得是耕地分配之十分不均。中小地主占有耕地40.52%，大地主占有39.56%。占有千亩以上的地主，并不是普遍的现象，因为在扬子江流域中，中小地主实占主要地位。

……

在江苏无锡，千亩以上的地主仅有耕地8.32%，中小地主却有耕地30.68%。该地9%的土地，属于地方公团、庙宇及各宗族。只有余下的52%的耕地，为600000农民所有。

……

74%的贫苦农家，占有耕地不及1/5，同时2%的人家，却占有耕地1/2以上。这是广东省的普遍情形。广西的东部，有七县在1926年经塔汉诺夫（Tahanoff）调查过，当地的2%的人家占有土地71%，25%的人家仅有土地29%，其余70%的人家，则贫无立锥之地。

资料来源：陈翰笙：《现代中国的土地问题》，见《陈翰笙集》，中国社会科学出版社2002年版，第37—41页。

（3）改良性的“二五减租”宣告失败

◎1928年2月16日，湖北省发布《鄂省废止二五减租条例》，认为“二五减租”条例影响税收的征收，引发业佃之间的纠纷，因此，明令废除了“二五减租”条例：

为令遵事：案据武汉临时财政整理委员会呈，据蕲水县县长电称，共党盘踞，倒行逆施，各业户未得相当权利，赋税无从担负，各佃农不纳应完租课，因之时起纠纷。现在关于地主权利应如何保护，佃农租课应如何限制，以免影响税收等情，转请核示前来，据此：业经本会第十九次例会决议，所有从前二五减租条例，应即废止，仍以佃农与地主间自由意志所定之租约为准，免起纠纷，一致通过在案。除批示并分行外，合行令仰该县长遵照。录令布告，俾众周知，切切此令！

资料来源：《鄂省废止二五减租条例》，见章有义编：《中国近代农业史资料》（第三辑），三联书店 1957 年版，第 303 页。

◎1932 年，经济学家薛暮桥撰文指出，浙江省的地主通过各种手段对抗，使得“二五减租”有名无实：

浙江省 1927 年开始施行“二五减租”，但地主通过“私下签约”、“背后威胁”、“瞒报土地”等手段对抗，到 1932 年，浙江的地租基本上都在产量的 50%以上。

资料来源：薛暮桥：《浙江省的二五减租》，见陈翰笙、薛暮桥、冯和法合编：《解放前的中国农村》（第二辑），中国展望出版社 1987 年版，第 266 页。

◎1934 年，国联对华技术合作代表拉西曼博士在报告书中指出，浙江省最早实行“二五减租”政策，即法定最高租为 37%，但是仍然有许多地方没有实行，租率甚至高达 60%以上；此外，即便在实行“二五减租”的地区，地主也通过其他方式剥削佃农以弥补减租的损失：

浙江为首先施行强迫减租法之省份，其法以于最大产量百分之五十内，行百分之二十五之减租标准（有几处例外）。即法定最高租为百分之三十七，恰当佃农收获量三分之一强。地主完粮纳税之费则出其中。此法刻已施行至若何程度，殊难决处，闻尚有多处并未实行采用（租率有高至百分之六十甚至百分之六十以上）。司法机关，调停争议，厉行法律，未能澈［彻］底，而地主因受减租法之制裁，乃另用其他方法取偿于佃农，以补其损失。减租法之利益，亦往往为农民协会所利用（此种组织原为厉行减租法而成立，现已变成新式勒索之工具）。故佃农本身获益甚微。

资料来源：《国联技术合作代表拉西曼报告书》，见章有义编：《中国近代农业史资料》（第三辑），三联书店 1957 年版，第 306 页。

◎1948 年 6 月 15 日，农村经济学家陈翰笙在《世界与中国》再版第 1 期上撰文指出，1927 年至 1937 年，国民党第一次试行土地改革，只有广东、湖南、湖北、江苏、浙江等 5 省发布过“二五减租”的命令，其中仅浙江省真正试行过“二五减租”，但最终也失败了：

当 1927 年至 1937 年这十年内战的期间（多半在江西打），国民党第一次试行土地改革，命令二五减租，使地租减低至不过总收获的 37.5%。只有广东、湖南、湖北、江苏、浙江五省政府发布这样的命令。这五省之中只有浙江真正试行过。这次政治实验是失败了，因为寄居政府内外的地主们的势力太强，使减租的计划无法通盘实现。在1931年春天，浙江忽然发布一个新的命令把法定的租率增加一倍。

资料来源：陈翰笙：《中国的土地改革》，见《陈翰笙集》，中国社会科学出版社2002年版，第208—209页。

2. 扶植官僚资本，控制全国的经济命脉

（1）官僚资本垄断金融

◎美国历史学家费正清指出，20世纪30年代，中国民众广泛相信的四大政府银行实质是由官僚资本控制的；1928年至1935年底，南京国民政府通过控制四大政府银行而垄断了全国金融：

求助于这种代价高昂的信贷，是由于这样一个事实，即主要的债权人，控制现代银行系统的四家政府银行，是在政府个别要人的影响之下，他们既利用这些机构搞政治阴谋，又利用它们在经济的私营部分谋取个人利益。在30年代，人们广泛相信，中央银行是孔祥熙的，交通银行是CC系的，中国银行是宋子文的，农民银行是中国军队的最高领导的。

1928年，中央银行、中国银行、交通银行、农民银行有资本和储备6400万元，占总数的34%；到1935年，数字是1.83亿元，占总数的41%。四家银行的存款总额5.54亿元，或占1928年存款总额的49%；到1935年它们是21.06亿元，占总额的56%。到1935年底，政府掌握1.46亿元，占10家银行（包括四家政府银行）资本的4/5 。这是总资本的49%和全部现代银行总资产的61%。其他最主要的私人银行都在“四大”银行的控制或影响之下，许多互相关连的董事会把主要的地区银行集团、政府银行、钱庄组织，以及它们所投资的保险业、商业、和工业企业拴在一起。省银行中最大的广东省银行，拥有全省和地方银行总资产的40%，与中国银行有密切的关系……

总之，这是由四家政府银行统治的一个集中化的银行结构，它所代表的银行资产的集中同以“经济控制”为特点的国民党政府的经济思想的总目标相一致。

资料来源：［美］费正清编：《剑桥中华民国史（1912—1949年）》（上卷），杨品泉等译，中国社会科学出版社1994年，第127—129页。

◎美国历史学家费正清指出，1935年，南京国民政府通过发行政府债券，使孔祥熙成为中国银行和交通银行的大股东，截至1937年，南京国民政府控制了全国银行资产总额的近70%，这表明南京国民政府控制了资本家：

1935年，政府又剥夺银行家行使的一切政治权力。仅仅凭借发行新政府债券，迫使私有的中国银行和交通银行接受这些债券充当资本，孔祥熙一举使政府成为两家银行的大股东。采用相同的策略，孔祥熙迅速控制了几家规模较小的私人金融机构；截至 1937 年，南京政府控制了全国银行资产总额的近 70%。这些金融策略，有效地结束了银行家作为政治压力集团所起的作用，并且确定无疑地表明，是南京政权控制了资本家，而不是资本家控制了南京政权。

资料来源：[美] 费正清、费维恺编：《剑桥中华民国史（1912—1949 年）》（下卷），刘敬坤等译，中国社会科学出版社 1994 年，第 159 页。

◎许涤新、吴承明指出，在国民党治下，在金融业资本中，官僚资本急剧膨胀，垄断了全国金融：

在全国金融业资本（包括外商）中，1894 年还没有官僚资本；1911 年官僚资本仅占 6.3%，约 0.45 亿元；1920 年占 16.0%，约 2.33 亿元。进入国民党政权后，1936 年突占到 58.9%，约 5.64 亿元（不包括东北）。战后 1947/1948 年更增至 88.9%，可谓登峰造极；不过，在恶性通货膨胀下，银行已外强中干，其资产折战前币值仅 3.44 亿元。

资料来源：许涤新、吴承明主编：《中国资本主义发展史》（第三卷），人民出版社 2003 年版，第 14 页。

（2）官僚资本垄断工矿业

◎1949 年 3 月，张邵棠在天津《大公报》上撰文指出，1935 年国民政府资源委员会设立锑管处，以“锑业关系国防”为由，垄断了锑矿的对外贸易：

民国二十四年（1935 年，引者注）有刘廷芳向政府建议，实行统制政策。资源会遂于是年 12 月来一短仅廿余字之电报，命令撤销联合贸易处，由该会另设锑管处，以刘廷芳为第一任处长，实施统一购售。所恃理由为“锑业关系国防”六字而已。一般矿商及地方人士纷纷请愿，请求政府收回成命，理由则为：“锑业与国防并无多大关系，盖金属矿中重要于锑者多，非锑一项关系国防而有管理之必要。何以他种关系国防之金属矿则迄未见实施管理也？况锑业联合贸易为人民团体之一，既未违法，政府何得以一纸命令撤销？再退一步言：锑矿即或关系国防，而锑业果又何关系国防之有？此种掩耳盗铃、自欺欺人之事实，实非文字错误所可推卸”。当时资委会一任人民如何呼吁请愿，如何力竭声嘶，索性一字不理。尤有奇怪者，除上述一纸电报外，该会以后从无任何“管理条例”之颁布。人民愤激之极，乃被迫全山罢工，生产停顿，管理处根本无货可收，资委会遂派杨公兆、王宠佑 2 人来长调停，结果允按伦敦之市价定一标准价格，照价收锑，此民国二十六年上半年之事也。

……

以上所述，资委会初则夺民之利，夺民之本，继则夺民之产，夺民之命；其计划之周密，手段之毒辣，固无论矣！如此作风，倘不立予改变，姑无论其大规模国营成就如何之好，然终不免于失败于生产过剩4个字而已。

资料来源：张邵棠：《民营锑矿的痛苦——湖南锑矿山全貌》，见陈真编：《中国近代工业史资料》（第三辑），三联书店1961年版，第894—895、897页。

3. 一党专制军事独裁统治

(1) 名为训政，实为一党专政

◎1935年3月，国民党“五大”通过《实施宪政程序暨政治制度改革案》，煞费苦心地重新在训政与宪政之间重新划出了一个所谓的“宪政开始时期”，其意图不过是要“避免训政之名”，而“收训政之实”：

惟今之计，苟延长训政时期，则使党失信于民；苟贸然召开国民大会，实施宪政，则宪政之基础未立，国家之根本未固，躐等求功，亦非国家前途之福。本党处此两难关头，惟一出路，端在一方如何能避去“训政”之名，而他方却能收“训政”之实。诚欲得此，则惟有在训政与宪政之间另划出一过渡时期，承上启下，以竟全功。

资料来源：《实施宪政程序暨政治制度改革案》，见荣孟源主编：《中国国民党历次代表大会及中央全会资料》（下），光明日报出版社1985年版，第304页。

◎1932年4月6日，一个署名“彬”的作者撰文指出，训政实质是一党专政：

国民党自主政以来，俨然以国民之保姆自任，认为非由训政决不能进入宪政。……国民党主政今已六载，人民驯服受训，亦已三年，训政之效果究安在乎？……握政权于一党之手，甚且于少数人之手，使人民根本无过问政治之机会。此则所谓训政，特变相之专政耳。由于若是“有名无实”之训政，果能达到“真”宪政之境域乎？

资料来源：彬：《由训政达到“真”宪政之质疑》，《申报》1932年4月6日。

◎国民党元老张继认为，社会舆论把孙中山“训政”和“以党治国”的主张曲解为“以党专政”，这是违背三民主义中的民权主义的：

张君博泉（国民党元老张继，引者注）曰：“国人毋误解以党造国，即是以党专政。以党造国，是一时，并非永久。苏俄共产党专政，意大利法西斯专政，乃是封建政治复活表现，人类自由之末路，尤而效之，罪又甚焉。故吾党决非主张本党专政，凡如是主张者，即是否认三民主义中之民权。中山先生倘犹健在，以全国人民信仰之深，可以说到训政二字，今日无人足言训政，何况专耶。……东方人民不知自由为何物，同志当注意如何发挥人民之思想、言论、出版、结社诸自由。如谓革命时期只许国民党人说话，不许他党他派张口，此是违背革命之公理，非吾党之素志。”

资料来源：章士钊：《〈国民党周刊〉后题》，《甲寅周刊》第1卷第40号，1927年1月。

（2）建立庞大的军队，推行军事独裁统治

◎美国历史学家费正清指出，1928年7月，国民党军有300个师，兵额达220万，每月军费至少6000万元：

（1928年7月，引者注）国民革命军这时约有300个师，分属84个军。部队人数多达220万（显然这个数字是把所有有组织的部队都算作国民革命军）。如果付满饷，维持这支大军的正常支出每月至少6000万元。

资料来源：［美］费正清：《剑桥中华民国史（1912—1949年）》（上卷），中国社会科学出版社1994年，第799页。

◎1937年2月，时任军政部长的何应钦在国民党五届三中全会上作军事报告时指出，国民党军陆军有180多个师，兵额达170多万人：

我国常备兵额达一百七十余万人，平时部队，多至一百八十师以上，编制复杂，武器种类，制式不一，装备器材缺乏，官兵训练不精，因之数量虽多，而质量薄弱，殊不合现代军队之要求……

资料来源：何应钦：《对五届三中全会军事报告》，见何应钦：《何上将抗战期间军事报告》，上海书店1989年版，第31页。

◎著名经济学家、曾在国民政府担任要职的何廉在回忆录中指出，国民政府实权掌控在蒋介石的手中，蒋介石领导国民政府的一切：

政府的真正实权所在，始终是围绕着委员长转的。委员长不仅是行政院的头，军事委员会的头，党的头，如果化成实权来说，他是万物之首。

资料来源：何廉：《何廉回忆录》，中国文史出版社1988年版，第115页。

◎美国历史学家费正清指出，南京国民政府是个独裁政权，它不仅建立在军事实力的基础上，而且依靠军事实力来维持，因此军人在国民政府中占据统治地位：

或许，确定国民党运动未来方向的更具有决定意义的因素，是军人的普遍影响。孙逸仙在世时，军人在国民党运动中比较受到轻视。然而，在蒋介石领导下，孙逸仙的排列顺序——首先是党，其次是政府，最后是军队——已被颠倒了过来，军队如今成为首要的组成部分。下列事实中可以看出这种状况：1929年，在国内国民党一半以上的党员是军人，而不是平民。在党的领导人——中央执行委员中，在1935年有43%是军官。在1927到1937年间，国民党人控制的33个省份的省主席，有25个是将军。在这10年间，政府支出的大约2/3拨充军费和偿还债务（大部分债款是根据契约应付的军事费用）。然而，军人统治的真正程度，还不完全表现在这些统计数字上，它更表现在蒋介石这个军人的巨大存在上——他的存在，随着南京政权10年的发展，变得越来越重要。

……

这个政权是个独裁政权，建立在军事实力之上，并靠军事实力来维持。

资料来源：[美] 费正清、费维恺编：《剑桥中华民国史（1912—1949 年）》（下卷），刘敬坤等译，中国社会科学出版社 1994 年版，第 141—142、186 页。

（3）建立全国性的特务系统，消灭异己

◎美国历史学家费正清指出，军统不仅进行情报活动，还负责消灭异己的暗杀活动：

蓝衣社在 30 年代成为颇有影响的团体。他们控制军队内的政治训练，从而有助于保证蒋介石得到这政治权力最终泉源的持续的支持。蓝衣社也涉足于民事活动，如学校、童子军和警察。他们提供许多，也许是大多数新生活运动的干部。他们手中也掌握着隶属于蒋介石军事委员会的令人生畏的军事调查统计局。这个以戴笠为首的秘密警察组织，对蒋介石判定的敌人（从日本人和共产党人到贪官污吏，甚至国民党内的政治对手）进行情报活动。它参与新闻检查；还要对这 10 年间许多最声名狼藉的暗杀活动负责，如 1934 年对史量才——上海的主要报纸《申报》的编辑的暗杀。

资料来源：[美] 费正清、费维恺编：《剑桥中华民国史（1912—1949 年）》（下卷），刘敬坤等译，中国社会科学出版社 1994 年版，第 163 页。

（4）推行保甲制度，控制人民

◎1928 年 5 月 23 日，蒋介石亲自电告国民政府内政部长薛笃弼，指示江苏、浙江、安徽三省率先兴办保甲，然后在向全国推广：

弟（指蒋介石，引者注）以为今日各地警察腐败已极，欲求整顿，非经长时间之教练不可，故为今之计，莫若兴保甲，办团练，此法虽古，可行于今，且甚易兴办而能确实也。请兄勿以迂阔视之。江、浙、皖三省为辅畿之区，亟应首先兴办，然后推之于各省，切期兄切实审查省委员考试县长，勿稍徇情，弟必助其成也。

资料来源：《蒋总司令致薛笃弼部长指示北伐成功后之内政要务电》，见秦孝仪主编：《中华民国重要史料初编——对日抗战时期》（绪编·三），“中央”文物供应社 1981 年版，第 398—399 页。

◎1929 年 3 月 5 日，国民政府内政部函复国民党中央宣传部，称国民党在农村实行的村里制就是封建时代保甲制的改进版：

敝部前为地方行政统一起见，曾本旧时保甲遗意，于编制县组织法时，详定村里闾邻规则，暗寓保甲之法，以为自治基础。……是以今日之村里制，即无异改进之保甲。

资料来源：胡次威：《民国县制史》，大东书局1948年版，第107页。

◎1931年5月24日，湖南省政府主席何健公开指出，肃清“赤匪”的根本举措是厉行保甲：

湘省大股赤匪，业已次第击破，其零星散匪，亦正设法肃清，现已从事办理自治，组织保卫团，清查户口，厉行保甲，实施清乡，为一劳永逸之计。

资料来源：《何健过汉反湘》，《申报》1931年5月24日。

（5）实行文化专制主义，控制舆论

◎1929年1月10日，国民党中央宣传部颁布《宣传品审查条例》，第一次明确了“党化”舆论的管理方针，而把其他所有政党及思想视为非法：

第五条 凡含有下列性质之宣传品为反动宣传品：

一　宣传共产主义及阶级斗争者；

二　宣传国家主义、无政府主义及其他主义而攻击本党主义政纲政策及决议案者；

三　反对或违背本党主义政纲政策及决议案者；

四　挑拨离间，分化本党者；

五　妄造谣言，以淆乱视听者。

资料来源：《宣传品审查条例》，见中国第二历史档案馆编：《中华民国史档案资料汇编》（第五辑第一编·文化·一），江苏古籍出版社1994年版，第75页。

◎1932年11月，国民党中央宣传部公布《宣传品审查标准》，明确规定“宣传共产主义”、批评国民党及国民政府是“危害民国”，是“反动的宣传”：

（三）反动的宣传

1. 为其他国家宣传，危害中华民国者；

2. 宣传共产主义及鼓动阶级斗争者；

3. 宣传无政府主义、国家主义及其他主义而有危害党国之言论者；

4. 对本党主义、政纲、政策、决议恶意诋毁者；

5. 对本党及政府之设施，恶意诋毁者；

6. 挑拨离间，分化本党，危害统一者；

7. 诬蔑中央，妄造谣言，淆乱人心者；

资料来源：《宣传品审查标准》，见中国第二历史档案馆编：《中华民国史档案资料汇编》（第五辑第一编·文化·一），江苏古籍出版社1994年版，第89—90页。

◎1929年10月，国民政府行政院以胡适放言空论误解党义的名义，训令教育部撤销胡适中国公学校长职务：

查胡适近年以来，刊发言论，每多悖谬，如刊载新月杂志之人权与约法，知难行亦不易，我们什么时候才可有宪法等等，大多陈腐荒怪，而往往语侵个人，任情指摘，足以引起人民对于政府恶感，或轻视之影响。夫以胡适如是之悖谬，乃任之为国立学校之校长，其训育所被，必多陷于陈腐荒怪之途，为政府计，为学校计，胡适殊不能使之再长中国公学，而为纠绳学者发言计，又不能不予以相当之惩处。

资料来源：《行政院以胡适放言空论误解党义名义撤销其中国公学校长职务令》，见中国第二历史档案馆编：《中华民国史档案资料汇编》（第五辑第一编·文化·一），江苏古籍出版社1994年版，第404页。

◎林语堂指出，南京国民政府的出版检查制度不仅愚蠢而且呆板荒谬：

审查制度在哪个国家都是愚蠢的……我在中国前后编过三种杂志，对这些荒谬的事情多有领教。有的是很有趣的。……这篇文章提到了爱的影响，如同托尔斯泰一再鼓吹的。检查官删掉了用斜体字标出的这一句（指“如同托尔斯泰一再鼓吹的”，引者注）。我百思不得其解，直到有一天清晨，我躺在床上吸纸烟，突然灵光一闪，我那迟钝的脑瓜才开了窍：托尔斯泰是俄国人，因而必然是个布尔什维克！真让人哭笑不得。在上海福州路的书店里，由于书名中有“马克思”三个字，真正的反马克思主义的书都被禁了。四川还一度禁过一本古文文法书，作者是位姓马的先生，书名就叫做《马氏文通》，卡尔·马克思在中文里正好也“姓”马，于是乎被当做一家人了。

资料来源：林语堂：《中国新闻舆论史》，刘小磊译，上海人民出版社2008年版，第169—170页。

◎林语堂指出，20世纪30年代中国的言论与出版自由比1900年以来的任何时候都要差，许多报刊被暂时停刊或完全查禁，许多学生、文艺工作者和教师以政治犯的罪名被关押，许多当代中国作家最优秀的著作遭禁，许多西方作家的作品的中译本也被禁：

四五年来，新闻界的影响力渐渐萎缩，几至于无，言论与出版的自由比1900年以来的任何时期都要差。……我们注意到：“南京的监狱中关押着大约2500名政治犯。”“仅1934年一年，在华北就有110家各种类型的报刊被暂时停刊或者完全查禁。”“自1934年11月到1935年3月，仅北平和天津两地，就关押了230多名政治犯，其中包括学生、文艺工作者和教师；1934年两市逮捕的政治犯超过800人。”1934年12月29日《北平时事日报》刊登了当月19日公布的149本禁书的名单。许多当代中国作家最优秀的著作遭禁，其中包括“现代中国小说之父”鲁迅，11本；被迫流亡国外的著名作家、考古学家郭沫若，10本；蒋光慈，10本；活着的中国小说家中最伟大的一位——茅盾，9本；仍在狱中的丁玲，7本；还有巴金、张天翼及其他被扣上“思想反动”帽子的名作家的书。

许多西方作家的作品中译本被禁，其中包括多斯·帕索斯、西奥多·德莱塞、斯特林堡、罗素、高尔基、厄普顿·辛克莱，甚至梅特林克、罗曼·罗兰。

资料来源：林语堂：《中国新闻舆论史》，刘小磊译，上海人民出版社 2008 年版，第 179—180 页。

4. 国民党治下的民生状况

（1）农民遭受重重剥削，极端贫困

①封建地租剥削严重

◎1930 年 5 月，毛泽东在江西省寻乌县做农村经济调查时，找出“禾头根下毛（没有）饭吃”的原因——封建地租剥削严重：

“禾头根下毛（没有）饭吃”，说的是刚打下禾交过租就没有饭吃了，这种情形在寻乌简直占百分之四十。为什么禾头根下毛饭吃呢？譬如耕了二十担谷田的，量去了十一担多租，剩下八担多。去年过年和今年青黄不接毛饭吃时借过地主谷子两三担，加上加五利，又要还去三担多至四担多。打禾了，要买好东西招扶地主。禾打过了，买上一点油盐，舂上一点米子，立秋刚到，一切都完。这就叫做“禾头根下毛饭吃”，又叫做“一年耕到又阿嗬”。

资料来源：毛泽东：《寻乌调查》，见《毛泽东文集》（第一卷），人民出版社 1993 年版，第 204 页。

◎德国历史学家尤尔根·奥斯特哈梅尔指出，江苏、广东等较富裕的省份，地租占收成的 50%；20 世纪 30 年代，中国的地租平均值是 44% 的收成：

在地主经济的中心地区，如江苏、广东等较富裕的省份，地租约占一半的收成；三十年代，全国的地租平均值是百分之四十四的收成……约四分之一的地租，是采取缴交部分收成的方式；这尤其是在生态不稳定的地区，如华北和西北的干燥区。这种方式，是佃户与地主共享收成结果（大多是各拥有一半），也一起承担风险……缴交约定的金额；佃户卖掉部分收成，以现金缴交地租。

资料来源：[德] 尤尔根·奥斯特哈梅尔：《中国革命》，朱章才译，麦田出版股份有限公司 2000 年版，第 162 页。

②苛捐杂税特别是土地税加重了对农民的剥削

◎原四川军阀陈光藻指出，军阀向农民预征的田赋，有的预征五六年的粮赋，有的地方预征田赋已到民国一百多年：

各军兵员粮饷均在其防区内自由募集，对于军费一般是靠征收田赋，正税不足，便行预征，有一年预征五六年粮赋的。到 1935 年（民国二十四年）时，有些地方预征田赋已到民国一百多年的。除了预征田赋就是普种鸦片，征收烟款，遍设烟馆，抽收红灯捐。各军防区内还设水陆关卡，征收过道捐税。

资料来源：陈光藻：《四川军阀的最后一场混战》，见中国人民政治协商会议全国委员会文史和学习委员会编：《文史资料选辑》（第三十三辑），文史资料出版社 1963 年版，第 85 页。

◎国民政府的美籍财政顾问杨格指出，田赋附加的种类繁多，田赋附加税额超过田赋正额：

（田赋附加税，引者注）在 20 年代和 30 年代的内战期间更是节节上升。据统计，田赋有不少于 673 种各式各样的附加税，江苏有 147 种，浙江有 73 种。1933 年时，这些附加税比田赋正额多出 81%到 173%。虽然 1920 年的土地法规定已耕地不超过 1%，未耕过的荒地允许税率稍高，但税率仍是偏高了。

资料来源：[美] 阿瑟·恩·杨格：《1927 至 1937 年中国财政经济情况》，陈泽宪、陈霞飞译，中国社会科学出版社 1981 年版，第 75 页。

◎经济学家杨荫溥指出，江苏省如皋县的田赋附加为正税的 26 倍以上，1927 年至 1928 年，宜兴县的田赋附加增加了 3 倍多：

以江苏如皋县为例，正税年仅七万七千元，附加年收竟达一百三十七万元，几及征税的十八倍，再以同省海门县为例，正税年仅二万八千八百多元，附加年收则达七十五万四千多元，为正税的二十六倍以上。还必须指出，这些附加的突然增加是从国民党取得政权后开始的。只要看江苏宜兴县在 1927 年以前许多年田赋附加一直只有三项，为数仅三元三角五分；1928 年一年间就骤增为九项，税额亦提高到十四元七角九分，一年内增加了十一元一角四分，即增加了三倍多。

资料来源：杨荫溥：《民国财政史》，中国财政经济出版社 1985 年版，第 94 页。

◎经济学家杨荫溥指出：1927 年至 1936 年，10 年中盐税增加了 10 多倍：

（盐税，引者注）实收数从 1927 年的尚不到二千一百万元一跃而为 1936 年的几及二亿五千万元的庞大数字，十年中增加了十倍多。

而且，这些还只是列入正式财政岁入的数字，其不列入正式收数的附加，可能还有不少。以长芦盐税捐为例，1931 年当地盐价每担只约一点四元；但以运至豫境或平汉路一带的盐而言，每担除正税十二元外，各种附加倒有二十点八元，为原盐价的十四点九倍，为正税的一点七倍。这些附加为：产销捐六元，加征产销捐四元，军事捐四元，河工捐二元，脚力约二元，新加附加一点二元，麻袋费一元，麻绳费零点三元，做费零点二元，马后营零点一一五元。这些苛滥的附加税，更加重了劳动人民的负担。

资料来源：杨荫溥：《民国财政史》，中国财政经济出版社 1985 年版，第 54 页。

③高利贷剥削加剧农民生活的困苦

◎1930 年，廖凯声在江苏无锡农村调查发现，无锡的农户债务达十分之八九：

借贷，押当，起会，放账等高利贷资本和商业资本在无锡农村中具有雄厚的势力，十分之八九的农户差不多都负有债务。

资料来源：廖凯声：《无锡农村调查记略》，见陈翰笙、薛暮桥、冯和法合编：《解放前的中国农村》（第三辑），中国展望出版社 1989 年版，第 154 页。

◎农学家、农业经济学家冯紫岗在调查报告中指出，浙江兰溪农民负债率达 57.11%：

浙江兰溪调查的 2045 户中，负债 1168 户，占 57.11%，放款 160 户，占 7.82%。其中，地主兼自耕农负债户数比例较低，但也达到 32.52%，佃农最高，为 77.8%。

资料来源：冯紫岗：《兰溪农村调查》，国立浙江大学 1935 年编印，第 128—129 页。

◎德国历史学家尤尔根·奥斯特哈梅尔指出，负债和高利贷是中国农村最严重的社会问题：

借款是农民的另一种常见负担，特别是那些不用缴租金的自耕农。三十年代初，全国约百分之四十四的农户欠债。由于缺乏现代化的农业资金制度和债务法规，合作社制度又才开始，农民不得不忍受私人出借者的各种剥削。平均年利率在百分之三十；在经济落后的地区甚至于更高……

借来的钱，只有小部分用于生产。一些用来办理传统所规定的奢华红白事宜。其他则是出于急需，如收成不好、生病，或家庭失去一份劳动力。无力偿还的债务，是卖地产和随后的贫富两极化的普遍原因。而在三十年代的华北，到期失效的地产抵押，成为城市生意人致富的主要财源；他们因此累积庞大的地产。负债和高利贷，是中国农村最严重的社会问题。

资料来源：［德］尤尔根·奥斯特哈梅尔：《中国革命》，朱章才译，麦田出版股份有限公司 2000 年版，第 167—168 页。

④农民收入低，生活极端贫困

◎20 世纪 30 年代，中国各地的佃农一年到头辛勤耕种，却入不敷出，难得一饱：

（福建莆田，引者注）交租情形，普通是佃六、地主四。佃农通常能耕三亩田。每亩在莆田好的年可收七担（平常的只有近六担）谷，交地主租三担，余四担可卖十六元（好价时）。每亩肥料要四元。耕牛犁田二元二角，种子一元八角，其余外每亩只能剩七元，耕三亩田可得二十一元，这是最好的收获。天年不好，水旱来时，或患着疾病，那就要亏本了。故莆田农民若不兼做手工业或苦力，难得一饱。

资料来源：《照化巡视莆田的报告》，见中央档案馆、福建档案馆：《福建革命历史文件汇集》（省委文件一九二九年），1986 年编印，第 35 页。

（江西，引者注）每田一亩，收谷一担半至两担之谱，以刻下谷价计，可得四元至五元之代价。耕种工价约一元二三角，收获工价为七角至一元，种子约二三角，肥料约五角上下，田赋及捐税约三角至五角，耕牛工资约二角至三角。除去上项开支外，所得无几。

资料来源：《中国农村衰落之原因与其救济方法》，《申报月刊》第 1 卷第 4 号，1932 年 10 月 15 日。

成都平原……一个壮农佃耕水田 10 亩，大春每亩出产价 20.983 元，缴租价 16.74 元，由是水田 1 亩收入除缴租外可赚款 4.243 元。种水田 10 亩合共所得为 42.43 元，不过这数目中间包含有必需的生产费用，内计种子费 2.5 元、肥料 10 元、工资 16 元、伙食 20 元……总共生产费用 50 元。10 亩田的出产价除去缴租所得不敷生产费用达 7 元之多……

小春的收获……每亩出产价都不过 10 元左右，10 亩田约收百元，其中包括种子、肥料、耕畜等成本和其利息并企业利润……

有能力佃种 10 亩田地的，在成都平原还要算小康农户。普通要取得此经营业绩，佃来的成本就有相当可观。譬如缴押谢中需要七百数十元，购置农具、耕牛尚不算在内。……号称小康农户尚且如此，耕地不足或根本没有耕地的自更不待言。

资料来源：陈太先：《成都平原租佃制度之研究》，见萧铮主编：《民国二十年代中国大陆土地问题资料》（第 62 册），成文出版社有限责任公司、（美国）中文资料中心 1977 年版，第 32580—32582 页。

◎美国历史学家易劳逸指出，1927 年至 1937 年，中国农民一直处于赤贫的边缘，饥饿、疾病和死亡是他们永恒的伴侣：

不管普通农民是保持还是实际上改善了其经济条件，在南京十年开始之时，他的生活水准是不费很大争议的。他们在难熬的贫困中生活，一个劳动力比一头牛还便宜。在冬天他们常常要像动物一样尽可能多睡觉，以节省力气和食物。从统计学角度来说，他们所吃的食物一般能提供身体所需的卡路里，但是饥饿、疾病和死亡是他们永恒的伴侣。

……

R. H. 托尼（R. H. Tawney）在 1931 年写的著作《中国的土地与劳动力》，被当作我自己对国民党统治下农业情况的描述的基点。托尼说：“夸张是很容易的，贫穷是一回事，贫困到可怜的地步——悲惨——又是另一回事。一个坚强而自助的民族可以在贫瘠如石的土地上生存。但是，即使允许在看法上会有错误，也很难否认大部分中国农民一直处于赤贫的边缘这一结论。”在托尼写下这些字句的五年中，中国农民陷入了更为窘迫的境地。

资料来源：［美］易劳逸：《流产的革命：1927—1937年国民党统治下的中国》，陈谦平、陈红民译，中国青年出版社1992年版，第225—226页。

（2）工人遭受残酷剥削，极端困苦

◎1927年12月，中共福州市委的调查报告显示，福州造船厂工人工时长、工钱低，待遇和牛马一样：

造船厂工人约二千，工资有以日计算与以月计算两种。以日计算的每日工钱三角、四角、五角三种。以月计算的十元、十二元、十四元三种。工时十时以上，有时要做夜工。伙食吃自己的，待遇和牛马一样。

资料来源：《关于福州工人生活状况报告》，中央档案馆、福建档案馆：《福建革命历史文件汇集》（福州市委文件一九二七年—一九三二年），1985年编印，第3页。

◎1934年4月，安阳豫新纱厂对工人剥削到骨髓了，厂方每年可净赚384万元，而工人不仅工时长（长达12小时）、工资低（月工资多为八九元），而且待遇差（厂方可以任意处分工人，轻者是打骂，有时还要罚款，重者是开除，甚至任意克扣工钱和花红）：

我们的工作时间是十二小时，分日、夜两班，一个钟头也是不停的。每天起来六点上工，一直到天黑六点才换上那一班，那一班不见日头。作［做］工的工友们，早晚是在家里吃点东西，带着干粮在厂里吃，便是中饭。

我们全厂的人分工合作是可以每天出三十个上下的成线包。每年可出一万八千多包，一包的本钱是一百三十元，买价是一百八十六元，厂方每一包可赚六十六元。厂方每年可做三百五十二万八千元钱流水账，除去买花的本钱二百三十余万元和我们的一切的工钱二十一万元，材料项下的（皮带五千元、洋灰四百元、煤油五千元、××一万五千元，木板五百元，铁条和纸一万元，竹杆一千元），共×万×千×百元，消耗费和应酬费××元外，厂方是可以净赚三百八十四万零二百元。这是我们工人的血汗呀！现在开工××共赚一千零四万一千三百元。每年还可以分十万的红利，他们分的都是我们身上肉骨头的髓呀！我们所享到的待遇是什么？

每月一人最多的是十三四块，大多数是九块，小孩（童工）每月只有一块多的（不管吃），有二块钱的。还有当学徒的，实际上是和成年工人一样受苦，每月赔着饭，一个大钱也不给。日常里，我们有一点不小心，便被厂方任意处分，轻者是打骂，有时还要罚款，重者是开除，刮风暴雨或者家里有事不能去，不但要扣工钱，一年够三十天，便把年底的花红都不给了（十五天扣半年的）。厂方怕丢花，给每人发一个拾花的口袋，替他在做工的时候，把飞到掉在地上的花拾在口袋里。但是口袋坏了，换新口袋是要扣我们五分钱的工钱。纺洋纱的有一定数目，多纺了，赏三分，纺的不够定数，要罚一毛八分。当先生的头儿们非常可恶，他们看见我们把花掉在地上，马上拾起来，他说我们苦力有饭吃就不好好的干，非扣工钱挨饿不成，骂了还得扣工钱。我们向来到年底是发二个月花红，前年厂方说赔了，减发一月。去年不声不说的只发了二十天，并且中秋、端午两个大节的两毛赏钱也没有给。我们再不管他，那末［么］，一切赏钱、花红都会没有了。

资料来源：《安阳豫新纱厂工人通讯》，见中央档案馆、河南省档案馆：《河南革命历史文件汇集》（一九三四年），1984年编印，第424—426页。

◎1934年4月，河南焦作中原公司通过监工、路警等方式压制工人，工人最大的痛苦有厂方常拖欠工资，老板、监工、工头任意打骂工人，从事重体力工作却没有工作六天休息一天的待遇等：

三、工厂管理分三个等级统治工人，每十人左右有一个工头，工头上面有监工，监工上面有老板。压迫工人最凶的即是监工和老板，工人恨之入骨。他们任意打骂工人。工头工资比工人多得有限，且多领他的亲近工人作［做］工，故尚非工人所最痛苦［恨］。此外尚有路警一百二十余人，看守井口及煤厂附近。

……

六、工人目前最大的痛苦：第一，是不按期领工资，以前五天一发，现在二十天或一月还不发，甚至一月只发十天或半月，其余拖欠着。第二，是老板、监工、工头的打骂。第三，是要求做工六天有一天的休息，并要发工钱，因为工作太重，继续做工做不下。第四，要求大家都上工，现在三分之一的工人都散回家，其余工人轮流着上工。其余如要求组织工会、增加工资、改良厂内设备、发给花红等。

资料来源：青忱：《河南焦作中原公司工人生活状况》，中央档案馆、河南省档案馆：《河南革命历史文件汇集》（一九三四年），1984年编印，第432—435页。

（3）民族工商业陷入严重危机

◎国民党政权的压榨，征收苛重的捐税，使民族工商业获利困难，陷入严重危机：

民十四至十六，此三年间，华商烟厂，风起云涌，而十七年后，忽转失败，其关键全在缴税之不平等，盖是年国民政府举办卷烟统税，华制品税额比较舶来品增收2.5%，况舶来品进口，否认2.5%奢侈税，则华制品实际上增收统税

5%。而同时英美烟公司闻以先垫税款之故，又得某种优越权利，华厂处此情势之下，自必难以立足。

资料来源：上海特别市社会局编：《上海之工业》，中华书局1930年版，第101—102页。

四川防区分制，各军暴敛横征，商民窘苦，实非笔墨所能罄述，兹略举丝业一端，由产地至重庆500余里内所经之关卡征额，以概共余。

川中产丝，以川北之三台县为中心，每丝一担（重100斤），在三台田颂尧防区内，须征统捐4元，杂捐6元余。去200里至遂宁，为边防军李其相防区，于此200里内分太镇、遂宁、安居设三关卡，各抽护商印花查验等费，每关约7元，后经丝商再三请求，始合并于遂宁一处，共收护商等费，每担14.5元。在遂宁约200里至合川，为二十八军陈书农防区，于合川抽统捐7.5元，印花查验0.4元，又于合川下游数十里内分大河坝、三河溪、北碚等处分设关卡，各征护商印花查验等费10元有余，本年经丝商再三请求，始允于合川设联合收税收护商费19.5元，统捐7元。去合川约200余里，至重庆为二十一军刘湘防区，于离渝城20余里之磁器口、10余里之香国寺设机关二处，各征所谓护商印花，查验江防渝夔护商、渝北护商等等名目，各共30余元，于是始至重庆，又征进口税11元零，统捐7.5元。此川丝自产地三台历500余里之节节抽征，大概如此。每丝百斤运至上海，售价不过500～600元，而自产地经500余里至重庆出口，共须纳税140～150元。至寸寸关卡，步步留难，600里地非20余日不能到，此中千苦万辛，更有非文字所能表达也。

资料来源：《封建割据刮削下的四川蚕丝业》，见陈真、姚洛合编：《中国近代工业史资料》（第一辑），三联书店1957年版，第714页。

二、中国革命新道路的艰难探索

（一）走农村包围城市、武装夺取政权道路的可能性

◎1928年10月5日，毛泽东科学地论证了红军和红色政权在中国存在和发展的5个条件：（1）中国是一个经济政治发展不平衡、受帝国主义间接统治的半殖民地半封建的大国；（2）第一次国内革命战争影响的遗留，为农村革命根据地的存在和发展准备了群众基础；（3）全国革命的形势是在向前发展的；（4）有相当数量的正式红军的存在；（5）共产党组织的有力量和政策的不失误：

一国之内，在四围白色政权的包围中，有一小块或若干小块红色政权的区域长期地存在，这是世界各国从来没有的事。这种奇事的发生，有其独特的原因。而其存在和发展，亦必有相当的条件。第一，它的发生不能在任何帝国主义的国家，也不能在任何帝国主义直接统治的殖民地，必然是在帝国主义间接统治的经济落后的半殖民地的中国。因为这种奇怪现象必定伴着另外一件奇怪现象，那就是白色政权之间的战争。帝国主义和国内买办豪绅阶级支持着的各派新旧军阀，从民国元年以来，相互间进行着继续不断的战争，这是半殖民地中国的特征之一。不但全世界帝国主义国家没有一国有这种现象，就是帝国主义直接统治的殖民地也没有一处有这种现象，仅仅帝国主义间接统治的中国这样的国家才有这种现象。这种现象产生的原因有两种，即地方的农业经济（不是统一的资本主义经济）和帝国主义划分势力范围的分裂剥削政策。因为有了白色政权间的长期的分裂和战争，便给了一种条件，使一小块或若干小块的共产党领导的红色区域，能够在四围白色政权包围的中间发生和坚持下来。湘赣边界的割据，就是这许多小块中间的一小块。有些同志在困难和危急的时候，往往怀疑这样的红色政权的存在，而发生悲观的情绪。这是没有找出这种红色政权所以发生和存在的正确的解释的缘故。我们只须知道中国白色政权的分裂和战争是继续不断的，则红色政权的发生、存在并且日益发展，便是无疑的了。第二，中国红色政权首先发生和能够长期地存在的地方，不是那种并未经过民主革命影响的地方，例如四川、贵州、云南及北方各省，而是在1926和1927两年资产阶级民主革命过程中工农兵士群众曾经大大地起来过的地方，例如湖南、广东、湖北、江西等省。这些省份的许多地方，曾经有过很广大的工会和农民协会的组织，有过工农阶级对地主豪绅阶级和资产阶级的许多经济的政治的斗争。所以广州产生过三天的城市民众政权，而海陆丰、湘东、湘南、湘赣边界、湖北的黄安等地都有过农民的割据。至于此刻的红军，也是由经过民主的政治训练和接受过工农群众影响的国民革命军中分化出来的。那些毫未经过民主的政治训练、毫未接受过工农影响的军队，例如阎锡山、张作霖的军队，此时便决然不能分化出可以造成红军的成分来。第三，小地方民众政权之能否长期地存在，则决定于全国革命形势是否向前发展这一个条件。全国革命形势是向前发展的，则小块红色区域的长期存在，不但没有疑义，而且必然地要作为取得全国政权的许多力量中间的一个力量。全国革命形势若不是继续地向前发展，而有一个比较长期的停顿，则小块红色区域的长期存在是不可能的。现在中国革命形势是跟着国内买办豪绅阶级和国际资产阶级的继续的分裂和战争，而继续地向前发展的。所以，不但小块红色区域的长期存在没有疑义，而且这些红色区域将继续发展，日渐接近于全国政权的取得。第四，相当力量的正式红军的存在，是红色政权存在的必要条件。若只有地方性质的赤卫队而没有正式的红军，则只能对付挨户团，而不能对付正式的白色军队。所以虽有很好的工农群众，若没有相当力量的正式武装，便决然不能造成割据局面，更不能造成长期的和日益发展的割据局面。所以“工农武装割据”的思想，是共产党和割据地方的工农群众必须充分具备的一个重要的思想。第五，红色政权的长期的存在并且发展，除了上述条件之外，还须有一个要紧的条件，就是共产党组织的有力量和它的政策的不错误。

资料来源：毛泽东：《中国红色政权为什么能够存在？》，见《毛泽东选集》（第一卷），人民出版社 1991 年版，第 48—50 页。

（二）走农村包围城市、武装夺取政权道路的必要性

1. 半殖民地半封建的国情决定中国革命没有和平道路可走，只能以长期的武装斗争为主要形式

◎时任中共湖南省委书记彭公达向中共中央汇报湘赣边秋收起义经过，详细陈述了毛泽东和易礼容在 1927 年 8 月 18 日召开的湖南省委第一次会议上，主张农民暴动需要军队起义来配合，指出党应特别注意军事运动，再次强调在枪杆子上夺取政权：

泽东和礼容的意见：（1）湖南的秋收暴动的发展，是解决农民的土地问题，这是谁都不能否认，但要来制造这个暴动，要发动暴动，单靠农民的力量是不行的，必须有一个军事的帮助，有一两个团兵力，这个暴动就可起来，否则终归于失败。（2）暴动的发展是要夺取政权，要夺取政权，没有兵力的拥卫或去夺取，这是自欺的话。我们党从前的错误，就是忽略了军事，现在应以百分之六十的精力注意军事运动。实行在枪杆子上夺取政权，建设政权。

资料来源：《彭公达同志关于湖南秋暴经过的报告》，见中共湖南省委党史资料征集研究委员会《湘赣边界秋收起义》协作组编：《湘赣边界秋收起义》，湖南人民出版社 1987 年版，第 97 页。

◎1939 年 12 月，毛泽东在《战争和战略问题》一文中指出，中国的特点是半殖民地半封建社会的国家，外无独立，内无民主，因此，中国革命的主要斗争形式是战争，中国共产党的主要任务是组织武装斗争：

中国的特点是：不是一个独立的民主的国家，而是一个半殖民地的半封建的国家；在内部没有民主制度，而受封建制度压迫；在外部没有民族独立，而受帝国主义压迫。因此，无议会可以利用，无组织工人举行罢工的合法权利。在这

里，共产党的任务，基本地不是经过长期合法斗争以进入起义和战争，也不是先占城市后取乡村，而是走相反的道路。

……

所有这些，表示了中国和资本主义国家的不同。在中国，主要的斗争形式是战争，而主要的组织形式是军队……

……中国无产阶级政党的主要的和差不多开始就面对着的任务，是联合尽可能多的同盟军，组织武装斗争，依照情况，反对内部的或外部的武装的反革命，为争取民族的和社会的解放而斗争。在中国，离开了武装斗争，就没有无产阶级和共产党的地位，就不能完成任何的革命任务。

在这一点上，我们党从一九二一年成立直至一九二六年参加北伐战争的五六年内，是认识不足的。那时不懂得武装斗争在中国的极端的重要性，不去认真地准备战争和组织军队，不去注重军事的战略和战术的研究。在北伐过程中，忽视了军队的争取，片面地着重于民众运动，其结果，国民党一旦反动，一切民众运动都塌台了。

资料来源：毛泽东：《战争和战略问题》，见《毛泽东选集》（第二卷），人民出版社1991年版，第542—544页。

◎1939年12月，毛泽东在《中国革命和中国共产党》一文中指出，半殖民地半封建社会的基本国情决定了中国革命的主要形式不能是和平的，必须是长期的武装斗争：

中国革命的敌人不但有强大的帝国主义，而且有强大的封建势力，而且在一定时期内还有勾结帝国主义和封建势力以与人民为敌的资产阶级的反动派……

在这样的敌人面前，中国革命的长期性和残酷性就发生了……

在这样的敌人面前，中国革命的主要方法，中国革命的主要形式，不能是和平的，而且必须是武装的，也就决定了。因为我们的敌人不给中国人民以和平活动的可能，中国人民没有任何的政治上的自由权利。

资料来源：毛泽东：《中国革命和中国共产党》，见《毛泽东选集》（第二卷），人民出版社1991年版，第634—635页。

◎1964年6月23日，毛泽东同智利新闻工作者代表团谈话的时候，回忆中国共产党成立后曾准备走和平斗争的道路，但是由于国民党反动派搞白色恐怖，大肆屠杀共产党员，所以，中国共产党才选择了武装斗争的革命道路：

有了共产党以后，就进行了革命战争，那也不是我们要打，是帝国主义、国民党要打。一九二一年，中国成立了共产党，我就变成共产党员了。那时候，我们也没有准备打仗。我是一个知识分子，当一个小学教员，也没有学过军事，怎么知道打仗呢？就是由于国民党搞白色恐怖，把工会、农会都打掉了，把五万共产党员杀了一大批，抓了一大批，我们才拿起枪来，上山打游击。

资料来源：毛泽东：《支持被压迫人民反对帝国主义的战争》，见《毛泽东外交文选》，中央文献出版社、世界知识出版社 1994 年版，第 530 页。

2. 中国的反革命势力长期占领中心城市，而广大的农村是他们统治的薄弱环节

◎1927 年 12 月 10 日，瞿秋白撰写《武装暴动的问题》一文，结合大革命失败后的实际，从理论上探讨了中国革命形式问题，明确提出中国革命不能“夺取首都，一击而中”，要发动农村游击战争等正确看法：

中国革命现时的阶段，显然到了工农武装暴动的时期，所以暴动的策略与一般斗争的方式，成了最紧迫严重的问题。……中国豪绅资产阶级因为资本主义发展的落后，不能成为一个整个儿阶级势力，他们内部分裂冲突，而没有组织成全国中央集权政府的能力。因此，革命不能有夺取“首都”，一击而中的发展形势。……现在各地的农民暴动的斗争方式，必须确切地了解游击战争的意义和明显地树立创造革命地域的目标……进一步创立革命的地域……使革命势力汇合起来，创造尽可能的大范围内工农政权胜利的局面。

资料来源：瞿秋白：《武装暴动的问题》，见《瞿秋白文集·政治理论编》（第五卷），人民出版社 1995 年版，第 156—161 页。

◎1929 年 6 月，周恩来在中共六届二中全会上指出，中国不同于西欧各国，由于经济发展不平衡，在中国找不到一个大城市的经济力量可以统治全国，而各地经济力量可以独立存在，因此，中国革命必须要有广大的苏维埃区域和红军的帮助才能取得胜利：

以为中国像西欧各国一样，大城市的经济力量可以统治全国，所以大城市暴动成功以后可以影响小城市及乡村；而在中国，则找不到一个大城市的力量可以统治全国的。中国可以划分为许多小国，他们的经济力量都可以独立的。所以中国革命要胜利，必须要有红军，必须要有广大的苏维埃区域的帮助。

资料来源：周恩来：《中共六届二中全会的政治问题报告》，转引自中共中央文献研究室编：《周恩来传》，中央文献出版社 2008 年版，第 199 页。

3. 农民是中国民主革命的主力军，中国反帝反封建的民主革命只有发动广大农民，才能夺取胜利

◎1927 年 8 月 7 日，中共八七会议明确指出，中国封建势力与帝国主义相勾结，成为帝国主义统治奴役中国的社会基础和政治基础，因此，废除封建制度，实行土地革命，是中国民主革命的必要条件；土地革命越坚决越激烈，越能调动农民参加革命的积极性，民主革命的胜利就越巩固：

帝国主义对于中国的压迫，极大部分是依据于中国经济的落后，依据于农村中的封建关系。中国社会经济关系及政治制度中的封建制度遗毒，是外国资本无限的剥削中国民众之最好的依据。帝国主义维持着地主豪绅及封建式的行政机关，封建阶级又在维持帝国主义对于中国的统治。所以非常之明显的是：反帝国主义的解放运动，同时就在以全力反对地主豪绅的政权。封建制度破坏，就是对于帝国主义在中国的统治加以严重的致命的打击；而要破坏这一封建制度，又只有用剧烈的土地革命的方法。农民反对地主豪绅及强盗式的政府机关之阶级斗争，是民族的解放运（动）之必要条件和不可分离的成分。土地革命愈坚决愈剧烈，农民群众加入斗争的愈多，歼灭地主豪绅的统治愈严厉——则国民运动的规模愈广大，国民运动的胜利愈巩固。

资料来源：《中国共产党中央执行委员会告全党党员书》，见中央档案馆编：《中共中央文件选集》（第三册），中共中央党校出版社 1989 年版，第 256 页。

◎1927 年 8 月 29 日，《两湖暴动计划决议案》明确指出，土地革命必须依靠农民阶级，才能取得武装斗争的胜利；而单纯依靠军队的武装起义，是一种军事冒险，是机会主义的表现：

二、两湖的暴动尚未开始，在时间上已经是失败，这是犹豫不决与不相信农民的群众力量的结果，如此便要丧失革命。

三、土地革命必须依靠真正的农民的群众力量，军队与土匪不过是农民革命的一种副力，坐待军队与土匪的行动，或许纯全依靠军队的行动而忽略农民之本身之组织力量与行动，这也是机会主义的一种形式的表现。这样领导暴动，暴动无疑义的要归于失败。这不是暴动，这是一种军事的冒险，或者军事投机。

资料来源：《两湖暴动计划决议案》，见中央档案馆编：《中共中央文件选集》（第三册），中共中央党校出版社 1989 年版，第 363 页。

◎1927 年 11 月 16 日，瞿秋白在《中国革命是什么样的革命？》一文中明确指出，无产阶级领导中国新民主主义革命，必须联合民主革命的伟大力量——中国农民，革命的任务，首先便是土地革命：

可以断然的说：中国的国民革命并没有完。中国的国民革命的任务，并且必须工人阶级负起全副的责任，联合最澈底的民权革命的伟大力量——中国的农民，来实行。……

所以中国革命虽然现在已经是要革国民党的命，已经是工农的革命，然而他的任务仍旧首先便是国民革命——土地革命。澈底的土地革命，本来是民权主义的性质；只有澈底的革命——铲除中国的半封建的土地关系，铲除帝国主义剥削中国几万万农民的一切种种走狗的革命，才是真正的国民革命。这一革命的性质，由他的主要领导者来说，如今更显然是工人阶级（共产党）领导的革命，由他的社会内容来说，却还首先是澈底的民权主义革命。

资料来源：瞿秋白：《中国革命是什么样的革命？》，见中央档案馆编：《中共中央文件选集》（第六册），中共中央党校出版社1989年版，第638—639页。

◎1939年12月，毛泽东在《中国革命和中国共产党》一文中明确指出，农民是中国革命的主力军：

在这种情形下面，由于中国经济发展的不平衡（不是统一的资本主义经济），由于中国土地的广大（革命势力有回旋的余地），由于中国的反革命营垒内部的不统一和充满着各种矛盾，由于中国革命主力军的农民的斗争是在无产阶级政党共产党的领导之下，这样，就使得在一方面，中国革命有在农村区域首先胜利的可能。

资料来源：毛泽东：《中国革命和中国共产党》，见《毛泽东选集》（第二卷），人民出版社1991年版，第635页。

（三）农村包围城市、武装夺取政权道路的开辟

1. 以城市为中心的武装斗争理论和实践

◎1927年8月23日，中共中央复函湖南省委，指出秋收起义无论是从长沙发动还是从湘中发动、湘南发动，都以攻打湖南的省会城市长沙为最终目标：

应以农民军事力量最大的地方，并且是战争地势最便利的地方为发动点；可以湘南为一发动点；长沙为一发动点；长沙之发动，须先从长平浏一常（带）及潭醴衡一带有充分的准备（民众的和军事的），同时在长沙城应有充分的政治宣传，与群众的组织的准备。在宝庆一带如有可能，亦可做一暴动点。湘中发动，集中军力，扑城取长沙；湘南发动与湘中联合来攻唐许，并夺取唐许的武装，然后向长沙发展，会合湘中湘南的力量，取得政权。

资料来源：《中央复湖南省委函》，见中央档案馆编：《中共中央文件选集》（第三册），中共中央党校出版社1989年版，第350—351页。

◎1927年11月9日至10日，瞿秋白在上海召集中央临时政治局扩大会议，决定把全党的工作中心转移到领导工人组织城市暴动上去：

城市工人暴动的发动是非常之重要；轻视城市工人，仅仅当做一种响应农民的力量，是很错误的；党的责任是努力领导工人日常斗争，发展广大群众的革命高涨，组暴织（织暴）动，领导他们到武装暴动，使暴动的城市能成为自发的农民暴动的中心及指导者。城市工人的暴动是革命的胜利在巨大暴动内得以巩固而

发展的先决条件。

资料来源：《中国现状与共产党的任务决议案》，见中央档案馆编：《中共中央文件选集》（第三册），中共中央党校出版社1989年版，第457页。

◎1927年11月25日，根据中共中央发动广州起义的精神，广东省委制定了相应的起义方案，要求广东全省各县农民在年尾一起暴动，各地农民暴动都与广州工人暴动联合，汇集成夺取全省政权的总暴动：

4. 全省各县农民应在这军阀战争、交冬租、年尾还债时期，一致起来暴动。要从各地各个暴动发展到联合成一个总暴动。各地农民暴动要与广州工人联络成夺取全省政权的总暴动。

5. 因此各地农民暴动的潮流应导之使趋向政治、经济及无产阶级中心之广州。紧急通告中，暴动计划第一项所说，海陆丰暴动“应向潮、梅方面发展”系误，应改正；东江暴动应领导其向惠州方面发展（自然普宁、潮阳等处之暴动仍须尽力发展）；琼崖暴动应与高、雷联串向江门发展；西江各属沿西江向三水发展。使各方都与广州中心联合。是以广属及广州四郊农运亦须放最重要之地位，而受极端注意。

资料来源：《中共广东省委通告第二十五号》，见中央档案馆编：《广州起义（资料选辑）》，中央党校出版社出版1982年版，第30页。

◎1928年9月22日，中共中央致信湖北省委，对湖北省委的工作提出严厉批评，指出农村的武装割据离开了城市这个工作中心，革命难以取得胜利；明确反对乡村包围城市的道路，要求湖北省委注意城市的工作，纠正这种危险的倾向：

你们对于湖北今年秋收斗争的前途方针——几个局部的割据，估计得过高而且不正确。……

尤其是城市完全没有工作，武汉三镇及铁路工作久已塌台，外县城市工作，更是党部在农民意识支配之下，久已根本放弃。这样在革命势力的配合上没有城市，在政治上和组织上没有无产阶级的领导，那么，纵令农村中有点基础，农民暴动仍是很难胜利的，偶然胜利，也是没有保障的。……

……再者你们总计划中，在斗争的布置上有用乡村包围城市的企图（如以监利、沔阳、石首等县包围沙市，以秭归、宜都、长阳、枝江等县包围宜昌，以及各区向武汉发展），这种倾向是极危险的，在客观上不啻暗示一般同志轻视或放弃城市工作。省委应很严重的注意各大城市的工作，同时严格纠正这种危险的倾向。

资料来源：《中央关于湖北工作问题的指示》，见中国工农红军第四方面军战史编辑委员

会编：《中国工农红军第四方面军战史资料选编》（鄂豫皖时期·上），解放军出版社1993年版，第152页。

◎1929年2月5日，中共中央在给福建省委的信中，总结闽西斗争失败的原因，认为没有城市工作是失败的主要原因之一，并再次强调城市是政治经济中心：

没有城市工作，是此次闽西斗争失败的主要原因之一。城市是政治经济中心，假如城市工人不起来，取得城市的政权，领导农民实行土地革命，我们的力量在乡村不论如何大终难到长期的胜利。闽西过去对于城市工作没有充分注意，我们在城市的力量极其薄弱，斗争一起来，城市不但不起领导作用，甚至不能响应，我们打进永定县城而不能保障，与进攻龙岩县城之失败，就是因为城内的工人贫民没有起来，以致农民陷于孤立的原故。

资料来源：《中央给福建省委的指示信》，见中央档案馆编：《中共中央文件选集》（第五册），中共中央党校出版社1990年版，第25页。

◎1929年4月5日，毛泽东给中共中央的信中仍明显地将农村斗争置于城市斗争的辅助和配合地位：

无产阶级领导是革命的唯一关键，党的无产阶级基础之建立，大区域产业支部之创造，正是目前党在组织方面的最大任务，但同时农村斗争的发展，小区域苏维埃之建立，红军之创造与扩大，亦是帮助城市斗争、促成革命潮流高涨的条件。所以抛弃城市斗争沉溺于农村游击主义是最大的错误，但畏惧农民势力发展，以为将超过工人的领导而不利于革命，如果党员中有这种意见，我们以为也是错误的。

资料来源：毛泽东：《红军第四军前委给中央的信》，见《毛泽东文集》（第一卷），人民出版社1993年版，第55页。

◎1929年7月14日，中共中央在给鄂东北特委的信中，批评鄂东北党部的工作方向错误，指出鄂东北党部的工作地域和精神应该由单纯的乡村转变到着重城市，强调城市是一切政治经济的中心：

过去鄂东北党部的工作，在总的精神上都没有依照着这些策略路线，并没有走向正确的工作方向，我们在没有指出具体的工作方法之前，首先要指出鄂东北总的工作精神之应有的转变。

……

因为有了这种原则上的转变，所以第二在工作地域上便应该由单纯的乡村转变到着重城市。过去鄂东北党部只做了乡村的工作，在重要城市中都没有基础，有时反而跟着农民意识而妨碍了城市工作（如火焚七里坪），不顾计工人及城市贫民的利益。我们不是说乡村工作不应该做，乃是说我们党的基础——革命胜利的基础是要靠城市工作的发展。只有城市工作发展之后，无产阶级的领导才能以巩固。并且，城市是一切政治经济的中心，他可以领导乡村，得着了城市，乡村便可以很快的起来。所以在我们的工作过程中，应当坚决的相信，在城市工人（虽然没有产业工人）中建立一个支部，比在农村中发展几支枪，发展几十同志都要宝贵。鄂东北在城市的工作太削弱了，京汉路上的工人，各重要车站的工人，尤其重要。要在这里相当的集中我们的人力与财力，务要使总的工作精神由单纯的乡村转变到着重城市。

资料来源：《中央给鄂东北特委的指示信》，见中央档案馆：《中共中央文件选集》（第五册），中共中央党校出版社 1990 年版，第 364—366 页。

◎1944 年 3 月 3 日至 4 日，周恩来在延安中央党校作报告时指出，中共六大时，党把主要的力量放在城市，主要依据共产国际的文献以及俄国 1905 年至 1907 年革命和太平天国农民起义的历史经验；由于理论水平和经验的不足，党对革命发展不平衡的问题没有很好地分析，所以不可能产生乡村中心的观点和思想；在 1930 年之前，毛泽东也是把党的工作中心放在城市，将农村斗争置于城市斗争的配合地位：

（六大时，引者注）我们对革命发展不平衡的问题没有很好分析，同这个问题相联系的“乡村中心”“乡村战胜城市”的观点也没有产生。依据当时的实际情况与理论水平，要求“六大”产生一个以无产阶级领导、以乡村作中心的思想是不可能的。当时虽然有了农民游击战争，但我们这种经验还不够，还在摸索。我也根据历史的经验与当时的情况研究了一下，太平天国是从乡村中发动的，占了南京才有以后的局面。还有一种“流寇”式的农民游击战争，没有占城市，终归失败。这些使我感到要以城市作中心方能长期存在。俄国一九〇五——九〇七年革命失败后，农村也没有高潮，而且农村的革命运动比城市的工人运动更快地低落下。至于其他的小国家更不用说。所以在历史上无论中外都找不到农村包围城市的经验。从我国当时实际情况来看，正是处于整个农村革命的游击运动非常困难的时期，蒋桂战争还未爆发，想在这种情况下肯定以乡村作中心是不可能的。

……

毛泽东同志对这个问题的认识也是有其发展过程的。大革命前，有一次恽代英同志看到陶行知他们搞乡村工作，写信给毛泽东同志。毛泽东同志回信说：我们现在做城市工人工作还忙不过来，那有空去做乡村工作。一九二五年他回家养病，在湖南作了一些农村调查，才开始注意农民问题。在“六大”那时候，关于要重视乡村工作、在农村里搞武装割据的重要与可能等问题，毛泽东同志是认识到了的，而“六大”则没有认识。但是，关于把工作中心放在乡村，共产党代表无产阶级来领导农民游击战争，我认为当时毛泽东同志也还没有这些思想，他也还是认为要以城市工作为中心的。开始他还主张在闽浙赣边创造苏区来影响城市工作，配合城市工作，到给林彪的信中才明确指出要创造红色区域，实行武装割据，认为这是促进全国革命高潮的最重要因素，也就是要以乡村为中心。

资料来源：周恩来：《关于党的“六大”的研究》，见《周恩来选集》（上卷），人民出版社 1980 年版，第 177—179 页。

2. 从进攻城市到向农村进军的艰难转变

◎时任工农革命军第一军第一师第三团团长苏先俊在报告浏阳、平江、岳阳作战经过时，如实陈述了毛泽东率领的秋收起义部队按计划进攻长沙，起义部队在浏阳、芦溪遭遇失败后，不得不退往宁冈县井冈山地区保持革命力量：

九月七日接安源同志通告，知湖南革命委员会已组织成立，并决调各处军队进攻长沙。十日毛泽东同志来铜鼓，即组织前敌委员会，以毛泽东同志为书记，先俊等为委员。十一日修水第一团及新编之第四团向平江进发，第三团向浏阳前进，安源、醴陵部队向老关进攻。十二日第三团击败浏阳之敌后，即驻东门市。安源部队攻破醴陵后复于十六日进占浏阳城。湘东各处敌军皆纷纷退却。讵意第一团忽为假意输诚之第四团击败，第三团亦受挫于东门市，军威因是不振。一、三团败后，入驻浏阳之安源部队乃孤立无援，四面受敌，十七日为敌袭击，竟致溃不成军。是日前敌委员会议决退往湘南。二十四日抵芦溪（距安源三十里）宿营。因军事长官之疏忽，侦探不力，翌早出发为敌人追及，计是役损失步枪二百余，死伤同志数十，卢德铭亦失踪（卢德铭牺牲，引者注）。芦溪败后即经莲花退往宁冈县属之龙头市，该处计有农军五百左右，领袖为王佐、袁文才二同志，名称则暂用中央直辖第二方面军警卫团第一、二营。该地多崇山峻岭，袁、王二同志复习绿林生活，逆料不至为人所灭。

资料来源：《苏先俊报告——关于浏阳、平江、岳阳作战经过报告书》，见中共湖南省委党史资料征集研究委员会《湘赣边界秋收起义》协作组编：《湘赣边界秋收起义》，湖南人民出版社 1987 年版，第 77—78 页。

◎何长工回忆，1927 年 9 月 19 日晚，秋收起义部队在文家市召开前敌委员会，毛泽东在会上主张改变攻打长沙的计划，转移到敌人统治力量薄弱的农村中去，到罗霄山脉中段当“山大王”。在卢德铭总指挥的坚决支持下，前委大多数同志都支持毛泽东同志的正确主张，开始向井冈山的伟大进军：

会开了一整夜，是个“定向”的会议。在会上毛泽东同志分析形势，认为敌大我小，敌强我弱，革命转入低潮，起义部队遭到挫折，敌人的主要力量在城市，目前我们攻占中心城市已不可能，要改变攻打长沙的计划，转移到敌人统治力量薄弱的农村中去，才能保存我们的力量。在农村深入土地革命，发动农民群众，坚持武装斗争，并发展革命力量。

那么，到什么地方比较适宜呢？

毛泽东同志拿着一份从学校借来的地图，指着湘赣边界山形最宽的部分，用生动形象的譬喻说：这里像眉毛一样的地方，是罗霄山脉中段，最适合做我们的落脚点，我们要到那里去当“山大王”。

罗霄山脉地处湖北、湖南、江西、广东四省的交界，由北而南，形成江西、湖南两省的分界线。其北段，地势步入中段险要，太靠近大城市，敌人统治力量比较强。南段，地势比北段好，但群众基础不如中段。中段地势险要，崇山峻岭，峭壁林立，林丰树茂，进可以攻，退可以守；由于离大城市较远，是敌人统治力量比较薄弱的地方，而革命一举一动又可以影响到湘赣两省的南部，有很大的政治意义；这里有自给自足的自然经济，有较好的群众基础，特别是井冈山地区，是积草屯粮、养兵集众、积蓄革命力量的好地方。

听了毛泽东同志对形势的分析，大多数同志同意毛泽东同志的主张，也有一些同志不同意毛泽东同志的意见，觉得革命了半天，却革到山上做“山大王”了，这叫什么革命呢。毛泽东同志耐心地说：我们这个“山大王”，是代表人民利益的工农武装。中国政治不统一，经济发展不平衡，矛盾很多，我们要找敌人统治薄弱的地方。毛泽东同志的话，通俗易懂，包含着极其深刻的真理。卢德铭总指挥坚决支持毛泽东同志的主张，他说，毛委员讲得对，现在交通要道和城市不是我们占领的地方，如果攻打长沙，就有全军覆没之险。

经过工作，前委大多数同志都支持毛泽东同志的正确主张，但却遭到了师长余洒度的极力反对。他看不到革命形势的变化，看不到向农村转移的重要意义，在敌强我弱的形势下，幻想在城市一举取得成功，坚持“取浏阳直攻长沙”的错误主张，实质是军事冒险主义。对余洒度的错误主张，毛泽东同志据理力争，并进行了严肃批评。特别是卢德铭同志投了赞成票之后，大多数同志因仰慕卢总指挥的才干和为人，纷纷举手赞同，他的支持，对向罗霄山脉进军起到了重要作用。

……

毛泽东同志正式在革命处于最危险的时刻，领导我们进行从城市到农村的战略转移，开始向井冈山的伟大进军。

资料来源：何长工：《何长工回忆录》，解放军出版社1987年版，第94—99页。

◎1929年3月，蒋桂战争爆发，湘鄂西前委计划乘此机会向下游发展，以图占领常德、宜昌。周恩来认为湘鄂西前委的计划不切实际，应该继续在乡村发动群众，深入开展土地革命，巩固并扩大农村革命根据地：

你们来信说，红军拟向下游发展，将来以湘西之常德或鄂西之宜昌为目的地，这种计划还太大而不切实。目前所应注意者，还不是什么占领大的城市，而是在乡村中发动群众，深入土地革命。故你们此时主要的任务，还在游击区域之扩大，群众发动之广大，决不应超越了主观的力量（主要的还是群众的力量，不应只看见武装的力量），而企图立刻占领中心工商业的城市。

资料来源：周恩来：《关于湘鄂西苏区发展的几个问题》，见《周恩来选集》（上卷），人民出版社1980年版，第17—18页。

◎1929年9月，周恩来在给红四军前委的信中明确指出，先有农村红军，后有城市政权，是中国革命的特征，这是中国经济基础的产物：

红军存在于反动政局走向崩溃及土地革命向前发展的过程中，中国的地势辽阔也是一个条件，从你们过去的艰苦经验中就可以证明。先有农村红军，后有城市政权，这是中国革命的特征，这是中国经济基础的产物。如有人怀疑红军的存在，他就是不懂得中国革命的实际，就是一种取消观点。如果红军中藏有这种取消观念，于红军有特殊的危险，前委应该坚决地予以斗争，以教育的方法肃清。……

目前红军的基本任务主要有以下几项：一、发动群众斗争，实行土地革命，建立苏维埃政权；二、实行游击战争，武装农民，并扩大本身组织；三、扩大游击区域及政治影响于全国。

资料来源：周恩来：《中共中央给红军第四军前委的指示信》，见《周恩来选集》（上卷），人民出版社1980年版，第32—33页。

3. “工农武装割据”思想的实践

(1) 武装斗争是中国民主革命的主要斗争形式，是进行土地革命，巩固和发展革命根据地的最有力的工具

◎1928年10月5日，毛泽东在《中国的红色政权为什么能够存在？》一文中明确指出，武装斗争是割据的前提条件：

所以虽有很好的工农群众，若没有相当力量的正式武装，便决然不能造成割据局面，更不能造成长期的和日益发展的割据局面。……

……当时党的特委和军委的政策是：坚决地和敌人作斗争，创造罗霄山脉中段政权，反对逃跑主义；深入割据地区的土地革命；军队党帮助地方党的发展，

正规军队帮助地方武装的发展；集中红军相机应付当前之敌，反对分兵，避免被敌人各个击破；割据地区的扩大采取波浪式的推进政策，反对冒进政策。因为这些策略的适当，加上地形之利于斗争，湘赣两省进攻军队之不尽一致，于是才有四月至七月四个月中的各次胜利。虽以数倍于我之敌，不但不能破坏此割据，并且不能阻止此割据的日益扩大，此割据对湘赣两省的影响则有日益加大之势。

资料来源：毛泽东：《中国的红色政权为什么能够存在？》，见《毛泽东选集》（第一卷），人民出版社 1991 年版，第 50—51 页。

◎1928 年 11 月 25 日，毛泽东在《井冈山的斗争》一文中明确指出，中国革命的一种特征是武装斗争，武装斗争是割据的前提条件，没有武装斗争，就没有根据地，并建议中共中央大力做军事运动：

边界的斗争，完全是军事的斗争，党和群众不得不一齐军事化。怎样对付敌人，怎样作战，成了日常生活的中心问题。所谓割据，必须是武装的。哪一处没有武装，或者武装不够，或者对付敌人的策略错了，地方就立即被敌人占去了。这种斗争，一天比一天激烈，问题也就非常地繁复和严重。

……

以农业为主要经济的中国的革命，以军事发展暴动，是一种特征。我们建议中央，用大力做军事运动。

资料来源：毛泽东：《井冈山的斗争》，见《毛泽东选集》（第一卷），人民出版社 1991 年版，第 63、79 页。

（2）土地革命是中国民主革命的中心内容，农民是民主革命的主力军，满足了农民的土地要求，才能最广泛地动员和组织农民群众参加武装斗争，巩固和扩大革命根据地

◎1928 年 10 月 5 日，毛泽东在《中国的红色政权为什么能够存在？》一文中明确指出，实行土地革命是中国民主革命的主要内容之一：

中国的民主革命的内容，依国际及中央的指示，包括推翻帝国主义及其工具军阀在中国的统治，完成民族革命，并实行土地革命，消灭豪绅阶级对农民的封建剥削。

资料来源：毛泽东：《中国的红色政权为什么能够存在？》，见《毛泽东选集》（第一卷），人民出版社 1991 年版，第 48 页。

◎1928 年 11 月 25 日，毛泽东在《井冈山的斗争》一文中明确指出，土地分配的原则是以乡为单位，按人口平均分配土地：

土地分配的标准：以乡为分配土地的单位。山多田少地方，如永新之小江区，以三四乡为一个单位去分配的也有，但极少。所有乡村中男女老幼，一律平

分。现依中央办法，改以劳动力为标准，能劳动的比不能劳动的多分一倍。

资料来源：毛泽东：《井冈山的斗争》，见《毛泽东选集》（第一卷），人民出版社 1991 年版，第 71 页。

◎何长工在回忆录中指出，1930 年鄂东南农村革命根据地的开辟，不仅是军事上的胜利，更主要的是政治上的胜利。这个政治上的胜利，就是通过建立民主政权，开展土地革命，调动广大工农群众的革命热情：

随着我军（指红五军第五纵队，引者注）的节节胜利，鄂东南地区广大工农群众的革命情绪日益高涨。各县、各乡、各镇纷纷建立了公开的或半公开的民主政权，农民协会、妇女会等群众团体也组织起来。农村普遍实行了“减租减息”，通山、阳新、大冶等基础较好的县都开展了打土豪、分田地的斗争。我们将大批的武器交给各县建立赤卫队、农民自卫军等群众革命武装。小学校里的课本也都改为革命的内容，革命歌曲到处流行，广大工农群众的心里完全向着我们了，党的政治影响已深入人心，妇女们一边摇着摇篮，一边还轻声地唱着：“儿呀！儿呀！快点长吧！长大去见毛委员！”

鄂东南广大工农群众热爱自己的红军，我们不断地接到各地群众的慰问信，有的信里热情地写着：“我们的猪已杀好，就盼着红军来吃，你们快来吧！”参军形成热潮，“参加工农队伍！”“当红军去！”成为广大青年们普遍的愿望。当我们打开大冶县城后，经该县县委的动员和介绍，很快就有两百多名青年工人和知识分子参加了红军。

这就是我们在鄂东南地区政治上的胜利，这是比军事上更大的胜利。从此，我们在鄂东南地区才算真正站稳了脚跟。

资料来源：何长工：《何长工回忆录》，解放军出版社 1987 年版，第 256—257 页。

◎美国历史学家费正清指出，20 世纪 30 年代，外国传教士和记者在报纸杂志上报道过中国共产党推行土地革命而获得贫苦农民的积极拥护：

由于重新分配了土地，农民积极响应中国共产党。这来自另一消息和评论来源——掌握华中共产党人第一手情况的传教士和外国记者。早在 1931 年，《教务杂志 》（一份首要传教士杂志）上一篇文章承认，这些共产党人“尽管不信神，却得到成百万农民和工人的支持”。像《密勒氏评论报》（一份上海出版的美国杂志）那样的期刊曾在 1933 年和 1934 年全年报道过农民对共产党人的支持。当共产党出发长征时，亚朋德和 A. J. 比林汉考察了共产党原先统治过的地区。在那里他们发现农民们喜欢的是共产党，而不是国民党。正是这种支持使红色政权在长征前得以生存，并使游击区在长征后得以保持。

资料来源：[美] 费正清、费维恺编：《剑桥中华民国史（1912—1949 年）》（下卷），刘敬坤等译，中国社会科学出版社 1994 年，第 215 页。

（3）农村革命根据地是中国民主革命的战略阵地，是开展土地革命、进行武装斗争的基础和依托

◎1928 年 10 月 5 日，毛泽东在《中国的红色政权为什么能够存在？》一文中明确指出，湘赣边界工农武装割据意义重大，扩大了土地革命和农村革命根据地的影响，使红军数量增加、质量提高，湘赣边界的根据地政权更加巩固：

以宁冈为中心的湘赣边界工农武装割据，其意义决不限于边界数县，这种割据在湘鄂赣三省工农暴动夺取三省政权的过程中是有很大的意义的。使边界土地革命和民众政权的影响远及于湘赣两省的下游乃至于湖北；使红军从斗争中日益增加其数量和提高其质量，能在将来三省总的暴动中执行它的必要的使命；使各县地方武装即赤卫队和工农暴动队的数量增加质量提高起来，此时能够与挨户团和小量军队作战，将来能够保全边界政权；使地方工作人材逐渐减少依靠红军中工作人材的帮助，能完全自立，以边界的人材任边界的工作，进一步能够供给红军的工作人材和扩大割据区域的工作人材——这些都是边界党在湘鄂赣三省暴动发展中极其重要的任务。

资料来源：毛泽东：《中国的红色政权为什么能够存在？》，见《毛泽东选集》（第一卷），人民出版社 1991 年版，第 52 页。

◎1939 年 12 月，毛泽东撰写《中国革命和中国共产党》一文，明确指出在强大的反革命力量长期占据中心城市的情况下，中国革命和工农红军必须到敌人统治薄弱的农村建立巩固根据地，积蓄和锻炼革命力量：

强大的帝国主义及其在中国的反动同盟军，总是长期地占据着中国的中心城市，如果革命的队伍不愿意和帝国主义及其走狗妥协，而要坚持地奋斗下去，如果革命的队伍要准备积蓄和锻炼自己的力量，并避免在力量不够的时候和强大的敌人作决定胜负的战斗，那就必须把落后的农村造成先进的巩固的根据地，造成军事上、政治上、经济上、文化上的伟大的革命阵地，借以反对利用城市进攻农村区域的凶恶敌人，借以在长期战斗中逐步地争取革命的全部胜利。

资料来源：毛泽东：《中国革命和中国共产党》，见《毛泽东选集》（第二卷），人民出版社 1991 年版，第 635 页。

◎1930 年 8 月 22 日，周恩来在中共中央政治局会议上指出，较少注意根据地的工作，是过去工作中的缺点：

根据地决不是割据、保守，而是站住脚跟，一步一步的有力发展。……

在中国什么地方最适合作苏维埃的根据地？赣西南、闽粤边等处，不仅有广

大的苏维埃区域，而且有党的基础，有广大的群众，巩固这许多地方以向着工业中心城市发展。在策略上为什么要这样做？这是因为在这许多区域不仅是敌人力量最弱的地方，而且有党领导的广大基础，党将这力量巩固起来。……中央过去特别指出割据的错误，因此对于根据地这一点确实注意得比较少。我回国后，与特生（向忠发）、柏山（李立三）两同志谈话后，都认为这是工作中的缺点。

资料来源：《周恩来在中共中央政治局会议上的发言记录》，转引自中共中央文献研究室编：《周恩来传》，中央文献出版社2008年版，第240页。

三、“搞革命的人最容易犯急性病”

（一）中国共产党内出现严重的“左”倾错误

1.1927年11月至1928年4月的“左”倾盲动错误

◎1927年11月，中共中央在上海召开了临时政治局扩大会议，通过了《中国现状与党的任务的决议案》，接受了共产国际代表罗明纳兹提出的所谓“不断革命”的错误观点，宣称中国革命是所谓“无间断的性质”；认为民族资产阶级叛变革命后，已经成了绝对的反革命势力，中国革命要推翻豪绅地主阶级，便不能不同时推翻资产阶级，因此中国革命的前程，“必然要超越民权主义的范围”而“急转直下的进入社会主义道路”。于是会议提出没收民族资产阶级企业的政策，否认大革命失败后处于低潮的形势，认为敌人的屠杀进攻，反而证明革命潮流之高涨，“现在全国的状况是直接革命的形势”，提出党的总策略是发动城市工人和农民举行总暴动：

中国民族资产阶级完完全全投降了外国资本，他已经抛弃废除一切不平等条约的斗争，不敢再争收回租界的问题；关税自主的问题，他竟无耻的完全屈服。他绝对的背叛了民族解放运动。现时国民党的所谓“反帝国主义”宣传，一忽而反英，一忽而反日，都不过掩饰民族资产阶级实际上替帝国主义当走狗的那种无耻的奴性的政策。——民族资产阶级只想利用帝国主义之间的冲突矛盾，而实在则替其中最强的当工具。……

……

所有这一些情形，都使中国共产党中央临时政治局扩大会议认为：现时全中国的状况是直接革命的形势；中央临时政治局扩大会议的这一观察，并不带着

“革命在最短期间必定完全胜利”的幻想。中国的客观情形是如此：直接革命的形势之时期，并非几个星期或几个月的事，而是好几年的事。中国革命带着长期的性质，但是是无间断的性质。中国革命是马克思所称为“无间断的革命”。——（一）在革命性质上，因为中国资产阶级没有能力实行推翻封建军阀的民权革命，所以中国革命进展的过程中决不能有民权革命自告一段落的局势（所谓二次革命的理论）；这一革命必然是急转直下从解决民权革命的责任进于社会主义的革命。（二）在革命速度上，中国革命的进展虽然受着历次的挫折，但是他始终继续不断的发展，因为治者阶级之间自身的冲突矛盾非常剧烈，他们的统治不能稳定，民众革命斗争，尤其是农民暴动自发的到处爆发，而有汇合起来成为工农民众的暴动推翻军阀豪绅资产阶级统治之趋势。这种继续不断的革命爆发，显然证明中国革命之无间断性。总之，中国革命虽然简直还没有开始其民权主义任务的解决，但是现在的革命斗争，已经必然要超越民权主义的范围而急遽的进展；中国革命的进程，必然要澈底解决民权主义任务而急转直下的进于社会主义的道路。

……

现在虽还没有到总暴动的时机，而党的任务却正在于努力鼓动各地城乡革命的高潮。创造总暴动的局面。党不但要努力去组织农民自发的暴动，而且要去领导贫苦农民，领导起潜伏待发的暴动，发动游击斗争；应当发动工人的阶级斗争，领导他们到武装暴动，领导他们汇合而成总暴动，获得尽可能的大范围内的胜利。

……

……再则，应当对于工人群众及城市贫民解释，并且要在暴动胜利之时实行下列的事：例如没收反革命派的一切财产，没收中外大资本家的大工厂大商店银行矿山铁路等，收归国有，工厂归工人管，厉行劳动法，如果小厂主怠工闭厂，便也没收他的工厂，歼灭一切工贼反革命派，征发有产阶级的财产，改良贫民生活，如建筑工人贫民住宅等。

资料来源：《中国现状与党的任务的决议案》，见中央档案馆编：《中共中央文件选集》（第三册），中共中央党校出版社1989年版，第449、453—454、458、462页。

◎1927年11月16日，瞿秋白根据中共中央临时政治局扩大会议和《中国现状与党的任务的决议案》的精神，撰写了《中国革命是什么样的革命？》一文，认为中国革命正处于高潮而不是低潮，而且中国革命的高潮是“无间断的性质”；当前中国的革命由解决民权主义任务急转直下到社会主义革命；城市是暴动的中心和指挥者，农民暴动离开城市的中心和指导，无法取得胜利：

事实已经表示得很明白：中国革命是高涨而不是低落，中国革命的高涨而且是无间断的性质，——各地农民暴动的继续爆发以及城市工人中斗争的日益剧烈，显然有汇合而成总暴动的趋势。

……

……可是，即使为着澈底实现土地革命，工人阶级就不能不领导着农民根本推翻中国的资产阶级，——因为中国资产阶级根本上与剥削农民的豪绅地主相联结相混和。中国革命要推翻豪绅地主阶级，便不能不同时推翻资产阶级。……城市之中这种工人的斗争不能胜利，乡村中农民的斗争始终不能超出游击战争的限度而得到巩固的胜利，乃因为单是农民暴动而没有暴动的城市做他的中心和指导者，便不能团结集中而形成伟大的胜利的革命权力。中国革命要澈底推翻旧社会关系（半封建制度的资本主义前期的社会关系），也就不能不超越资产阶级的民权主义的范围。所以中国当前的革命，显然是由解决民权主义任务急转直下到社会主义的革命。何况世界社会主义革命在俄国胜利了已经十年，全世界是资本帝国主义与社会主义革命相对峙的形势。中国革命势必与世界社会主义革命相联结，而在中国开辟社会主义的道路。

资料来源：瞿秋白：《中国革命是什么样的革命？》，见中央档案馆编：《中共中央文件选集》（第三册），中共中央党校出版社 1989 年版，第 637—639 页。

◎1927 年 10 月 15 日，在“左”倾盲动主义的影响下，中共广东省委认为广东省的工农革命运动仍是高涨的，并决定实行广州起义的计划：

中央及省委为什么决定广东暴动？这完全是根据于广东工农群众的伟大力量与剧烈斗争，及广东封建资产阶级之不能稳定而自形崩溃之实际状况。……

……

根据以上情形，省委认为广东之地革命运动仍是高涨，暴动的计划应继续实现，现在的暴动不应停止，而应努力扩大，并决定目前行动计划如左：……

资料来源：《中共广东省委通告第十四号》，见中央档案馆编：《广州起义（资料选辑）》，中共中央党校出版社 1982 年版，第 15—16 页。

◎何长工在回忆录中指出，由于中共湖南省委派代表到井冈山推行“左”倾盲动主义路线，从而导致红军主力冒进湘南，造成井冈山斗争的“八月失败”：

正当边界土地革命运动深入开展并进入高潮的时候，湖南省委派代表到井冈山革命根据地推行“左”倾盲动主义路线，干扰毛泽东同志的正确路线，把红军主力强行拉往湘南，以致给湖南和边界斗争造成八月失败。就在这时，地主豪绅纷纷出笼，反攻倒算，夺回土地，逼债收租，烧屋杀人。当时正是收割季节，由于地主阶级的反扑，眼见丰收在望的谷子被地主豪绅一抢而去，弄得两手空空。

这种“农民分田，地主割谷”的局面，是“左”倾盲动主义路线给根据地的土地革命运动带来的恶果。

资料来源：何长工：《何长工回忆录》，解放军出版社 1987 年版，第 183—184 页。

2. 1930 年 6 月至 9 月以李立三为代表的“左”倾冒险主义错误

◎1930 年 5 月，李立三发表了《新的革命高潮前面的诸问题》一文，坚持城市中心论，把组织动员中心城市工人的罢工高潮和武装暴动作为党的中心工作，批评“以乡村来包围城市”“单凭红军来夺取中心城市”是绝对错误的观念：

夺取一省与几省政权，无产阶级的伟大斗争是决定胜负的力量。没有中心城市，产业区域，特别铁路海员兵工厂工人群众的罢工高潮，决不能有一省与几省政权的胜利。想“以乡村来包围城市”，“单凭红军来夺取中心城市”都只是一种幻想，一种绝对错误的观念。所以准备夺取一省与几省政权的胜利的条件，特别要加紧主要城市尤其是重要产业工人中的工作。……

……

乡村是统治阶级的四肢，城市才是他们的头脑与心腹，单只斩断了他的四肢，而没有斩断他的头脑，炸裂他的心腹，还不能制他的最后的死命。这一斩断统治阶级的头脑，炸裂他的心腹的残酷的争斗，主要是靠工人阶级的最后的激烈争斗——武装暴动。所以忽视准备工人阶级的武装暴动，不只是策略上的严重的错误，而且会成为不可饶恕的罪过。

资料来源：李立三：《新的革命高潮前面的诸问题》，见中央档案馆编：《中共中央文件选集》（第六册），中共中央党校出版社 1989 年版，第 575、577 页。

◎1930 年 6 月 11 日，中共中央政治局会议通过了由李立三起草的《目前政治任务的决议》。决议过高估计了革命力量，认为革命形势已经向着革命高潮飞速迈进，因此，规定于一省或几省首先胜利，进而建立全国革命政权，为党目前战略的总方针。决议提出了组织全国武装暴动夺取政权的总任务，并制定了以武汉为中心，组织全国中心城市武装起义和调集全国红军进攻中心城市的冒险计划。会议否认中国革命的长期性，反对农村包围城市，坚持“城市中心论”：

（九）中国经济政治的根本危机，在全国任何一处都是同样继续尖锐化，没有丝毫根本的差别，因此在中心城市爆发了伟大的工人斗争，必然形成全国革命高潮，并且这一伟大斗争的本身，就是全国革命高潮到来的标志。所以革命高潮可在这一省或那一省首先爆发，但决不能有离开全国的单独一省或几省的革命高潮。因此，党在准备全国革命高潮的时候，必须严重的注意全国的配合与发动，割据一省或几省来推动全国革命高潮的观念，无疑义是极端错误的。

……所以一省与几省的首先胜利是全国胜利的开始，只是全国革命进到更剧烈的争斗，决不会有什么“割据”“偏安”的局面。任何一个省区都必须积极准备争取一省胜利的暴动，以与这一总的形势配合。所以在准备一省与几省首先胜利的时候，必须特别注意全国工作同时加紧，并且要注意与国际无产阶级斗争的联系，特别加紧中国革命在国际无产阶级中的宣传。

（十二）争取一省与几省首先胜利，无产阶级的伟大斗争，是决定胜负的力量，没有工人阶级的罢工高潮，没有中心城市的武装暴动，决不能有一省与几省的胜利。不特别注意城市工作，想“以乡村包围城市”，“单凭红军来夺取城市”，是一种极错误的观念。所以组织政治罢工，扩大到总同盟罢工，加紧工人武装的组织与训练，以树立武装暴动的中心力量，是准备一省与几省首先胜利的主要策略。更要注意统治阶级要在城市作最后的挣扎，这残酷争斗必然比乡村更加厉害，所以要加倍的努力城市工作，在主要城市，尤其是在重要产业工人中，树立强固的基础，唤起广大群众拼死斗争的决心，是目前最严重的工作，是战略上首先要解决的问题。

……

（二十二）在革命急剧的发展，伟大的革命巨潮已经接近的现在，党不只是要注意到夺取广大群众，组织广大群众的争斗，以促进这一革命巨潮更快的爆发；尤其要注意到革命巨潮爆发时，组织全国武装暴动夺取政权的任务。因此，加紧组织群众的政治斗争，加紧宣传武装暴动夺取政权的必要。注意促进全国革命高潮，注意武装暴动的组织上和技术上的准备，注意布置以武汉为中心的附近省区首先胜利，是目前党的策略总路线。

……

（二十九）红军的战略与战术，不只是要坚决进攻打击敌人的主力，向着主要城市与交通道路发展，根本改变他过去的游击战术，而且要在变军阀战争为消灭军阀的革命战争，准备一省或几省首先胜利的总的计划之下，有配合的，有组织的实现他的军事作战的任务。这一任务的总的目标，便是与主要城市的武装暴动配合，夺取政权，建立全国革命政权。过去的游击战术，已经与这一路线绝对不相容，必须根本的改变过来。现在红军另一严重的任务，就是特别加强阶级的政治的教育，目前红军成分农民群众占了最大数量，这必须严重注意阶级的政治教育，才能巩固无产阶级的领导，肃清一切农民意识的错误倾向。

资料来源：《新的革命高潮与一省或几省首先胜利》，见中央档案馆编：《中共中央文件选集》（第六册），中共中央党校出版社 1989 年版，第 121—132 页。

◎1930年6月15日，中共中央致信红四军，要求执行“左”倾冒险主义路线，并批评红四军“农村工作是第一步，城市工作是第二步”的理论和割据的观点是农民的观点，保护大小商人的口号和不攻打中心城市是右倾机会主义路线：

同时你们过去也有错误，这些错误在今天表现着尤为严重：你们现在完全反映着农民意识，在政治上表现出来机会主义的错误。你们的错误：（一）站在农民的观点上来作土地革命，如像你们认为：“农村工作是第一步，城市工作是第二步”的理论，你们甚至机械的认为只有把武装分配给农民以及红军在农村杀尽土豪劣绅，才能保证土地革命的胜利，你们没有懂得，现在土地革命已走入更高的阶段，——准备夺取全国胜利的时期，土地革命的彻底完成，只有推翻豪绅资产阶级国民党的统治才有可能，你们因为反映了农民意识，所以忘却了这一个真理。（二）你们的割据观点，这同样是一个农民观点，如像你们认为先完成三省边境割据再打南昌，你们认为打南昌以争取江西首先胜利的理由是：一、江西资产阶级比较全国弱；二、江西没有当地军阀；三、不与帝国主义直接冲突；你们提出打南昌与中央指出争取一省或数省首先胜利的立场，完全不同。你们的意见是错误，尤其是你们打南昌的理由，更包括着严重的错误。（三）你们对于资产阶级更完全是一种机会主义的路线，如你们提出保护大小商人的口号，以及不强迫缴商团的武装，要注重你们所谓的秩序，这完全是武汉时代的机会主义的残留，你们应当完全站在阶级利益上来转变这一个策略，你们这一个机会主义错误与第四个错误有密切关联的。（四）你们对于帝国主义更是机会主义的观点，你们非常怕帝国主义，所以过去我们指示你们到东江，你们说东江帝国〈主义〉力量大，中央指示你们应当准备争取一省或数省的首先胜利，向南昌发展，争取武汉的胜利，你们说武汉帝国主义力量大，不可能。

资料来源：《中央致四军前委信——关于执行新的中央路线问题》，见中央档案馆编：《中共中央文件选集》（第六册），中共中央党校出版社1989年版，第139—140页。

◎何长工在回忆录中指出，1930年5月，李立三主持下的中共中央犯“左”倾冒险主义错误，集中体现为“城市中心论”，提出“打下长沙，夺取南昌，会师武汉，饮马长江”的口号，给白区党组织、农村革命根据地和红军造成不同程度的损失：

李立三同志被胜利冲昏了头脑，骄傲了起来。在李立三同志主持下的党中央，于一九三〇年五月在上海召开了全国苏维埃区域代表会议、全国红军代表会议以及鄂省党代表会议。……会议精神集中到一点，还是“城市中心论”，提出了“打下长沙，夺取南昌，会师武汉，饮马长江”的“左”倾冒险口号。后来，在这条错误路线推行之中，不论白区党的组织，还是农村革命根据地、人民武装力量，都遭受到了不同程度的损失。

资料来源：何长工：《何长工回忆录》，解放军出版社 1987 年版，第 285—286 页。

◎曾任共青团中央领导人的黄药眠在回忆录中指出，李立三极端的狂热，不细心研究客观形势，总是要求工人阶级武装起义，甚至鼓吹苏联红军有责任开进中国，帮助中国无产阶级进行革命：

李立三又是极端的狂热，不细心研究客观形势，总是要求工人阶级武装起义。别人劝他说，我们现在人少，武器少，需要深入细致地工作，积蓄力量，不能马上武装起义。他就说：虽然我们人少武器少，但我们是国际主义者，如果我们打不过蒋介石，就由苏联红军开进来帮助我们；他说苏联红军是国际无产阶级的军队，有责任帮助中国无产阶级进行革命。这话是非常荒谬的，如果苏联红军开进中国，帝国主义就会乘机干涉，就会成为世界大战。所以，共产国际认为这是严重的“左”倾错误。比瞿秋白的错误更严重。

资料来源：黄药眠：《动荡——我所经历的半个世纪》，上海文艺出版社 1987 年版，第 136 页。

3. 1931 年 1 月至 1935 年 1 月以王明为代表的“左”倾教条主义错误

◎1934 年 1 月，中共六届五中全会通过了《目前的形势与党的任务决议》，在统一战线方面，把民族资产阶级视为中国革命最危险的敌人，在党内反对“左”右倾机会主义方面，把右倾机会主义作为主要危险：

而同时必须集中火力反对一切反革命的改良主义的派别（社会民主党，AB 团，生产党等等），这些派别目前以找寻殖民地道路与苏维埃道路之间的中间道路为标榜，而实际上则是为着挽救破产的反革命的统治，并为帝国主义瓜分中国的强盗行为放射烟幕弹。

……但是这个事实并不能丝毫的使我们减弱反对“左”右倾机会主义及两面派的态度的无情的斗争。……党必须毫不放松的反对“左”倾机会主义，反对宗派主义，反对对工会反帝和其他群众组织与工作之忽视和估计不足，反对在安心的乐观主义的托词之下忽视加强我们的力量和工作之倾向。只有进行一个坚决的斗争，反对主要危险的右倾机会主义，和反对右倾机会主义的调和态度，党才能够发展布尔什维克的路线。

资料来源：《目前的形势与党的任务决议》，见中央档案馆编：《中共中央文件选集》（第十册），中共中央党校出版社 1991 年版，第 35—36、47—48 页。

◎“二十八个半布尔什维克”之一的盛岳回忆说，在米夫的支持下，以王明为代表的“二十八个半布尔什维克”在 1931 年召开中共中央六届四中全会上大获全胜。由此，“左”倾错误占统治地位的中央，开始有系统地改造党：一方面，实行“顺我者提，逆我者撤”的宗派主义干部政策，用“斗争干部”“新生力量”“改造和充实”党的各级领导机关；另一方面，实行“钦差大臣满天飞”的领导体制，用中央代表、巡视员就地指导和监督地方党组织执行“进攻路线”：

中共中央六届四中全会于一九三一年一月十三日在上海召开。米夫亲自出席大会作了指示。在四中全会上，二十八个布尔什维克在他们的政治斗争中大获全胜。他们在两条战线进行战斗：一方面，他们清除了立三路线的残余分子，取消了三中全会选出的中央委员的资格，理由是他们属于立三路线。他们还把瞿秋白、李维汉、李立三和贺昌排斥出中共中央。另一方面，他们选举陈绍禹当中央委员和政治局委员，并任江苏省委书记；沈泽民为中央委员、中央宣传部长；张闻天为中央委员、农村工作部长和党中央机关刊物的编辑部主任；秦邦宪为中央委员、共青团总书记；赵云（康生）被选进中央委员会并任中央组织部长，周恩来被选进中央，担任军事委员会主席，他一直担任此职，只是一九三一年从上海去瑞金期间，一度由李富春代理，直到一九三五年一月遵义会议他才把它交给毛。二十八个布尔什维克确实打了一个漂亮仗。米夫顺利地完成了任务，兴高采烈地对四中全会的成果备加赞扬……

……

俄国留学生派就是这样夺取了中共中央的领导权。党的六届四中全会以后，他们强调右倾机会主义者是中共的最大威胁。“他们向全国各地派了他们的代表，去开展所谓的反右斗争”。他们不仅要控制中共在国民党统治区的最高领导机关，而且企图控制每一个苏区。根据他们的庞大计划，他们先让陈绍禹当江苏省委书记，那是中共的最重要职位。殷鉴、王云程和朱阿根留在上海参加工人运动或搞共青团工作。李元杰派去山东工作；陈原道在满洲；何子述在河北。王稼祥调到瑞金当中国红军政治部主任。陈昌浩当鄂豫皖苏区徐向前指挥的第四方面军的政治委员。之后，沈泽民和他的妻子张琴秋也被派到那里，以加强党的领导。夏曦担任中共中央驻洪湖——湘鄂西苏区代表。夏在那里主持搞了一次所谓对AB团分子和托派分子的清洗，惊人数字的党团员被处决。据我了解，其中许多人是无辜的。

资料来源：[美]盛岳：《莫斯科中山大学和中国革命》，奚博铨、丁则勤译，现代史料编刊社1980年版，第262、264页。

◎时任红五军团参谋长、十三师师长陈伯钧在1955年作的关于第二次国内革命战争历史情况报告时指出，以王明为代表的“左”倾教条主义错误，在统一战线问题上，将要求抗日与民主的民族资产阶级视为中国革命最危险的敌人，一味排斥和打击中间势力；在反“围剿”的军事斗争问题上，实行进攻中的冒险主义，防御中的保守主义，退却中的逃跑主义方针：

第二阶段，1933年11月，十九路军发动福建事变，……这时教条主义者有些歪道理，他们说什么，福建的敌人比蒋介石还危险……我们在山上望了两个月，蒋（光鼐）、蔡（廷锴）和我们联络，我们也不帮他们的忙，以后他们那里就发生了问题，十九路军没有几个月就完全垮了。

所以，这一点在政治上是很大的错误，就是军事上也很不应该。就是不帮助十九路军，能把蒋介石的主力打垮也好。结果蹲在那里，非常机械，非常被动。……

……

第三阶段，就是广昌战役阶段。这一阶段的特点就是拼命主义，是拼命主义的典型例子。因为苏区北线的敌人是以占领广昌来号召其他地区的敌人向我们实行总的进攻，因此教条主义者也就以广昌作为苏区的大门来拼命，提出“御敌于国门之外”。当敌人战略上的合围形成以后，就开始向广昌进攻，而这些外行的“军事家”——教条主义者，也就在这个地方搞拼命主义，以主力对主力。……以堡垒对堡垒，准备拼命决战。……

……敌人有高武器——飞机和远武器——炮兵，我们这样的同敌人拼命，敌人是最欢迎的。结果我们只有撤退，最后还是失掉了苏区的大门——广昌。

第四阶段，就是广昌战役之后的分兵把口和高度的阵地抗击战。……广昌战役后，敌人深入了苏区腹地，就一步一步推进，开始用飞机轰炸，以后打炮，以后是机关枪掩护步兵冲锋，完全是正规的一套。我们也是做工事、筑碉堡、安鹿寨、埋地雷，再就是等敌人进到近距离时以手榴弹、步枪、机关枪一齐开火，以及用小部队从翼侧突击。敌人欺侮我们没有重兵器，就是远距离冲锋时，也采用营方队的密集队形；而我们的手榴弹，各种枪炮只能在一定的距离上开火，这就完全要靠干部战士的英勇善战。……第五次反“围剿”的战法在战略上说是很盲目的，而又毫无自信地自欺欺人地要与敌人拼消耗，想从此来转变敌我形势。正如毛主席说：“这是叫花子和龙王比宝”。我们那几个制造枪弹的简陋工厂，哪里能抵得上敌人的汉阳兵工厂、金陵兵工厂呢？何况敌人还有国际帝国主义的帮助。

……

……第五次反“围剿”，从战术技术来说，过去我们没有打过阵地战，没有搞过对空防御，这次学了一点；但从整个战略指导上来说，是错误的，开始是冒险，以后是拼命。……但由于领导上的错误，我们虽然有那样好的基础，有那样好的部队，有那样英勇顽强的战斗精神，却没有取得第五次反“围剿”的胜利。结果是被迫进行了史无前例的二万五千里的长征。

……

由于以上的原因，所以长征一开始是搬家式的，以后是退却逃跑式的，不是积极的战略转移。那时不但不把各主力部队扩大，反而把直属队扩大，每一个军团成立后方部，有的有一千副担子，有的有八百副担子，我们的军团就有一千副担子，什么东西都挑上。军委纵队更吓人，约三万人的庞大机关，还要部队掩护。供给部、卫生部人很多，连一个石印机都要带上。野战医院还以为就在附近苏区打仗，所以就连屎盆、尿盆都带上了。

当时整个部队连新兵、老兵、民夫、担架队加在一起，有七八万人，其中战斗部队加上直属队还不到一半。这样就没有办法打仗，结果所有的战斗部队都成了掩护部队。一碰到敌人，也不想办法去积极进攻，只是打掩护，只是跑。……长征开始是摆起架子搬家，但碰到敌人一打就拼命退却逃跑。口头上天天喊“备战”，实际上天天在“避战”，敌人来了打一下，赶快转移，而不想办法消灭敌人。

资料来源：陈伯钧：《从第五次反“围剿”到遵义会议》，见中共中央党史资料征集委员会编：《中共党史资料》（第十三辑），中共党史资料出版社1985年版，第82—93页。

（二）中国共产党内连续出现“左”倾错误的原因

1. 党内存在着浓厚的“左”倾情绪

◎1945年4月20日，中共六届七中全会通过的《关于若干历史问题的决议》指出，由于对国民党屠杀政策的仇恨和对陈独秀投降主义的愤怒，党的“左”倾情绪在八七会议上已经开端：

由于对国民党屠杀政策的仇恨和对陈独秀投降主义的愤怒而加强起来的小资产阶级革命急性病，也反映到党内，使党的“左”倾情绪也很快地发展起来了。这种“左”倾情绪在一九二七年八月七日党中央的紧急会议（八七会议）上已经开端。

资料来源：《关于若干历史问题的决议》，见中共中央文献研究室、中央档案馆编：《建党以来重要文献选编（1921—1949）》（第二十二册），中央文献出版社2011年版，第77页。

◎曾任共青团中央领导人黄药眠在回忆录中指出，为了反击四一二反革命政变，瞿秋白凭着革命热情，依靠少数革命家和觉悟分子去无条件地组织起义和暴动：

中国共产党第六次全国代表大会是纠正瞿秋白的盲动主义的。他当时不管大多数人民是否要求直接武装起义，硬是用党的命令动员起义。由于准备不够，人数不多，农民没有很好动员，只靠城市里的少数革命家和觉悟分子，结果到处失败。……

瞿秋白虽然懂俄文（他原来在俄文专科学校学俄文），但对列宁的这个提法也不大清楚，只为了对蒋介石发动的四一二反革命大屠杀进行反击，凭着革命热情去组织起义，无条件地到处暴动，所以，当时共产国际批评说这是盲动主义。

资料来源：黄药眠：《动荡——我所经历的半个世纪》，上海文艺出版社1987年版，第135—136页。

2. 党处于小资产阶级思想的包围之中

◎1928年11月11日，时任中共中央组织部长的周恩来在《告全体同志书》的第四部分明确指出，由于半殖民地半封建的基本国情，在党内出身于小资产阶级的党员占有相当的数量，党不能不受小资产阶级思想的严重影响：

党的政治路线上许多不正确思想的来源，固然是客观环境的反映，然而党的组织还没有布尔什维克化，党内还存在许多非无产阶级的意识，也是一个主要的原因。中国共产党产生于五四运动以后，当时国民党只是一个官僚政客的集团，此外则别无革命的政党，因此许多急进的小资产阶级分子甚至资产阶级分子都进入我们党内来；尤其在国共合作时代，又加入了许多小资产阶级的群众。所以革命形势一经变动，许多党员动摇消极，甚至公然叛党，投降敌人，陷害同志。“八七”会议以后，提出改造党的口号，坚决洗刷一切动摇的分子，改造指导机关，的确使党渐渐加强了无产阶级的意识，这是党走向布尔什维克化的道路。但是，到现在党的组织仍然还没有强大的无产阶级的基础，仍然存在有许多小资产阶级的意识。尤其在党员成分上，农民占百分之七十五。因此，这种小资产阶级意识还有大大发展的可能。要使党布什维克化，第一要加强无产阶级的基础，同时要继续改造党的组织，尤其要坚决地反对小资产阶级的意识。

资料来源：周恩来：《坚决肃清党内一切非无产阶级的意识》，见《周恩来选集》（上），人民出版社1980年版，第8—9页。

◎1945年4月20日，中共六届七中全会通过的《关于若干历史问题的决议》指出，在半殖民地半封建的中国，中国共产党不但从党外说是处在小资产阶级的包围之中；在党内，小资产阶级出身的党员也占了多数，即使工人群众和工人党员也容易受小资产阶级思想影响：

半殖民地半封建的中国，是小资产阶级极其广大的国家。我们党不但从党外说是处在这个广大阶层的包围之中；而且在党内，由于十月革命以来马克思列宁主义在世界的伟大胜利，由于中国现时的社会政治情况，特别是国共两党的历史发展，决定了中国不能有强大的小资产阶级政党，因此就有大批的小资产阶级革命民主分子向无产阶级队伍寻求出路，使党内小资产阶级出身的分子也占了大多数。此外，即使工人群众和工人党员，在中国的经济条件下，也容易染有小资产阶级的色彩。因此，小资产阶级思想在我们党内常常有各色各样的反映，这是必然的，不足为怪的。

资料来源：《关于若干历史问题的决议》，见中共中央文献研究室、中央档案馆编：《建党以来重要文献选编（1921—1949）》（第二十二册），中央文献出版社 2011 年版，第 105 页。

3. 共产国际对中国共产党内部事务的错误干预和指挥

◎1960 年 7 月，中共中央在北戴河召开省、市、自治区委书记会议，周恩来在报告中指出，中国革命中的“左”倾错误，与共产国际干涉各国党的内部事务和错误的指导是有很大关系的：

共产国际的缺点和错误，特别在中期的缺点和错误，概括地说是：一般号召不与各国实践相结合，具体布置代替了原则的指导，变成了干涉各国党的内部事务，使各国党不能独立自主，发挥自己的积极性、创造性。

这是对共产国际的一个粗浅的总评。

……

……在共产国际、斯大林的理论分析和形势估计的影响下，一九二七年十一月党中央扩大会议就搞了盲动主义，号召到处暴动，认为革命形势还是高潮。……当时在组织上还搞了一条，叫作领导干部工人化，使领导机关更加混乱，宗派性增加了。这个根也是从共产国际的指示来的。

……

一九三〇年十月共产国际来信，说中央不对，是调和路线。王明他们就闹起来了。米夫一来，更造成了党内的危机。……四中全会也是根据这个决议案的，再加上国际的信，用极左反对立三路线的“左”，作了决议。……

……在上海组织了一个临时中央。这个临时中央，共产国际是批准了的。临时中央有一个关于九一八事变的决议，一九三二年一月又有一个争取一省数省首先胜利的决议。当时要求争取一省数省的首先胜利，要求攻打中心城市，对于正确的同志，如毛泽东同志，刘少奇同志，指责他们“右倾”。宁都会议以后，毛泽东同志对军队的领导被取消了。一九三三年又反对罗明路线，反对邓、毛、谢、古，正确的同志都受到打击。搞得最凶的是江西，因为临时中央一九三三年初到了江西，执行国际路线。结果使党在白区的力量几乎损失百分之百，苏区的力量损失百分之九十。当时在军事上有个李德，他虽然是个顾问，却成了太上皇，他说了算。他和博古的军事路线相合，一直搞到遵义会议。当时的军事路线执行的结果是退出江西，被迫长征。……

共产国际对中国党的指导在中期是有很大错误的。中国党在这个时期犯了那么多错误，使中国革命受到了那么大的损失，我们中国人当然要负责，但与共产国际有很大的关系。

资料来源：周恩来：《共产国际和中国共产党》，见《周恩来选集》（下），人民出版社1984年版，第301、306—311页。

◎1928年，中共六大在莫斯科召开之际，共产国际也意识到自身工作中的失误，因为中共领袖的错误很大程度上是由于共产国际派往中国的代表犯了错误：

布哈林这么指出："共产国际的代表并不是个个都经过考试的，在指导中国大革命中，他们有这样那样的错误。共产国际执委会讨论了这个问题，认为不派代表比派那些犯错误的代表好些。"

资料来源：杨云若、杨奎松：《共产国际和中国革命》，上海人民出版社1988年版，第243页。

4. 全党不善于把马克思主义与中国实际正确地结合起来

◎1928年6月27日，周恩来在中共六大上作了长篇发言，指出党内一些同志混淆革命性质，是造成"左"倾错误的重要原因之一：

对革命性质问题，他（指周恩来，引者注）同意中国革命仍然是资产阶级民主革命，并且分析党内一些同志混淆革命性质的原因说："五次大会以后，大家还是把革命任务与革命动力混为一谈。"抱有这种看法的同志以为既然是工农革命，那就不是资产阶级民主革命了。于是，产生了没收一切土地的口号和其他超越革命阶段的观点，甚至连工厂要归工人、车子要归车夫这些不恰当的口号都有人提出来。周恩来说："这都是不懂革命性质的结果。"

资料来源：中共中央文献研究室编：《周恩来传》，中央文献出版社2008年版，第188页。

◎1939年10月14日，毛泽东为中共中央的刊物《共产党人》撰写发刊词，指出党内一部分同志犯"左"倾错误，是因为对马克思列宁主义的理论和中国革命的实践没有统一的理解：

然而，一部分同志曾在这个伟大斗争中跌下了或跌下过机会主义的泥坑，这仍然是因为他们不去虚心领会过去的经验，对于中国的历史状况和社会状况、中国革命的特点、中国革命的规律不了解，对于马克思列宁主义的理论和中国革命的实践没有统一的理解而来的。因此，党的领导机关的一部分人，没有能够在这一整个阶段中掌握住正确的政治路线和组织路线。党和革命在一个时期遭受过李立三同志“左”倾机会主义的危害，而在另一个时期，又遭受过革命战争中的“左”倾机会主义和白区工作中的“左”倾机会主义的危害。

资料来源：毛泽东：《〈共产党人〉发刊词》，见《毛泽东选集》（第二卷），人民出版社1991年版，第611页。

◎1960年7月，中共中央在北戴河召开省、市、自治区委书记会议，周恩来在报告中指出，中国革命中的几次“左”的和右的路线错误主要应该由中国同志负责，错误的根本原因在于没有把马克思列宁主义的普遍真理和本国革命的具体实践相结合：

各国的革命和建设，要靠各国人民自己的实践。只有把马克思列宁主义的普遍真理和本国革命的具体实践相结合，才能使马克思列宁主义得到补充和发展。要在实践中总结自己的正面和反面的经验。中国党的经验很丰富。中国党虽然犯过几次“左”的和右的路线错误，但也有很重要的正面的经验。

……当然，斯大林在中国革命问题上有错误，但中国革命中的错误主要应该由中国同志负责，犯不犯错误主要还是决定于我们自己。我们过去犯的错误已经认识了，纠正了，革命已经胜利了。

资料来源：周恩来：《共产国际和中国共产党》，见《周恩来选集》（下），人民出版社1984年版，第301—302页。

专题六

中华民族走向复兴的历史转折点

一、开辟最早持续时间最长的东方主战场

（一）中国抗战揭开世界反法西斯战争的序幕

1. 关于“十四年抗战”

◎1937年4月11日，张闻天在《迎接对日直接抗战伟大时期的到来》一文中指出，中国共产党的抗战从九一八事变开始：

共产党自一九三一年“九一八”后即提出了“全中国人民自动武装起来，开展民族革命战争，驱逐日本帝国主义出中国”的口号，并为反对日寇占领东三省进行了广大群众的抗日救国运动。

资料来源：张闻天：《迎接对日直接抗战伟大时期的到来》，见张闻天选集编辑组编：《张闻天文集》（第二卷），中共党史出版社1993年版，第240页。

◎1937年9月18日，张闻天发表《论抗日民族革命战争的持久性》一文，提出九一八事变后开始了局部抗战：

从“九一八”到卢沟桥事变以前，我们对于日寇的侵略，也曾经有过上海抗战，长城抗战，东北人民革命军与义勇军的抗战，张家口抗战，绥远抗战。然而过去历史上的一切这些抗战，都是局部的与暂时的，而且除了东北人民革命军与义勇军以外，其他都是失败的。

资料来源：张闻天：《论抗日民族革命战争的持久性》，见张闻天选集编辑组编：《张闻天文集》（第二卷），中共党史出版社1993年版，第352页。

◎1945年4月24日，毛泽东在中国共产党第七次全国代表大会上的政治报告《论联合政府》中指出，中国的抗战“还是在一九三一年就开始了”：

中国人民的抗日战争，是在曲折的道路上发展起来的。这个战争，还是在一九三一年就开始了。一九三一年九月十八日，日本侵略者占领沈阳，几个月内，就把东三省占领了。国民党政府采取了不抵抗政策。但是东三省的人民，东三省的一部分爱国军队，在中国共产党领导或协助之下，违反国民党政府的意志，组织了东三省的抗日义勇军和抗日联军，从事英勇的游击战争。这个英勇的游击战争，曾经发展到很大的规模，中间经过许多困难挫折，始终没有被敌人消灭。

资料来源：毛泽东：《论联合政府》，见《毛泽东选集》（第三卷），人民出版社1991年版，第1034页。

◎1985年8月28日，胡乔木在纪念中国抗日战争和世界反法西斯战争胜利40周年学术讨论会上的讲话中指出，中国抗日战争是世界反法西斯战争的重要

组成部分，而且进行得最早，先后长达十四年之久：

四十年前结束的反侵略战争，对于中国历史尤其具有伟大的意义。中国人民从1840年以后连续遭受西方和东方的资本主义、帝国主义列强的侵略，进行过多次英勇的反侵略战争和反帝国主义的革命斗争，但是由于种种历史原因，结果都没有达到目的。直到1931年开始于东北，1937年扩大到全国，1945年8月才结束的反抗日本帝国主义侵略的革命战争，才第一次取得了伟大的胜利。……

中国抗日战争不但是世界反法西斯战争的重要组成部分，而且进行得最早，先后长达十四年之久。从1937年以后，由于国共两党再度合作，由于全国各族爱国人民的奋起参加，中国抗日战争发展成为全民族的战争。全国各族各界人民，北起黑龙江，南至海南岛、香港，以及流亡东南亚的爱国人士、参加修筑滇缅公路的军民、台湾爱国同胞、广大的海外华侨和归国华侨，无论在前方、后方，正面战场和敌后战场，到处燃起了抗日的烽火。

资料来源：胡乔木：《在纪念中国抗日战争和世界反法西斯战争胜利40周年学术讨论会上的讲话》，《人民日报》1985年8月30日。

◎2014年9月3日，习近平在纪念中国人民抗日战争暨世界反法西斯战争胜利69周年座谈会上的讲话中指出，九一八事变成为中国人民抗日战争的起点，揭开了世界反法西斯战争的序幕：

1931年，日本军国主义悍然发动九一八事变，占领中国东北全境；1937年又蓄意制造七七事变，发动了全面侵华战争。日本军国主义的野心就是要变中国为其独占的殖民地，进而吞并亚洲、称霸世界。日本军国主义的这一疯狂的侵略国策，给中国人民和广大亚洲国家人民带来了前所未有的巨大灾难，在人类文明史上留下了极其黑暗的一页。

日本军国主义的野蛮侵略，激起中国人民的奋勇抵抗。九一八事变成为中国人民抗日战争的起点，并揭开了世界反法西斯战争的序幕。七七事变成为中国全民族抗战的开端，由此开辟了世界反法西斯战争的东方主战场。

资料来源：习近平：《在纪念中国人民抗日战争暨世界反法西斯战争胜利69周年座谈会上的讲话》，《人民日报》2014年9月4日。

◎2015年7月30日，中共中央政治局就中国人民抗日战争历史进行集体学习，习近平在学习中强调指出，应注重研究九一八事变后14年抗战的历史：

要坚持用唯物史观来认识和记述历史，把历史结论建立在翔实准确的史料支撑和深入细致的研究分析的基础之上。要坚持正确方向、把握正确导向，准确把握中国人民抗日战争的历史进程、主流、本质，正确评价重大事件、重要党派、重要人物。要从总体上把握局部抗战和全国性抗战、正面战场和敌后战场、中国人民抗日战争和世界反法西斯战争等重大关系。我们不仅要研究七七事变后全面抗战8年的历史，而且要注重研究九一八事变后14年抗战的历史，14年要贯通下来统一研究。要以事实批驳歪曲历史、否认和美化侵略战争的错误言论。

资料来源：习近平：《让历史说话用史实发言 深入开展中国人民抗日战争研究》，《人民日报》2015年8月1日。

2. 东北抗日联军艰苦卓绝的抗日斗争

◎1931年9月19日，九一八事变的第二天，中共满洲省委发表为日本帝国主义武装占领满洲的宣言，号召广大群众要组织自己的武装军队反对帝国主义：

工农兵劳苦群众们：

万恶的日本帝国主义者已经将奉天、营口、安东、抚顺、辽阳、海城、铁岭、长春，还有许多别的大小城镇完全占领了，这是如何惊人的事件啊！

这一事件的发生不是偶然的！这一政策是日本帝国主义者为实现其“大陆政策”“满蒙政策”所必然采取的行动，这一政策是日本帝国主义者为更有力的统治满洲，侵略蒙古，以致使满蒙成为完全殖民地的政策，是以满蒙为根据地积极进攻苏联与压迫中国革命的政策，是不让美国及其他帝国主义者指染满蒙的政策！

日本帝国主义者宣传“这次冲突是奉天北大营中国军队破坏南满铁道所引起的”，这完全是骗人的造谣！三岁小孩子也不会相信这些话！

日本帝国主义者之所以能占据满洲，完全是国民党军阀投降帝国主义的结果，所谓“忍耐”“镇静”“莫给人以可乘之机会”“和平以示奋斗”等等所谓策略及其极力压迫一切反帝运动的行动，必然要使日本帝国主义者更急进的更肆无忌惮的来占领满洲！

本来已经贫困不堪的工农兵劳苦群众，目前的生活更加痛苦了！失业，死亡，流离，恐慌，饥饿，贫困，已达空前的境地！一切物品与粮价突然高涨数倍，而且仍在有加无减的继续着！

国民党投降帝国主义的罪恶，已经被惊动世界的事实完全暴露无余了！谁也不应再相信国民党军阀反对帝国主义了！不管国民党的那一派，不管中国任何政治派别，都不能不用投降帝国主义的策略来解决满洲事件，他们一定又要来高呼其“镇静”“忍耐”“慎重”的无耻口号，他们一定又要来欺骗民众，来依靠所谓“国际正义”！他们一定又要来声嘶力竭的高喊：“目前唯一的问题仍然是剿共”来混乱群众视线。他们一定又要利用这一事件来互相攻击，企图取得“群众信仰”。但是，无论他们怎样来欺骗，无论他们再玩些什么新花样，过去的一切事实已经教训了每个群众，应当坚决的来反对来揭破这些无耻的欺骗！

只有工农兵劳苦群众自己的武装军队，是真正反对帝国主义的力量。红军两年来和帝国主义国民党英勇战斗的光荣历史，便是万古不灭的证据。只有工农劳苦群众自己的政府（苏维埃政府）是彻底反对帝国主义的政府。只有在共产党领导之下，才能将帝国主义驱逐出中国！

工农兵劳苦群众们！唯一的出路久已摆在我们面前了！伟大的任务久已放在我们肩上了！只有我们以英勇的斗争能完成它！

资料来源：《中共满洲省委为日本帝国主义武装占领满洲宣言》，见《东北抗日联军史料》编写组编：《东北抗日联军史料》（上），中共党史资料出版社 1987 年版，第 33—34 页。

◎1931 年 9 月 20 日，中国共产党中央委员会发表《中国共产党为日本帝国主义强暴占领东三省事件宣言》，明确提出抗日救国主张：

全中国工农兵士劳苦民众们！

正当受着军阀战争与空前扩大的水灾的蹂躏牺牲痛苦不堪的时候，日本帝国主义又公开进兵中国，强占中国领土，屠杀中国民众了！任何一派的国民党与军阀都只能压迫红军与苏维埃，实行军阀战争，加工制造灾荒，及投降帝国主义，出卖民族利益。过去济南惨案及万宝山惨案及一切惨案都被国民党政府无条件投降出卖了！我们还要梦想国民党政府去抵抗帝国主义进兵吗?！国民党军阀的统治根本就是帝国主义压迫屠杀中国民众的保镖，我们应该一致动员起来，打倒国民党，打破一切和平改良的欺骗。只有群众斗争的力量，只有工农苏维埃运动的胜利，才能解放中国。

反对日本帝国主义强占东三省！

立刻撤退占领东三省的海陆空军！

自动取消一切不平等条约！

打倒一切帝国主义！

驱逐帝国主义在华的一切海陆空军滚出中国！

没收帝国主义在华一切财产！

反对帝国主义进攻苏联，武装拥护苏联！

反对帝国主义国民党进攻苏区与红军，拥护苏区与红军！

反对世界第二次大战！

打倒各派国民党，打倒一切军阀！

变帝国主义国民党反对中国革命的战争为反帝国主义反国民党的革命战争！

中国工农兵苏维埃斗争胜利万岁！

资料来源：《中国共产党为日本帝国主义强暴占领东三省事件宣言》，见中央档案馆编：《中共中央文件选集》（第七册），中共中央党校出版社 1991 年版，第 398—399 页。

◎1932 年，东北民众抗日救国会编印的一本小册子中记叙了东北义勇军的概况：

一、义勇军之缘起及经过

世界有史以来，国家横暴无有过于日本者。去岁（指 1931 年，引者注）九月十八日，以胡匪行为占领东三省，摧毁我政权，劫掠我财物，屠杀我人民，凡有血气靡不发指皆裂。我政府维护国联盟约，标榜和平，期以交涉谋解决；而人民则因受创过巨，愤起自卫。东北民众抗日救国会产生以后，即指挥义勇军与日搏斗，总其经过情形，可分三时期：

（一）发动时期

东北民众抗日救国会甫经成立，即暗派明白军事干员，分赴辽宁各地，编练民团。以防匪为名，避免日人注意。迨日军进犯锦县，乃由会通令，改称东北民众自卫义勇军，派员督率指挥，与日人作殊死战。当时计分二十二路，每路置司令一人。每路复分若干旅，旅以下分团。

（二）扩大时期

十二月二十二日，日军分三路进犯辽西，南自营口，北自通辽，战区延长千余里。除原有义勇军与敌肉搏外，人民激于义愤，请缨杀敌者日见增多。迄本年（指 1932 年，引者注）三月，已达五十四路，人数至十余万。以前五十四路多系步兵，此外尚有独立支队二十七支，独立支队外更有骑兵六路。四月二十一日，唐聚五揭开真面目，誓师讨贼，辽东义勇军实力日渐扩大，编为十九路，唐任总司令。此外尚有民团及别动队。

（三）整理时期

数月之间，只辽宁一省，义勇军发展近二十万人，诚非始料所能及。惟此大多数义军，必须切实治理，使成为铁的组织，方能临阵杀敌，卫国保种。故本年（指 1932 年，引者注）四月以后，力加整顿，划全省为五大军区：沈阳、新民、法库、北镇、黑山、锦县、义县、锦西、兴城、绥中、彰武为第一军区；辽阳、海城、盖平、复县、营口、盘山、台安、辽中为第二军区；本溪、凤城、庄河、岫岩、安东、宽甸、桓仁、通化、清原、新宾、安图、柳河、临江、长白、辑安、辉南、海龙、抚顺、抚松、金川为第三军区；铁岭、开原、昌图、梨树、东丰、怀德、西丰、双山为第四军区；康平、通辽、辽源（今双辽，引者注）、瞻榆、开通、镇东、安广、洮南、突泉为第五军区。每军区设总指挥一名，以专责成。而各路义勇军亦重行编制，汰弱留强，期合贵精不贵多之旨。除原有五十四路外，更添编五十五及五十六路。复鉴于各路军距离较远，交通不便，消息迟滞，影响于军事甚大。置备无线电台，分发各军区应用，以灵通消息，俾指臂有联络之助，传令者无迂远之苦。

……

十二、义勇军之效果

日本进占东北，为我国空前之奇耻，举世未有之大辱，凡属血气，均应一致效死，以图湔雪。义勇军痛山河破碎，民族垂亡，不畏强暴，不甘屈服，乃揭竿而起，凭其血肉，以当硝烟，前仆后继，再接再励，洵为中华民族之殊荣。其于重重压迫之下，力谋自卫，不稍或懈，尤足以救世界观听。抑有进者，日本果不悔悟，则我收复失地，志在必行，势将兵戎相见。此二十万义勇军，深入敌阵，从事破坏扰乱，以策应正式军队，其成功必能迅速。即使我政府始终迷信国联盟约，仍不作积极对抗，则义勇军本身活动，亦足予日阀以惩戒。其侵略阴谋，或不至逐步而施。退一步言之，义勇军之活动不能辅助外交，不能辅助国军，且不能阻止日阀侵略，但中华民族不可污，吞并满蒙不可能，世界人士，亦必得相当印象。而处于水深火热之东北民众，观此义勇军奋斗，必至精神奋发，下最后决心，共起抗日，四百万方里土地，不致为倭虏攫取以去。由此观之，我为国为民之义勇军，对于收复东北，直接间接，有莫大之影响，诚未可漠然视之也。

资料来源：东北民众抗日救国会：《东北义勇军概况》，见《东北抗日联军史料》编写组编：《东北抗日联军史料》（下），中共党史资料出版社1987年版，第369—370、372—373页。

◎日本陆军省的史料披露，东北抗日联军歼灭大量日军有生力量，延缓了日本帝国主义发动全面侵华战争的计划：

日本陆军省于1936年3月18日则公布：自1931年九一八事变至1935年末，关东军战死4200人，伤病者17.13万人。到1937年9月的6年来，关东军在东北死伤达到17.82万人。关东军头目本庄繁、植田谦吉都曾为日军付出的惨重代价感到“最为遗憾”。日军入侵华北时，急需关东军支持，但关东军苦于东北抗日武装“日益发展和活跃”，不得不分散各地疲于“讨伐”，根本无力支援华北，从而打乱了日军的侵略计划，延缓了扩大侵华战争的进程。

资料来源：中国抗日战争军事史料丛书编审委员会编：《东北抗日联军·综述》，解放军出版社2015年版，第242页。

◎1938年5月，毛泽东发表《抗日游击战争的战略问题》一文，充分肯定东北游击战争的重要意义：

东三省的游击战争，在全国抗战未起以前当然不发生配合问题，但在抗战起来以后，配合的意义就明显地表现出来了。那里的游击队多打死一个敌兵，多消耗一个敌弹，多钳制一个敌兵使之不能入关南下，就算对整个抗战增加了一分力量。至其给予整个敌军敌国以精神上的不利影响，给予整个我军和人民以精神上的良好影响，也是显而易见的。

资料来源：毛泽东：《抗日游击战争的战略问题》，见《毛泽东选集》（第二卷），人民出版社 1991 年版，第 416 页。

◎1938 年，朱德在《论抗日游击战争》一文中高度赞扬东北抗日联军给侵华日军的沉重打击：

自从“九一八”以来，我国不战而失去东北四省和冀东、察北。资源的损失，仅在东三省即达到一个巨额。这一庞大的资源和三千余万人口的市场，未经摧毁而落入日本强盗之手，成为日本强盗用来继续侵略的经济武器，实在可惜。所幸东北同胞，组织了数万人民革命军和义勇军，不让日本强盗在那里安然开发资源和利用市场。相反地，日本强盗为了维持东北的“治安”，却要派极大的军队，耗费了许多有生力量和每月数万万的军费。“九一八”到一九三二年二月，半年之内，日寇为了占领东北，只花了三千万余日元的军费，而为了对付东北的游击战争，却要花更大的军费，总计自“九一八”到去年（指 1937 年，引者注）三月，日寇的军费消耗为十一万万日元。

资料来源：朱德：《论抗日游击战争》，见《朱德选集》，人民出版社 1983 年版，第 44 页。

◎东北抗日联军给日本的“满蒙生命线”插上了利刃，动摇了日伪殖民统治，牵制大量日军于东北，有力地配合了全国抗战：

1934 年 3 月到 10 月，所属各线被袭击 534 次，铁道被破坏 101 处。抗日武装出动数，1935 年为 3.91 万次，累计人数 178.38 万人次；1936 年为 3.65 万次，累计人数 135.55 万人次。……东北抗日武装 1937 年出动 2.54 万次，累计人数 1035.55 万人次；1938 年出动 1.31 万次，累计人数 46.88 万人次；1939 年 6547 次，累计人数 18.6 万人次；1940 年出动 3667 次，累计人数 13.26 万人次。

资料来源：吉林省公安厅公安史研究室、东北沦陷十四年史吉林编写组编译：《满洲国警察史》（内部资料），1990 年版，第 530 页。

◎九一八事变时，宋黎作为东北大学学生代表参加抗日救国会，他讲述了东北抗日联军的战绩：

在敌后战场。抗日义勇军游击战争十分活跃，到 1932 年夏秋之际，义勇军发展到 40 万人，游击范围广及 102 个县。各路义勇军在这一时期的抗击日寇的战斗中，都有过辉煌的战绩。邓铁梅夜袭凤凰城，砸开监狱救出 50 余名爱国人士，并砸烂以药店为掩护的日军情报机关，毙伤日伪军 50 余名，使日军大为震动。锦西义勇军围歼古贺联队，毙日军骑兵大佐古贺传太郎以下 80 余名。日军惊呼：“这实在是满洲事变以来最大的悲惨事件。”庄河大刀会夜袭土城子，砍杀关东军靖安游击联队队长、日军骑兵大佐森秀树以下日伪军多名。范甫忱、张金辉、吴海山等部在法库作战，毙日军20多名，并缴获野炮一门。王德林部“墙缝”伏击战毙日军小川大尉以下120名，缴获敌给养车17辆，辎重车25辆。冯占海部收复榆树，李海青部攻扶余等战斗，都曾使日伪大为震惊。各游击区内义勇军频繁出击，破坏敌人铁路运输，摧毁敌人军事设施，袭击敌伪军据点，使敌人寝食不安，严重地威胁了日伪统治。

我领导的“东北民众抗日义勇军总指挥部”，在这一时期也集中或分散地出击：围攻新民县城；破坏巨流河地段的铁路；潜入伪军中策反；组织青年抗日铁血团进入沈阳城，贴标语，撒传单，炸南满火车站、大烟馆、日本使馆，破坏满洲国的秩序，造成政治影响，打击敌人，鼓舞人民的斗志。

最能显示游击战争威力的是义勇军在1932年3月至9月，发动以收复中心城市为目标的强大攻势，当时伪满洲国刚刚成立，联合国的所谓“国联调查团”来中国东北进行调查，义勇军用实际行动向他们表明了中国人民反抗侵略、坚决推翻日伪统治的决心。

4月初，吉林自卫军集中5万兵力分3路反攻哈尔滨，前锋部队逼近哈市郊区，毙伤日伪军数千人。同年3月至8月，辽宁义勇军各部联合，先后多次袭击沈阳，8月的一次攻入市内，一度占领东塔机场，烧毁敌机多架。9月初，冯占海部吉林救国军联合小股义勇军围攻吉林，一度冲入市区，伪满洲国首都为之震动。10月间，冯占海集中黑龙江各队义勇军，围攻省城齐齐哈尔，毙伤日伪军数千人，迫使敌人不得不调集两个多师团的兵力，解省城之围。这一时期，各地义勇军也相应地发动了袭击本地区中心城市和铁路沿线的攻势，一度或几度攻克的城市有锦西（现辽宁省葫芦岛市）、绥中、兴城、通辽、康平、庄河、岫岩、新宾、柳河、辉南、海龙、清原、抚顺、方正、宾县、珠河（现黑龙江省尚志市）、榆树、扶余、安图、敦化、安达、克山，泰安（现黑龙江省依安县）、阜新、北票等50余座县城，使义勇军发展达到鼎盛时期。

东北义勇军的英勇抗战，特别是敌后抗日游击战，使日军深感在东北的兵力不足，因而不停地向东北增兵，到1932年10月，日军在中国东北的总兵力有14万人以上。

资料来源：宋黎：《东北民众抗日义勇军的兴起及武装抗日斗争》，见《中国抗日战争军事史料丛书》编审委员会编：《东北抗日联军·回忆史料》，解放军出版社2015年版，第32—34页。

◎东北抗日联军依托根据地开展抗日武装斗争，牵制大量日军于东北，有力地配合了全国抗战：

到 1937 年底，驻东北的关东军兵力达 5 个师团，占当时日本陆军（24 个师团）总兵力的 20%，占当年侵华日军的 24%；到 1939 年，已达 9 个师团，占当年日本陆军总兵力的 22%，占当年侵华兵力的 26%；1940 年为 11 个师团；1941 年为 13 个师团，约 80 万人，占其陆军总兵力的 25%，占当年侵华日军的 37%。东北抗战削弱、钳制了日军，在战略上有力地配合了全国抗战。

……

东北抗联将根据地作为抗日斗争的主要基地和依托，广泛开展游击战，进行频繁的战斗，有力打击了日伪军。如从 1933 年 9 月到 1935 年 12 月，第一军依托根据地袭击数十个城镇，战斗 700 余次。第二军自 1933 年至 1935 年 3 年时间里，依托东满游击根据地向日军出击达 2300 余次，先后粉碎日伪军多次“讨伐”。第三军依靠珠河、汤原等根据地战斗数千次，歼日军万余人。第四、五、六军也依靠根据地战斗数千次，消灭大量敌人。从 1936 年夏到 1940 年冬，第二路军在宝清游击根据地附近战斗数百次，歼日伪军 2000 余人。

资料来源：中国抗日战争军事史料丛书编审委员会编：《东北抗日联军·综述》，解放军出版社 2015 年版，第 243、251 页。

◎东北抗日联军战斗频繁，据不完全统计达数千次。其中重要战役战斗选录如下：

东北抗日联军重要战役战斗统计表（1931 年 9 月—1945 年 8 月）[①]

作战时间	战斗名称	主要战果
1933 年 3 月	马家大屯战斗	毙伤日伪军 100 余人，缴枪 100 余支、子弹万余发
1933 年 5 月	东京城攻袭战斗	伪军 300 人反正
1933 年 9 月	东宁城战斗	毙日军 120 余人、伤 70 余人，毙伪军警 2 人、伤 3 人
1933 年 11 月	北调战斗	毙伪军 200 人，缴枪百支
	三岔口街战斗	毙日伪军 150 余人、伤 70 余人，毙伤伪警察 5 人
1933 年	王隅沟战斗	毙伤日伪军警 216 人
1934 年 5 月	二道沟战斗	毙伪军 30 余人、俘 100 余人，缴炮 2 门、重机枪 2 挺、步枪 100 余支

① 战役战斗选录标准：游击队时期毙伤俘日伪军警 100 人及其以上；人民革命军和抗日联军时期毙伤日伪军警 100 人及其以上，或歼日军 100 人及其以上。

续表

作战时间	战斗名称	主要战果
1934年8月至9月	延吉、图们地区战斗	毙日军50人、伤150人
1934年11月	学田地遭遇战斗	毙伤日伪军120余人
1935年5月	老黑山战斗	毙伤、俘伪军100余人，缴迫击炮1门、轻重机枪2挺、步枪90余支
1935年6月	老黑山伏击战斗	毙伤伪靖安军100余人，缴迫击炮2门、轻重机枪2挺、步枪及手枪100余支
1935年7月	威虎岭铁路战斗	毙伤日军约百人
1935年12月	通沟岗子战斗	毙伤日军百余人，毙伪警察100余人、俘200人，缴迫击炮4门、机枪10挺、步枪210支
	二道河子袭击战斗	俘伪军警200人，缴枪200支
1936年1月	猪蹄河伏击战斗	毙伤日伪军数百人，烧毁汽车数十辆
	黑石屯战斗	毙伤日军100余人、伪军100余人
1936年3月	老钱柜进攻战斗	毙伤伪军百余人，缴机枪1挺、步枪100余支、子弹4400余发、电台1部，马百匹、军需品若干
1936年4月	寒葱沟伏击战斗	毙伤日伪军260余人、俘270余人，缴机枪16挺、小口径炮10门、电台2部、枪500余支
	大蒲柴河镇进攻战斗	俘伪军约200人，攻占大蒲柴河镇
	舒乐河镇进攻战斗	攻占该镇，俘日伪军伪警察100余人，缴获步枪300余支
	巴兰河谷战斗	毙伤、俘伪军警500余人
	大古洞战斗	伪森林警察400人反正
1936年6月	三道河子战斗	俘伪军100人，缴枪100支、子弹4万发
	大荒山战斗	毙伤日伪军100余人
	桦皮厂战斗	毙伤日军100余人
1936年夏	朱旗屯战斗	毙伤日军100余人
	珠琦口子伏击战斗	毙伤日军100余人
1936年9月	湾湾沟战斗	俘伪军120余人
	代马沟伏击战斗	毙伤日军第12师团工兵连130余人，颠覆日军火车一列，缴机枪10挺、枪350余支、子弹5万余发、战马70匹
	小汤河进攻战斗	毙、俘伪靖安军150人，缴获掷弹筒1个、轻机枪2挺、步枪150余支、军用品若干

续表

作战时间	战斗名称	主要战果
1936 年秋	西关街战斗	毙伤日军 100 余人
	小黑顶子战斗	毙伤日军 100 余人
1936 年 12 月	黑瞎子沟密营保卫战斗	毙伤日军近百人
1936 年 6 月至 11 月	第二军西征	作战数十次，毙伤、俘日伪军千余人
1936 年 10 月至 1937 年 2 月	第二军 1936 年秋冬季反“讨伐”	作战百余次，毙伤、俘日伪军 800 余人
1936 年 9 月至 1937 年 4 月	第三军西征	作战百余次，毙伤、俘日伪军 1100 余人
1937 年 1 月	黑瞎子沟战斗	毙伤日军 100 余人
	小夹皮沟伏击战斗	毙伪军 100 余人、俘 10 人，缴机枪 2 挺、步枪百余支、掷弹筒 1 个、手枪 5 支
1937 年 2 月	鲤明水密营地伏击战斗	毙伤日军 41 人、冻伤 18 人，毙、俘伪军 110 余人，缴轻机枪 2 挺、长短枪 130 余支
	通化地区战斗	通化日军指挥部宣传，自 1936 年 10 月至 1937 年 2 月 28 日共出动 528 次、战斗 197 次，日伪军死 291 人、伤 297 人
1937 年 3 月	花脸沟战斗	毙伤伪军近百人
	冰趟子伏击战斗	毙日军 200 余人，冻伤 100 余人
	依兰县城进攻战斗	毙伤日军 200 余人，毙伤、俘伪军 165 人，缴迫击炮 3 门、轻机枪 7 挺、步枪 150 支、手枪 4 支及弹药若干
	小河沿伏击战斗	毙伤日军 220 余人，缴机枪 130 支
1937 年春	半截河伏击战斗	毙伤日军百余人
1937 年 4 月	大沙河伏击战斗	全歼伪治安队 100 余人，缴机枪 2 挺、步枪 150 余支
	四平山伏击战斗	毙日军 100 人、伤 20 人，缴枪 120 支
1937 年 5 月	二道林子遭遇战斗	毙日伪军百余人
1937 年 6 月	三道岗伏击战斗	毙伤、俘伪军 100 余人
	二道林子遭遇战斗	毙伤日军 150 余人，伤伪军 10 人
	头道林子战斗	伪警察 150 人反正，携枪 150 支
1937 年夏	孟家岗伏击战斗	毙伪军 10 人、俘 100 人，缴枪 100 余支

续表

作战时间	战斗名称	主要战果
1937 年 7 月	十站西盘道伏击战斗	毙伤日军、伪军 130 人，炸毁军用火车一列
	沙河沿战斗	毙伤伪军 100 余人
	铁路线袭击战斗	毙日军 100 人、伪军 30 多人，伤很多
	别拉音子山战斗	毙伤伪军数百人
1937 年 8 月	五道岗进攻战斗	毙日军 300 余人、伤 50 余人，缴轻机枪 15 挺、马枪 260 支、全马鞍 50 匹及大量军需品
1937 年 10 月	二道子战斗	毙伤日伪军百余人
1937 年 11 月	富锦战斗	毙日本教官 1 人、俘伪军 100 余人，缴轻机枪 2 挺、步枪 100 余支
1937 年 12 月	排子沟战斗	毙日、伪军近百人，缴枪支、弹药若干
	聚宝山进攻战斗	毙伤、俘伪警察 100 余人，缴轻机枪 1 挺、步枪及手枪 30 余支
	七星河镇进攻战斗	毙伤日军 30 余人、俘伪军 150 余人，缴轻、重机枪 5 挺、步枪 200 余支，军用品若干
1938 年 3 月	汉阳沟战斗	俘伪军 100 余人，缴枪 100 余人
	小孤山阻击战斗	毙伤日伪军及伪兴安军 100 余人
1938 年 4 月	别拉音子山战斗	俘伪军 100 人，缴枪百支
1938 年 5 月	大荒岭战斗	毙伤日伪军百余人
1938 年 8 月	东京城战斗	毙伤日伪军 200 余人
	横道河子战斗	毙伤伪军 200 余人
1938 年 12 月	柳树河子战斗	毙伤伪军 100 余人，击落飞机 1 架、缴机枪 1 挺、步枪 10 余支
	挥声天战斗	毙伤伪军 100 余人，缴机枪 3 挺、步手枪 30 余支
1938 年春夏	通辑路破袭战	较大战斗 50 余次，毙伤、俘日伪军 750 余人，其中日军 208 人，经济损失 43.6 万元
1938 年夏秋	第二路军西征作战斗	战斗百余次，毙伤日伪军警 1000 余人
1938 年秋冬	第一路军 1938 年秋冬反“讨伐”作战	战斗 150 余次，毙伤、俘日伪军警 1200 余人
	抗联北满部队远征作战斗	战斗 40 余次，毙伤、俘日伪军警 750 余人

续表

作战时间	战斗名称	主要战果
1939 年 1 月	大柳树河战斗	毙伤伪军 100 余人
	老等窝伏击战斗	毙伤伪军百余人
1939 年 2 月	李洛琢屯战斗	毙日军 20 人、伤 10 人，毙伤伪军 100 余人
1939 年 3 月	木箕河进攻战斗	毙伪森林警察 80 余人、俘 100 人，缴轻机枪 3 挺、步枪 100 余支、电台 1 部
	葫芦崴子战斗	毙伤日伪军 120 余人
1939 年 4 月	大蒲柴河战斗	毙伤伪警察 20 余人、俘 100 余人
	南北十字街战斗	俘连长以下 100 余人
	兴龙沟战斗	毙日伪军 100 余人、伤 20 余人
1939 年 6 月	错草顶子战斗	毙伤日伪军 100 余人，缴枪 80 余支
	腰岔战斗	毙日军 20 人、伪军 100 人，缴枪 100 支、子弹万余发
1939 年 8 月	大沙河镇进攻战斗	毙日军 110 余人，缴轻机枪 7 挺、步枪 70 余支，烧毁汽车 5 辆
1939 年 9 月	荒沟岭战斗	毙伪军 20 人、俘 100 余人，缴步手枪 120 余支
	寒葱岭伏击战斗	毙日军松岛队长以下 100 余人，烧毁汽车 9 辆，缴掷弹筒 2 个、重机枪 1 挺、轻机枪 2 挺、步枪 100 支、子弹 6000 发，军需品若干
	讷河县城进攻战斗	毙日军 14 人，俘伪警察 100 余人，缴轻机枪 2 挺、步枪 130 支、匣枪 100 支、子弹 3 万余发、汽车 1 辆及军需品若干
1939 年 10 月	荒沟岭战斗	伪军 100 余人被缴械，烧毁汽车 5 辆，缴机枪 1 挺、步手枪 41 支
1939 年 12 月	桦甸地区战斗	毙伤伪军 100 余人
	尾巴林子战斗	击毙日伪军近百人
1939 年冬	新兴村等袭击战斗	毙伤伪军警 140 余人
1939 年 10 月至 1940 年 3 月	第一路军 1939 年秋冬季反“讨伐”作战	战斗 318 次，毙伤俘日伪军警 3186 人
1939 年	第二路军 1939 年反“讨伐”作战	战斗 200 余次，毙伤俘日伪军警 2000 余人
1940 年 3 月	大马鹿沟战斗	毙日军 10 人，毙伪警 110 人、俘 40 人，缴机枪 15 挺、手枪 18 支、步枪 140 支、望远镜 2 个
	红旗河伏击战斗	毙日伪军 110 余人、俘 40 余人，缴轻机枪 5 挺、步枪 140 余支、手枪 18 支、子弹 1 万余发、电台 1 部

续表

作战时间	战斗名称	主要战果
1940 年 4 月	牛心顶子突围战斗	毙伤日伪军 100 余人
1940 年 5 月	拉林河沿战斗	毙伤、俘伪军 150 人，缴枪 50 支
1940 年 6 月、7 月	木梆战斗	俘伪森警 100 余人，缴枪 100 余支
1940 年 9 月	七星河镇进攻战斗	毙日军指导官及伪军团长以下军官数人，伪军 100 余人反正，缴重机枪 4 挺、轻机枪 3 挺、步枪 131 支、子弹 4.5 万余发及军需品若干
	克山县城进攻战斗	毙日军 30 人、伪军 23 人、俘伪军 80 余人，缴迫击炮 4 门、步枪 150 支、子弹 2 万余发，军马 40 余匹
1941 年 9 月	大罗镇进攻战斗	全俘伪警察及伪自卫团人员，缴步枪 24 支、子弹 2500 发
1941 年秋	第三支队 1941 年秋反“讨伐”作战	主要战斗 22 次，毙伤俘日伪军警 400 余人
1945 年 8 月	泉眼沟战斗	毙日军 300 余人

资料来源：中国抗日战争军事史料丛书编审委员会编：《东北抗日联军·表册》，解放军出版社 2015 年版，第 91—222 页。

（二）中国抗战是世界反法西斯战争的东方主战场

1. 中国战场是世界反法西斯战争的重要组成部分

◎1945 年 4 月 24 日，毛泽东在中共七大政治报告《论联合政府》中指出了中国在世界反法西斯战争中的重要地位：

中国是全世界参加反法西斯战争的五个最大的国家之一，是在亚洲大陆上反抗日本侵略者的主要国家。中国人民不但在抗日战争中起了极大的作用，而且在保障战后世界和平上将起极大的作用，在保障东方和平上则将起决定的作用，中国在八年抗日战争中，为了自己的解放，为了帮助各同盟国，曾经作了极大的努力。

资料来源：毛泽东：《论联合政府》，见《毛泽东选集》（第三卷），人民出版社 1991 年版，第 1033 页。

◎1945 年 1 月 6 日，美国总统罗斯福在致国会的国情咨文中，充分肯定了中国在第二次世界大战中的重大贡献：

我们忘不了英国在 1940 和 1941 年单独地守住阵地；而且，不顾狂轰滥炸，建立起惊人强大的军火工业，使它自己能够在1942年发动阿拉曼的攻势。

我们忘不了莫斯科、列宁格勒和斯大林格勒的英雄保卫战，也忘不了1943年和1944年惊人强大的俄国反攻，这些反攻消灭掉许多令人生畏的德国集团军。

我们也忘不了中国人民在七年多的长时间里怎样顶住了日本人的野蛮进攻和在亚洲大陆广大地区牵制住大量的敌军。

今后我们千万不要忘记我们的切身体验——我们一定要有朋友，他们愿意像在战争中同我们并肩战斗一样在和平中同我们一道工作。

资料来源：［美］富兰克林·德·罗斯福：《罗斯福选集》，关在汉译，商务印书馆1982年版，第480页。

◎牛津大学历史学教授拉纳·米特强调应当承认中国对世界反法西斯战争做出的重大贡献：

中国是最早抗击轴心国侵略的国家。抗日战争爆发于1937年，早于英、法两国反法西斯战争两年之久，比美国参战早4年。1941年12月7日“珍珠港事件”爆发后，美国的主要战略目标就是“确保中国持续参战”，以此牵制身处中国内陆的大批日军。在同盟国的整体部署中，中国的战略地位也极其重要。但是，相比其他同盟国，中国在政治和经济方面的力量薄弱，因而自主权很小。诚然，抗日战争是中国历史进程中至关重要的一步，标志着中国从半殖民地半封建社会转变为有独立主权的国家，登上世界舞台，承担起区域性和全球性的责任。

……

同时，抗日战争也是中国政府和中国人民齐心协力的一次全民英勇抗战。中国人民殊死抵抗，排除万难，最终取得了抗战的胜利，让“中国不可能获胜”的预言不攻自破。在“珍珠港事件”爆发前的4年里，中国一直孤军奋战，独自反抗日本法西斯的侵略。日本当时是一个高度军事化、技术先进的国家，而中国这个欠发达的贫困国家，抵抗住了日本80万高度军事化的精锐部队。此后4年，盟军在欧洲与亚洲两个战场同时作战，均获得胜利，其中中国的持久抗战功不可没。

……

想正确看待那段历史，必然要承认中国是战时同盟国四大核心国之一，与美、苏、英三国地位同等。这段中国历史不仅是被遗忘的同盟国的历史，也是同盟国中受战争影响最大的国家的血泪史。

资料来源：［英］拉纳·米特：《中国，被遗忘的盟友——西方人眼中的抗日战争全史》，蒋永强、陈逾前、陈心心译，新世界出版社2015年版，第11—13、18页。

2. 中国战场抗击和牵制了日本陆军主力

◎日本学者纐纈厚通过翔实的数据证明中国战场牵制了日军大部分兵力，在世界反法西斯战争中占据重要位置：

真实情况是，在联合全国人民共同抗日的背景下，中国民众以高涨的抗日热情坚持抗战，极大的消耗了日本兵力，同时也消耗了日本的国力，致使日本一步步地走向失败之路。

……

据资料记载，1941 年，包括中国东北，中国关内地区，投入到中国本土的日本陆军兵力约为 138 万名，实际上是当时陆军动员总兵力的 65%。

当时，日本本土的配置兵力约为 56.5 万名，这相当于全部兵力的 27%。另外，派往中国南方地区的兵力约为 15.5 万名（约占总兵力的 7%）。从该数字不难看出，向中国战场投入的兵力占了多么高的比例。

这一兵力配置比例，即使在对英美开战以后也没有变化。在 1943 年美国发起真正的对日反攻以后，从投入中国战场的兵力中抽出来一部分转到了太平洋战场，为此 1943 年在中国的兵力减少到 128 万名（占总兵力的 44%）。

进而，1944 年，在华兵力为 126 万名（约占总兵力的 31%），南方战场的兵力为 163 万名（约占总兵力的 40%）。此时，投入中国战场的兵力所占比例首次开始降低，但是，在日本战败的 1945 年，再次增长到 198 万名（约占总兵力的 31%）。

这也是由于随着战局恶化而强行动员国内兵力的结果，使得绝对兵力数增大。向中国战场投入 198 万兵力这一数目，与同一年和美国作战的南方战场的陆军兵力 164 万名（占总兵力的 26%）相比，超出 34 万。

总之，直到日本战败为止，中国战场的兵力配置一直都占据极大的比重。侵华日军在陷入了泥沼的中国战场，迫不得已的极度消耗着兵力和国力。如此，日本在对中国的战争中岂能说取得了完全胜利？即便是说取得过部分胜利，也绝不是在主导战争全局的优势下进行的。

……

即便是中日战争为后来的日美战争做了准备，但是对中国战争的投入比例之大仍是极其重大的问题。在此，再次想要强调的是，因对中国的战争迫使国家财政支出巨额军费，结果为日本军部开始对英美的战争打下了坚实的物质基础，但是由此也使日本财政陷入了濒临崩溃的困境。

向中国战场投入如此大的兵力和巨额军费这一事实，足以说明最终日本是败给了中国。根据以上的数字分析，能够再次清楚地看到中日之间15年的战争在整个亚洲太平洋战争中所占据的重要位置。

资料来源：[日]缬缬厚：《何谓中日战争?》，申荷丽译，商务印书馆2012年版，第179、191—193、196—197页。

◎1985年9月3日，彭真在首都各界人民纪念抗日战争和世界反法西斯战争胜利40周年大会上发表讲话，阐述中国抗日战争对世界反法西斯战争的胜利做出不可磨灭的贡献：

中国抗日战争是世界反法西斯战争的重要组成部分。它发动最早，持续的时间最长。中国战场是反对日本法西斯侵略的主要战场，在战略上有力地配合和支援了欧洲和太平洋及亚洲其他地区的反法西斯战争。中国抗日战争长时间抗击和牵制日本的大部分陆军和大量空军海军，年复一年地消耗着日本的实力，这就打乱了日本的侵略部署，使日本迅速征服中国并与德国会师的计划陷于破产，也推迟了太平洋战争的爆发。中国远征军出师缅甸，对于远东盟军对日作战起了直接的配合作用。中国人民为世界反法西斯战争的胜利承受了巨大的民族牺牲，作出了不可磨灭的历史贡献。

资料来源：彭真：《在首都各界人民纪念抗日战争和世界反法西斯战争胜利40周年大会上的讲话》，《人民日报》1985年9月4日。

◎太平洋战争爆发后，美国总统罗斯福在与其子伊利奥·罗斯福谈话时指出，中国战场牵制住日本主力打乱了日军对外侵略扩张的计划：

假如没有中国，假如中国被打垮了，你想一想有多少师的日本兵可以因此调到其他方面来作战？他们可以打下澳洲，打下印度……他们并且可以一直冲向中东……和德国配合起来，举行一个大规模的夹击，在近东会师，把俄国完全隔离起来，吞并埃及，切断通过地中海的一切交通线。

资料来源：[美]伊利奥·罗斯福：《罗斯福见闻秘录》，李嘉译，新群出版社1949年版，第49页。

◎1942年4月18日，英国首相丘吉尔在致韦维尔将军电中，指出中国战场的重要性：

我必须指出，中国一崩溃，至少会使日军十五个师团，也许会有二十个师团腾出手来。其后，大举进犯印度，就确实可能了。

资料来源：[英]温斯顿·丘吉尔：《第二次世界大战回忆录》(第四卷)，北京编译社译，商务印书馆1975年版，第266页。

◎著名记者伊斯雷尔·爱泼斯坦认为中国抗战使日本对外侵略战略遭受挫败：

日本1943—1945年在中国的处境，其主要特征是，尽管它的军队在战场上是最强大的，但是它的战略已经遭受了挫败。东京原来的时间表规定，在开始任何更大规模的战争之前“了结支那事件”，但是在珍珠港事件那天，中国仍然顶住了。日本在自己后方的事情尚未了结的情况下便投身于它在印度支那、马来亚、荷属东印度、菲律宾和缅甸发起的战争。

资料来源：伊斯雷尔·爱泼斯坦：《中国未完成的革命》，张立程、付瑶译，新星出版社2015年版，第273页。

◎在1987年举行的七七事变五十周年纪念会上，中国社会科学院院长胡绳阐述了拖住日本陆军主力的中国战场对日本北扩、南进战略展开的影响：

这场世界性的反法西斯战争，应该说，是由1937年中国的抗日战争的开始而开始的。占世界人口五分之一的中国人民首先起来，为冲破世界法西斯链条的东方的环节而进行决死的斗争。……中国的延续八年之久的抗日战争拖住了日本军队，主要是陆军的大部分力量，对于太平洋战争和欧洲的反法西斯战争也起了战略配合的重要作用。日本军国主义者中至少有一派人一贯主张北上进攻苏联，但当纳粹军队在苏联西线暂时得手的时候，他们仍不敢贸然北进。他们的陆军陷在中国战场上是一个重要原因。日本终于作了南进的决策，南进主要靠海军，但为占领太平洋上的广大地区也必须有强大的陆军。由于摆脱不了中国战场，日本陆军中只有百分之二十投入太平洋战争，这对于美军的反攻显然是有利的条件。

资料来源：胡绳：《在“七七”事变五十周年纪念会上的讲话》，《人民日报》1987年7月9日。

◎1942年12月28日，美国参谋长联席会议下属机构中国联合情报小组受命评估了中国对盟国的贡献：

第一部分：中国对盟国战争努力的贡献的价值

当前，中国所作两大军事贡献为：

（a）中国由于地形复杂，幅员辽阔，构成日本一严重负担，中国牵制日军总兵力225万人中的60万人，小量地但不断地消耗日本的物资和航运资源。

（b）中国为盟国提供攻击日本交通线以及最后攻击日本本土的潜在空军基地。目前这一因素虽尚不足以认为对日本构成严重威胁，但其潜在价值颇大。

资料来源：章伯锋、庄建平主编：《抗日战争》（第四卷·外交·下），四川大学出版社1997年版，第1485页。

3. 中国战场派遣远征军直接配合盟军对日作战

◎1942年4月17日，蒋介石致电罗斯福和丘吉尔，阐述了中国派遣远征军入缅作战的重要意义：

然而我华军仍在英缅军作战地带突出60英里以之外之地区，即平曼纳、叶达石一带与敌人血肉相搏，掩护友军，不惜牺牲。其所以如此孤军应战坚忍牺牲者，一面固为保护我中国与各盟邦之交通与联系，以保全我盟军在东亚大陆对日本反攻惟一之根据地，而同时且掩护印度大陆之安全也。故虽明知缅甸战区卫生、交通、运输、通信种种情况之困难，仍必勇往直前，牺牲一切而不辞也……余认为缅甸在今日绝不能认为一个支战场，而实为远东作战一重要之基地，且吾人攻击日本必须掌握巩固之主要枢纽。如果缅甸不守，则日军在陆上即可向印度长驱直入，而中国与盟邦英、美之交通运送与联系即因之阻断，如此我盟军陆上进攻日本之根据地全失，自必更增困难，而敌人向东、向西之进展则更无顾忌矣。

资料来源：《蒋委员长自重庆致美国总统罗斯福、英国首相丘吉尔告以缅甸对敌作战之弱点太多有从速加以改善与充实之必要电》，见秦孝仪主编：《中华民国重要史料初编——对日抗战时期》（第三编·战时外交·三），“中央”文物供应社1981年版，第130—131页。

◎1985年，新中国开国上将、中国人民解放军军事科学院院长宋时轮阐述了中国派遣远征军对东南亚人民解放的贡献：

中国抗日战争不但在战略上支援和配合了美、英盟军的作战行动，而且与盟军实行了战役上的协同作战，为最后击败日本法西斯作出了自己的贡献。1942年春，中国派出三个军入缅援英作战。1943年11月至1945年3月，中国先后以八个军共二十二个师的兵力，在中国的滇西和缅甸北部地区与盟军共同对日作战，并收复了密支那，为东南亚人民的解放尽了力。在整个印缅地区作战中，中国远征军和盟军一道，共歼日军十六万余人。

资料来源：宋时轮：《不可磨灭的历史贡献——为纪念中国抗日战争和世界反法西斯战争胜利四十周年而作》，《世界历史》1985年第8期，第5—6页。

◎国民党高级将领杜聿明、郑洞国在《亲历缅甸抗战》一书前言中详细介绍了中国远征军的历史贡献：

从中国远征军1942年初参加缅甸防御战，到1945年初中国驻印军反攻作战胜利，在长达3年多的时间里，中国先后出动了40万大军在滇缅战场上与美英盟军并肩作战，并取得了最后的胜利。这是中国抗日战争时期中国军队在国外作战的唯一战例，也是欧、亚、美三大洲联合作战的首次战例。这场战役是中国抗日战争及世界反法西斯战争的重要组成部分，对亚太地区的反法西斯战争产生了深远的影响，同时也对世界反法西斯战争做出了重大的贡献。

首先，中国军队派兵增援缅甸，增强了中印缅战区盟军的力量，有力地支援了盟军在中印缅战场的对日作战。

如前所述，日军在偷袭珍珠港，挑起太平洋战争后，分兵南进，进逼缅甸。如果日军占领缅甸，那么向东可入侵中国大西南，与已占领中国东部的日军合围中国大后方；向西可进犯印度，摧毁盟国在印度的战略基地，进而攻入中东，与法西斯德国汇合；在西南方向还可以控制安达曼海和孟加拉湾，得到制海制空权，从而加强其在太平洋海战中的战斗力量。日军正是看到了缅甸的这一特殊战略地位，在大举南进之初，就把夺取缅甸定为其重要作战目标。在这样一个危急时刻，中国出兵缅甸，既是增援疲于应付的驻缅英军，也是保卫祖国的西南大门不被日军铁蹄践踏。

其次，中国军队入缅作战保护了国际交通线的安全，为国际援华物资顺利运抵国内提供了保障。

中国战场、亚太战场与缅甸战场是休戚相关的三个部分。其中，中国战场是亚太地区的重要战场，中国抗战的成败与否，直接影响到亚太地区的对日作战，中国西南的安危又关系到中国抗日战局的演变，而缅甸战局的变化又和中国西南大门的安危休戚相关。尤其当日军侵占广东、广西和印度支那北部，控制出海口，切断桂越路、滇越路等国际援华线路之后，缅甸对于中国西南大门就显得格外重要。因为当时滇缅公路已然成为中国与外界联系的唯一一条国际陆上通道。控制了滇缅公路，就能保证援助物资运往国内，支援国内抗战；一旦此路被日军占领，那么中国与外界的联系就会被切断，中国将被孤立。由此可见，它对中国抗战是何等的重要。为了保护这条生命线，中国军队义不容辞地踏上了远征异国之路，并在保卫缅甸，保护滇缅公路的前提下，肩负起开辟新的供给路线——中印公路的任务。

缅甸反攻战取得胜利后，不仅夺回了滇缅公路控制权，还修通了中印公路，打通了中国和盟国之间的陆上交通线，这样就保证了国际援助能够运入国内，为国内抗日战场提供物质支持，提高了国内战场的作战能力，日本法西斯的灭亡脚步也由之加速。

资料来源：杜聿明、郑洞国等：《古来征战几人回——亲历滇缅抗战》，团结出版社 2011 年版，第 10—11 页。

◎历史学家张宪文描述了中国远征军的战绩：

中国远征军在缅甸防御战中英勇拼杀，屡挫敌锋，使日军遭到其发动太平洋战争以来少有的打击。远征军多次救援英军，创造了同古保卫战、斯瓦阻击战、仁安羌解围战、棠吉恢复战等出色战例，使中、外、敌、友莫不惊叹钦佩。

……

中国驻印军和远征军在恶劣的地理气候条件下，进行反攻缅北滇西作战，取得了巨大胜利。至会师芒友时，已毙敌人 48850 人，俘敌 647 人，缴获步枪 11644 只，轻重机枪 601 挺，炮 160 门，战车 12 辆，飞机 3 架，汽车 606 辆，马 1430 匹，以及其他大量的军用物资。歼灭和消耗了日军的重要力量，配合了盟军反法西斯战场的作战。此外，中印公路的打通，使大批物资输入内地，支援了中国战场。

资料来源：张宪文主编：《中国抗日战争史（1931—1945）》，南京大学出版社 2001 年版，第 994—995、1139 页。

二、由积极走向消极的正面战场

（一）片面抗战路线是国民党正面战场溃败的根本原因

◎1937 年 10 月 25 日，毛泽东同英国记者贝特兰交谈时，总结了中国抗战 3 个多月的教训，指出片面抗战路线是正面战场军事失利的主要原因：

说到教训，那也是很大的。几个月的抗战，暴露了中国的许多弱点。这首先表现在政治方面。这次参战的地域虽然是全国性的，参战的成分却不是全国性的。广大的人民群众依然如过去一样被政府限制着不许起来参战，因此现在的战争还不是群众性的战争。反对日本帝国主义侵略的战争而不带群众性，是决然不能胜利的。有些人说："现在的战争已经是全面性的战争。"这只说明了参战地域的普遍。从参战的成分说来则是片面的，因为抗战还只是政府和军队的抗战，不是人民的抗战。几个月来许多土地的丧失，许多军队的失利，主要的原因就在这里。所以，现在的抗战虽然是革命的，但是它的革命性不完全，就是因为还不是群众战。这也同时是一个团结问题。中国各党派间虽然较前团结，但是还远远地没有达到必要的程度。政治犯大多数还没有释放，党禁并没有完全开放。至于政府和人民之间，军队和人民之间，军官和士兵之间，关系依然十分恶劣，这里有的是隔离而不是团结。这是一个最基本的问题。这个问题不解决，战争的胜利是无从说起的。此外，军事上的错误，也是丧军失地的一个大原因。打的大半都是被动的仗，军事术语叫做"单纯防御"。这样的打法是没有可能胜利的。要胜利必须政治上军事上都采取和现时大有区别的政策。这就是我们所得的教训。

资料来源：毛泽东：《和英国记者贝特兰的谈话》，见《毛泽东选集》（第二卷），人民出版社 1991 年版，第 375—376 页。

◎1937 年 11 月 1 日，毛泽东在延安陕北公学开学典礼上发表讲话，批评当前国民政府的抗战仍然是片面抗战：

现在的形势是很紧张的。上海第二道防线失守。晋东敌人已经突破了娘子关，要与晋北之敌配合，向太原前进。目前有两个问题提出在我们面前，就是：（一）再打还是不再打？（二）怎么样打？

现在的战争形势，中国显然不顺利。这是由于过去只是片面的抗战，不是全面的抗战。现在外面有好多人说现在已是全面的抗战，这是不对的。因为在地域上说是全面，在成分上说只是一面，还有广大的群众并没有发动到抗战中来，只是军队和政府来干而已，所以遭受了许多失败。

资料来源：毛泽东：《目前的时局和方针》，见《毛泽东文集》（第二卷），人民出版社 1993 年版，第 62 页。

◎1945 年 4 月 25 日，朱德在中国共产党第七次全国代表大会上作军事报告，全面分析了两条不同军事路线的区别，深刻批评了国民党的军事路线和政治路线：

从压迫人民、奴役士兵出发，从消极抗战以至观战、专靠外援出发，从保存实力、准备内战出发，从排除异己、破坏团结出发，就构成了一条反人民的失败主义的单纯防御的军事路线，这是国民党战场连战皆北的症结所在。

……

前一条路线主张保留中国军队的旧制度、旧习惯、旧战术的老一套，拒绝根据抗日战争的新条件加以改革。这样，就便利少数人长期窃据兵符，把军队当作压迫人民、厉行专制的工具。……

前一条路线，说抗战可以速胜，是速决战，并从而不准备人民的力量，乃至肆意摧残人民的力量。……

前一条路线，估计抗战全部过程只有两个阶段，说武汉失守以前，是敌胜我败时期，而以后，即是转败为胜的时期，它否认中间的相持阶段。……

前一条路线，历来把战争胜利寄托在日苏战争和太平洋战争上面，不寄托在自己的政治改革、军事改革和抗战努力上面，结果使他们失望，太平洋战争爆发之后，他们遭了去年（指 1944 年，引者注）一整年的更大失败。……

前一条路线，主张和实施了单纯防御的消极战略……

前一条路线，对于叛将不加讨伐，反而纵容降将，反而囚禁有功将领，如对叶挺将军等。……

前一条路线，实施错误的兵役制，到处强拉壮丁，贿赂公行，浪费和虐害了中国人口中的精华。……

前一条军事路线，是国民党的军事路线。……

……

国民党内的反动派的军事路线，是由它的政治路线所决定的。而它的军事路线，又正是和它的军事学说相结合的东西。国民党的军事学说，浸染了德意日法西斯的思想，其最大特点，就是使军队高压在人民身上（军队对人民的特别权威），使军官高压在士兵身上（军官对士兵的特别权威）。在民族强敌面前，这种军事思想，等于解除自己武装，使作战陷于失败。

资料来源：朱德：《论解放区战场》，见《朱德选集》，人民出版社 1983 年版，第 154—156 页。

（二）国民党在防御阶段的积极抗战

◎抗日战争防御阶段国民党主要战役的成果：

战略防御阶段国民党正面战场主要战役概览表

会战名称	彼我兵力	时　间	成　果
淞沪会战	我约 32 军 敌约 10 师	1937.8.13— 1937.12.13	1. 我获政略上成功，壮国际视听。 2. 将敌主力诱至华中山岳湖沼地带，避免在华北不利地形作战。 3. 敌伤亡约 61582 人，敌跃进距离 315 公里
忻口会战	我约 15 军 敌约 5 师	1937.10.13— 1937.11.10	1. 扩大战场。 2. 分散敌力，使不能求速战速决。 3. 敌伤亡二万余人。 4. 达到消耗敌人目的
徐州会战	我约 32 军 敌约 13 师	1938.3.12— 1938.6.12	1. 诱敌北上，争取准备时间。 2. 达到消耗敌之目的，毙敌 31629 名。 3. 善用地形，迫敌改变交通线，再沿江仰攻武汉。 4. 使主力安全退出包围圈。 5. 敌交通线延长 275 公里
武汉会战	我约 47 军 敌约 12 师团	1938.7.23— 1938.11.12	1. 扩散战场，树长期抗战基础。 2. 争取外翼，避免被敌歼灭。 3. 敌伤亡约 20000 余人。 4. 敌跃进 450 公里，交通线愈为延长。 5. 迫敌达到其战略顶点，速决企图破灭

战略防御阶段国民党正面战场主要战役伤亡统计

会战名称	重要战斗次数	我方		敌方	
		兵员数	兵员伤亡数	兵员数	兵员伤亡数
淞沪会战	83	1700000	447114	700000	245000
忻口会战					
徐州会战	91	2173000	342526	950000	200000
武汉会战	102	2251000	254628	1000000	256000

资料来源：浙江省中国国民党历史研究组编：《抗日战争时期国民党战场史料选编》（第一册），浙江省中国国民党历史研究组1995年版，第320—322、329、336页。

◎国民党将领谢晋元之子谢继民描述八百壮士守四行仓库战役中的英勇表现：

二时半，恼羞成怒的敌人50余名，在两辆战车掩护下，又成群结队地向我阻击部队冲来，我三排的二个班与马路对面民房内的蒋敬班从两边合力阻击敌人，消灭大批敌军。但凶残的日军在其军官督促下，不断增援，一次又一次地不顾伤亡，整队冲锋前进。我军一名姓张的战士以集束手榴弹炸毁敌战车一辆，自己也壮烈牺牲；又以机枪的穿甲弹扫射另一战车的展望孔，并将其击伤。毙敌27人后，阻击部队二个班奉命退入仓库。而蒋敬班9名战士已处于敌军背后，在子弹、手榴弹打完后，再与敌人肉搏，又消灭十余敌人，而自己多受伤被俘。凶恶而无人性的日军将我负伤的九名战士反缚双手，押到苏州河边，以刺刀全部刺杀。河南岸租界的民众，眼看日寇公然违反国际公法有关必须优待战俘之条例，所犯下的残暴罪行，无不表示极大的义愤。蒋敬班长系浙江省兰溪市柏杜村人，1937年3月随唐焕文副营长调入88师524团一营二连一排一班。因作战勇敢、机智、不怕牺牲而升至副班长、班长。27日，在旱桥阻击战及以后的战斗中共歼敌20余人。该班原本可以退入仓库，是他坚决要求留守民房内，与另两个班战士互相掩护杀敌，惜因未及撤出而致全班牺牲。谢团副、杨营长以该员作战勇敢，有勇有谋，已拟升为排长。壮志未酬而身先死，实属可惜、可敬。

退入仓库的三连二个班协助一连关好西南角大门（今光复路21号），将仅容一人的窄小通道赶紧用小麦、黄豆、牛皮等物资堵死。日寇虽已付出战死数十人之代价，但也为取得的一些“战绩”鼓舞，又不断增兵达到200人，连续向我仓库铁门猛冲。我军二连守二楼，三连守三楼，从窗口以机枪猛扫敌人。而敌军的迫击炮弹也不断向我轰击，轻重机枪猛烈地扫射，打得各个窗口东侧墙上如蜂窝一般，水泥碎块与土灰随着子弹横飞，弄得人脸上、眼睛里都是水泥粉灰。在三楼窗口指挥作战的第三连连长石美豪先是被反弹出来的水泥块击中脸部，血流满面。用毛巾包敷着左脸后，仍然指挥战斗。不久，又被机枪子弹洞穿腿部，血流如注。杨营长当即令其离开阵地休息。狡猾的敌人从西边贴着墙角偷偷地聚集在仓库西南墙根下，企图躲过我军机枪扫射。逐渐地在光复路21号大铁门外汇集了七八十人之多。如铁门被敌人爆炸破坏，后果将非常严重。谢晋元想到刚才碉堡内手榴弹引爆的那颗迫击炮弹的威力，立即向尹求成排长吩咐几句。尹排长马上率十名战士搬了一箱迫击炮弹到六楼平台，装上引信，扔向敌人丛中。迫击炮弹尾部四片尾翼，像一颗颗小炸弹一样，头朝下触地就炸，一颗抵四五颗手榴弹的威力，炸得铁门外的敌人哇哇乱叫，一下子被炸死伤30余人，剩下的全部逃光了。

资料来源：谢继民：《我的父亲谢晋元将军——八百壮士浴血奋战记》，团结出版社2010年版，第57—58页。

◎战地记者陶菊隐在《记者生活三十年》中，记述了国民党爱国将领张自忠率部在临沂抗战中英勇守卫、反击日军：

一九三八年二月下旬，日军板垣师团进抵临沂，与中国守军庞炳勋部展开了临沂城的攻防战。庞部虽号称一个军团，实际仅有兵力五团，作战数日，势已不支，迭向上峰告急。于是统帅部又将第五十九军划入第五战区，令其驰赴临沂增援。张（指张自忠，引者注）闻命之下，感到报国有期，内心十分兴奋，便以急行军兼程前进。当三月十二日五十九军赶到临沂郊外时，即与城内庞军相约，开城夹击日军。从十三日黎明起，张自忠亲自督战，以疾风暴雨之势，率领所部向日军狂冲猛打，中日两军死伤均极重大。战至二十九日，板垣师团向莒县方面撤退。这是中日战争打的最激烈的一次。

由于五十九军及时赶到，不仅解了临沂之围，而且粉碎了日军板垣、矶谷两师团会师台儿庄的预定计划，造成了中国军队在台儿庄大捷的辉煌战果。事后中外记者观战团前往临沂慰问五十九军时，张自忠放声大哭，用眼泪代替了回答。一九四〇年五月，张又参加了襄樊之役，他身被重创，犹坚持不退，卒之以身殉国。他用自己的鲜血表达了对国家和民族的赤胆忠心。

资料来源：陶菊隐：《记者生活三十年——亲历民国重大事件》，中华书局2005年版，第195页。

（三）国民党相持和反攻阶段的消极抗战

1. 国民党消极抗战的表现

◎1940年3月14日，针对国民党顽固派制造反共摩擦，毛泽东为中共中央书记处起草党内指示，要求重点揭露国民党顽固派破坏抗战的暴行：

各中央局、各分局、各军队首长、各办事处：

国民党中央已开始在党政军民各方面作反共、反八路军、反新四军的进一步动员，其口号是共产党破坏抗战。我各地应将西北、华北、中原各地顽固派的军事进攻、政治进攻、破坏边区、破坏各抗日根据地、消灭新军、新派、惨杀进步人员种种具体事实及其原因，向中间阶层及各界人士作广泛的口头解释，将有电、删电等材料多印多发，证明破坏抗战准备投降的正是顽固派，其中特别注意说明下列几件：

（1）用武装侵夺边区之镇原、宁县、栒邑等县。

（2）在山西挑拨旧军进攻新军，惨杀十七县进步县长。

（3）在河北挑拨勾结日寇的石友三，进攻八路军，惨杀共产党一千余人。

（4）在太行山指使朱怀冰进攻八路军，提出打倒八路军消灭共产党的口号。

（5）在山东指使秦启荣进攻八路军，惨杀八路人员七百余人。

（6）在安徽袭击新四军江北指挥部，断绝新四军给养。

资料来源：毛泽东：《中共中央书记处关于揭露顽固派破坏抗战的指示》，见中共中央文献研究室、中央档案馆编：《建党以来重要文献选编（1921—1949）》（第十七册），中央文献出版社2011年版，第205页。

◎1941年1月18日，中共中央发言人抨击了国民党在各地制造的以皖南事变为代表的摩擦事件：

此次惨变，并非偶然，实系亲日派阴谋家及反共顽固派有计划之作品。查自抗战军兴，南方各省红军游击队不久即合编为国民革命军新编第四军。三年余以来，该军转战大江南北，抗御强敌，屡建奇功，不但国人所尽知，亦为环球所共见。此等抗日有功之部队，理应加以爱护。乃当局人员，于大敌当前国难益深之际，未能凛然于民族第一、抗战第一之义，挟其十年反共之成见，对中国共产党所领导之军队，始终视为异己部队，侮辱、虐待、包围、袭击之事，层出不穷，对新四军当无例外。该军在鄂中之李先念支队，被程汝怀等攻击多次；在苏南之陈毅支队，迭受冷欣压迫；在苏北之管文蔚部，则受韩德勤压迫；在皖东之罗炳辉、淮北之彭雪枫部，则受李品仙压迫。该军在平江、在豫西之后方留守人员及受伤官兵，则迭被惨杀，曾发生有名之平江惨案与确山惨案。即该军参谋长张云逸之老妻幼子，亦被拘捕。此皆过去数年之事实，昭昭在人耳目者。近数月来，更变本加厉，苏北、皖东、鄂中各地，大举进攻，名曰“剿匪”，江淮一带，早已闹得乌烟瘴气。不宁惟是，去年十月十九日何应钦、白崇禧以正副总参谋长之名义，致电十八集团军朱彭总副司令及新四军叶项军长，不顾事实，强调所谓军政、军令，勒令新四军、八路军各部限期集中黄河以北。朱彭叶项为顾全大局起见，允将新四军江南部队北移，是以有佳电之答复。至十二月底，新四军叶军长等，业将移动部队准备就绪，正欲开动之际，不意国民党各地言论机关，公开宣布该部北移消息，实际上不啻向敌人告密；同时即闻当局已对顾祝同、上官云相下达袭击命令，有"一网打尽生擒叶项"之语。然外表则说已令各部协助通过，决无留难云云。叶军长等以言出负责当局，料可置信，乃于本月四日毅然开动，计新四军军部及部队共约万人。不意甫经开动，即遭袭击，行至泾县、太平间之茂林村地区，即突被五十二师唐云山、一〇八师戎纪五、七十九师段茂林、一四四师范子英、四十师詹忠言、新七师田钟毅，第十师王劲修等七万余人，统受顾祝同、上官云相指挥，分进合击，大举围攻。叶军长等一面仓促应战，且战且走；一面电告当局，质问理由。乃当局在该部被围血战七昼夜中，始终佯称已电顾祝同询问真相，并诡称已令顾氏撤围放行，实则密令各部实行其聚歼计划。至十三日，激战已八昼夜，我遵令北移遭遇袭击之新四军，果已弹尽粮绝，全部牺牲，已达当局聚歼之目的矣！至昨十七日国民政府军事委员会已正式发出通令，宣布新四军为"叛逆"，并直认将皖南新四军部队歼灭，又谓该军军长叶挺负伤被俘，副军长项英在逃，正缉获中，并宣布取消新四军番号，将叶挺交军法审判等语。一篇堂皇文告，已将其阴谋消灭抗日部队之真面目，赤裸裸的表白于全国人民面前。事有凑巧，正是十七这一天，日本同盟社亦从南京发出了一个惊人电讯。该电略谓："重庆政府严令长江下游江南地区之共产军，于十二月二十六日以前移往江北，第三战区司令长官为使共产军早日移往江北，遂开始在东流附近围攻新四军及共产军各军队，共产军一部已于十日由荻港附近溃退江北。自十四日以来，日军各部亦攻击宣城、金坛附近之新四军，'国民政府'绥靖部队亦协助日军作战"。至此，一幕消灭抗日武装摧残异己力量之大阴谋惨案之真实内容，乃益大白于天下。所谓限期北移者，不过诱我军入围配合聚歼之诡计。所谓军纪国法者，不过于聚歼之后，尚有宣布叛逆交付审判之一套而已。过去高唱军纪森严国法神圣之滥调，不过是摧残异已阴谋杀人之骗词。新四军为抗日部队，北移乃遵令行动，乃竟遭围击聚歼之惨变，军纪何在？国法何存？盖违令者即下令者，毁法者即造法者，实已无置辩之余地。

当江南新四军惨被袭击歼灭之际，当局复令汤恩伯、李品仙、李仙洲、王仲廉、韩德勤等共二十余万军队，大举进攻江北之新四军，所谓"一网打尽"之计划，固不仅限于江南一隅而已。同时，在西北方面，包围陕甘宁边区者，亦有军队二十余万。西安特务机关对八路军办事处除实行封锁压迫外，竟于前数日将办事处挑水夫绑去，逼其回去在水内施放毒药；桂林军警机关则压迫八路军、新四军驻桂林办事处立即撤退。至对全国各地共产党员及进步分子，则早已事先调查名单，又要来一个“一网打尽”，大概快要下手了吧!？从这种种事实看来，过去内战之悲惨局面，又有重演之势，三年半全民抗战之英勇业绩，有中道而废之可能。歼灭皖南新四军之无耻罪行，不过是整个阴谋计划公开暴露之一部分，仅仅是亲日派阴谋家和反共顽固派以内战代抗战，以分裂代团结全部阴谋公开实行之开端。此等为敌张目无法无天之罪行，不仅我们共产党几十万党员，我们八路军新四军数十万将士，绝对不能容忍，即全国军民爱国同胞和全世界主张正义之人士，亦绝对不能坐视。

资料来源：毛泽东：《中共中央发言人对皖南事变发表谈话》，见中共中央文献研究室、中央档案馆编：《建党以来重要文献选编（1921—1949）》（第十八册），中央文献出版社 2011 年版，第 19—21 页。

◎1938 年，苏联在华军事顾问卡利亚金批评国民党军队在抗日战争中各自保存实力、消极抗战的行为：

蒋介石严密地监视着各省主席及其将领的举动。他用各种各样的策略和诡计笼络他们，从各省榨取他们能够给予的一切。应该说，他成功地将各省军队的颇大兵力调到了前线。诚然，他们起的作用不很大。他们常常丢掉防御地段，因为将军们不想用士兵和武器去冒险。丧失军队意味着丧失权力。

话说回来，蒋介石在这方面也很突出。他不太愿意把嫡系军队投入战斗，经常对各省军队耍滑，有时甚至不惜危害正在进行的战役。简短点说，中国的将军们打仗是互相顾盼、保持实力、准备牺牲友邻的。

资料来源：［苏］卡利亚金：《沿着陌生的道路——一位苏联驻中国军事顾问的笔记（1938—1939 年）》，赖铭传译，解放军出版社 2013 年版，第 69 页。

◎美国记者福尔曼在《中国解放区见闻》一书中记述了正面战场国民党“屡战屡败”，而敌后战场“屡战屡胜”，彼此成为“尖锐的对比”：

一九四四年十月十日是中华民国建立三十三周年纪念日，周恩来代表中共发表一个重大声明，这个声明特别有研究的价值，因为它概括了共产党对国民党的整个态度，及两党间由来已久的差别，此外它更暗示着两党合作有着怎样的困难。下面包括着这个声明的最重要的部分，由此，我们可对两党间的争论得到更进一步的理解。

现在全世界都在战争状态中，我们的同盟国正不屈不挠地前进着。最后胜利已经在望，但是在我国战场，正面战线与敌后战线彼此成了一个尖锐的对比。在正面战线，是屡战屡败；但在敌后战线，是屡战屡胜。河南战役，中国在四十四天之内丧失了五十五座城池。在湖南广西战役长沙衡阳等大城已陷入敌手。其他城市也在相继沦陷。今年中国为什么发生了这些一连串的惨败呢？为什么这种惨败正当日本在中国以外各战场情势日渐不利的时候发生呢？这绝不是一个简单的问题，这是因为国民党只依靠外国势力抗战，而自己却在准备内战的败北政策；这是国民党在他底统治区内施行排除他党，以法西斯手段压迫并榨取人民的一党专政政策的结果。在军事方面，国民党当局至今只允许政府实行抗战而不希望人民参加战争，因此之故，我们在敌后的抗日行为便一直被毁谤为“军事割据”及“违抗命令”。所谓“军令”便是重庆政府坚决反对动员并组织他底统治区内的人民的“军令”。反之，政府却以武力拉壮丁，把壮丁如同囚犯似的绑进军营。重庆政府的征兵制度就是压制与崩溃的源泉。因此，军队中的新兵便一天比一天减少，军队便愈打仗愈变弱，加之，国民党政府坚持着积极反共消极抗战的反常政策，所以当我们在敌后英勇地作战时，便被侮为“叛党”或“叛军”，而遭到国民党军队的不合作及不停的袭击。在另一方面，他们——国民党军队——在正面战线却从他们的阵地一味地观望战事，根本就没有举行反攻的任何企图。敌人不来时，他们便大举走私并鱼肉人民，敌人以小部队攻击时，他们便装出作战样子以期瞒人民，当敌人以大部队进攻时，他们一下子就撤退数百里。

资料来源：［美］福尔曼：《中国解放区见闻》，朱进译，上海科学技术文献出版社2015年版，第89—90页。

2. 中外人士对国民党消极抗战的尖锐批评

◎国民党将领郑洞国在《我的戎马生涯——郑洞国回忆录》中，批评国民党政府缺乏充足的抗战准备，军队内部派系互相猜忌、各图自保：

抗战初期中国军队在平汉路北段乃至整个华北的作战失利，究其主要原因有三：

国民政府缺乏充足的抗战准备。虽然自日本在华北加剧侵华步骤以来，南京中枢已觉察到日本企图鲸吞中国的野心，认识到中日战争不可避免，但对卢沟桥事变这一突发事件迅速演变为全国性抗战，明显估计不足，甚至还对日军进攻华北抱有侥幸心理，希望西方国家出面干预、调停。因此当日军加紧调兵遣将，准备进攻平津之际，我大批援军尚远在冀中、冀南地区观望，坐失战机。直到日军占领平津后，分三路大举向山西、山东、河南进攻时，方如梦初醒，各军仓促前往应战，一开始就陷入被动、混乱的境地，此其一。

国民党军队内部各派系间矛盾重重，互相猜忌，各图自保，指挥系统不统一，遂为日军各个击破。如涿州、保定之役，一些将领不负责任，亦不服从命令，使坐镇保定的刘峙将军不能自如地调动部队，无法组织各部与敌决战。特别是前线失利后，各部为保全实力，竟置大局于不顾，争相撤退，连中央军也是如此，由此导致全线崩溃，此其二。

军事上采取“多线设防、步步为营、节节抵抗”的消极防御战术，更是造成我军失利的致命原因。以当时中日军队相比较，我军在武器装备与训练素质方面远逊于敌，而将兵力分散主要作阵地防守，不仅大大限制了我方的作战机动性，使我军处于被动挨打的地位，且因以有限兵力占领广大正面，使我军既不容易作持久抵抗，亦无法集中兵力对敌实施有力反击。日军反倒因此得以充分发挥其装备优势，集中兵力与火力突破我军防线中一点，便使我方全线瓦解，此其三。

由于以上这些原因，虽然广大爱国官兵浴血奋战，英勇抵抗，但在华北战场上还是遭到严重失败，很快就丧失了大片国土，使抗日正面战场上，出现了极为不利的形势。

资料来源：郑洞国：《我的戎马生涯——郑洞国回忆录》，团结出版社 2008 年版，第 106—107 页。

◎国民党高级将领李宗仁在《李宗仁回忆录》中，批评了珍珠港事变之后各军队不服从命令的情况：

我自从抗战初起时担任第五战区司令长官起，至三十二年（指 1943 年，引者注）解职时止，凡六年之久。前后直接指挥过的部队不下百余万人。这些部队中，除第十一和第二十一两集团军约十万人是我亲手训练的部队，指挥起来比较方便之外，其他部队的系统极为复杂，指挥殊属不易。其中尤以所谓“嫡系”“中央军”如胡宗南、汤恩伯、郭忏等部为甚。他们只听从委员长个人的命令，甚至作战时对直接指挥他们的战区司令长官所发的命令亦多方躲避，不愿接受，也不向司令长官报告情况。骄蹇之情，难以尽述。其实所谓“中央军”的作战能力，均极薄弱，军纪尤坏。各级军官均自恃是“天子门生”，有直接“通天”的本领，大家效忠于一人，不愿受阶级服从、层层节制的约束，所以彼此之间摩擦特多。但是大家又共同蒙混委员长，使最高统帅对部队的实际情形毫无所知。这种部队能不能作战，也就不言而喻了。

资料来源：李宗仁口述，唐德刚撰写：《李宗仁回忆录》，广西人民出版社 1988 年版，第 559 页。

◎美国外交官约翰·帕顿·戴维斯批评蒋介石和国民党军队消极防守、保存实力：

蒋介石的防守意识强烈的近乎病态，最致命的表现在于他的静态防御，把进攻先机拱手让敌。更要命的是，他沉迷于囤积物资、保存军力，极不愿意把军队派去打仗，等真派兵的时候，也是一点儿一点儿的派。因为他相信，集中兵力比分批增派兵力冒的风险更大。在一定程度上，这是正确的。但是这样做既打不赢战役也赢不了战役。

……

军阀思想在省级部队的司令官中间泛滥，在中央军的司令官们身上也有这种思想的残留，但共产党的部队中却不存在这种思想。在军阀思想之下，一个军事部队是其指挥官的私人财产，他可从中谋取收入。例如，省级部队的指挥官可从其部队占领区的人们那里收税。……

大多数中国将军的这种防守、消极的态度因蒋的策略而进一步强化了。从1937年日本侵华开始，蒋的策略就是基于这样一种假设：中国不可能战胜日本；希望等美国或苏联最终卷入对日战争时，日本会从中国撤兵；蒋坚信抗日战争结束后，一定会与中共发生内战，他必须为内战储备物资。

资料来源：［美］约翰·帕顿·戴维斯：《未了中国缘——一部自传》，张翔、陈枫、李敏译，社会科学文献出版社2016年版，第58、64—65页。

◎1938年，苏联在华军事顾问崔可夫揭露了国民党军队营私舞弊之风：

国民党军队里营私舞弊盛行，侵吞公款成风。团长和师长根据花名册领取军饷，而花名册同部队和连队的实际人数相距甚远。他们甚至利用安葬发财。埋葬一个死去的或者阵亡的士兵上级要发相应的丧葬费，例如，买一口棺材要用十元左右。军官们想出了这样的办法——不立即把死者埋掉，而待有了十至十五个死人的时候集体埋葬。这样，军官领取购买十至十五口棺材的钱，而花去的只是一口棺材的费用。这口棺材的底又是活动的。把每一具尸体单独运到公墓，抽出棺材底板，尸体便掉进墓穴。空棺材又被运回去装下一个死人，只有最后一具尸体才和棺材一起安放到墓穴里去。就这样，军官们既勒索棺材钱，又顺便克扣死者的抚恤金，并且把死人继续当活人充数。

资料来源：［苏］瓦·伊·崔可夫：《在华使命——一个军事顾问的笔记》，万成才译，新华出版社1980年版，第65—66页。

◎美国学者威廉·凯宁认为蒋介石在抗战中保存实力的原因是以便在战后挑起内战：

但是，蒋介石非常希望站在胜利的一方仍然控制国家，对此，他非常熟练地玩着使他的军队做出最小的牺牲，而要从美国人那里榨取最多的物资的把戏。和丘吉尔预见的一样，蒋介石相信日本人将在其他地区被打败，现在首要的是建立自己的军队，战后就能对付和共产党不可避免的冲突。蒋介石在对日作战方面没有进展，但也拒绝了日本人各式各样的建议。

资料来源：[美] 威廉·凯宁：《飞越驼峰——抗战史上的空运壮举》，戈叔亚译，辽宁教育出版社2005年版，第102—103页。

三、作为砥柱中流的敌后战场

（一）全面抗战路线是中国抗战胜利的保证

◎1937年11月12日，毛泽东指出，即使是片面的抗战，中国共产党也要给予支持，因为它比不抵抗主义更进步；片面抗战是“一定要失败的”：

（一）我们赞助一切反对日本帝国主义进攻的抗战，即使是片面的抗战。因为它比不抵抗主义进一步，因为它是带着革命性的，因为它也是在为着保卫祖国而战。

（二）但是我们早就指出（今年四月延安党的活动分子会议，五月党的全国代表会议，八月中央政治局的决议）：不要人民群众参加的单纯政府的片面抗战，是一定要失败的。因为它不是完全的民族革命战争，因为它不是群众战争。

（三）我们主张全国人民总动员的完全的民族革命战争，或者叫作全面抗战。因为只有这种抗战，才是群众战争，才能达到保卫祖国的目的。

资料来源：毛泽东：《上海太原失陷以后抗日战争的形势和任务》，见《毛泽东选集》（第二卷），人民出版社1991年版，第387—388页。

◎1937年8月，中共中央召开的洛川会议指出，争取抗战胜利的关键在使抗战发展成为全民族的抗战，中共提出的抗日救国十大纲领是争取抗战取得最后胜利的具体道路：

（三）中国的政治形势从此开始了一个新阶段，这就是实行抗战的阶段。抗战的准备阶段已经过去了。这一阶段的最中心的任务是：动员一切力量争取抗战的最后胜利。过去阶段中，由于国民党的不愿意和民众的动员不够，因而没有完成争取民主的任务，这必须在今后争取抗战胜利的过程中去完成。

（四）在这一新阶段内，我们同国民党及其他抗日派别的区别和争论，已经不是应否抗战的问题，而是如何争取抗战胜利的问题。

（五）今天争取抗战胜利的中心关键，在使已发动的抗战发展为全面的全民族的抗战。只有这种全面的全民族的抗战，才能使抗战得到最后的胜利。本党今天所提出的抗日救国的十大纲领，即是争取抗战最后胜利的具体的道路。

（六）今天的抗战，中间包含着极大的危险性。这主要的是由于国民党还不愿意发动全国人民参加抗战。相反的，他们把抗战看成只是政府的事，处处惧怕和限制人民的参战运动，阻碍政府、军队同民众结合起来，不给人民以抗日救国的民主权利，不去彻底改革政治机构，使政府成为全民族的国防政府。这种抗战可能取得局部的胜利，然而决不能取得最后的胜利。相反的，这种抗战存在着严重失败的可能。

（七）由于当前的抗战还存在着严重的弱点，所以在今后抗战过程中，可能发生许多挫败、退却，内部的分化叛变，暂时和局部的妥协等不利的情况。因此，应该看到这一抗战是艰苦的持久战。但我们相信，已经发动的抗战，必将因为我党和全国人民的努力，冲破一切障碍物而继续的前进和发展。我们应该克服一切困难，为实现本党所提出的争取抗战胜利的十大纲领而坚决奋斗。坚决反对与此纲领相违背的一切错误方针，同时反对悲观失望的民族失败主义。

（八）共产党员及其所领导的民众和武装力量，应该最积极的站在斗争的最前线，应该使自己成为全国抗战的核心，应该用极大力量发展抗日的群众运动。不放松一刻工夫一个机会去宣传群众，组织群众，武装群众，只要真能组织千百万群众进入抗日民族统一战线，抗日战争的胜利是无疑义的。

资料来源：《中央关于目前形势与党的任务的决定》，中共中央书记处编：《六大以来——党内秘密文件》（上），人民出版社 1981 年版，第 858—859 页。

◎1937 年 8 月，中共中央召开的洛川会议通过《中国共产党抗日救国十大纲领》，阐明了中国共产党在抗日战争时期的基本政治主张：

（一）打倒日本帝国主义：

对日绝交，驱逐日本官吏，逮捕日本侦探，没收日本帝国主义在华财产，否认日本外债，废除日本条约。收回日本租界。

为保卫华北与沿海各地而血战到底。

为收复平津与东北而血战到底。

驱逐日本帝国主义出中国。

反对任何的动摇妥协。

（二）全国军事的总动员：

动员全国海陆空军实行全国抗战。

反对单纯防御的消极作战方针，采取独立自主的积极作战方针。

建立经常的国防会议，讨论与决定国防计划与作战方针。

武装人民，发展抗日的游击战争，配合主力军作战。

改革军队的政治工作，使指挥员与战斗员团结一致。

军队与人民团结一致，发扬军队的积极性。

援助东北人民革命军东北义勇军，破坏敌人的后方。

实现一切抗战军队的平等待遇。

建立全国各地军区，动员全民族参战，以便从雇佣兵役制转变为义务兵役制。

（三）全国人民的总动员：

全国人民除汉奸外，皆有抗日救国的言论，出版，集会，结社，及武装抗敌之自由。

废除一切束缚人民爱国运动的旧法令，颁布革命的新法令。

释放一切爱国的革命的政治犯，开放党禁。

全中国人民动员起来武装起来，参加抗战，实行有力出力，有钱出钱，有枪出枪，有知识出知识。

动员蒙民回民及其他一切少数民族，在民族自决和民族自治的原则下，共同抗日。

（四）改革政治机构：

召集真正人民代表的国民大会，通过真正的民主宪法，决定抗日救国方针，选举国防政府。

国防政府必须吸收各党各派及人民团体的革命分子，驱逐亲日分子。

国防政府采取民主集中制，他是民主的，但又是集中的。

国防政府执行抗日救国的革命政策。

实行地方自治，铲除贪官污吏，建立廉洁政府。

（五）抗日的外交政策：

在不丧失领土主权的范围内，与一切反对日本侵略主义的国家订立反侵略的同盟，及抗日的军事互助协定。

拥护和平阵线，反对德日意侵略阵线。

联合朝鲜台湾及日本国内的工农人民反对日本帝国主义。

（六）战时的财政经济政策：

财政政策以有钱出钱及没收汉奸财产作抗日经费为原则。经济政策是整顿与扩大国防生产，发展农村经济，保证战时农产品的自给。提倡国货，改良土产，禁绝日货，取缔奸商，反对投机操纵。

（七）改良人民生活：

改良工人农民职员教员及抗日军人的待遇。

优待抗日军人的家属。

废除苛捐什税。

减租减息。

救济失业。

调节粮食。

赈济灾荒。

（八）抗日的教育政策：

改变教育的旧制度旧课程，实行以抗日救国为目标的新制度新课程。

实施普及的义务的免费的教育方案，提高人民民族觉悟的程度。

实行全国学生的武装训练。

（九）肃清汉奸卖国贼亲日派，巩固后方。

（十）抗日的民族团结：

在国共两党彻底合作的基础上，建立全国各党各派各界各军的抗日民族统一战线，领导抗日战争，精诚团结，共赴国难。

资料来源：《中国共产党抗日救国十大纲领》，见中央档案馆编：《中共中央文件选集》（第十一册），中共中央党校出版社 1991 年版，第 327—330 页。

（二）敌后战场的表现

◎1944 年 6 月 22 日，第十八集团军参谋长叶剑英在与中外记者参观团谈话时，运用翔实的数据介绍了在中国共产党领导下八路军、新四军抗击日伪军的辉煌战绩以及敌后抗日根据地在民族抗战中的重要作用，有力地驳斥了国民党顽固派散布的种种谬论：

中共七年来的抗战史，几个钟头是说不完的。现在把七年来我军作战的几种重要统计分别地说一说。

先说八路军各周年的战绩统计：

第一周年，从一九三七年九月到一九三八年五月，共进行大小战斗六百三十八次，毙伤日军三万四千零七名、伪军三千七百零四名，俘获日军一百二十四名、伪军二千零九十四名，伪军反正一千三百六十六名；缴获长短枪六千六百九十九支，轻重机枪一百九十二挺，各种炮二十五门。我军指战员伤八千一百零七名，亡四千四百三十二名；敌伪与我伤亡比例为三比一。

第二周年，从一九三八年六月到一九三九年五月，共进行大小战斗二千零五十一次，毙伤日军三万一千零八十三名、伪军一万五千四百三十名，俘获日军三百八十五名、伪军七千五百二十一名，伪军反正一万七千九百三十五名；缴获长短枪一万四千五百六十九支，轻重机枪二百九十一挺，各种炮六十一门。我军指战员伤三万一千零三十一名，亡一万五千零四十八名；敌伪与我伤亡比例为一比一。

第三周年，从一九三九年六月到一九四〇年五月，共进行大小战斗六千九百三十六次，毙伤日军六万四千三百五十五名、伪军二万三千四百七十五名，俘获日军六百八十九名、伪军一万五千三百三十八名；日军投诚十九名，伪军反正九千一百八十名；缴获长短枪三万七千六百六十六支，轻重机枪六百七十一挺，各种炮一百一十九门。我军指战员伤三万二千一百七十五名，亡一万七千零一十二名；敌伪与我伤亡比例为一点八比一。

第四周年，从一九四〇年六月到一九四一年五月，共进行大小战斗六千一百五十二次，毙伤日军五万零二百五十七名、伪军二万一千五百八十一名，俘获日军三百二十六名、伪军一万五千三百五十五名；日军投诚十二人，伪军反正五千一百七十八名；缴获长短枪二万四千零一十七支，轻重机枪五百一十九挺，各种炮一百零四门。我军指战员伤三万八千三百八十四名，亡二万一千三百四十八名；敌伪与我伤亡比例为一点二比一。

第五周年，从一九四一年六月到一九四二年五月，共进行大小战斗一万二千二百二十一次，毙伤日军五万零三百零六名、伪军三万三千五百二十六名，俘获日军二百八十四名、伪军一万七千九百一十四名；日军投诚十六名，伪军反正四千三百零六名；缴获长短枪一万六千八百五十八支，轻重机枪三百六十二挺，各种炮二十九门。我军指战员伤四万零八百一十三名，亡二万三千零三十四名；敌伪与我伤亡比例为一点三比一。

第六周年，从一九四二年六月到一九四三年五月，共进行大小战斗二万二千七百三十五次，毙伤日军五万五千六百七十三名、伪军六万二千四百零五名，俘获日军二百九十六名、伪军三万一千一百六十一名；日军投诚二十三名，伪军反正四千七百二十八名；缴获长短枪三万八千五百四十二支，轻重机枪四百七十九挺，各种炮四十六门。我军指战员伤一万八千一百零七名，亡一万一千三百七十八名；敌伪与我伤亡比例为四比一。

第七周年，从一九四三年六月到一九四四年五月，共进行大小战斗二万三千三百二十七次，毙伤日军六万五千四百三十二名、伪军七万九千八百三十一名；俘获日军三百零三名，伪军五万九千三百四十三名；日军投诚四十五名，伪军反正六千九百四十八名；缴获长短枪五万零六百七十七支，轻重机枪六百二十六挺，各种炮一百零五门。我军指战员伤一万七千九百七十六名，亡一万零九百三十四名；敌伪与我伤亡比例为五比一。

七年总计，共进行大小战斗七万四千零六十次，毙伤日军三十五万一千一百一十三名、伪军二十三万九千九百五十二名，俘获日军二千四百零七名、伪军一十四万八千七百二十六名；日军投诚一百一十五名，伪军反正四万九千六百四十一名；缴获长短枪一十八万九千零二十八支，轻重机枪三千一百二十挺，各种炮四百八十九门。我军指战员伤一十八万六千五百九十三名，亡十万零三千一百八十六名；敌伪与我伤亡比例为二比一。

从这一统计看来，八路军在华北敌后的抗战，其战斗次数是一年比一年增加的，这是第一。

第二，是对日军作战，毙伤数字较大，而俘虏数字较小；而对伪军作战，则恰恰相反，俘虏较多，毙伤较少。

第三，可以看出日军投诚的事，在抗战最初两年是没有的，第三周年以后，则逐渐增加，可见我们对敌军的政治工作是收到了效果的。

第四，就敌伪与我伤亡比较的变迁来看，中间虽有波动，但自一九四二年以后，我军经过精简整训，战斗力比战争初期是大大提高了，由三比一进至五比一了。

第五，从缴获敌军的武器的数字来看，可以看到我军在第五周年度（即一九四一年下半年至四二年上半年），战斗是非常艰苦的，就是说，战斗次数很多，而缴获率则比第四周年减少了。

在华中方面的新四军，他们七年抗战的经过情形，大体上与八路军差不多。

下面就是新四军七年来各周年的战绩：

第一周年到第四周年，从一九三八年五月到一九四一年五月，共进行大小战斗四千九百六十七次，毙伤敌伪军十二万四千二百五十二名，俘虏敌伪军五千三百九十二名；缴获长短枪四万八千零四十八支，轻重机枪一千六百四十四挺，各种炮六十四门。我军指战员伤三万六千六百三十七名，亡二万二千四百四十八名；敌伪与我伤亡比例为二点一比一。

第五周年，从一九四一年六月到一九四二年五月，共进行大小战斗二千四百二十七次，毙伤敌伪军二万四千五百一十二名，俘虏敌伪军五千四百五十八名，敌伪军投诚反正四千八百二十五名；缴获长短枪一万三千八百七十支，轻重机枪三百零一挺，各种炮八门。我军指战员伤一万零八百五十六名，亡六千七百五十四名；敌伪与我伤亡比例为一点四比一。

第六周年，从一九四二年六月到一九四三年五月，共进行大小战斗四千八百二十二次，毙伤敌伪军三万九千八百七十九名，俘虏敌伪军九千九百二十三名，敌伪军投诚反正七千九百二十一名；缴获长短枪二万八千五百七十四支，轻重机枪三百三十挺，各种炮十二门。我军指战员伤八千四百一十二名，亡七千六百一十七名；敌伪与我伤亡比例为二点五比一。

第七周年，从一九四三年六月到一九四四年五月，共进行大小战斗五千三百一十八次，毙伤敌伪军五万三千一百零七名，俘虏敌伪军一万三千六百四十二名，敌伪投诚反正一万一千三百二十名；缴获长短枪三万三千九百六十七支，轻重机枪三百七十六挺，各种炮二十门。我军指战员伤九千零一十五名，亡八千零五十八名；敌伪与我伤亡比例为三点一比一。

七年总计，共进行大小战斗一万七千五百三十四次，毙伤敌伪军二十四万一千七百五十名，俘虏敌伪军三万四千四百一十五名，敌伪投诚反正二万四千零六十六名；缴获长短枪十二万四千四百五十九支，轻重机枪二千六百五十一挺，各种炮一百门。我军指战员伤六万四千九百二十名，亡四万四千八百六十八名；敌伪与我伤亡比例为二点二比一。

在毙伤敌人的项下应当特别指出：中共抗战七年来击毙日军之将校，根据极不完全的统计材料，计有五十五名，其中有日军中将一名，少将八名，大佐十九名，中佐二十名，少佐七名。

关于缴获武器方面，也应当指出：若将八路军、新四军所缴获的长短枪总计起来，则我军七年抗战的结果，缴获了长短枪三十二万支以上（其中一部分是日军的，大部分是伪军的）。若按照我军人与枪的比例为五比三计算起来，光是长短枪就可以武装五十四万多人，缴获轻重机关枪及大小炮，还不算在内。但是这些武器有许多是残破不全不能再用的。现在八路军、新四军及华南游击队的武器来源有三：一是原有的；二是缴获敌伪的；三是民间武装，由人民自动组成游击队或参加八路军、新四军的。但是我军武器弹药依然非常不够，国民政府从抗战开始即不给以必须的接济，一九四一年以后，更无支枪、颗弹、文钱、粒米之接济。希望同盟国设法给以援助，以利配合作战。我们军队因缺乏优良武器，缺乏子弹，缺乏医药设备，而无辜死亡的人数是非常之多的。

敌后七年抗战的经验还证明，如果不组织民兵，武装民兵，训练民兵，以配合正规军作战，则敌后的长期坚持是不能设想的。

……

现在说一说敌后抗日根据地的问题。这是敌后坚持抗战的基本问题。没有民主的抗日根据地的建立，这样残酷、严重与广大的敌后战场是不可能坚持的。

八路军新四军在敌后，一面和敌人作浴血的战斗，一面又和根据地的人民一道实行新民主主义的亦即孙中山革命三民主义的建设。

抗日民主根据地的建设，包含着军事、政治、经济、文化各方面的艰苦工作。在这一方面，我不多说，我只说一说敌后各根据地的轮廓。

华北敌后战场，我们建立了五六块抗日民主根据地，东至青岛与胶东半岛、黄海与渤海沿岸、山海关和锦州，北至热河之宁城，察哈尔之多伦、商都，绥远之百灵庙，西至黄河，南至陇海线，包括华北七省（晋、冀、察、鲁、绥、热、辽），东西长二千二百华里，南北长一千八百华里。有政令所及的人民五千多万，占全华北一万万人口百分之五十一；其中有组织的群众一千六百多万，占我根据地人口百分之三十以上；有不脱离生产的民兵一百五十万，占我根据地人口百分之三。在这个区域内，共有五个大军区，即晋绥军区，晋察冀军区，晋冀豫军区，冀鲁豫军区，山东军区。每一个大军区内，又有几个小军区，我们名日军分区。

华中敌后战场，我们的新四军建立了八个抗日民主根据地，包括江、浙、皖、鄂、豫、湘六省地区。包含政令所及的人口三千万，占华中沦陷区人口百分之五十；有组织的民众九百万，占我根据地人口百分之三十；不脱离生产的民兵五十多万，占我根据地人口百分之一点七。在这个区域内，共有八个军区，即苏中军区，苏北军区，淮北军区，淮南军区，皖中军区，鄂豫皖军区，苏南军区，浙东军区。每一个大军区又各有几个小军区，同华北是一样的。

华南敌后战场有两处，一在海南岛，该处是内战时期的红军根据地，抗战后改为该地抗日军，领导者为冯白驹同志。国民党部队早已撤退，该岛完全是我军与敌军斗争。近年因电讯中断，详情不明，然从敌军消息方面，得知该岛大部为我军收复，敌人无可奈何。一在广九路沿线及广州四周，领导者曾生同志。该部现已迫近九龙，并在香港进行秘密活动，敌人很感头痛。

中国共产党的军队，就在华北、华中、华南这三个敌后战场与十五个抗日根据地上，进行异常残酷的非未目击者所能想象的抗日战争至七年之久。赖有这些敌后战场，才挽救了中国免于被日寇灭亡。如果没有这些敌后战场军民的英勇斗争，中国的情形是不能设想的。日寇欲以华北为所谓大东亚战争的兵站基地，欲在华中、华南搜刮人力与资财，这一目的是被中共七年来坚决、广泛的斗争基本上打垮了，在人力、棉花、煤铁与粮食的搜刮上，敌人受到我军的很大打击。这件工作，不但对于中国有利，对于我们共同作战的盟邦，也是有利的。但是共产党、八路军、新四军及其抗日根据地，却被国民党统治人士诬之为“奸党”“奸军”“奸区”，诬之为“破坏抗战，危害国家”，派遣军队进行攻击、包围与封锁，派遣成千的特务进行破坏工作，断绝一切接济，并截断国际朋友对我们的援助，封锁共产党、八路军、新四军抗战与民主建设的消息，不使国内人民与国际友人明白真相。所有这一切，实在是不利于抗战与不利于团结的。我们希望尽可能迅速地结束这种状况，改善国共关系，而开辟一个真正团结抗战的新环境出来。

资料来源：叶剑英：《中共抗战一般情况的介绍》，见中共中央文献研究室、中央档案馆编：《建党以来重要文献选编（1921—1949）》（第二十一册），中央文献出版社2011年版，第334—339、345—346页。

◎1943年8月24日，《解放日报》用翔实的数据报道了中国共产党抗击伪军的概况：

全国伪军六十二万余人，大部为国民党军队所伪化，其中百分之九十（五十六万人）以上为共产党所抗击，国民党对之一枪不打。仅在广东方面有约六万伪军任其自生自长，除共产党打了一部分外，勉强算作被国民党所牵制。兹将伪军情况概述如次：

全国伪军除伪正规军外，尚有各省县的伪地方武装。全国伪正规军三十二万七千四百人，伪地方武装二十九万九千八百人，共计六十二万七千二百人。计华北伪正规军二十万零九千四百人，伪地方武装十七万八千人。华中伪正规军九万四千八百人，伪地方武装八万五千人。华南伪正规军二万三千二百人，伪地方武装三万六千八百人。除华南伪军外，华北华中敌后全部伪军皆在敌寇之驱策下不断的配合敌寇对共产党“扫荡”与“清乡”。数年来，伪军参加正面战场向国民党军队作战者，只有一次，即一九四三年夏季湘北鄂南之战，有伪武汉行营直属之一个师（第二十九师）参加。华北华中伪军对正面战场一贯是和国民党军队和平相处，对共产党军队则配合敌寇积极进攻。因此，华北华中全部伪军共五十六万七千二百人为我八路军、新四军所抗击，占全部伪军（包括华南）百分之九十强。而国民党方面所牵制（不是抗击）者，仅华南伪军六万人，不过占全部伪军百分之十弱而已。何况华南伪军中，亦有一部分为共产党之游击队所抗击，并非全部被国民党牵制。

资料来源：《中国共产党抗击的全部伪军概况》，《解放日报》1943年8月24日。

◎1937年7月至1945年8月，中共领导的人民军队与国民党军抗击日军兵力比较表：

年度	侵华日军（华北、华东、华中、华南）（人）	人民军队抗击日军兵力（人）	国民党军抗击日军兵力（人）	抗击日军兵力百分比	
				我人民军队	国民党军
1937	500000				
1938	680000	400000	280000	58.8%	41.2%
1939	860000	540000	320000	62%	38%

续表

年度	侵华日军（华北、华东、华中、华南）（人）	人民军队抗击日军兵力（人）	国民党军抗击日军兵力（人）	抗击日军兵力百分比	
				我人民军队	国民党军
1940	800000	470000	330000	58%	42%
1941	610000	460000	150000	75%	25%
1942	550000	332000	218000	63%	37%
1943	600000	350000	250000	58%	42%
1944	730000	468000	262000	64%	36%
1945	1088500	758700	329800	69%	31%
说明	1. 我人民军队于1937年9月出师华北，因此时敌人主要是对付国民党军，故未作抗击比例。 2. 此系根据延安总部1945年12月材料统计				

资料来源：《抗日战争时期中共领导的人民军队与国民党军抗击日军兵力比较表》，见刘庭华：《中国抗日战争与第二次世界大战系年要录·统计荟萃》（1931—1945），海军出版社1988年版，第479页。

◎1938年至1945年8月，中共领导的人民军队与国民党军抗击伪军兵力比较表：

年度	侵华日军（华北、华东、华中、华南）（人）	人民军队抗击日军兵力（人）	国民党军抗击日军兵力（人）	抗击日军兵力百分比	
				我人民军队	国民党军
1938	78000	78000		100%	
1939	145000	145000		100%	
1940	225000	225000		100%	
1941	348000	348000		100%	
1942	555000	555000		100%	
1943	816667	735000	81667	90%	10%
1944	823158	782000	41158	95%	5%
1945	1006086	955782	50304	95%	5%
说明	1. 伪军多数是国民党正规部队投降日军的，一般只进攻我军不进攻国民党军。国民党抗击数系在国民党军当面担任守备任务的伪军。 2. 此材料系军委作战部作战局1945年12月统计。 3. 1943年至1945年伪军总数系根据百分比推算数				

资料来源：《抗日战争时期中共领导的人民军队与国民党军抗击伪军兵力比较表》，见刘庭华：《中国抗日战争与第二次世界大战系年要录·统计荟萃》（1931—1945），海军出版社1988年版，第480页。

◎1937年9月至1945年10月11日，八路军、新四军、华南游击队的主要战绩统计表：

项别 \ 数目 \ 敌伪军		日军	伪军	合计
日伪兵力损失	毙伤（人）	520463	490130	1010593
	俘虏（人）	6213	512933	519146
	投降反正（人）	746	183632	184378
	小计（人）	527422	1186695	1714117
主要缴获	长短枪（支）	682831		
	轻重机枪（挺）	11895		
	各种口径炮（门）	1852		
作战总数（次）		125165		

资料来源：《抗日战争时期中共领导的人民军队主要战绩统计表》，见刘庭华：《中国抗日战争与第二次世界大战系年要录·统计荟萃》(1931—1945)，海军出版社1988年版，第481页。

◎1940年8月至1940年12月，百团大战战绩统计表：

类别		数目
出动兵力		115个团（400000兵力）
战役次数		1824次
毙伤	敌军	20645人
	伪军	5155人
俘虏	敌军	281人
	伪军	18400余人
缴获	步马枪	5400余支
	轻重机枪	200余挺
破坏	铁路	948里
	公路	3000里
	桥梁、车站、隧道	260余处
消灭	敌据点	2993个
解放	煤矿工人	10000余人
	铁路工人	2000余人
	被强拉去修路的同胞	600余人

资料来源：人民出版社编：《抗日战争时期的中国人民解放军》，人民出版社1953年版，第116—117页。

（三）中外人士对敌后战场的肯定

◎1937年10月19日夜，为了配合正面战场的忻口战役，八路军第一二九师第七六九团在当地人民群众的协助下，突袭阳明堡机场，有力地配合了正面战场作战。据团长陈锡联回忆，国民党军官对八路军成功夜袭阳明堡机场表示震惊：

夜袭阳明堡飞机场的胜利消息，通过无线电迅速传遍了全国。那些国民党官儿们，开始根本不相信，他们仍说："就凭八路军那破武器还能打飞机？不可能！"可是自从10月20日（指1937年，引者注）起，一连几天忻口、太原都没有遭到敌机的轰炸，那些畏敌如虎、胆小如鼠的官儿们方才张口结舌了。

资料来源：陈锡联：《夜袭阳明堡飞机场》，见中国人民解放军历史资料丛书编审委员会编：《八路军回忆史料》(1)，解放军出版社1988年版，第217页。

◎美国记者福尔曼与八路军共同在敌后相处两个多月，亲眼见证八路军虽装备粗劣但英勇地反击日军：

但是，共产党却始终一贯地向敌人作无情的斗争而继续膨胀。因为共产军能与人民保持密切的合作，所以他们不但能保护他们自己，而且更能主动地对敌人发动反攻。到一九四四年夏，在过去十二月之间，他们攻占并破坏一千三百个碉堡与据点。当人们想起共产军以云泥之差的劣势对抗敌人时，共产军的成就几乎是令人难以置信。我在延安听他们讲的时候，我也不相信，但是后来我到了沦陷区，与在敌后活动的八路军共处了两个多月，我亲眼看见了他们攻取并破坏敌人据点与碉堡，因此，我得到了一个确信，就是：共产党的发言是绝没有虚张声势的地方的。攻势只是受武器及环境的限制。华北抗日根据地的八千万人民之中已有五千万从日本的铁锁下被解放出来了。此外，现在被敌人占领着的大城市如北平天津太原济南及青岛等处，昼夜受着八路军的不断的直接威胁。遗憾的是：八路军缺乏武器，他们无力马上就收复这些大城市。

资料来源：[美]福尔曼：《中国解放区见闻》，朱进译，上海科学技术文献出版社2015年版，第65—66页。

◎1944年10月9日，美国驻华外交官谢伟思根据自己在延安的所见所闻，在致美国国务院的备忘录中认为，共产党已获得广大群众的拥护和支持，并预见共产党在短短几年内将成为中国唯一的主导力量：

共产党已建立了既广且深的群众支持，因而使他们之被消灭成为不可能，从这基本的事实，我们必须得出结论，未来的中国，共产党将占有确定的和重要的地位……我提出一个未来的结论：除非国民党在政治经济的改革上和共产党有同样的成就，并证明自己能争取人民的领导地位（关于这两点至今尚无愿意或能做的征兆），不然，共产党在短短的几年中将成为中国唯一的主导力量。

资料来源：世界知识出版社编：《中美关系资料汇编》（第一辑），世界知识出版社 1957 年版，第 596 页。

◎美国记者杰克·贝尔登称赞中国共产党和八路军拥有深厚的群众基础：

农民经常告诉我（指杰克·贝尔登，引者注）："八路军就像我们的亲爹娘一样。"共产党则反过来说："我们是人民的子弟，人民是我们的爹娘。"没有比这更清楚地表明中国共产党权力的性质了。当你把一种力量看作是亲爹娘时，你便承认这种力量是生活中的唯一权威。你就要使自己的希望、行动和思想都符合于这种自称代表人民意志的力量所制定的道德准则。因此，中国共产党人声称来源于群众的权力，往往会变成不仅是平等主义的，不仅是全社会的，而且是无所不包的。

……

共产党获得了中国人民的好感，因而能够夺取政权。农村的无产阶级和妇女得到共产党的热情关怀和物质照顾，所以参加了革命。共产党是靠踏踏实实争取人心，而不是靠任何夸夸其谈的政治哲学获得胜利的。中国共产党是靠唤起人民内心的希望、信任和爱戴，不是靠空谈大道理而赢得人民对他们事业的支持。

共产党用这种方式建立了一个来自群众，并为群众服务的崭新的国家机器。共产党人表示要运用其权力为老百姓谋幸福。人们完全相信他们这样说是真诚的。

资料来源：[美] 杰克·贝尔登：《中国震撼世界》，邱应觉等译，北京出版社 1980 年版，第 583、587 页。

◎美国记者福尔曼等称赞敌后游击战灵活巧妙，发挥出巨大威力：

在某些地区，地雷战已发展成了一种美妙的艺术。沿公路的战略据点附近都有地雷区。每个地雷都用绳子作导火线，通向砖砌的地下保护管，连在一个简陋的"开关"上。这个"开关"或在农民家中，或在附近的岗哨。当敌人纵队踏进地雷区时，放哨的人就轻轻地拨动"开关"上的引线。地雷爆炸时就像弹球机上的光，那些手足无措的敌人为了脱离雷区拼命来回奔跑。

数不清的一碰就爆炸的地雷散布在乡村，如跳跃地雷、延时地雷、半埋地雷等。半埋地雷不过是一种普通的地雷，部分露在外边，好像埋地雷的人在没有埋好以前忽然被人发现而马上逃跑了似的。当日本工程师很小心地抬起它想去研究的时候，里面的小瓶硫酸流出来，地雷就在手中爆炸了。现在，日本人在没有作精细的考察以前简直不敢触碰一下地雷。即使用磁力探雷器，也无法探出放在路旁的费力挖空了心的石头地雷。

……

地道战对日本人是一种挑战，他们曾经用了种种方法想进入地道，或者把村民赶到地面上来。他们用刺刀押着被抓的村民去触发隐藏的地雷。但放哨的人看见日本人驱赶被抓的村民走在前面时，就用保险针控制住地雷。当伪军随被抓的村民进入时，就把他们的步枪缴过来。守卫者对这都有一种默契。在条件较差的地道里，守卫的人可以从进入地道的人穿什么鞋子来判断是敌人还是朋友：光脚或穿草鞋表明是被抓的村民或伪军，穿皮鞋的则是日本人。

……

日本人曾把小罐瓦斯绑在猪尾巴上，再在猪的背上浇上汽油，点燃后把这只满身火苗的猪赶入地道。但村民们在地道里筑了一道水沟，猪进去后就淹死了，同时也就把瓦斯中和了。

资料来源：［美］福尔曼：《来自红色中国的报告》，熊建华译，济南出版社2006年版，第127、131—132页。

第八路军是以善用游击战术著称的。它虽不能如中央军担当正面去打硬仗，却能深入日军后方，给以拦腰截击。他们来去如风飘忽无定，用不着带给养，也用不着许多器械，凡在日军方面截获到手的，尽可以供他们使用，用不完的或者抛弃了，毁灭了需要时再重新向日军来要。在灵邱广灵一带展开了游击战，日军后方的运输交通，全给他们截断。日军来源既断，只有利用飞机运送少许东西来接济前线的军队。有一次日机投送的子弹和食物，仓促间认错了方向，反倒投入华军阵地里，这对于八路军游击队断绝日方后路的成功，是一个事实的证明。

资料来源：《密勒氏评论报》编：《中国的抗战》，李同华译，上海科学技术文献出版社2015年版，第66页。

共军依赖游击战术，这是很聪明的；他们的政治攻势使我们很苦恼。在作战方面，他们绝对地把握着主动，并且时时保持着攻势。每个共军司令都知道如何左右情势，不错过时机。他们常常采取进攻，进行有计划有组织的作战，在很短的时间内获得决定性的胜利。

共军的主要原则是保卫他们作战的基地，调动他们的主力来控制这些作战基地的外围，破坏日本皇军的交通线和桥梁，预置许多埋伏来延迟日军的进展。他们进攻某些坚强的据点，困乏我们的部队，使我们无法注意到其他的地方。

……

他们很会使用作战力量，避免一切消耗，集中于决定性的行动上。他们就用这种方法来消耗他们的敌人，使其分散兵力，使他们不能在真正作战开始之前使用他们的全力。

他们的行动很敏捷，从不错过机会，也从未中过敌计。他们利用黑夜、浓雾、下雨或风沙去袭击疲惫不堪或无所措备的日本皇军的部队，他们或者在重要地点预置伏兵，使受重创；或者破坏兵站、补充站、交通、电话线等使我们的后方陷入混乱。

他们从所处的环境中获得了特殊的技巧。他们射击准确，投掷手榴弹很有技巧，又远又准。他们的行动是极端迅速的。

他们在任何地方能够忽然出现，他们知道每一个地方的道路，知道河流的水道、深度或宽度，知道一个村庄里有多少住户，知道住户的房子和当地居民的特性。他们知道每个角落里大大小小的一切事情。

资料来源：［美］G. 斯坦因：《红色中国的挑战》，李凤鸣译，上海科学技术文献出版社2015年版，第203—204页。

（四）敌后战场与正面战场相互配合

◎徐向前元帅回忆，在忻口战役中，八路军积极配合友军作战，并且提供了极有力的支援：

忻口战役（1937年10月，引者注）正在激烈进行，日军投入五万多兵力，与卫立煌等部及晋绥军八万余人，打得难解难分。忻口是太原的屏障，利守难攻，丢了忻口，太原难保，阎锡山、卫立煌下决心死守，顶住了日军的疯狂进攻，双方伤亡惨重。我晋东北、晋西北的八路军所部，连续向敌后方出击，配合友军作战。七六九团从东冶镇北进，行至代县境内，发现阳明堡西南有个日军机场。弄清敌情后，一个夜袭，毁伤敌机二十余架，歼灭日军一百余人，旗开得胜。那些飞机是日军为配合进攻忻口用的，全部被我搞掉，对友军的正面抵抗，无疑是个极有力的支援，显示了八路军敌后游击战的神威。

资料来源：徐向前：《徐向前元帅回忆录》，解放军出版社2005年版，第436页。

◎曾任陆军第十四军军长的李默庵回忆，在忻口战役中，八路军为支援正面战场做出重大贡献：

我在忻口正面战场指挥作战，深受敌飞机轰炸之苦。敌机动辄就是一二十架，狂轰滥炸，灰尘蔽日，猝不及防。而10月20日（1937年，引者注）后，敌机则大为减少，正面战场部队深出了一口气。原因就在于八路军第一二九师第七六九团夜袭敌阳明堡机场，一举烧毁敌机24架，为支援正面战场做出了极为重要的贡献。

……

八路军奇袭阳明堡机场的重大胜利，给忻口正面战场以极大的支援和鼓舞。卫立煌曾在一次讲话中说："正在忻口战场最困难的时候，八路军炸毁了敌人阳明堡飞机场的24架飞机，创造了战争史上从未有过的奇迹。守忻口的将士们高兴得跳起来，说这比给我们调几个师都强。八路军真有能人，中国真有英雄。自此以后，忻口上空没有了敌人的飞机（应该是数量少了），我们的仗打得顺手多了。"当时，八路军所创造的这一条奇袭敌飞机场的消息传遍全国，一时成为令全国军民拍手称快的捷报，给全国军民以莫大的鼓舞。

据有关资料统计，八路军自9月中旬开赴晋北抗日前线，与日军进行大小战斗百余次，毙伤敌军数千人，缴获各种枪械千余支，毁敌人大车、汽车600余辆，有力地打击和牵制了敌军，使敌人的运输补给发生极大困难，出色地配合了忻口我军正面战场作战。

资料来源：全国政协文史和学习委员会编：《世纪之履——李默庵回忆录》，中国文史出版社2012年版，第224—226页。

◎英国记者贝特兰回忆，在忻口大战中，中央军、山西省军和八路军合作密切，英勇抵抗日军侵略，并且正规军与游击队之间已经结成了真正的统一战线：

在忻口大战中，死了三千人，中日两军各半。此次大战所以值得人注意，不但因为两军都遭受重大的损失，同时因为华北日军第一次在阵地战中受到致命的挫折，这是最猛烈的一次大战。

一九三七年九月最后一个星期内，一部分进攻的日军已在平型关初次遭受了惨败。那是一种山地上的运动战，但它展开了中国抗战的新局面，防守的军队在这里第一次采用主动的战术，用积极的进攻的行动回答日军。在十月间，华军高级司令由于蒋介石将军的特别命令和阎锡山将军、卫立煌将军（在山西的中央军总司令）的实际协助，决定在华北实践持久抗战的策略。

这一新策略的第一个直接结果，就是中央军和山西省军的指挥统一，这新策略在忻口得到光辉的表现。

当战争在十月最初几星期内围绕着忻口进行的时候，日军的前锋部队已经占领崞县。它最初也是流动战；但当华军集中在山谷两边的时候，它立刻发展成阵地战，同时八路军在日军后方和两侧进行游击战。此次华军各部队合作的密切达到空前的程度。

华方事前已在忻口集中了十万左右的大军，这大军的骨干就是卫立煌的第十四集团军。再加以郝梦龄所率领的两师中央军和一些山西军的部队。山西军队的战斗力无疑的比中央军差，但这一次，他们也表现出辉煌的战绩。

日军共有两师团和一旅团，约六万人，军备当然比华军好得多。但打了三星期，日军毫无进展；不久以后，他们发觉自己陷入了非常困难的处境中。

八路军已向日军进攻，遇有机会，就切断日军的交通线。他们此种战法在三个主要交通线上都获得成功——从大同到崞县的交通线，和通繁峙和灵邱的两条大路。只有通雁门关的道路尚未被阻，但仍受不断的袭击。（中国游击队好几次占领了雁门关的要隘，但不能固守）。日军只能在绝大的困难下运输给养和援兵，有一个时期甚至不得不用飞机输送弹药。

在此种情形之下，日军在忻口大战中遭受了重大的损失，他们发觉自己碰到了开战以来最顽强的抵抗。实际上，当时一般形势是有利于华军的，因为这一带山野宜于华军的作战方式，而华军的主帅又开始运用侧击的战术。

最后另一部分日军沿正太铁路飞速地推进，直接威胁太原，这把陷在困难处境里的日军救了出来。卫立煌英勇地坚守北面阵地，而防守东面通太原的要道的杂色华军之放弃阵地，仓皇后退，并不是卫氏的过错。十一月三日，华军主力从忻口撤退，抢救太原。但东面防线已告崩溃，这山西的省会是无法保卫了。

……

此次日军的被挫，加强了华方正规军的自信，特别是刺激了游击队和流动部队的发展。当阵地战正在进行的时候，游击队和流动部队干了非常有用的工作，他们立刻知道日军并不足怕。在政治上，情形也大大改进了，正规军和游击队结成了真正的统一战线。甚至使人丧气的太原的失陷，也抵不过这些宝贵的教训。

资料来源：［英］詹姆斯·贝特兰：《华北前线》，林淡秋等译，新华出版社 1986 年版，第 244—247 页。

◎1938 年 5 月，毛泽东发表《抗日游击战争的战略问题》，总结抗战初期的经验，从理论上阐述了游击战与正规战之间相互配合的关系：

游击战争和正规战争的配合有三种：战略的、战役的和战斗的。

整个游击战争，在敌人后方所起的削弱敌人、钳制敌人、妨碍敌人运输的作用，和给予全国正规军和全国人民精神上的鼓励等等，都是战略上配合了正规战争。……至于平绥、平汉、津浦、同蒲、正太、沪杭诸铁路线两旁的游击战争，所起战略的配合作用，更加容易看到。它们不但在现时敌人举行战略进攻时配合正规军起了战略防御的作用；又不但在敌人结束其战略进攻转入保守占领地时，将配合正规军妨碍敌之保守；而且将于正规军举行战略反攻时，配合正规军击退敌军恢复整个的失地。游击战争在战略上的伟大的配合作用，是不容忽视的。游击队和正规军的领导者们，都应明确地认识其作用。

不但如此，游击战争还有其战役的配合作用。例如，太原北路忻口战役时，雁门关南北的游击战争破坏同蒲铁路、平型关汽车路、阳方口汽车路，所起的战役配合作用，是很大的。又如敌占风陵渡后，普遍存在于山西各地的游击战争（主要是由正规军进行的），对于配合陕西、河南两省沿黄河西南两岸的防御战，所起的战役配合作用更是很大的。再如敌攻鲁南时，整个华北五省的游击战争，对于配合鲁南我军的战役作战，也尽了相当的力量。在这个任务上，一切处于敌后的游击根据地的领导者们，或临时被派出的游击兵团的领导者们，必须好好地配置自己的力量，各依当时当地的情况，采用不同的方法，向着敌人最感危害之点和薄弱之点积极地行动起来，达到削弱敌人、钳制敌人、妨碍敌人运输和精神上振奋内线上各个战役作战军之目的，尽其战役配合的责任。如果各游击区或各游击队只是各干各的，不顾战役作战的配合，虽在总的战略作战上仍不失其配合作用，但由于没有战役作战的配合，也就减少了它们的战略配合的意义。这一点是一切游击战争的领导者应该深切地注意的。为达此目的，无线电通讯之普遍地设置于一切较大的游击部队和游击兵团，实有完全的必要。

最后，战斗的配合，即战场作战的配合，是一切内线战场附近的游击队的任务，这一项当然只限于靠近正规军的游击队，或临时从正规军派出的游击队。在这种场合，游击队应该依正规军首长的指示，担负其所指定的任务，往往是担负钳制部分的敌人，妨碍敌之运输，侦察敌情，充当向导等。没有正规军首长的指示时，游击队也应自动地做这些事。坐视不理，不游不击，或游而不击的态度，是要不得的。

资料来源：毛泽东：《抗日游击战争的战略问题》，见《毛泽东选集》（第二卷），人民出版社1991年版，第416—418页。

◎1938年，朱德发表《论抗日游击战争》一文，深刻阐述了敌后游击队为友军作战提供了有力支援：

正规军和敌人正面作战，很难得悉敌人的动作，只有依靠间谍和侦探的报告。然而游击队的活动，却很容易暴露敌人的兵力和他们的兵力配置，而且在顺利的时候，还可以暴露敌人的企图。游击队袭击敌人的兵站和运输队等，也经常可以缴获敌人很多文件，得到关于敌人的番号和配置的材料。这些材料，常常是非常宝贵的，应当送交正规军的参谋处汇集起来研究。有时游击队在敌后方，也能在高地配置观察哨，数清楚敌人有几个，监视其行动，而取得情报。

……

当正规军在前线和敌人作正面战争时，游击队也可以迟滞敌人增援部队的动作，牵制敌人侧翼的行动，吸引敌人正面的兵力到两翼。即使这种动作没有达到目的，也能够扰惑敌人的军心，使其在未进入正规的决战前就挫折了胜利的意志。

资料来源：朱德：《论抗日游击战争》，见《朱德选集》，人民出版社1983年版，第64—65、67页。

◎1939年1月2日，毛泽东指出，抗战以来八路军取得显著战绩，友军发挥了重要的协助作用：

八路军在抗战一年半中，在蒋委员长与战区司令长官的领导之下，在朱、彭总副司令及各部各级长官与共产党员的领导之下，协同各部友军，进行了英勇的抗战，执行了"基本的游击战，但不放松有利条件下的运动战"的正确的战略方针，坚持了与发展了华北的游击战争，创立了许多在敌人后方的抗日根据地，缩小了敌人的占领地，钳制了大量的敌军，配合了正面主力军的抗战，延缓了敌人进攻西北的行动，兴奋了全国的人心，打破了认为"在敌后坚持抗战不可能"的那些民族失败主义者与悲观主义者的错误观点，揭穿了中国托洛茨基反动派、汪精卫亲日派与国内某些守旧顽固分子的无耻造谣。……

八路军的这些成绩从何而来？由于上级领导的正确，由于指战员的英勇，由于人民的拥护，由于友军的协助，这四者是八路军所以获得成绩的原因。其中友军的协助是明显的，没有正面主力军的英勇抗战，便无从顺利地开展敌人后方的游击战争；没有同处于敌后的友军之配合，也不能得到这样大的成绩。八路军的将士应该感谢直接间接配合作战的友军，尤其应该感谢给予自己各种善意援助与忠忱鼓励的友军将士。中国军队在民族公敌面前，互相忘记了旧怨，而变为互相援助的亲密的朋友，这是中国决不会亡的基础。

资料来源：毛泽东：《〈八路军军政杂志〉发刊词》，见《毛泽东文集》(第二卷)，人民出版社1993年版，第139—140页。

四、"大后方是国民党的一党专政"

(一) 国民党反动统治的表现

1. 政治专制与特务活动

◎董必武揭露大后方"蒋介石的个人独裁"：

大后方的一般情况，是怎样呢？如果从政治、军事各方面作一概括的说明，我们党有句很好的话，就是："法西斯主义的政令，失败主义的军令"。另外更简略一点讲，也可以用我们党的一句话："大后方是国民党的一党专政"；更露骨的来说是："蒋介石的个人独裁"。

首先来说一下蒋介石的个人独裁。这个个人独裁的形态，是慢慢的搞完备了。前年八月以前，林森做国民政府主席，蒋介石那时只是党的总裁，军事委员会的委员长，还没有真正的完成独裁统治形态。林森死后，他做了主席，独裁统治形态更完备了。国民政府原有一个"国民政府组织法"，组织法上规定主席的权利只是国家元首和接待外宾，实际上只是国民政府的监印，有任命和命令时盖盖印而已。等蒋要做主席，他就把组织法修改了，主席可以做中国海、陆、空军大元帅；可以兼任任何职务——行政院长及其他一切职务都可以兼。过去国民政府五院院长是经国民党中央提出和通过的，现在便由主席提经国民党中央通过；以前五院院长向国名党中央负责，现在是对主席负责。从这里可以看到，别人做主席时，什么权力也没有，他做主席时，便有一切权力，别人不能兼任何职务，他却可以兼一切职务。现在蒋介石的兼职，有国民党总裁，中国革命军事委员会的委员长，这是党与军的。政府方面，他兼行政院院长，不久以前才换了他的舅子宋子文，还是代理的；财政方面呢？四行联合办事处主任是他；教育方面，抗战前兼过教育部长，不久以前兼过中央大学校长，现在，陆军大学、中央军校、中央政治学校、警察学校……的校长还都是他，（笑声）一切都是他。有一个时期还兼任过四川省主席。有这样的一个笑话：有人说，如果重庆市长出了缺，他还会兼市长，甚至与他临近的那一保的保长出了缺，他也会兼的。（大笑）但可惜他还没有做到这一点。

一切机关的存在都是表面的，实质上一切权力都在他个人身上。我曾经和一个外国朋友研究：国民政府最高权力机关究竟在什么地方？他说是国民党，因为国民党是一党专政。这样说有点像，但国民党的最高权力机关，是全国代表大会，闭会期间，就是中央执行委员会，平时则是常务委员会。那末国民党中央常务委员会应该是最有权力的了，实则常委会什么事也管不了。……军事委员会也不是最高权力机关，蒋介石用他个人名义打一个电报，可以撤销它的任何命令。此外有一个国防最高委员会，看去该是最高的了，其实也不是。有一个国防最高委员会的秘书，问我："最近有些什么事，知道不知道"？我反问他道："在国防最高委员会什么事不知道，怎么还来问我呢？"他说："我们国防最高委员会什么都管，只有一件事不管，那就是国防。"（笑声）总之，只有蒋介石个人是最高的。他有一个"侍从室"是最高的机关，什么命令，蒋的名字后附一个"侍"字就行，就高于一切。但“侍从室”的组织，在国民政府组织法中是无规定的。

从这几点看来，在世界上，蒋介石可以说是最独裁的独裁，恐怕世界上，再也没有人像他那样子的吧？

资料来源：董必武：《大后方的一般情况》，见《抗日战争时期国民党统治区情况资料》，中国现代史资料编辑委员会1957年版，第135—137页。

◎冯玉祥在《我所认识的蒋介石》一书中讲述了蒋介石在党内排除异己的事例：

胡汉民先生在国民党内是老党员，也是和孙中山先生革命最久的，比着蒋介石在国民党的历史深得很。胡对蒋的独裁，深感不满。胡曾对蒋不断地说，做事要尊重大家的意思。蒋听胡说的这话，就怀恨在心。有一天又讨论民主和独裁的事来。蒋马上翻了脸把胡关起来。胡当然不服，蒋的特务就用绳子把胡的手和腿都绑起来，胡仍然不服，大骂起来。大家都知道蒋介石平素说话总说，胡是他的老师、前辈，忽然间蒋介石把胡捆起来了，当然大家要请蒋把胡放出来。过了几天果然胡出来了，可是两臂和腿捆得都是血印。胡汉民是国民政府委员，国民党的常务委员，又是立法院长，胡并没有犯法的事，又没有叛党，就是因为胡劝蒋不要独裁，就遭了捆打，这是多么奇怪的事。

资料来源：冯玉祥：《我所认识的蒋介石》，陕西师范大学出版社2007年版，第19页。

◎1941年，著名记者、新闻出版家邹韬奋深刻揭露了国民党为压制民主运动而制造的四种烟幕：

而且由于在野的抗日各党派及全国人民不满于政治上“挂羊头卖狗肉”的实际状况，民主政治运动是在一天天扩大。于是反民主者为之颤抖，为之丧胆，但却不敢明目张胆地反对民主，不得不在种种烟幕之下，企图乱人耳目，分散视线，阻遏民主政治运动的怒潮。

第一种烟幕是公开明言或努力暗示抗战和民主的不相容。这种烟幕，从抗战爆发以来就一直不停地放着。在第四次国民参政会通过要求实行宪政案以后，这种烟幕放得特别浓厚，他们公开宣言“实行民主必不利于抗战，要实行抗战必须暂时停止民主”。这种言论，或隐或现地在“党报”“党刊”上简直是满坑满谷。……

第二种烟幕是把国家自由和个人自由对立起来。他们说：“要为个人争自由，须先替国家争自由。要为人民争民权，须先替国家争国权。”当然，“替国家争自由”，“替国家争国权”，这是谁也都赞成的。这里的妙处在于一个“先”字，这“先”字初看起来似乎很受欢迎，因为能“先替国家争自由”，能“先替国家争国权”，你能表示不欢迎吗？烟幕的妙用就在此。“先”字的妙用在下文，即他们接着强调“我们要牺牲各个人的自由”，要“全体国民各人对自由的牺牲”。这暗示了个人自由和国家自由（或民权和国权）是绝对处于对立的地位，要保全甲，就非先牺牲乙不可。……

第三种烟幕是诬蔑要求实现民主政治是要推翻现有的政治中心，是要颠覆政府。这是多么大的一个罪名！把这个罪名加在你的头上，你还敢再要求民主政治的实现吗？这样一来，老爷又可免“打麻烦”的头痛，反民主者大可高枕而卧，乐哉乐哉！但是如果要求民主政治的实现就是犯了颠覆政府的大罪，那么国民参政会以及国民党六中全会的召集、国民大会实施宪政的决议都是颠覆政府的阴谋！……

第四种烟幕是亡国的恫吓。他们遇着欧洲每一个国家在希特勒“闪电战”之下亡了国，便好像挥着一副眼泪一把鼻涕，不胜唏嘘地说，你看，亡了国的人民还有什么民主自由可说！亡了国的人民没有什么民主自由可说，这诚然是事实，但却不足以说明民主自由是要不得的，是不该要的，是可以让压迫人民摧残人民的老爷们横行的。这理由实极简单，譬如我们看见有人不幸被打死了，指着对人说，你看，死了的人还有什么吃饭可说！这诚然也是事实，但却不足以说明饭是吃不得的，是不该吃的，是可以让专横无理的人抢去吃的。

资料来源：邹韬奋：《反民主的几种烟幕》，《华商报》1941年7月19日。

◎军统特务沈醉揭露军统特务压制抗日民主运动、暗杀杨杏佛的罪行：

1933年6月18日早上，在上海法租界亚尔培路发生的国民党中央研究院总干事杨杏佛先生被暗杀身死的事件，曾轰动一时，极为各方面所重视。这是戴笠所领导的特务在上海租界内所干出的第一次血腥罪行，多年以后，一直为军统特务们所最津津乐道的“杰出之作”，而局外人却很少了解其内幕。蒋介石当时决定杀杨，最主要的原因是要以此威吓宋庆龄先生。自1933年初，宋所发起的中国民权保障同盟成立，杨杏佛担任同盟的副会长兼总干事，他们即为蒋介石所厌恶，亟欲除之而后快。但因对宋直接下毒手顾忌尚多，乃决定杀掉一个“适当”的人来对宋进行威吓。加上杨于1933年春天曾到华北等地进行过一次活动，鼓吹人权保障同盟的神圣任务，针对蒋介石种种蔑视人权、无法无天的做法进行坚决斗争，并极力主张停止内战、一致团结抗日。这与蒋介石的政策完全相反，成为他被害致死的主因。

资料来源：沈醉：《沈醉回忆录——一个军统特务的忏悔录（军统内幕）》，中国文史出版社2015年版，第112—113页。

◎沈醉、文强合著的《戴笠其人》中记述了国民党军统特务的反共活动：

抗战期间，戴笠亲自主持的反共活动是数不胜数的。这里我只举出其中的几件，便可看出他是如何阴险毒辣与坚决的反共。

一九三七年八月十三日，上海抗日战争开始，不久戴从南京赶到上海。有天他叫上海区长周伟龙邀集在上海的骨干分子，到他住的法租界枫林桥附近的寓所开会。那天去的人，我记得有周伟龙、王兆槐、苏业光、秦承志、赵理君和我一共十来个人。我们坐在他楼下会客室里等了好久，他才从楼上下来。那次他谈话的内容，我只记得他特别强调，不要因为报纸上天天宣传国共合作就忘记了我们该做的一件最重要的工作，就是要利用国共合作这一机会来消灭共产党。他很得意地说出了他的阴谋。他说，国民党掌握了广大地区，有丰富的人力财力和军队，既可以利用合作对共产党搞打进拉出，又可以用高官厚禄来收买，并从内部进行瓦解分化；同时，对不公开的地下党员可以借口逮捕汉奸名义，公开拘捕、囚禁、杀害，对公开了的中共人员则可以侦察、监视、利诱、威逼。他还分析许多情况，说共产党穷，生活很苦，又没有公开官位，我们只要舍得拿出钱来，给他们官做，就不愁不把共产党拉垮。……从那次讲话以后，不但延安抗日军政大学与鲁迅艺术学院在上海张贴的招生广告，大量被特务在夜间撕毁，而且秘密逮捕了几个中共上海办事处的工作人员和与他们有往来的人，囚禁在上海南市白云观淞沪警备司令部侦查大队看守所中。等到上海撤退时，在那里屠杀掉的二十多人中，便有好几个是秘密逮捕去的共产党员。

一九三八年秋天，中共和八路军驻西安的代表宣侠父，便被戴笠命令军统西北区的特务徐一觉、丁敏之、李翰廷等秘密绑架后勒死，抛尸于下马陵一口枯井内。

资料来源：沈醉、文强：《戴笠其人》，中国文史出版社 2001 年版，第 39—40 页。

2. 通货膨胀和官僚资本的扩张

◎国民党政府财政收支和赤字数额统计（1937—1945 年）：

单元：元

年份	财政支出（现金结存除外）	财政净收入（债务收入除外）	赤　　字	赤字占支出的百分比
1937	2091324143	558885506	1532438637	73.05%
1938	1168952314	296599934	872352380	74.63%
1939	2995370276	715452726	2279917540	76.12%
1940	5388454455	1515415823	3873038592	71.88%
1941	10003300953	1181687380	8821613573	88.19%

续表

年份	财政支出（现金结存除外）	财政净收入（债务收入除外）	赤　　字	赤字占支出的百分比
1942	26989918659	7738701552	19251257107	71.35%
1943	61631936150	19688232998	41943703152	68.05%
1944	175675575439	36949446641	138726128798	78.95%
1945	786283953177	100916778443	685367174734	87.16%

注：1945 年为 1—10 月的数据。

资料来源：杨培新：《旧中国的通货膨胀》，人民出版社 1985 年版，第 43 页。

◎国民党政府历年举借外债情况（1937—1942 年）：

年代	借款名称	数　　额	年代	借款名称	数　　额
1937	中英整理内战借款	20000000 英镑	1937	中英广梅铁路借款	3000000 英镑
1937	浦信铁路借款	4000000 英镑	1937	中法金融借款	400000000 法郎
1937	中英滇缅铁路借款	10000000 英镑	1937	中捷商业信用借款	10000000 英镑
1938	中法桂滇铁路借款	150000000 法郎	1938	中苏第一次易货借款	50000000 美元
1938	中英商业信用借款	500000 英镑	1938	中法叙昆铁路借款	480000000 法郎
1938	中美桐油借款	25000000 美元	1939	中苏第二次易货借款	50000000 美元
1939	中英币制借款	3000000 英镑	1939	中英外汇平准基金借款	5000000 英镑
1939	中比铁路材料借款	20000000 英镑	1939	中美飞机公司借款	15000000 美元
1939	中美信用借款	12800000 美元	1939	中德贸易借款	120000000 法币
1939	中法材料信用借款	1500000 英镑	1939	中英商品借款	3000000 英镑
1940	中苏第三次易货借款	150000000 英镑	1940	中美滇锡借款	20000000 美元
1940	中美钨砂借款	25000000 美元	1940	中美新信用借款	100000000 英镑
1940	中英新信用借款	10000000 英镑	1940	中苏第四次易货借款	50000000 美元
1941	中美外汇平准基金借款	50000000 美元	1941	中英外汇平准基金借款	5000000 英镑
1941	中英信用借款	5000000 英镑	1942	中美财政借款	500000000 英镑
1942	中苏第五次易货借款	6385800 美元	1942	中英财政借款	50000000 英镑

资料来源：李石涵编：《从七七到八一五》，东北书店 1948 年版，第 109—110 页。

◎1937 年至 1945 年，国民政府法币发行额的递增态势：

单位：10 亿元

年　月	货币发行	发行指数（1937 年 6 月＝1）	每年增加率
1937 年 6 月	1.407	1.00	
1937 年 12 月	1.639	1.16	
1938 年 12 月	2.305	1.61	0.41
1939 年 12 月	4.287	3.05	0.86
1940 年 12 月	7.867	5.59	0.84
1941 年 12 月	15.13	10.75	0.92
1942 年 12 月	34.36	24.42	1.27
1943 年 12 月	75.38	53.57	1.20
1944 年 12 月	189.5	135.4	1.51
1945 年 12 月	1032	733.5	4.45

资料来源：杨培新：《旧中国的通货膨胀》，人民出版社 1985 年版，第 30 页。

◎蒋介石的亲族掌控着巨额的国民资产，随便支用国库钱财：

在蒋介石看来，他完全没有必要直接出面经营投资企业，而且这种抛头露面去经营投资企业对他来说是不利的。自 1934 年以后，蒋介石即集中军、政、党、财经大权于一身，他先后担任军事委员会委员长，国民政府主席，国民党中央政治会议主席（后改任国民党总裁），全国经济委员会委员长，国防设计委员会委员长（资源委员会前身），中央、中国、交通、农民银行四行联合办事总处理事会主席。他可以利用这些职务去指挥控制各个官僚资本机构。事实上也这样，他是把他管辖的银行当作自己的家库，他可以予取予求，随便开条子在所谓“国库”里支用款项。

蒋氏的妻子、儿子、妻舅、连襟、师傅、师兄弟、同乡等都是著名的官僚资本家，掌握着庞大的企业财产；蒋氏隐蔽在幕后，和他的家族共同刮削，共同分赃，共同经营企业，用不着他出面，也不用他动嘴，马上就有他的家族姻亲把钱送来，他的财产早就存放到外国去，尤以美国存放得最多，有他的妻子替他照管，用不着他操心。

资料来源：陈真编：《中国近代工业史资料》（第三辑），三联书店 1961 年版，第 768 页。

3. 新闻审查与文化迫害

◎中国左翼文化总同盟组织部长许涤新回忆武汉会战前夕国民党顽固派摧残抗日救亡运动：

在武汉国民党已经提出什么“一个政府、一个党”和“一个领袖”，明眼人一看就可以看出国民党的反动和野心。这种提法，就是要把中国变成希特勒的德国和墨索里尼的意大利，就是不许民众抗战。就是要消灭各个抗日的民主党派，特别是忠勇抗战的共产党及其领导的八路军和新四军。一九三八年七月，国民党宣布什么“战时图书杂志审查办法”和“抗战期间杂志审查办法”，与此同时，还进一步解散“民先队”和“蚁社”等抗日救亡团体。这个时候，敌军正从四郊迫近武汉，而国民党反动派却把力量用去摧残抗战救亡的爱国人民组织！

资料来源：许涤新：《风狂霜峭录》，三联书店1989年版，第182页。

◎著名记者伊斯雷尔·爱泼斯坦在回忆录中抨击国民党的审查制度压制和扼杀了作家的创作：

对报纸、刊物、书籍、短篇小说和剧本控制的紧张程度几乎回到了战前的状态。中国最早的小说家茅盾在一个非正式的会议上告诉重庆的外国记者，他和中国其他的作家都写不出任何有价值的作品。他抱怨说，创作的灵感随着战争的爆发枯竭了，因为有严格的审查制度。作为一个诚实的作家，茅盾说，没有能力使得任何反映现实的作品通过审查。为求生存，他们只能在艺术的糟粕、饥饿以及另找工作之间做出选择——同时也为将来某一天能发表而写作。很多人发现他们既没有时间也没有心情来创作，一大批有前途的青年作家消失在中国文学的舞台上。

资料来源：伊斯雷尔·爱泼斯坦：《中国未完成的革命》，张立程、付瑶译，新星出版社2015年版，第125页。

◎黄炎培在回忆录中揭露了史量才因言获罪，惨遭国民党特务暗杀的内幕：

上海各界爱国人士组织上海市民地方维持会，拥护十九路军抗日作战，《申报》主人史量才被推为会长，已招蒋介石忌了。史量才雄心不已，又投资《新闻报》。我自一九一四年起即在申报馆任事，更与史在上海市民地方维持会共事。有一天，蒋召史和我去南京，谈话甚洽。临别，史握蒋手慷慨地说：你手握几十万大军，我有申、新两报几十万读者，你我合作还有什么问题！蒋立即变了脸色。此后蒋就叫陈果夫、陈立夫与申报馆多方为难，一度报纸被停邮，逼报馆撤几个人的职务，一是陶行知，另一人就是我。一九三四年十一月十三日，史被暴徒狙杀于杭州郊外自杭回上海途中。凶手传是军统特务戴笠训练的杭州警官学校特工人员。

资料来源：黄炎培：《八十年来》，文史资料出版社1982年版，第93—94页。

◎抗战期间在桂林生活书店工作的徐觉民回忆1941年皖南事变后国民党特务严密封锁、查禁生活书店：

一九四一年一月，皖南国民党顾祝同部袭击转移中的新四军，造成了“千古奇冤”的皖南事变。接着国民党在各地逮捕革命人士，查封书店和刊物。邹韬奋同国民党当局几经交涉无效，乃愤而辞去国民参政员之职，南走香港，在香港创办《大众生活》，继续宣传团结抗战的主张，批评国民党。韬奋从重庆秘密出走到桂林，为了防范国民党特务的追踪，在此逗留的时间极短，就匆匆搭机去香港。在逗留的短短时间中，我们见到了他，他愤怒地谴责了蒋介石独夫政治的反动政策，勉励书店同人要沉着应付，准备长期奋斗，为民主自由和革命文化事业作不懈的努力。韬奋对我们的激励，深刻地感动着每一个人，也给大家对桂林生活书店今后可能遭遇到的重大迫害事先作好思想准备。

……

一九四一年三月，书店突然接到国民党宪兵司令部的通知，勒令生活书店、新知书店等于一个星期内停业关闭。由于大家早已有了准备，看到通知后，不过是惨然一笑而已。书店领导立即研究如何在一周内做好一切善后和转移工作，但是更重要的事，是如何利用这一周的时间，向广大读者作最后一次深切的告别，同时也表示出对国民党强权政治的强烈抗议，而决不无声无息地关闭掉。

书店决定，一周内门市部实行特大廉价，将所有存书实行半价、三折、二折发售。一部精装的《列宁主义问题》，原来售二元的，只售四角。《列宁选集》每册只售二角，《大众哲学》每册一角。有些薄本书每册五分，或四五本一扎，也只售二角。发售前的准备工作，在一夜之间全部做完。

……

第三天上午，读者正蜂拥在书店争购图书的时候，门口来了一队宪兵，持枪实弹，实行戒严，将书店门口堵住。为首的一个宪兵头子，大声吆喝：“你们这是要干什么！一律不准动!”他站在那里大声训置，说什么：“要你们停业，居然不听，竟敢违抗命令，惑众滋事，破坏治安。”接着宣布，凡是买书的人可以出去，书店的人员一个也不许走。这样，那些读者只得怏怏而出，有的已经买了书的也被迫放下书籍空手走出。折腾将近半小时，读者已走尽，书店工作人员仍坚守着岗位，注视事态的发展。这时，那个宪兵头子又宣布：书店人员一律拘留，立即上车。门口早已停下了一辆卡车，宪兵们将工作人员一个个推上汽车。他们又到二楼搜查，将内部工作人员连同炊事员都赶下来，全部驱赶上车。这时的书店，已为宪兵所侵夺，书店内部的存书和款项均被没收。

一个曾在桂林宣传革命和进步思想的文化阵地，就这样被暂时摧毁了！

资料来源：许觉民：《抗战时期桂林的生活书店》，见广西社会科学院主编：《桂林文化城纪事》，漓江出版社 1984 年版，第 198—200 页。

（二）中外人士对国民党顽固派的谴责

◎1940年，爱国民主人士梁漱溟批评蒋介石玩弄“宪政”：

为什么国民党蒋介石忽然决定召开国民大会呢？本来抗战两年，从来没有人提出宪政问题。1939年9月召开的国民参政会上，也没有其他党派的人士提出这个问题。各方面在会上提出的要求有：“加强团结以增强抗战力量案”“改革政治以应付非常局面案”“请明令保障各抗日党派合法地位案”等。大家提出这些问题要求讨论时，蒋介石忽然抛出召开国民大会的提案。当时，最实际的问题是国民党不给国民党以外的党派、在野人士和人民大众以言论行动自由，抗日救国都遭到镇压。大家要求国民党给人民以言论行动自由。当时，并没有要求宪政，因为实行宪政要有宪法，搞宪法要起草，要通过，不是说办就可以办的事。国民党蒋介石提出宪政问题实际上是转移人们的视线，避免讨论各党派在会上提出的迫切要求解决的各种实际问题，只开一个召开国民大会的支票，人民要求的权利什么也不给。这完全是蒋介石玩弄的一种手段。

资料来源：梁漱溟：《忆往谈旧录》，中国文史出版社1987年版，第133—134页。

◎著名记者伊斯雷尔·爱泼斯坦在回忆录中谴责国民党新闻检察官对新闻稿或报纸稿子乱删乱砍：

我刚从延安和敌后抗日根据地采访回来。在这几个月的采访中，我不但看到了另一种全民抗战的情景，也看到了一个未来中国的雏形。我想就这两方面写成一本书，但在重庆——国民党政府的首部——很难做这件事。在采访过程中，我所有的电讯报道都要通过重庆发出。尽管我这些电讯都是发给很有名气的《纽约时报》的，仍然免不了国民党新闻检察官的乱删乱砍，即使无关紧要的细节也难以幸免。国共两党的抗日统一战线正在消失。蒋介石根本不去同日本作战而是坐待盟国打败日本。很明显，他要把他的精锐部队和美国供给的武器保存下来，以备将来打共产党之用——共产党一直在不停地对日作战，并且代表了全民族建立一个强盛中国的希望。在蒋介石的地盘里、在即将发生的内战阴影之下，这些也是很难写出来的。

资料来源：伊斯雷尔·爱泼斯坦：《爱泼斯坦回忆录——见证中国》，沈苏儒、贾宗谊、钱雨润译，新世界出版社2004年版，第6页。

◎抗战期间驻华美国记者白修德、贾安娜在《中国的惊雷》一书中揭露和谴责了蒋介石的种种文化专制独裁：

在战争时，只有国民党掌理政府；国民党就是政府。该党任命并训令一切政府官员。该党控制着国民军。军队里所有高级军官全须入党，士兵百分之九十也至少名义上是党员，每个部队中都一定有政训人员。由于政府和党是一样东西，军队也就是党军。国民党掌握着新闻检查。党的工作费用是由政府开支的。党的各部门靠人民的税款过活。而由于其他各党都被认为不合法，批评国民党就是违犯了国法。

蒋介石的噱头，就在于他似乎想把训政和宪政两个时期同时完成。为了作战，他就从人民那里征兵及抽取钱款及米粮；为了做这些事，他利用了古旧而压迫性的保甲制度，这制度是把农民放在严重的管制之下的。而为了和共产党作战，他得加强新闻检查和秘密警察。同时，他很喜欢民主词句和口头禅。他说起投票和宪法的迫切需要。他答应给农民以更多的自由，但他所做的，往往是限制了他们现有的很少很少的自由……

……

在战争的中间几年，陈立夫跳得极高。他的检查制度使新闻界，戏剧界和文学界在他的指令之下辗转呻吟。由于战争的真相和谎言之间的距离越来越大，检查官们为免除政府的烦恼，就把真相压制不给发表，而创造了一个神乎其神的中国。一个 C. C. 所指派的宣传部长曾颁发一个正式指令，命令一切作家应该避免现实主义和悲观主义，应该写作愉快欢欣的事情。有一张长长的表，列举了禁止发表文字公开讨论的许多题目，其中包括共产主义和共产党问题，中苏关系，动乱中的新疆，对美国或英国的批评，政府的贪污，前线部队的痛苦，对农民的迫害等。分析税项，批评政府财政政策，发表预算或通货发行数字是禁止的。批评政府任何人员的为人，家庭及行为，是禁止的。甚至谈谈物价之高涨，也是禁止的!

资料来源：[美] 白修德、贾安娜：《中国的惊雷》，瑞纳译，新华出版社 1988 年版，第 107—108、122—123 页。

五、“陕甘宁边区是全国最进步的地方”

（一）边区的困难

1. 国民党顽固派和日伪军对边区的封锁

◎中统特务李犹龙在回忆文章中详细介绍了国民党对陕甘宁边区的军事封锁、经济封锁：

一九三九年春，谷正鼎为加紧反共活动，特召集国民党陕西省党部书记长郭紫峻、陕西省民政厅厅长彭昭贤、天水行营调查科科长张毅夫（军统负责人）、天水行营副官处处长唐俊德、陕西省战时行政人员训练班教育长任觉五（原西安行营政训处长）等共六人，秘密草拟封锁陕甘宁边区计划。此项计划比民运会原定的计划更加全面，反共手法亦更加毒辣。

……

国民党反动派封锁陕甘宁边区这一罪恶计划，经天水行营党政军特联汇报制定以后，其军政领导及统治机构虽几经变动，但都依此方案进行反共活动，罪恶有增无已。

……

（4）军事封锁方面

军事封锁计划完全由胡宗南负责执行。一九三九年冬，蒋介石掀起第一次反共高潮时，胡宗南即命令陕西省保安团队沿边区赶修碉堡，构成对边区的封锁线。外线碉堡群尚未全部完成时，胡即企图据以进犯陕甘宁边区的关中分区。第一次反共高潮失败，胡的阴谋未逞。

组织所谓“军队组训民众动员指挥部”。第一次反共高潮失败后，胡宗南向蒋介石建议以军队组训民众，动员民众，实行军民一体制，逐步吃掉陕甘宁边区。得蒋介石“佳酉机谕”电令批准，胡即于一九四〇年十月间在西安成立了“国民政府军事委员会陕西省军队组训民众动员总指挥部”，由第十战区司令长官兼陕西省政府主席蒋鼎文任总指挥官，胡兼任副总指挥官，陶峙岳任参谋长，彭昭贤副之。下设参谋、组训、总务三处。参谋处长梁千乔，组训处长蒋坚忍，总务处长唐奇。后又增设经济处，处长由葛武棨兼任。组织庞大，每月经费由国民党中央军政部拨发五万元，陕西省政府补助五万元。

“军队组训民众动员总指挥部”成立后，即组成两个区指挥部：一个是“商、同区指挥部”，包括商洛、大荔两个专区，指挥部设在大荔，由第一军军长李铁军兼区指挥官，蒋坚忍为副指挥官并负实际组训责任，以韩城、合阳为重点。另一个是“彬、洛区指挥部”，包括彬县、洛川两个专区。区指挥官由第十六军军长董钊兼任，副指挥官由彬县专员赵寓心、洛川区专员余正东和梁千乔担任，由梁千乔负实际责任，以耀县、淳化、旬邑为重点。

蒋坚忍、梁千乔派战干四团大批学生为动员骨干，到各县担任副乡、保长和指导员，到处书写反共标语，订立公约，调查户口。还调了第七分校一批学生，编组地方团队，集合乡保武器，编为常设警备队，对边区进行骚扰。又把青壮年妇女编为妇女慰劳队，年老的编为老人队，儿童编为儿童队。每天早晚集合操练，升降旗。一时，特务到处横行，人民叫苦连天。蒋坚忍在韩城、合阳一带，大捕进步人士，押送“西北青年劳动营”（集中营）进行迫害。梁干乔在耀县还假义务劳动增加生产之名，强迫青壮年去淳化为他开荒，强迫各乡妇女集中在耀县城为他开设的工厂纺线织布。梁在耀县成立警备营后，又叫嚣要夺回“囊形地带”，派刘文华为警备营营长，由淳化向边区挑衅。一九四六年，刘文华率部起义，梁亦病死。

掀起第三次反共高潮。一九四三年夏秋间，蒋介石指使胡宗南向陕甘宁边区发动进攻，形成第三次反共高潮。胡宗南在三原设立招待所，由第三十七集团军总司令陶峙岳负责指挥。调丁德隆五十七军进驻庆阳，并在彬县召开军事会议，准备大举进犯边区，企图首先拿下“囊形地带”。后因边区军民进行自卫反击，胡部以失败告终。

设置重兵据点，建立盘查哨所。抗战胜利后，胡宗南调动大批部队驻守封锁线。在洛川、庆阳各驻一个军的兵力，在彬县、旬邑、淳化、宜川等据点各驻一个师的兵力，进一步加强对边区严密封锁。又在沿边区交通要口设置盘查站，先由驻军派人负责，后来改由党政军特各派一二人共同负责。初在咸阳、三原、耀县和洛川一线设立盘查站，以后又在洛川、宜川交界的牌亭镇、泾阳县的永乐店，以及铜川、黄陵等沿边区的许多山口子，都设置了盘查站。

（5）经济封锁方面

主要以盘查站为据点，查扣进出边区的各种物资。

据王友直一九四二年冬参加汇报听谷正鼎报告说：“根据所得情报，边区经常发生很大的困难，尤以五金、棉、布、西药和电讯交通器材最为缺乏。他们派人到西安大批采购，我们应从各方严密查拿。”随后在陕西邮电管理局局长顾德铭和天水行营交通处长冯帜中列席会议的情况下，经汇报会决定，西安市所有电讯器材商行和五金、西药等行业，一律登记物资，统一管理。未经行营批准，不得批发。对于公私运输汽车一律登记，由行营发给通行证，凡运输货物，须填写货单，由行营批准，始予放行。

一九三九年秋，我由西安到宜川，路经洛川交口盘查站时，亲眼看到八路军一辆卡车载运棉纱和电讯器材，以品类与数字不符，盘查站即用“走私”罪名，将全部物资和行车人员查扣起来。几经交涉，特务们始答应把人放走，物资扣留，运交洛川区汇报变卖分赃了事。据当时交口盘查站中统特务李桂说：“交口盘查站像这类事情很多，大家为了分成，总是想尽办法，扣留物资。”一九四〇年，国际进步人士曾不断捐助给八路军医药物品，由西北工业合作社地下工作人员掩护转运到边区。一次，被谷正鼎发觉，即彻查沿边区盘查站，并追查出西北工业合作社的托运人员。

盘查站查扣物资，也常发生狗打架的事。一九四一年元月，谷正鼎对我说“只是去年冬查扣的棉花布匹，就值法币一百万元。当地驻军不向特联汇报，自行变卖。经天水行营一再下令制止，后来才交出一半”等语。另外，区级汇报一再要求将全部扣留物资留在地方，省级汇报却要他们上交，因此常常争持不休。一九四四年，胡宗南直接主持汇报后，规定谁扣归谁处理，变价后全部作为奖金。从此，特务们就更加为所欲为了。

资料来源：李犹龙：《国民党反动派封锁陕甘宁边区的活动纪实》，见中国人民政治协商会议陕西省委员会文史资料研究委员会编：《陕西文史资料选辑》（第八辑），陕西人民出版社1980年版，第1—2、7、10—13页。

◎沈醉回忆军统渗透陕甘宁边区的罪恶活动：

（一）初期的一些活动

抗日战争以前，特务处（军统前身）对边区的特务活动，是由特务处陕西省站主管。西安事变以前，陕西省站站长马志超经常派遣特务去边区活动。该站设有陕北组，负责搜集有关边区的情报。

……

（二）以张国焘为主的一些活动

抗战期间，军统希望中共叛徒张国焘能在反共方面做出成绩。最初戴笠认为只要通过张国焘这一关系，从中共内部去进行“打进拉出”的活动，一定有相当把握，把多年不能实现的阴谋都寄托在张的身上。

张由蒋介石派到军统后，戴笠马上为他成立了一个“特种政治问题研究室”，由张担任主任，专门开展与研究有关对中共进行特务活动方面的工作。……

张到军统后，第一个建议是举办一个“特种政治工作人员训练班”，专门培训一批去边区活动和在蒋管区专搞防范中共活动的特务。戴很同意这一建议，于1940年前后，在重庆磁器口童家桥洗布塘成立了这个训练班，由戴兼任主任，张兼副主任，专门选调其他特务训练班毕业的特务和在军统中专门从事这方面工作的特务去进行专业训练。这个班先后举办过两期，每期都有200人左右。张国焘经常向学生讲课，除了讲些中共问题的分析等用以诬蔑诽谤中共外，还讲如何进入边区，以及进入边区后应如何从事活动等问题。

……

（三）军统对边区的活动片段

军统从事这方面（指对付新四军等抗日武装部队，引者注）的活动，主要是依靠设在榆林的陕北站（站长为黄逸公）。戴笠企图通过陕北站去建立“延安组”，但一直没有成功。我记得有这么一回事，陕北站派往延安进行特务活动的一批特务，被边区政府发觉逮捕，不久便释放回来，并正式通知该站。

……

（四）军统企图暗杀中共领导人的阴谋

从 1942 年起，我才知道蒋介石曾多次指示戴笠，要他选派搞行动工作的特务混进延安，暗杀中共的领导人。约在 1942 年春夏间，戴笠亲自挑选了三个在军统一向搞暗杀的特务，其中有一个叫蒋更生的是我训练过的学生。蒋更生临行前去见我，说此行任务很重很困难，也非常秘密，要我千万不要说出去。我当时怕惹事，也没有仔细问他，只听他说另外两人对西北情况比较熟悉。我没有见到这两人，也不想见他们。

……

我曾问过戴笠，为什么不在重庆等地选定一两个中共领导人来暗杀？他听了后，骂我没有政治头脑，说在重庆等地发生了这类暗杀案，任何人都会知道是特务干的。如果发生在延安，便不能说是特务干的，而我们却可以宣传这是共产党内讧，相互残杀。

资料来源：沈醉：《沈醉回忆录——一个军统特务的忏悔录（军统内幕）》，中国文史出版社 2015 年版，第 148—149、151、154—155 页。

◎萧劲光回忆国民党顽固派采取种种方式对陕甘宁边区实行经济封锁：

从一九三九年开始，国民党为了适应他们制造磨擦、掀起第一次反共高潮的需要，采取种种方式对陕甘宁边区实行经济封锁，一度给边区的经济生活造成极大的困难。他们的第一手，是在给八路军的薪饷问题上用克扣、拖欠来做文章，在军粮供应等问题上也制造困难。例如，三五九旅驻防绥德地区以后，粮食非常困难，国民党西安行营却指定该旅按月到洛川一所粮库去领军粮。绥德到洛川，相距千里，我军既无运输车辆，又无运输经费，这显然是有意出难题。到了一九四〇年十一月，国民党便完全撕毁两党达成的协议，全部停发了八路军、新四军的经费。他们以为，凭这一着就可以把八路军、新四军逼上绝路。他们的第二手，是采用掠夺土地、牲口和其他财物的办法，破坏春耕秋收，破坏边区经济建设。这类事件，各地都有，而且经常发生。一九四〇年六七月间，仅关中一地，顽军窜进边区就抢走耕牛十八头，烧毁小麦十七堆，抢走和糟蹋粮食一百五十石，勒索银洋数百元。鄜县牛武区的两个村仅五十三户居民，在不到半年时间，就被附近的顽军抢走粮食九千多斤，蔬菜一万多斤，以及一大批农具、食盐、黄麻和其他日用品。他们的第三手，也是他们感到最得意的一手，便是利用耗费大量人力、物力，历时八个多月构筑起来的碉堡封锁线，对边区实行严密的经济封锁。边区周围的顽军在各村镇到处设立了检查处和侦察网，并且彻底破坏了通往边区的大小道路。他们对棉花、布匹、药品、火柴以及边区需要的所有日用品，一律严禁输入；对边区输出的食盐和其他土产也实行严格检查。边区军队和党政机关是他们严密封锁的对象，对于一般商人、脚户，他们也不放过，发现有所谓“走私”的，常被他们就地枪杀。

资料来源：萧劲光：《肖劲光回忆录》，解放军出版社 1987 年版，第 296—297 页。

◎八路军一二〇师三五九旅政治部宣传部教育科科长、旅政治部副主任、旅副政治委员王恩茂，在《南泥湾精神永远激励我们奋勇前进》一文中，描述了日伪军、国民党顽固派对敌后抗日根据地的包围封锁：

抗日战争进入相持阶段后，日本侵略者停止了向国民党战场的战略进攻，将其主力转移到解放区战场，一九四一年以后，调集了侵华兵力的百分之七十五，对我各抗日根据地进行大规模的“扫荡”，实行惨绝人寰的“三光政策”。蒋介石消极抗战，积极反共，从一九三九年到一九四三年，掀起三次反共高潮，调遣了几十万大军，西起宁夏、陇东，南沿泾水，东迄黄河，构筑了一道道严密的封锁线，对我陕甘宁边区进行军事包围和经济封锁，叫嚷一斤棉花、一尺布也不准进入边区，既妄想以武力消灭我们，又妄想困死、饿死我们。

当时边区只有一百四五十万人口，又是土瘠地薄的高原山区。在国民党顽固派的封锁下，要担负数万名干部、战士以及全国不断奔赴革命圣地的青年学生的吃穿住用，实在成了一个大问题。在一段时间里，我们财政经济极其困难。几乎没有衣穿，没有鞋袜穿，冬天没有被子盖，没有菜吃，没有油吃，甚至吃粮也很困难。

资料来源：王恩茂：《南泥湾精神永远激励我们奋勇前进》，见西北五省区编纂领导小组、中央档案馆编：《陕甘宁边区抗日民主根据地》（回忆录卷），中共党史资料出版社 1990 年版，第 203 页。

2. 边区面临的财政、物质困难

◎1942 年 12 月，毛泽东在陕甘宁边区高级干部会议上指出，由于国民党顽固派的经济封锁，给陕甘宁边区一度造成了物质困难：

五年以来，我们经过了几个阶段。最大的一次困难是在一九四〇年和一九四一年，国民党的两次反共摩擦，都在这一时期。我们曾经弄到几乎没有衣穿，没有油吃，没有纸，没有菜，战士没有鞋袜，工作人员在冬天没有被盖。国民党用停发经费和经济封锁来对待我们，企图把我们困死，我们的困难真是大极了。

资料来源：毛泽东：《抗日时期的经济问题和财政问题》，见中共中央文献研究室、中央档案馆编：《建党以来重要文献选编（1921—1949）》（第十九册），中央文献出版社 2011 年版，第 616—617 页。

◎李维汉描述了陕甘宁边区的严重困难：

陕甘宁边区的财政收支由于下列三个原因，也发生了很大问题：第一，脱产人员猛增。1937 年陕甘宁边区成立时，党政军脱产人员仅一万四千人，1938 年亦仅一万六千人。1939 年后，主要是 1940 年和 1941 年，国民党发动两次反共摩擦，用重兵包围边区，并伺机大举进攻。我们被迫从前线陆续调回军队，保卫边区。边区脱产人员（主要是军队）即从 1939 年起直线上升，计：1939 年四万九千人，1940 年六万一千人，1941 年七万三千人。人员猛增，支出随之大幅度增长。第二，财政收入锐减。陕甘宁边区的财政收入存在一个很大弱点，就是依赖外援。外援（包括海外华侨的捐款、国内民主人士和抗日团体的捐助，以及国民党给八路军的军饷等）在边区财政收入中所占的比例极大，据统计，外援所占的比重：1938 年为百分之五十一点六，1939 年为百分之八十五点七九，1940 年为百分之七十四点七。1940 年 10 月起国民党停发八路军军饷，同时实行断邮，外援也大部断绝。第三，人民负担加重。中央曾经规定，党政军脱产人员不能超过人口总数的百分之三，但当时实际已达百分之五点四，势必增加人民负担。以人民的公粮负担为例：1937 年征收公粮一万四千石（一石为三百斤），占边区粮食总产量的百分之一点二八，每人平均负担仅一升，是很轻的。以后逐年增加，1938 年一万五千石，1939 年六万石，1940 年十万石，1941 年激增至二十万石。这个二十万石说明了什么问题呢？第一，它说明公粮已占总产量的百分之十三点八，比 1937 年只占百分之一点二八，增加了十多倍。第二，它说明每人平均负担已达一斗四升，比 1937 年只负担一升，也增加了十多倍。人民负担确实重了，党内外反应强烈，党中央、西北局极为关怀。1941 年 9 月至 11 月，西北局曾派宣传部长李卓然率柯华、秦川、石峻、魏啸天、吴文遴等，在固临县调查了三个区，写了一个《固临调查》材料，也证实了这一情况。正是由于脱产人员猛增，财政收入锐减，人民负担加重，就使我们的财政发生了严重困难。这是一个物质方面的困难，毛泽东说："我们必须克服这个困难，我们的重要的办法之一就是精兵简政。"

资料来源：李维汉：《回忆与研究》（下），中共党史出版社 2013 年版，第 385—386 页。

◎抗战期间曾任陕甘宁边区政府粮食局局长、政府委员、财政厅副厅长的黄静波，在《抗日战争时期陕甘宁边区的财政建设》一文中，描述了陕甘宁边区财政工作严重困难的状况：

一九三九年十二月至一九四〇年三月，国民党反动派掀起了第一次反共高潮。一九四〇年九月，停发了每月六十万元的八路军军饷。一九四一年一月皖南事变后，国民党反动派发动了第二次反共高潮。胡宗南、马鸿逵等部二十多万大军，加紧包围封锁边区，在经济上切断边区同外界的一切联系。边区的农副产品不准向外输出，国民党区的物资商品特别是布匹、棉花、纸张、药品、电讯器材、粮食等生活日用必需品一律禁止流入边区。违者以“走私”论罪，东西没收，货主法办，企图用经济封锁窒息陕甘宁边区。……当时财政上面临的困难是：（一）脱产人员增加。从一九四〇年的六万一千人增加到一九四一年的七万三千人，增长百分之二十多。（二）占边区财政收入百分之七十多的外援完全断绝，必须依靠自己解决。（三）粮食差额巨大。（四）物价上涨幅度大，加重了财政的困难。例如一九四〇年九月国民党停发八路军军饷时，延安物价指数为578.13，同年十二月上升为716.7，到一九四一年三月，更增长到1373。（五）边区财政没有积累，税收占财政收入的比重很小。

资料来源：黄静波：《抗日战争时期陕甘宁边区的财政建设》，见西北五省区编纂领导小组、中央档案馆编：《陕甘宁边区抗日民主根据地》（回忆录卷），中共党史资料出版社1990年版，第251页。

◎萧劲光回忆国民党的经济封锁一度给边区的经济生活造成极大困难：

对于那时（指1939年开始，引者注）的困难，毛泽东同志曾经这样写道：“我们曾经弄到几乎没有衣穿，没有油吃，没有纸，没有菜，战士没有鞋袜，工作人员在冬天没有被盖的地步。”这些话一点也不夸张。大的方面不说，仅举我自己的一件小事为例：我刮胡须使用的几片刀片，是我一九三〇年以前在苏联学习时买的。回国后已用了八九年了，每次刮脸前，我都要在石头上磨一磨。刀片又薄又小，磨起来挺费劲。后来我到陇东时，钳工出身的耿飙，用铁皮给我做了一个夹子，把刀片固定住，磨起来就好多了。但由于用的时间实在太长了，怎么磨也还是不锋利，刮起胡须来，还是疼痛难忍。其实，小小刀片，在西安等大城市都能买到，但由于顽军封锁，许多急需物资都进不来，这类小商品就更谈不上了。

资料来源：萧劲光：《肖劲光回忆录》，解放军出版社1987年版，第297页。

（二）边区军民在党的领导下战胜困难

1. 边区的政权建设

◎1941年5月1日，中共中央颁布《陕甘宁边区施政纲领》，全面体现了中国共产党根据地建设的基本方针：

为着进一步巩固边区，发展抗日的政治、经济、文化建设，以达坚持长期抗战增进人民福利之目的起见，中共陕甘宁边区中央局特于边区第二届参议会举行选举之际，根据孙中山先生的三民主义、总理遗嘱及中共中央的抗日民族统一战线原则，向我边区二百万人民提出如下之施政纲领，如共产党员当选为行政人员时，即将照此纲领坚决实施之。

（一）团结边区内部各社会阶级，各抗日党派，发挥一切人力、物力、财力、智力，为保卫边区、保卫西北、保卫中国、驱逐日本帝国主义而战。

（二）坚持与边区境外友党、友军及全体人民的团结，反对投降、分裂、倒退的行为。

（三）提高边区武装部队的战斗力，保障其物质供给，改善兵役制度及其他后方勤务的动员制度，增进军队与人民的亲密团结。同时加强抗日自卫军、少先队的组织与训练，健全其领导系统。

（四）加强优待抗日军人家属的工作，彻底实施优抗条例，务使八路军及一切友军在边区的家属得到物质上的保障与精神上的安慰。

（五）本党愿与各党各派及一切群众团体进行选举联盟，并在候选名单中确定共产党员只占三分之一，以便各党各派及无党无派人士均能参加边区民意机关之活动与边区行政之管理。在共产党员被选为某一行政机关之主管人员时，应保证该机关之职员有三分之二为党外人士充任，共产党员应与这些党外人士实行民主合作，不得一意孤行，把持包办。

（六）保证一切抗日人民（地主、资本家、农民、工人等）的人权，政权，财权及言论、出版、集会、结社、信仰、居住、迁徙之自由权。除司法系统及公安机关依法执行其职务外，任何机关、部队、团体不得对任何人加以逮捕、审问或处罚，而人民则有用无论何种方式控告任何公务人员非法行为之权利。

（七）改进司法制度，坚决废止肉刑，重证据不重口供。对于汉奸分子，除绝对坚决不愿改悔者外，不问其过去行为如何，一律施行宽大政策，争取感化转变，给以政治上与生活上之出路，不得加以杀害、侮辱、强迫自首或强迫其写悔过书。对于一切阴谋破坏边区的分子，例如叛徒分子、反共分子等，其处置办法仿此。

（八）厉行廉洁政治，严惩公务人员之贪污行为，禁止任何公务人员假公济私之行为，共产党员有犯法者从重治罪。同时实行俸以养廉原则，保障一切公务人员及其家属必需的物质生活及充分的文化娱乐生活。

（九）发展农业生产，实行春耕秋收的群众动员，解决贫苦农民耕牛、农具、肥料、种子的困难，今年开荒六十万亩，增加粮食产量四十万担，奖励外来移民。

（十）在土地已经分配区域，保证一切取得土地的农民之私有土地制。在土地未经分配区域（例如绥德、富县、庆阳），保证地主的土地所有权及债主的债权，惟须减低佃农租额及债务利息，佃农则向地主缴纳一定的租额，债务人须向债主缴纳一定的利息，政府对东佃关系与债务关系加以合理的调整。

（十一）发展工业生产与商业流通，奖励私人企业，保护私有财产，欢迎外地投资，实行自由贸易，反对垄断统制，同时发展人民的合作事业，扶助手工业的发展。

（十二）调节劳资关系，实行十小时工作制，增强劳动生产率，提高劳动纪律，适当地改善工人生活。

（十三）实行合理的税收制度，居民中除极贫者应予免税外，均须按照财产等第或所得多寡，实施程度不同的累进税制，使大多数人民均能负担抗日经费。同时健全财政机构，调整金融关系，维护法币，巩固边币，以利经济之发展与财政之充裕。

（十四）继续推行消灭文盲政策，推广新文字教育，健全正规学制，普及国民教育，改善小学教员生活，实施成年补习教育，加强干部教育，推广通俗书报，奖励自由研究，尊重知识分子，提倡科学知识与文艺运动，欢迎科学艺术人才，保护流亡学生与失学青年，允许在学学生以民主自治权利，实施公务人员的两小时学习制。

（十五）推广卫生行政，增进医药设备，欢迎医务人才，以达减轻人民疾病之目的，同时实行救济外来的灾民、难民。

（十六）依据男女平等原则，从政治经济文化上提高妇女在社会上的地位，发挥妇女在经济上的积极性，保护女工、产妇、儿童，坚持自愿的一夫一妻婚姻制。

（十七）依据民族平等原则，实行蒙、回民族与汉族在政治经济文化上的平等权利，建立蒙、回民族的自治区，尊重蒙、回民族的宗教信仰与风俗习惯。

（十八）欢迎海外华侨来边区求学，参加抗日工作，或兴办实业。

（十九）给社会游民分子以耕种土地、取得职业与参加教育的机会，纠正公务人员及各业人民中对游民分子加以歧视的不良习惯，对会门组织实行争取、团结与教育的政策。

（二十）对于在战斗中被俘之敌军及伪军官兵，不问其情况如何，一律实行宽大政策，其愿参加抗战者，收容并优待之，不愿者释放之，一律不得加以杀害、侮辱、强迫自首或强迫其写悔过书。其有在释放之后又连续被俘者，不问被俘之次数多少，一律照此办理。国内如有对八路军、新四军及任何抗日部队举行攻击者，其处置办法仿此。

（二十一）在尊重中国主权与遵守政府法令的原则下，允许任何外国人到边区游历，参加抗日工作，或在边区进行实业、文化与宗教的活动。其有因革命行动被外国政府压迫而来边区者，不问其是宗主国人民或殖民地人民，边区政府当一律予以恳切的保护。

资料来源：毛泽东：《陕甘宁边区施政纲领》，见《毛泽东文集》（第二卷），人民出版社1993年版，第334—337页。

◎1940年3月6日，毛泽东阐述三三制政权的构成：

（四）根据抗日民族统一战线政权的原则，在人员分配上，应规定为共产党员占三分之一，非党的左派进步分子占三分之一，不左不右的中间派占三分之一。

（五）必须保证共产党员在政权中占领导地位，因此，必须使占三分之一的共产党员在质量上具有优越的条件。只要有了这个条件，就可以保证党的领导权，不必有更多的人数。所谓领导权，不是要一天到晚当作口号去高喊，也不是盛气凌人地要人家服从我们，而是以党的正确政策和自己的模范工作，说服和教育党外人士，使他们愿意接受我们的建议。

（六）必须使党外进步分子占三分之一，因为他们联系着广大的小资产阶级群众。我们这样做，对于争取小资产阶级将有很大的影响。

（七）给中间派以三分之一的位置，目的在于争取中等资产阶级和开明绅士。这些阶层的争取，是孤立顽固派的一个重要的步骤。目前我们决不能不顾到这些阶层的力量，我们必须谨慎地对待他们。

（八）对于共产党以外的人员，不问他们是否有党派关系和属于何种党派，只要是抗日的并且是愿意和共产党合作的，我们便应以合作的态度对待他们。

（九）上述人员的分配是党的真实的政策，不能敷衍塞责。为着执行这个政策，必须教育担任政权工作的党员，克服他们不愿和不惯同党外人士合作的狭隘性，提倡民主作风，遇事先和党外人士商量，取得多数同意，然后去做。同时，尽量地鼓励党外人士对各种问题提出意见，并倾听他们的意见。绝不能以为我们有军队和政权在手，一切都要无条件地照我们的决定去做，因而不注意去努力说服非党人士同意我们的意见，并心悦诚服地执行。

资料来源：毛泽东：《抗日根据地的政权问题》，见《毛泽东选集》（第二卷），人民出版社1991年版，第742—743页。

◎李维汉在回忆录中介绍边区精兵简政的成绩：

第三，效果。第三次简政工作经过一年的努力，到一九四四年初检查，已经获得了预期的结果，即基本上达到了精简、统一、效能、节约和反对官僚主义五个方面的目的。

精简。业务上，做到了生产第一，其中又以农业为第一位；教育第二，其中又以干部教育为第一位。边区政府各部门和下级政府一般已能抓住业务中心，开展业务工作。机构上，全部按简编方案执行。各厅处院的内部机构，裁减了四分之一，边区政府直属机关从三十五个减至二十二个，专署及县府的内部机构从八九个减至四五个等，消除了头重脚轻的积弊。人员上，边府各厅处院及县附属机关的人员，都已按计划精简，办公厅、民政厅、财政厅、建设厅、教育厅和物资局等六个单位从原有四百六十九人减至二百七十九人，精简百分之四十强。干部调配上，从下级提拔了一部分干部到专署和边府工作，如边府就调入了五个县长当处长。也选派了一些得力干部去加强区乡政权，如延安县就有十个县级干部调区，二十个区级干部调乡，选送一百五十多个高、中级干部去干部学校培养提高。初步实现了精简上级，加强下级和生产单位的方针。

统一。政治上，政策、法令、命令、指示已基本统一，“政出多门”的现象少了。组织上，加强了“一元化”。各厅、处、院、局在具体业务上可与下级相应业务机构直接联系，重大任务的部署则一律通过各专署、县政府负责人进行。人事任免上，基本上已统一于民政机构，改正了各自为政、自由任免的现象。

效能。由于坚持了统一领导，反对了“各自为政”的现象，精简了机构和人员，加强了下级，使工作效能有很大提高。尤其一些行政和企业机构，工作有明确指标，效能的提高更为显著，如文书科三个人做了过去十三个人的工作。边区通讯站一至四月每日平均投递一万六千六百六十一件，五至十一月激增至每日平均投递三万零七十八件，提高效率百分之八十以上。在政府经营的工业中，效能提高的程度更为惊人。

节约。民力的动员减少了，如延安一九四一年动员民力六万多个，一九四二年只动员二万八千多个，减少一倍多。绥德一九四一年动员民力七万五千多个，一九四二年只九百个，简直说不上什么比例了。一个重要原因，是军队自力更生，自运粮草，不再动员民力，这样就极大地减轻了人民的负担。机关、部队、学校节约粮食、燃料、日用品的成绩也很突出。三五九旅用洋芋和南瓜部分代替粮食，做到了粮食全部自给。被服厂、纺织厂、振华造纸厂等工厂由于精打细算，节省了大量布匹、棉纱、木材等生产用原材料，对经济建设贡献很大。

反对官僚主义。在过去一年中，在反对官僚主义、改善领导作风上，也有进步。我们许多领导干部为贯彻《陕甘宁边区简政实施纲要》，在精简机构和人员、建立统一领导的制度和纪律、调整干部等方面，都做了许多具体工作，如一九四二年工厂会议开得好，转变了对工业的领导；具体帮助农业劳动英雄订一年生产计划，对边区按户计划及生产竞赛起了号召和推动作用；边区政府对于专员公署的日常指导，也减少了命令方式，增加了民主协商。边区政府以下各级政府的领导作风，也有改进，主要表现在对生产的领导具体了，大家能够自己动手去组织变工队、订农户计划、修水利、组织运输队、改造二流子、改造合作社、改良植棉等。总之，从上到下“官僚”少了，人民勤务员多了。这是最得人心的转变。

资料来源：李维汉：《回忆与研究》（下），中共党史出版社1986年版，第506—508页。

◎1939年1月，陕甘宁边区政府主席林伯渠代表边区政府对边区第一届参议会作工作报告时，介绍了边区选民积极参与民主选举：

我们发展了边区民主运动：

这首先表现在选举各级议员时一般的地方有百分之八十—九十的选民参加。其中如：安塞蟠龙除看家、出外、有病的，以及个别小脚妇女外，差不多全数参加；只有少数地方到得较少，但也都在半数以上。又如延安则一般的均是到了百分之八十以上，尤其北一区差不多全体参加了。小脚妇女、老太婆，都觉得更非到会不可。总括来说，全边区的选民平均百分之七十以上是参加了选举的。

……

再则，选民对于选举什么人的问题，更是非常的关心与慎重的。这表现在当着候选名单公布以后，每个乡村都热烈地参加讨论，有的批评某人对革命不积极，某人曾经反对过革命，某人曾经贪污过，某人曾经是流氓，某人曾吸食鸦片等等。有的选民则公开涂掉其名字，有的则到处宣传某人的坏处等等。又如安塞四区一个乡长因工作消极，蟠龙区一、三、五乡乡长不能代表群众利益等，均遭到反对为候选人。至于那些平日对抗战工作努力的分子，在选举中都当选了。

根据以上各点看来，选民已经在热烈的实行民主权利，而且善于利用民主权利，来检查政府的工作，提出自己的要求，选举自己所信任的人去实行自己的希望。

资料来源：林伯渠：《陕甘宁边区政府对边区第一届参议会的工作报告》，见陕西省档案馆、陕西省社会科学院合编：《陕甘宁边区政府文件选编》（第一辑），档案出版社1986年版，第133—135页。

◎美国记者斯特朗在《投豆入碗》一文中，详细介绍了边区农民用投豆入碗的方式进行政治选举：

投豆入碗的办法适合于没有文化的人，这个办法从延安传遍中国各地。中国的知识分子自然知道还有更先进的办法。延安、哈尔滨、齐齐哈尔等大多数城市都已使用印制的选票。普及教育运动号召选举人至少要认得候选人的名字，但在目前，选举方式还是根据选举人的情况而定的。千百万中国人民用投豆入碗的办法来进行政治上的选择。这些人如果是在欧美制度下，他们就根本不能参加选举。在那里，选举之前要通过文化测验，这在西方人看来是理所当然的事。但如在亚洲进行这种测验，那就要剥夺五分之四人口的选举权。更糟的是，这种办法只能使上层阶级独享选举权。因此，我们西方人的办法，对中国农民说来，似乎是不民主、也不公正的。

中国最早实行成年人每人一票的普选办法的是共产党人。二十年来，他们在他们所管辖的地区内进行过各种选举。现在他们认为第一个步骤不应是选举，而应是启发人民对选举的兴趣。只有人民意识到自己的力量，并能通过选举得到某种利益，他们才会踊跃参加选举。

资料来源：［美］安娜·路易斯·斯特朗：《中国人征服中国》，刘维宁、何政安、郑刚译，北京出版社 1984 年版，第 88—89 页。

2. 边区经济建设

◎边区大生产运动：

陕甘宁边区开荒、植棉与牲畜发展的统计表（1939—1942 年）

年别	开荒亩数	植棉亩数	牲畜		
			牛	驴	羊
1939	1002774	3767	150892	124935	1171366
1940	698989	15177	193238	135054	1723037
1941	390087	39087	202914	137001	1714205
1942	281413	94405			
合计	2373263				
说明：（一）牲口的统计，葭、米二县未计入；1939 年的牲口数，清涧等七县是将 1940 年的数目加在里面的。（二）开荒是逐年所开数目。植棉与牲口是逐年统计之全边区所有数					

资料来源：毛泽东：《经济问题与财政问题》，苏北新华书店 1949 年版，第 7 页。

◎边区纺织工业的发展统计表（1938 年、1943 年）：

类别	1938 年		1943 年	
	工厂数量（个）	布年产量（匹）	工厂数量（个）	布年产量（匹）
公营纺织厂	1	125	23	32968
纺织生产合作社	1	400	38	6000
私营纺织厂	5	1260	50	12000
注：到 1945 年，边区的纺织工业设备已达年产布 150000 匹				

资料来源：李新等编：《中国新民主主义革命时期通史》（第三卷），人民出版社 1962 年版，第 254—255 页。

◎在极端困难的岁月，王震响应党中央的号召，率三五九旅在南泥湾屯田开荒并取得优异成绩，为大生产运动树立了一面光辉旗帜：

到了1942年夏天，整个南泥湾已经呈现出田间肥美、猪羊成群、窑洞满山、市场繁荣的动人景象。这一年又在河沟两旁平整土地，引水灌溉，种上了稻子。辛勤的劳动换来了连年的丰收，耕地面积和产量逐年增加，自给自足程度逐年提高。接连三年，大踏步前进，超额完成了王震提出的奋斗目标。1942年，开荒种地2.68万亩，收细粮3050余石，粮食自给率达到96.3%，经费自给率达到90.2%。1943年，开荒种地原计划3.9万亩，由于劳动效率不断提高，半个月内即被突破，在改订计划6万亩之后，又被突破，最后达到了种地10万亩，全年收细粮1.2万石，加上南瓜、土豆折粮（3斤折粮食1斤），共为1.5万石，粮食自给有余，并且上交公粮约万石。群众称赞说："尔格（即你们）真是共产党和毛主席领导的好队伍啊！能打仗，能生产。过去反动军队是吃粮的，尔格军队还生产交公粮；军队不打扰老百姓，还减轻了人民的负担，真是天下大变样，人民坐天下了。"这一年，全旅养猪4200多口，牛820多头，羊7800多只，达到了王震提出的"两人一猪，一人一羊，十人一牛"的要求。1944年播种面积26万多亩，农业生产获得了更大的丰收，主副食经费全部自给有余，粮食平均每人生产细粮6石多，达到"耕二余一"。经过全旅指战员几年的艰苦奋战，南泥湾地区的面貌已经发生了根本变化。

经过连年的生产运动，战士生活得到很大改善，衣食住水平都有很大提高。吃粮早已不成问题，每人每月吃到四斤肉和充足的油盐蔬菜。部队经营的棉纺、毛织工业都有很大发展，除了按时领取的被服鞋袜，每人还领到一条新毛毯和一套黄呢军服。住地都修建了大量结实美观的窑洞。

资料来源：《王震传》编写组：《王震传》（上卷），当代中国出版社1999年版，第160—161页。

（三）中外人士对边区建设的充分肯定

◎爱国华侨领袖陈嘉庚在《南侨回忆录》中赞扬了延安的政治清明：

余到重庆所见，则男长衣马褂，满清制服仍存，女则唇红口丹，旗袍高跟染红指甲，提倡新生活者尚如是。行政官可私设营业，监察院不负责任。政府办事机关，除独立五院及行政院所辖各部外，尚有组织部、海外部、侨务会，及其他许多机关。各处办事员多者百余人，少者数十人，月费各以万计，不知所干何事。酒楼菜馆林立，一席百余元，交际应酬互相征逐，汽车如流水，需油免计核，路灯日不禁止，管理乏精神。公共汽客车人力车污秽不堪入目，影响民众卫生。报纸为舆论喉舌，责在开化民智，则钳制严密，致每日仅出一小张，何能模范各省。其他政治内容非余所知。第就外表数事，认为虚浮乏实，绝无一项稍感满意，与抗战艰难时际不甚适合耳。迨至延安则长衣马褂，唇红旗袍，官吏营业，滥设机关，及酒楼应酬，诸有损无益各项，都绝迹不见。如云陕北地瘠民贫，政府局部甚小，故不宜如首都，应有尽有者，亦属有理。然余所不解者，重庆诸人之奢费，金钱从何而来？是否民脂民膏？余以不官不党居第三者地位，故不能已于言耳。

余在重庆时，常闻陕北延安等处，人民如何苦惨，生活如何穷困，稍有资产者则剥榨净尽，活埋生命极无人道，男女混杂人伦不讲，种种不堪入耳之言，似非为宣传而来，又是略可靠之人告余者。然彼或闻诸他人，或阅印刷册，信以为真亦莫怪其然。凡未到延安区之人，谁能辨其真伪，余亦是疑信兼半，所以必要亲往。亦有劝止者谓往恐不利，余则置之度外。及到延安界特注意前所闻数事。如民众生活惨苦，则所见所闻都未有。资产剥夺，则田园民有，商店自由营业。至于男女不伦，如行路来往，坐谈起居，咸有自然秩序，常有一二南洋女生，在招待所留晚餐后，将回校须十左右里，余问夜时会有无关碍，答绝对无关碍，此处风俗甚好，一人原常夜行，此为余所见者。至于所闻，虽男女同坐，无人敢戏言妄语，非法举动，都能守分。如有互相恋爱，可自由结婚，只向政府处，签押注册，简便了事。盖无论男女，谁敢行动非为，即免惩戒，亦受大众鄙视。男女衣服均极朴素，一律无甚分别，女衣较长些，人人如是，设有一两人粉装华丽，锦衣特色。不但被人视同怪物，自己亦羞愧不能自然。又如无谓应酬，浪费交际，亦无从开销，虽有资财竟同无用耳。然陕北地贫，交通不便，商业不盛，地方非广，故治理较易，风化诚朴。设共党若握着东南富庶市场，区域广大，不知能如此廉洁，兴利除弊，为人民造福如延安之精神乎？

资料来源：陈嘉庚：《南侨回忆录》，南洋印刷社 1946 年版，第 162—163 页。

◎1945 年，民主人士黄炎培在重庆国讯书店出版了根据亲身经历所写的《延安归来》，高度赞扬了边区政权的作风清明：

我们在延安，倒自自在在的。要到哪里，看哪人，都绝对自由。你不需要带路，你就自己去。可惜我们时间实在太短，没有能出延安，到四乡去走动。就在延安，看到的地方，也实在太少。就所看到的，只觉得一切设施都切合乎一般的要求，而绝对不唱高潮，求理论上好听好看。举几个例，他们知道贫农的要求，不一定在自有其田，只在乎有田可耕，而减轻租额，于是变分田政策为减租保租。他们知道贫民要求有钱可借，而减轻利率，于是不禁止债主放债，但严定减息保息。有人将怀疑中国共产党在开倒车，然毛先生说：那些都是党八股，万要不得。他们知道老百姓最苦的是贫而且病，只在都市设医院，施医给药，是不够的，于是组织医疗队，巡回四乡，医和药是送上门的。他们常常抓住了一个人或一个地方办出优良成绩的，来一个扩大运动。离开延安二三十里吴家枣园吴满有耕地办事成绩好，赠他一个劳动英雄徽号，各地举行大规模吴满有运动。毛先生说：我们要打倒主观主义和宗派主义。我们要向老百姓学习。工农分子的知识有时倒比知识分子多一点。读了马克思主义，没有能根据它来研究中国的历史实际，创造出合乎中国实际需要的自己的理论，做了中国共产党党员，看不见中国，只看见书架上的革命文献，这种马克思主义理论家，还是少一点好。他主张有些书本知识的人，快回到实际工作里去。这都是中共三年来的新方针。至于执行的比较彻底，不马虎，在延安几天里，随处可以见到，这是事事有组织、人人有训练的缘故。

我们应该知道中共政治作风已变了。不是变向别的，而是变向平凡。

资料来源：黄炎培：《八十年来》，文史资料出版社 1982 年版，第 115—116 页。

◎美国记者哈里森·福尔曼在回忆录中以记者的细腻观察，介绍了延安民主选举的过程：

在一个离开延安步行需两小时路程的小村庄中，过去曾举行一次选举，在这次选举里面，推选出当地参政会的代表。选举委员会委员 11 人坐在那儿清查选民的资格。委员会中包括一个富农，一个中农，三个贫农，两个雇工，三个妇女，一个小学教师。

在 620 个名字揭示在布告板上的未来选民中，只有三人宣告不合格。这三人当中，一个是精神不健全者；其他两人则尚没有到规定的最低选举年龄——18 岁。

候选人一个一个地站起来说明他们的政见。这当中有一个人说，他主张立即实现毛泽东最近所宣布的 11 项目标。

……

第二候选人声称他同意毛泽东主席的 11 项纲领，应加以一致拥护，并且认为他们应立即实行，完成其中某些事项。……

第三个候选人同意前两人的政纲，但附加声明，他认为他的同村人应该对教育特加注意。这是一个他们生存在里面的新世界——一个伸达于他们的小村庄界限以外的世界，他们的子孙应该准备起来负更大的责任。

……

关于这一选举并无特殊之处：它正像全华北华中那些参加15个抗日民主根据地9000万受八路军及新四军保护下的大众一样。甚至在所谓沦陷区中，人民也在举行选举，大部分是在秘密状态中，很多次是十分公开地，有几次简直是在日军碉堡的步枪射程中。

资料来源：[美] 哈里森·福尔曼：《北行漫记》，陶岱译，解放军文艺出版社2002年版，第96—98页。

◎美国记者福尔曼在《中国解放区见闻》中生动地记述了中国共产党有着广泛的群众基础：

生产运动并不限于民众，军队也同样参加。这可以说是八路军所特有的性格。这种大规模的生产军队在世界上（就我所知道的范围内来说）也是没有的。其次这对于军民底水乳交融般的合作也有很大的帮助。访问过八路军的人，没有谁怀疑这个事实。八路军之所以能够仅靠掳获的或简陋的武器去支持战争，就是因为军民能够相互结合，因为共产党自一九三九年受经济上的和军事上的封锁以来，八路军——包括570000正规军（一九四二年十月的数字）——就从未得到过重庆中央政府底一粒子弹一点薪饷和粮秣。如果不是展开了生产运动，那么被封锁的而且暴露在战争之下的华北人民，一定因供应八路军而受到过重的负担。因此，八路军就参加了生产运动。一个这么自助的军队，无疑的是会得到人民热烈底拥护的。同时这种民众拥护，当然又会反过来提高军队底士气。

……在这里我不禁想起了一件颇有趣的同时又是使人深思的事。有一天晚上，我正和几个军官谈话的当儿，我试探地说：如果重庆再来“侵犯”在邻接国民党地区的边区地带时，那么驻防边区的五万半兵半农的八路军，或者不够拒抗胡宗南底五十万中央军吧？他们毫不迟疑地异口同音地说：“够了够了。”这个答语并没有一点夸张的成分，他们都有坚强的自信。“你忘记了”，他们跟着说：“我们有和我们在一起的民众。”

资料来源：[美] 福尔曼：《中国解放区见闻》，朱进译，上海科学技术文献出版社2015年版，第31—32页。

专题七

两种命运的决战

一、和平民主建国希望的破灭

（一）重庆谈判与中国共产党争取和平民主的努力

1. 社会舆论对国共和谈的期待

◎1945年8月28日，毛泽东率领中国共产党代表团从延安飞抵重庆九龙坡机场。8月29日，《大公报》发表女记者子冈撰写的《毛泽东先生到重庆》一文，描述了各界人士在机场迎接毛泽东一行时的情景：

毛泽东先生，五十二岁了，灰色通草帽，灰蓝色的中山装，蓄发，似乎与惯常见过的肖像相似，身材中上，衣服宽大得很。这个在九年前经过四川境的人，今天踏到了抗战首都的土地了。这里有邵力子、雷震两先生，这里有周至柔将军，这里有张澜先生，这里有沈钧儒先生，这里有郭沫若先生……多少新交故旧，他都以极大的安定来迎接这个非凡的情景。“很感谢”，他几乎是用陕北口音说这三个字，当记者与他握手时，他仍在重复这三个字，他的手指被纸烟烧得焦黄。当他大踏步走下扶梯的时候，我看到他的鞋底还是新的。无疑的，这是他的新装。频繁的开麦拉镜头阻拦了他们的去路，张治中部长说：“好了罢。”赫尔利却与毛泽东、周恩来并肩相立，抚着八字银须说：“这儿是好莱坞！”于是他们作尽姿态被摄入镜头，这个全世界喜欢看的镜头。

资料来源：子冈：《毛泽东先生到重庆》，《大公报》1945年8月29日。

◎1945年8月28日，毛泽东率领中国共产党代表团从延安飞抵重庆。8月29日，《大公报》发表题为《毛泽东先生来了！》的社论，表达了对国共开启和谈的欣喜之情和殷切期望：

毛泽东先生来了！蒋毛两先生于昨晚重新握手，他们两位一定有无限的感慨。他们两位的会见，关系目前与今后的国运极其远大，自今日起，一定有一串的商谈，我们可先不作内容的推测。毛先生能够惠然肯来，其本身就是件大喜事。我们高兴，我们庆慰，我们谨以胜利中国言论界一分子的资格，敬表一些高兴与庆慰之忱。

……

说来有趣，中国传统的小说戏剧，内容演述无穷无尽的离合悲欢，最后结果一定是一幕大团圆。以悲剧始，以喜剧终，这可以说是中国文学艺术的嗜好。有人以为艺术可以不拘于一格，但中国人也有他的传统偏爱，我们宁愿如此。现在毛泽东先生来到重庆，他与蒋主席有十九年的阔别，经长期内争，八年抗战，多少离合悲欢，今于国家大胜利之日，一旦重行握手，真是一幕空前的大团圆！认真的演这幕大团圆的喜剧吧，要知道这是中国人民所最嗜好的！

资料来源：《毛泽东先生来了》，《大公报》1945 年 8 月 29 日。

2. 国共两党进行和平谈判的目的

（1）中国共产党的谈判目的

◎在飞赴重庆谈判之前，毛泽东谈及谈判的目的在于以必要的不伤害人民根本利益的让步换取和平、民主和团结：

现在苏美英三国均不赞成中国内战，我党又提出和平、民主、团结三大口号，并派毛泽东、周恩来、王若飞三同志赴渝和蒋介石商量团结建国大计，中国反动派的内战阴谋，可能被挫折下去。国民党在取得沪宁等地、接通海洋和收缴敌械、收编伪军之后，较之过去加强了它的地位，但是仍然百孔千疮，内部矛盾甚多，困难甚大。在内外压力下，可能在谈判后，有条件地承认我党地位，我党亦有条件地承认国民党的地位，造成两党合作（加上民主同盟等）、和平发展的新阶段。假如此种局面出现之后，我党应当努力学会合法斗争的一切方法，加紧国民党区域城市、农村、军队三大工作（均是我之弱点）。在谈判中，国民党必定要求我方大大缩小解放区的土地和解放区的数量，并不许发纸币，我方亦准备给以必要的不伤害人民根本利益的让步。无此让步，不能击败国民党的内战阴谋，不能取得政治上的主动地位，不能取得国际舆论和国内中间派的同情，不能换得我党的合法地位和和平局面。但是让步是有限度的，以不伤害人民根本利益为原则。

资料来源：毛泽东：《中共中央关于同国民党进行和平谈判的通知》，见《毛泽东选集》（第四卷），人民出版社 1991 年版，第 1153—1154 页。

◎周恩来认为重庆谈判是要在谈判斗争中争取和平：

要蒋介石放弃反共思想和灭共企图而自动地做到国共亲密合作，这是不可能的；但要蒋目前下讨伐决心，宁进行长期内战而不惜，这也是不可能的。因此，国共关系会在相当长时期内摇摆不定，一时偏和，一时偏战，而在和之中便酝酿着战，战之中又酝酿着和，即使将来大致定了，也还会存在着严重的复杂的斗争，一直斗争到最后。

但是，不管蒋如何摇摆不定，我们必须有明确的方针，才能争取和平阶段的到来。而且也因为“大势所趋，人心所向”，蒋虽摇摆，也不能完全背道而驰。

故和平阶段加以争取，终会到来。和平方针是矛，坚强抵抗是盾。战而遇到抵抗，使其知难而退，才会走向和。

资料来源：周恩来：《关于国共谈判》，见中共中央文献研究室、中共南京市委员会编：《周恩来一九四六年谈判文选》，中央文献出版社 1996 年版，第 4 页。

◎国民党情报机构对毛泽东在重庆的动态进行了严密的监控。钱大均、戴笠于 1945 年 8 月 31 日向蒋介石报告的关于毛泽东来渝态度的情报，反映出中国共产党是为了争取和平民主的目的进行重庆谈判：

发报机关或姓名：叶镇宇

发报月日地区：八月三十一日、重庆

毛泽东来渝后，居住山洞林园，派徐水向民主同盟方面转达消息，谓在渠离渝以前，必当与各党派人士聚首。如不可能，亦当分别接谈。此外，徐水并向民主同盟方面传达毛泽东来渝之态度如次：

一、最初中共内部，决定毛泽东暂不来渝，嗣因中苏条约缔结，及赫尔利大使亲自赴延迎接。毛氏深恐再不来渝，将丧失其国内外之地位及声望，故临时决定来渝。此次来渝，决以柔软态度与国民党商谈，纵使谈不成，亦决不采取拂袖而去之办法。

二、毛泽东在此次谈判中之主要问题，即希望国民政府能承认现状，对中共军队所占领之地区，不予攻击，中共军队对国民党军队已占之地区，亦决不抢夺。双方各就其军事力量，尽量发展扩占地区。至于中共占领地区今后如何办法，可交政治会议商定之。

三、毛泽东此次来渝，将对蒋主席进行说服工作，说明当前世界及中国之情势，均只有民主与不民主，并无所谓法西斯主义或社会主义之存在，一切问题均须用民主办法始能解决。

四、如此次谈判无具体办法，则毛泽东仍将提议，请求召开政治会议商定之，但召开将不做具体日期之建议，国民党如不愿，则共产党亦将拖下去。

五、对民主同盟所发宣言中之十项具体主张，表示绝对同意，中共在谈判中所提要求，绝不致对此违背，或将更为进步。

钱大均　戴笠（呈）

三十四年九月一日

资料来源：《钱大均戴笠呈蒋委员长有关徐水对民主同盟传达毛泽东来渝态度报告》，见秦孝仪主编：《中华民国重要史料初编——对日抗战时期》（第七编·战后中国·二），“中央”文物供应社 1981 年版，第 36—37 页。

(2) 国民党的谈判目的

◎1945 年 9 月 20 日，蒋介石给各战区司令长官的电报明确指出，国民党进行和谈只是为发动内战做准备：

目前与奸党谈判，乃系窥测其要求与目的，以拖延时间，缓和国际视线，俾国军抓紧时机，迅速收复沦陷区中心城市。待国军控制所有战略据点、交通线，将寇军完全受降后，再以有利之优越军事形势与奸党作具体谈判。彼如不能在军令政令统一原则下屈服，即以土匪清剿之。

资料来源：军事科学院军事历史研究部编著：《中国人民解放军战史》（第二卷），军事科学出版社 1987 年版，第 3 页。

◎美国总统杜鲁门认为，抗日战争胜利之初国民党面临严重的军事困难：

蒋介石政府正开始感觉到受降的压力越来越迫近。最严重的是共产党的武装部队驻扎在容易接近日军军队的地区。……换句话说，蒋介石需要我们帮助他，把他的军队运到日本主要部队准备投降的地区。否则中国共产党人就会缴收日本军队的武器，还会占领日本所控制的地区。

资料来源：［美］杜鲁门：《杜鲁门回忆录》（上卷），李石译，东方出版社 2007 年版，第 415 页。

我们在美国往往认为中国是一个国家。但是，事实上，在 1945 年，中国只是一个地理上的名词。自从 1911 年满清帝国覆灭以来，中国就没有出现过一个权力遍及全国的中央政府。当对日战争胜利时，中国的情况就是这样。蒋介石的权力只及于东南一隅，华南和华东仍被日本占领着。长江以北则连任何一种中央政府的影子也没有。

事情是很清楚地摆在我们的面前，假如我们让日本人立即放下他们的武器，并且向海边开去，那么整个中国就将会被共产党拿过去。因此我们就必须采取异乎寻常的步骤，利用敌人来做守备队，直到我们能将国民党的军队空运到华南，并将海军调去包围海港为止。因此，我们便命令日本人守着他们的岗位和维持秩序。等到蒋介石的军队一到，日本军队便向他们投降，并开进海港，我们便将他们送回日本。

那时，蒋介石的军队正在开往日本人所控制的地区，他的一大部分军队是靠我们的空军的运输机来向北方运送的。

资料来源：［美］杜鲁门：《杜鲁门回忆录》（下卷），李石译，东方出版社 2007 年版，第 76—80 页。

3. 国共存在的分歧

◎蒋介石在重庆谈判中坚持收编式的政令、军令统一原则。他在日记中自述如下：

八月二十九日

考虑与“中共”谈判方针。公自记曰：“（一）不得于现在政府法统之外来谈改组政府问题。（二）不得分期或局部解决、必须现时整个解决一切问题。（三）归结于政令、军令之统一，一切问题，必须以此为中心也。”

九月二日

考虑对“共”方略，公自记曰：“此时对共产党应以主动与之妥恰，准予整编共军为十二个师，如其真能接受政令、军令，则政治上当准备委派共军二人，并予以一省之主席，以观后效。以目前形势，如由我主动为之，实于大局无损，而有益也。共党问题如能获得解决，则政治建设当无妨碍矣！”

资料来源：秦孝仪主编：《总统蒋公大事长编初稿》（卷五·下册），台北中正文教基金会2003年版，第816、820页。

◎由于国民党没有准备好具体谈判方案，为了使谈判能取得具体成果，1945年9月3日，中国共产党拟订了两党谈判要点11项：

一、确定和平建国方针，以和平、团结、民主为统一的基础，实行三民主义（以民国十三年第一次代表大会之宣言为标准）。

二、拥护蒋主席之领导地位。

三、承认各党各派合法平等地位并长期合作，和平建国。

四、承认解放区政权及抗日部队。

五、严惩汉奸，解放伪军。

六、重划受降地区，允许中共武装参加受降工作。

七、停止一切武装冲突，令各部队暂留原地待命。

八、结束党治过程中，迅速采取各项必要措施，实行政治民主化、军队国家化、党派平等合作。

九、政治民主化之必要办法：

（一）政治会议即党派协商会议，以各党派代表及若干无党派人士组织之，由国民政府召集，其讨论事项如下：

1. 和平建国方针。

2. 民主实施纲领。

3. 各党派参加政府问题。

4. 重选国民大会。

5. 复原善后问题。

（二）确定省县自治，实行普选，其程序应由下而上。

（三）解放区解决办法：

1. 山西、山东、河北、热河、察哈尔五省主席及委员由中共推荐。

2. 绥远、河南、安徽、江苏、湖北、广东六省由中共推荐副主席。

3. 北平、天津、青岛、上海四直辖市由中共推荐副市长。

4. 参加东北行政组织。

（四）实施善后紧急救济。

十、军队国家化之必要办法：

（一）公平合理整编全国军队，分期实施，中共部队改编为十六军四十八个师。

（二）重划军区，实施征补制度，中共军队集中淮河流域（苏北皖北）及陇海路以北地区（即中共现驻地）。

（三）保障整编后各级官佐。

（四）参加军事委员会及其所属各部工作。

（五）设北平行营及北平政治委员会，由中共推荐人员分任。

（六）安置编余官佐。

（七）解放区民兵由地方编作自卫队。

（八）实行公平合理之制度。

（九）确定政治教育计划。

十一、党派平等合作之必要办法：

（一）释放政治犯。

（二）保障各项自由，取消一切不合理的禁令。

（三）取消特务机关（中统、军统等）。

资料来源：《中共代表周恩来、王若飞提出之谈判要点》，见秦孝仪主编：《中华民国重要史料初编——对日抗战时期》（第七编·战后中国·二），“中央”文物供应社 1981 年版，第 39—41 页。

◎国民党对中国共产党提出的 11 条谈判要点一一做出答复。其中第九项和第十项，涉及政治和军事问题，是双方最主要的分歧点：

第九项：

（1）政治会议之组织，或如蒋主席与毛先生所谈：“现在战事完结，拟将国防最高委员会改组为政治会议，由各党派选出人员参加，共同参与政治”；诚如毛先生与雪艇先生所谈：“由蒋主席约集其他党派人士及无党派者若干人，（名额及人选可由蒋主席酌定）与政府及中共代表开一会议，以极短时间通过政府与中共所商谈之结果，此一会议即可名之为政治会议，不必常开会，有必要时始召集"，可再商谈决定。至其讨论事项，似可不必预为规定。关于国民大会问题，蒋主席曾谓"已选出之代表应为有效，但其名额可使之合理的增加和合法的解决"；毛先生曾表示："如政府坚持旧代表必须有效，则中共不能与政府成立协议，但可不因是而不出席国民大会"。吾人可再继续商谈，并据以提出于政治会议。

（2）此项原则尚甚同意，惟希望不以此影响国民大会。

（3）"解放区"问题已如第四项所答复。中共对于其抗战卓著勤劳，且在政治上有能力之同志，可提请政府决定任用；蒋主席与毛先生谈："只要中共方面对于军令、政令之统一，能真诚做到，则不仅各县行政人员，中央经过考核，可以酌予留任，即省行政人员，如主席，亦必本'用人惟才'之旨，延引中共人士参加"；其指示极为明白。倘必指定由中共推荐某某省主席及委员，某某省市副主席等，则即非"真诚作到军令、政令之统一"，希望以革命者精诚坦白之精神与态度，解决此一问题。

（4）此为政令统一后必然应办之事。

第十项：

（一）关于军队整编问题，蒋主席已与毛先生面谈："现在抗战结束，全国军队均须缩编，情势已与去岁国民参政会开会时不同，但余当时所出可将中共军队编为十个至十二个师之诺言，仍然有效，必当负责做到"；全国缩减情形，亦迭由文白、辞修诸先生面告；故十二个师在中央实已为可允许值最高限度，务望郑重考虑。

（二）中共军队驻地问题，可由中共方面提出方案，讨论决定，于依令编组后实施。

（三）（四）（六）（八）（九）均无问题，其详细办法，倘中共有意见，均可提出商谈。

（五）北平行营主任，不宜规定由中共推荐，北平政治委员会之设置，更不相宜。

（七）只能视地方情势，有必要与可能时，酌量编置，不宜作一般之规定。

资料来源：《政府代表对中共代表所提谈判要点之答复》，见秦孝仪主编：《中华民国重要史料初编——对日抗战时期》（第七编·战后中国·二），"中央"文物供应社 1981 年版，第 42—43 页。

4. 中国共产党对国民党的让步

◎国共两党在重庆谈判中最终签署的《政府与中共代表会谈纪要》中的第九、第十两款，集中体现了中国共产党为实现和平民主在军队、解放区问题上对国民党做出的让步：

九、关于军队国家化问题

中共方面提出政府应公平、合理地整编全国军队，确定分期实施计划；并重划军区，确定征补制度，以谋军令之统一。在此计划下，中共愿将其所领导的抗日军队，由现有数目缩编至二十四个师至少二十个师的数目；并表示可迅速将其领导而散布在广东、浙江、苏南、皖南、皖中、湖南、湖北、河南（豫北不在内）八个地区的抗日军队着手复原；并从上述地区逐步撤退，应整编的部队至陇海路以北及苏北的解放区集中。政府方面表示，全国整编计划正在进行。此次提出商谈之各项问题果能全盘解决，则中共所领导的抗日军队缩编为二十个师的数目可以考虑。关于驻地问题，可由中共方面提出方案，讨论决定。中共方面提出，中共及地方军事人员应参加军事委员会及其各部的工作，政府应保障人事制度，任用原部队人员为整编后的部队的各级官佐，编余官佐应实行分区训练；设立公平合理的补给制度，并确定政治教育计划。政府方面表示，只能视地方情势，有必要与可能时，酌量编置。为具体计划本项所述各问题起见，双方同意组织三人小组（军令部、军政部及第十八集团军各派一人）进行之。

十、关于解放区地方政府问题

中共方面提出政府应承认解放区各级民选政府的合法地位。政府方面表示，解放区名词，自日本无条件投降以后，应成为过去，全国政令必须统一。中共方面开始提出的方案为：依照现有十八个解放区的情形，重划省区和行政区；并即以原有民选之各级地方政府名单呈请中央加委，以谋政令之统一。政府方面表示，重划省区变动太大，必须通盘筹划，非短时间所能决定；同时政府方面表示，依据蒋主席曾向毛先生表示在全国军令政令统一之后，中央可考虑中共推荐之行政人选。收复区内原任抗战行政工作人员，政府可依其工作能力与成绩，酌量使其继续为地方服务，不因党派关系，而有所差别。于是，中共方面提出第二种解决方案，请中央于陕、甘、宁边区及热河、察哈尔、河北、山东、山西五省委任中共推选之人员，为省府主席及委员，于绥远、河南、江苏、安徽、湖北、广东等六省，委任中共推选之人为省府副主席及委员（因以上十一省或有广大解放区或有部分解放区）；于北平、天津、青岛、上海四特别市，委任中共推选之人为副市长；于东北各省容许中共推选之人参加行政。此事讨论多次后，中共方面对上述提议有所修改，请委省府主席及委员者，改为陕甘宁边区及热、察、冀、鲁四省；请委省府副主席及委员者，改为晋、绥两省；请委副市长者，改为平、津、青岛三特别市。政府方面对此表示，中共对于其抗战卓著勤劳，且在政治上具有能力之同志，可提请政府决定任用；倘要由中共推荐某某省主席及委员、某某省副主席等，则非真诚做到军令、政令之统一。于是中共方面表示，可放弃第二种主张，改提第三种方案，由解放区各级民选政府，重新进行人民普选；在政治协商会议派员监督之下，欢迎各党派各界人士还乡参加选举。凡一县有过半数区乡已实行民选者，即举行县级民选。凡一省或一行政区有过半数县已实行民选者，即实行省级或行政区民选。选出之省区县级政府，一律呈请中央加委，以谋政令统一。政府方面表示，此种省区加委方式，乃非谋政令之统一，惟县级民选加委可以考虑；而省级民选须待宪法颁布，省的地位确定后，方可实施。目前只能由中央任命之省政府前往各地接管行政，俾即恢复常态。至此中共方面提出第四种解决方案，各解放区暂维现状不变，留待宪法规定民选省级政府实施后，再行解决；而目前则规定临时办法，以保证和平秩序之恢复；同时中共方面认为可将此项问题提交政治协商会议解决。政府方面则以政令统一，必须提前实现，此项问题久悬不决，虑为和平建设之障碍，乃亟盼能商得具体解决方案。中共方面亦同意继续商谈。

资料来源：《政府与中共代表会谈纪要》，见秦孝仪主编：《中华民国重要史料初编——对日抗战时期》（第七编·战后中国·二），“中央”文物供应社 1981 年版，第 99—101 页。

（二）政协会议与中国共产党争取和平民主的努力

1. 社会舆论对政协会议的期待

◎1946 年 1 月 10 日，政治协商会议在重庆正式开幕。《大公报》发表社评，期盼各方达成共识：

人人渴望甚至全世界都在关切的中国政治协商会议，今天在重庆揭幕了。在重庆开这个会，实在很好。在重庆，曾经指挥抗战，得庆最后胜利；在重庆，更要协商政治，拨乱反治，预庆建国成功。这双重的喜事，在重庆完成与开拓，重庆才真正是名副其实的重庆。

今天揭幕的政治协商会议，是当前中国的第一等大事。我们对之瞩望，开头应该先说两句吉利话。其实我们的心情一点也不轻松，毋宁是极其沉重的。我们纵观世界大势，默察国家实况，体会人民心理。中国都非和平安定不可。这个政治协商，是应时代的迫切要求而产生，只许成功，不准失败。

……

我们特别警告政治协商会议的各位代表，无论你代表的是哪党哪派，都必须一切以国家为重，不得执拗于各自党派的利益。大家一定要知道，这是国家解决问题的难得机会，是千载一时。当此时机，若是不能解决问题，甚至失败了，其后果恐将是国家大糜烂，那可太严重了。做政治的人，必不可有后悔，而误国家大事。凡属从事政治的人，绝少居心祸国之人；但因一念之私，以致偾事误国者，则比比皆是。这次的政治协商会议，是国家拨乱反治之机，是国家和平进步之始，务望各位代表珍重，为国家珍重，为人民珍重！

资料来源：《勉政治协商会议》，《大公报》1946 年 1 月 10 日。

◎1946 年 1 月 10 日政治协商会议开幕，《新华日报》发表了由 35 家出版社提出的期盼和意见：

日本投降，举国腾欢。八年抗战余生，正望休养生息，孰料庆祝最后胜利之声未歇，弥漫全国之内战即起。为我劫运，何堪重罹水火。

三阅月来，全国人民吁请停止内战，声不绝耳，而内战烽火，则愈张愈炽，全国疑惧，不可终朝。所幸举国观望之政治协商会议，几经蹉跎，终在四万万五千万人喁喁殷望之下，即将召开，凡为国民，莫不称庆。“天下兴亡，匹夫有责”，爰本斯义，对于国是揭陈四端，尚乞垂鉴。

政治协商既为朝野公认解决政治问题之最好方式，则任何纠纷，任何困难，均须提交政治协商会议讨论解决，断不许边谈边打，且战且商，代表周旋于议席，士兵喋血于疆场。甚望国共双方，立即全面停战。和平团结，拯生民于水火，昭诚信于事实。此其一。

《五五宪章》为一党专政下之产物，如不本民主精神，博采民意，细为修改，则人民权益，无由保障，真正之民主政治，无由确立，而所谓还政于民，亦必徒托空言。故宪章应即修改，庶百代之大法，美备于一举。此其二。

国大代表产生于党治之下，抗战以前，无论衡以民主之原则，事实之观点，均不足代表真正之民意，应即实行普选，以期人民意愿，得真正表显。旧有代表，果属贤能，在普选中必可重膺议席，而八年来为抗战努力之人士，亦因以获有参与国大之机会。如此精神之兼顾，始为计出周全。此其三。

政治协商会议有所商决，为求真正见诸实行，唯有集合全国各党各派无党派贤达俊彦，拟定一全民服膺之共同施政纲领，且组织临时性之联合政府，以实施此纲领，为结束党治而达真正民主之桥梁。此其四。

……

大学印书局、文通书局、自强出版社、现在出版社、新地出版社、中外出版社、世界书局、作家书屋、开明书店、群益出版社、文化生活出版社、正风出版社、东方书社、雅典书屋、黎明出版社、文化供应社、北门出版社、建国书店、进修出版社、乐群书店、文光书店、生活书店、峨嵋出版社、万光书局、学艺出版社、文聿出版社、光明书局、国讯书店、新知书店、联益图书公司、文治出版社、新华书店、自由中国出版社、复兴书局、图书出版社

资料来源：《重庆出版业致政治协商会议意见书》，《新华日报》1946年1月9日。

2. 中国共产党为促成政协会议做出的让步

◎1961年，罗隆基（1946年政治协商会议的中国民主同盟代表之一）回忆政治协商会议前国民党企图拉拢青年党以拆散中国民主同盟，以及中国共产党为维护中国民主同盟利益在参会名额问题上做出的让步：

一九四五年十月间签订的“双十协定”，已经确定了要举行中国各党派以及无党派人士的政治协商会议，并且这个政协会议的组成人员已初步地商定是这四方面的代表：（一）国民党九人；（二）共产党九人；（三）民主同盟九人；（四）社会贤达九人。党派代表由各党派自行推选，社会贤达的代表由国民党同共产党双方协商推定。国民党同共产党的代表人数既然相等，于是民盟代表和社会贤达代表的态度，在政协会中可能会发生一定程度上的决定作用。蒋介石当然是懂得这个道理的。国民党当时坚决地以第一大党自居，共产党为和平团结起见，当时亦承认了国民党第一大党的地位。蒋介石自知在商定社会贤达代表人选的时候，他可以占些便宜，多安排几个听他驱使的人。怎样来操纵和支配民主同盟九个代表的人选，这是蒋介石当时最伤脑筋的问题。

在一九四五年十月间民主同盟举行了第一届全国代表大会以后，蒋介石已经看得很清楚，利用青年党来操纵把持民主同盟，事实上已不可能了。国民党的人，大概都知道，在旧政协会议中，民主同盟这个素来以中间派自居的政团可能会一边倒，倒向共产党。这是蒋介石最不愿意的事情。……于是他就决心来拆散民主同盟，使他不成为一个参加旧政协的单位。

旧政协预定在一九四六年一月间举行。在头年十二月间，民盟正在酝酿推选参加政协的代表，同时也考虑给青年党一个代表还是两个代表名额的问题。……突然，青年党左舜生开腔了。他用十分肯定的态度说：“青年党在中国是国民党和共产党以外最大的而且最有历史的大政党。它在民盟三党三派中当然是最大的一个党派。民盟九个代表的名额，青年党要占五席。”……他（指左舜生，引者注）提高了嗓门，以右手拍拍胸膛，表示十分坚决的态度说：“青年党一定要五

席，决不能少，这不是要价还价的问题。假使民盟不同意这种分配方法，青年党就要以独立的单位参加政协。”……民盟的常委当然一致拒绝青年党这种毫无理由的要求。这个问题最后就由国民党同共产党去协商了。

……后来共产党同国民党妥协的结果，民盟仍然保持九个代表席位，青年党亦可以另成单位，有五个代表来参加政协。这样一来，各方面代表总数就超过了旧政协三十六个代表名额的既定数目了。共产党于是提出，为了保持民盟九个代表名额，由共产党同国民党让出名额来解决问题。两党让出名额的比例是二比一，即共产党让两个名额，国民党只要让一个。国民党当然无话可说了。协商结果是：（一）国民党八人；（二）共产党七人；（三）民主同盟九人；（四）青年党五人；（五）社会贤达九人。总共三十六人，增成三十八人，这就是后来旧政协的代表名额总数。

资料来源：罗隆基：《从参加旧政协到参加南京和谈的一些回忆》，见中国人民政治协商会议全国委员会文史资料研究委员会编：《文史资料选辑》（第二十辑），中华书局 1961 年版，第 209—212 页。

◎1946 年 2 月 6 日，周恩来会见美国《读者文摘》记者乌特莱，说明中国共产党在政治协商会议中做出的让步：

政协通过的纲领和中共的原提案出入颇多。在军队国家化问题上，终止了十八年来的武装斗争，改变了军队的制度；在改组政府问题上，放弃我们根据边区经验提出的三三制，即最大党不得超过三分之一的原则，同意国民党在国府委员会中占二分之一，在行政院占大多数；在民主宪草原则问题上，接受英美式的初期民主；在国大问题上，做了大让步，容许始终为人民反对的十年前的代表继续留任。

资料来源：中共中央文献研究室编：《周恩来年谱（1898—1949）》，中央文献出版社 1998 年版，第 659 页。

3. 政协协议对国民党独裁统治的限制

◎政治协商会议经过激烈的斗争，最终通过五项协议。其中关于政府组织和宪法草案原则的两项协议突出反映了政协协议对国民党独裁统治的冲击：

（一）关于扩大政府组织者

壹、关于扩大政府组织者

中国国民党在国民大会未举行以前，为准备实施宪政起见，修改国民政府组织法，以充实国民政府委员会。其修改要点如左：

一、国民政府委员名额定为四十人（内有五院院长为当然委员）。

二、国民政府委员由国民政府主席就中国国民党内外人士选任之。

三、国民政府委员会为政府之最高国务机关。

四、国民政府委员会讨论及议决之事项如左：

甲、立法原则；

乙、施政方针；

丙、军政大计；

丁、财政计划及预算；

戊、各部会长官及不管部会政务委员之任免，暨立法委员监察委员之任用事项；

己、主席交议事项；

庚、委员三人以上连署提出之建议事项。

五、国民政府主席对于国民政府委员会之决议如认为执行有困难时，得提交覆议，覆议时，如有五分之三以上委员仍主张维持原案，该案应予执行。

六、国民政府委员之一般议案，以出席委员之过半数通过之。国民政府委员会所讨论之议案，其性质涉及施政纲领之变更者，须有出席委员三分之二之赞成，始得决议。某一议案，如其内容是否涉及施政纲领之变更发生疑义时，由出席委员之过半数解释之。

七、国民政府委员会每两周开会一次，必要时主席得召集临时会议。

……

附注：

1. 国民政府主席提请选任各党派人士为国府委员时，由各党派自行提名。但主席不同意时，由各党派另提人选。

2. 国民政府主席提请选任各党派人士为国府委员时，如所提人选有为各被选人三分之一所反对者，则主席须重新考虑，另行选任之。

3. 国府委员名额之半由国民党人员充任，其余半数，由其他各党派及社会贤达充任，其分配另有商定。

4. 行政院现有部会及拟设之不管部会政务委员总额中，将以七席或八席约请国民党以外人士充任。

5. 关于国民党以外人士所担任之部会数目，于会后继续磋商。

……

（五）关于宪法草案者

……

贰、宪草修改原则

一、国民大会

1. 全国选民行使四权，名之曰国民大会。

2. 在未实行总统普选制以前，总统由县级、省级中央议会合组选举机关选举之。

3. 总统之罢免，以选举总统之同样方法行使之。

4. 创制、復决两权之行使，另以法律规定之。

（附注：第一次国民大会之召集方法，由政治协商会议协议之）

二、立法院为国家最高立法机关，由选民直接选举之，其职权相当于各民主国家之议会。

三、监察院为国家最高监察机关，由各省级议会及各民族自治区议会选举之，其职权为行使同意、弹劾及监察权。

四、司法院即为国家最高法院，不兼管司法行政，由大法官若干人组织之；大法官由总统提名，经监察院同意任命之。各级法官须超出于党派以外。

五、考试院用委员制，其委员由总统提名，经监察院同意任命之。其职权着重于公务人员及专业人员之考试。考试院委员超出党派以外。

六、行政院

1. 行政院为国家最高行政机关，行政院长由总统提名，经立法院同意任命之。行政院对立法院负责。

2. 如立法院对行政院全体不信任时，行政院长或辞职或提请总统解散立法院。但同一行政院长不得再提请解散立法院。

七、总统

1. 总统经行政院决议，得依法发布紧急命令，但须于一个月内报告立法院。

2. 总统召集各院院长会商，不必明文规定。

资料来源：《政治协商会议协议事项》，见秦孝仪主编：《中华民国重要史料初编——对日抗战时期》（第七编·战后中国·二），“中央”文物供应社 1981 年版，第 229—241 页。

（三）维护和破坏政协协议的较量

1. 中国共产党对政协协议的维护

◎政协各项协议达成后，周恩来向美方代表表示虽然政协“业已获得之成就中，尚有数项未能尽合吾人之心愿”，但“中国共产党无论关于地方性及全国性之事项，均准备在平允公正之基础上与美国合作”的态度：

吾人相信中国将采取之民主，应效法于美国。盖在目前中国，采取社会主义所必须之条件尚不存在，中国共产党人在理论上固以社会主义为吾人最终之目标，惟在最近之将来，并无即付实行之意，亦不认为有即付实行之可能性。吾人所称将循美国之途径者，乃指获致美国式之民主及科学，并使中国采行农业改良、工业化、自由企业及个性发展等，庶几能建立一独立、自由、繁荣之中国。余兹拟奉告轶事一则，阁下或亦乐闻也！最近谣传毛主席将往游莫斯科。毛主席闻之而笑，且以半说笑话之态度曰，倘渠欲出国休假（照其目前健康情形，休假于彼甚为有益），则更愿前往美国。因渠认为在美国能学得甚多有益于中国之事物。

资料来源：《中共代表周恩来致马歇尔特使报告摘要》，见秦孝仪主编：《中华民国重要史料初编——对日抗战时期》（第七编·战后中国·二），“中央”文物供应社 1981 年版，第 249—250 页。

◎1946 年 2 月 1 日，中共中央在关于目前的形势与任务的指示中指出，今后将调整党和军队的关系：

我党即将参加政府，各党派亦将到解放区进行各种社会活动，以至参加解放区政权，我们的军队即将整编为正式国军及地方保安队、自卫队等。在整编后的军队中，政治委员、党的支部、党务委员会等即将取消，党将停止对于军队的直接指导（在几个月之后开始实行），不再向军队发出直接的指令，我党与军队的关系，将依照国民党与其军队的关系……

……

必须指出党内目前主要危险倾向，是一部分同志中狭隘的关门主义。由于国民党的反动政策及十八年的国共尖锐斗争，党内党外均有许多人不相信内战真能停止，和平真能实现，不相信蒋介石国民党在各方面的逼迫下，也能实行民主改革，并能继续与我党合作建国，不相信和平民主新阶段已经到来，因而采取怀疑态度，对于许多工作不愿实行认真的转变，不愿用心学习非武装的群众的与议会的斗争形式。因此各地党委应详细解释目前的新形势与新任务，很好的克服这些偏向。

资料来源：《中共中央关于目前形势与任务的指示》，见中央档案馆编：《中共中央文件选集》（第十六册），中共中央党校出版社 1992 年版，第 63—64、66 页。

◎1946 年 2 月 6 日，中共中央确定参加国民党政府的中共人员名单：

中共中央政治局会议根据周恩来来电研究参加政府问题，决定毛泽东、林伯渠、董必武、吴玉章、周恩来、刘少奇、范明枢（或彭真）、张闻天参加国府委员会，以便将来指导中心移至外边。周恩来、林伯渠、董必武、王若飞参加行政院，力争周恩来任副院长。并批准了中共出席宪草审议委员会的名单。

资料来源：中共中央文献研究室编：《周恩来年谱（1898—1949）》，中央文献出版社 1998 年版，第 659 页。

◎时任中共中央华东局常务委员兼宣传部长、苏皖边区政府主席的李一氓回忆，中国共产党为便于在南京工作，曾拟把淮阴作为中共中央总部所在地：

其实从中国共产党来讲，是真正愿意和国民党合作建国的。蒋介石公开撕毁停战协定、发动对解放区的进攻，似乎在我们的预料之内，也似乎在我们的预料之外。因为在淮阴的时候，我曾经得到华中局一个通知，说党中央要从延安搬到淮阴来。参加南京工作的同志有事情要开会就去南京，没有事情又不开会就可以回到淮阴的总部。中共中央的总部就要建在淮阴，就由我负责找一个合适的地方，建立中共中央总部。当时我的设想是砖木结构的平房，地势要高，不会被水淹。我也曾和少数同志到淮阴城外走过几遍，看了些地势较高的位置。还没有定下来的时候，解放战争就开始了，这个计划自然没有实现。

资料来源：李一氓：《模糊的荧屏》，人民出版社 1992 年版，第 354 页。

◎1946 年 3 月，张治中与马歇尔、周恩来组成军事三人小组视察延安。在欢迎晚会上，张治中发表演讲说："你们将来写历史的时候，不要忘记'张治中三到延安'这一笔！"张治中回忆在这之后毛泽东曾表示要到南京工作：

我说完下来，毛先生还和我说：将来也许还要四到延安，怎么只说三到呢？我说："和平实现了，政府改组了，中共中央就应该搬到南京去，您也应该住到南京去，延安这地方，不会再有第四次来的机会了！"他愉快地说：是的，我们将来当然要到南京去，不过听说南京热得很，我怕热，希望常住在淮安，开会就到南京。

资料来源：张治中：《张治中回忆录》，文史资料出版社 1985 年版，第 750 页。

2. 国民党对政协协议的破坏

（1）关于较场口事件

◎重庆市档案馆保存的档案资料显示，国民党蓄谋破坏重庆各界在较场口广场举行的庆祝政治协商会议成功大会：

谨查本会于本年二月八日，因鉴于共党外围团体以陪都各界名义筹备召开庆祝政协成功大会，定期于二月十日在较场口举行。特召集临时执行委员会议，并邀集地方若干忠实同志参加，共商如何遏止反动言行以戢邪乱。并谨将上项会议记录抄呈鉴核备查。

谨呈

中央执行委员会

中央组织部

重庆市党部第二十次临时执行委员会

民国三十五年二月八日

附：国民党重庆市党部第二十次临时执行委员会会议记录

时间：三十五年二月八日上午九时

出席者：方治、汪观之、骆继常、王思诚、徐鸣亚、张兆、龙文治、陈介生

列席者：刘野樵、樊元彰、朱其瑞、唐毅（东方白代）、李森容、陈铁夫、谭泽森、李森普。

主席：方主任委员治

记录：曹盛培

主席报告：

一、政治协商会议已于日前闭幕，会议经过及成立之各项协议已志各报，兹不赘述。对此次会议结果，本党同志应强调宣传之如下：

（一）三民主义为各党派承认至高之建国原则；

（二）本党派深受各党派之推崇，誉为全国第一大党，并愿受本党之领导共赴建国大业；

（三）本党总裁已受各党派之拥护，承认为全国之领袖。惟协议中关于修改宪草一项与遗教所示相去甚远，本党同志坚持三民主义之宪法不容修改。

二、本席曾建议中央召开陪都各界庆祝政协成功大会，以宣传本党忍让为国之苦心及上述各点，未蒙照准。现共党外围组织民主建国会等团体，已筹备以陪都各界名义定于本月十日在较场口举行庆祝政协成功大会，或会间将有反动言论及会后将有游行示威，要挟当局立即改组政府等行动。

讨论事项：

为共党外围团体以陪都各界名义筹备召开庆祝成功大会，定于本月十日上午九时在较场口举行。如何遏止反动言行以戢邪乱，请讨论案。

决议：

一、转变会议内容：

（一）参加大会主席团并争取总主席。由本市农、工、商、渔、教育、妇女及自由团体负责人持函向大会负责筹备人交涉请市各届人民团体参加主席团，并设法于大会开始时于与会群众中选出农会理事刘野樵同志为大会总主席。

（二）由本党擅长辩论之同志参加讲演。

1. 发言内容：

（1）三民主义为举国公认之至高建国原则；

（2）本党为全国第一大党，并被公认之领导党；

（3）蒋主席为全国一致拥戴之领袖；

(4) 三民主义之宪法不容修改。

2. 发言技术：于发现反动言论之后即紧接发言予以驳斥。

3. 发言同志（略）

二、把握会场情绪：

发动党团员及社会服务队队员共六百名参加大会，遇有本党同志发言时鼓掌欢迎，并否定大会一切反动之提议；

党员二百名由陈干事长介生负责发动；

社会服务队队员二百名由徐委员明亚负责发动。

三、会场秩序之维持：

请东方白督察长派警到场维持秩序，遇有捣乱秩序事，迅予逮捕人犯。

四、其他：

（一）遴选干练沉毅之同志担任大会司仪；

（二）控制扩音器；

（三）参加党团及社会服务队队员应于十日上午八时前达到会场；并环立主席台前，俾于发生意外时保护主席团之安全。

散会

方治批示：

密陈中央，不必油印。

资料来源：《中国国民党重庆市党部第二十次临时执行委员会给国民党中央执行委员会的报告》，见重庆市政协文史资料研究室委员会、中共重庆市委党校编：《政治协商会议纪实》（上卷），重庆出版社1989年版，第585—587页。

(2) 关于国民党六届二中全会

◎1946年3月17日，国民党《中央日报》发表《二中全会十八次会对本党及政府数项决定》，报道3月16日上午国民党六届二中全会十八次大会修正通过关于政治协商会议报告之决议草案。其中涉及修改政协决议的内容如下：

本案应请大会为左列各项决议，交中央常会通令全党同志遵照：

（一）制定宪法，应以建国大纲为最基本之依据。（二）国民大会应有形之组织，用集中开会之方式，行使建国大纲所规定之职权，其召集之次数，应酌予增加。（三）立法院对行政院不应有同意权及不信任权，行政院亦有提请解散立法院之权。（四）监察院不应有同意权。（五）省无须制定省宪。

资料来源：《二中全会十八次会议政协会议外交两报告》，见中国第二历史档案馆整编：《中华民国史史料长编》（民国三十五年·一），南京大学出版社1993年版，第841页。

◎1946年3月18日，国民党《中央日报》发表《二中全会宣言全文》。其中涉及修改政协通过的《关于宪草问题的协议》的内容如下：

第三，要说明我们对于贯彻政治协商会议决议的诚意与坚持五权宪法的决心。我们对于政治协商会议的各项协议，经过了详密而郑重的检讨，我们鉴于国内和平安定与精戾团结的必要，以及同胞痛苦的必须解除，国家基础的必须稳定，对于政治协商会议各项协议，都愿以最大的诚意与各党派及社会人士精诚相与，协力一致，以促其实行。但是我们所必须坚持的，就是宪法草案的修正，必须符合于五权宪法的遗教，这因为三民主义与五权宪法是不可分割的，放弃了五权宪法，由三民主义便不能完全实现，总理在政治制度上这一个伟大精神的发明，是借鉴于欧美的宪法，斟酌我们的国情，为国家立长治久安的根本，今后我们国家政治组织的健全与巩固需要有一部完善可行的宪法。如果宪法的内容违背了五权宪法，在实际行使的时候，扞格难通，必致陷国家于不利。所以，本党对五权宪法必当尊奉，保持始终无间。这实在是为国家久远利害上着想，希望各党派和社会人士明了我们的立场，了解我们的主张。

资料来源：《二中全会宣言全文》，见中国第二历史档案馆整编：《中华民国史史料长编》（民国三十五年·一），南京大学出版社 1993 年版，第 862—863 页。

◎1946 年 3 月 18 日，周恩来在中外记者招待会上揭露国民党六届二中全会破坏政协诸项决议：

一、关于保障人民权利问题。在政协开会时，蒋主席曾作了保障人民权利的四项诺言，但在政协开会后，就连续不断地发生了沧白堂打人、较场口事件、捣毁新华报馆、捣乱西安第十八集团军办事处，一直到捣乱执行停战决议的北平执行部事件。这许多事件至今没有一件得到解决。如言论、出版的自由问题，限制言论自由的法令名义上虽已废止，但实际上仍限制重重，并且采用了极不平等的限制办法。像中共在北平出版的《解放》三日刊受到非法的禁止，而别的新出版的报纸在上海则得到许可。又如释放著名的政治犯，除叶挺、廖承志外，不论中共或其他党派及无党派被捕的人和青年学生，至今仍毫无消息。现在的政府仍然是国民党一党政府，这些违反保障人权的事件，国民党负有责任，但二中全会对这些问题一字未提，所有决议案中，没有一字谴责这些妨害人权的罪恶行为。

二、关于改组政府问题。改组政府是件大事，究竟是否结束训政走向宪政，在此过渡期间成立举国一致的各党派合作的政府，二中全会无明确态度。它不仅避开结束训政不谈，反而要把各党派推选的国府委员拿到国民党中常会去选任，这是完全违反政协决议的。这不能不令人怀疑到二中全会后将要“恢复”的中央政治委员会的性质，很可能“恢复”到从前指导国民政府的政治委员会去。果如此，国府委员由国民党中常会选任，中政会又要指导国民政府，这说明政府仍是一党的政府，决不是民主的各党派合作的政府，与政协会议、各党各派、社会贤达、全国人民以及友邦的期望完全背道而驰。

三、更重要的是关于宪草问题。宪法关系中国今后是民主或仍是一党独裁的大问题。政协修改宪草的原则是各党派及无党派代表全体起立通过的，对这些原则如有任何变动，一定要经过政协各方代表的一致协议。国民党中有些人特别指责宪草修改原则不合于五权宪法。我们且不说这些修改原则是在蒋主席主持下，经政协代表（包括政府代表在内）全体起立赞成通过的。即从五权宪法本身来说，五权宪法，第一是主张五权分立，孙先生是反对中央集权于一人或一院的。第二是地方均权，某些权应归中央，某些权应归地方，故孙先生主张实行省自治并得制定省宪。可见政协的修改原则是与孙先生的五权宪法原则完全符合的。至于根据这些原则如何规定政府组织，那就要因时间与条件而定，过去的办法不一定适合现在。如说孙先生遗教的一个字也不能修改，那么，国民党今天所做的，就违反了建国大纲。根据建国大纲的程序先实行县自治，然后实行省自治，在全国有过半数省自治后，才可以召开国大，实行宪政。现在政府并没照这程序做，可见政府的组织程序是可以变动的。虽然如此，我们还是与国民党协商。为了减少国民党内主张民主和平团结统一的人士在其党内所遇到的困难，最后各方又商得了三个协议。但这种让步，反而增加了顽固派的嚣张。二中全会对于宪草通过了五点修正原则，所增加之两点半关系至大，其目的就是推翻政协修改宪草的原则，不受政协拘束。另外，吴稚晖先生又提出了三点反对意见，立即在二中全会上成为决议。他主张“五五宪草”，政协协议事项，二中全会决议……一并提交国大参考，这是与政协决议完全相反的。按政协决定，只能将宪草审议委员会的修正案提交国大，并无其他，国大代表个人虽自由，但各党派要负责约束其自己的党员，使这个民主的宪草得以通过，这样，包括十年前一党包办的旧代表的国大就不是重要的了，重要的还是要保证能通过一个真正民主的宪法，所以在国大问题上，各党派曾向国民党作了极大的让步。但今天，国民党却想利用各党派承认的国大，反转来反对政协决定的宪草修改原则，来动摇民主宪法的产生。这种违反民主的做法，是任何人不能忍受的。

四、国大问题。国大代表中地区代表还未最后确定，国大组织法也还没有修改，根据政协决议，国大的职权只限于制宪，而宪法要有四分之三的多数才能通过，但国大组织法如再迟迟不改或改而不当，就很有可能被利用，只有三分之二的多数就可以通过决议，来做更多其他不利于民主的事情。这样，将来的国民大会就会更便于做一党专政的保镖。

五、整军问题。在政协会议中，军政部次长林蔚氏报告，政府军队现有三百八十万，要减到一百八十万，编为九十个师。但在二中全会中，同一人的报告则说政府军队及机关学校现有四百九十万，将来只减到三百四十七万，仍编九十个师，这和在政协报告中的数目比较，多出了一百六十七万。即去掉机关学校，仍然会多出很多，那就是所谓兵工总队，成为正规军的后备队或补充队。这是违反政协决议和整军方案中复员计划的，因这既不能减少国库开支，且将保持额外的一部分队伍，完全与复员精神相反。

六、停战问题。国民党二中全会在宣言上要求中共部队即速停止继续攻袭，但实际上究竟是谁不遵守停战命令实行继续攻袭？只要听到方才林、郑两位关于广东、湖北情形的报告，就很清楚了。在山西，任何人都可看到，太原、大同的日军到现在还没有被解除武装，因为阎锡山氏还在利用他们攻打中共和解放区的军民。在华北、华中其他地方，继续进攻和蚕食中共地区的村镇的事，还在不断发生。

关于东北的情形，马歇尔将军在两个月前曾提议派遣执行小组去东北调处军事冲突，当时我们立即赞成，政府却在最近才同意了这个提议，可是又发生了执行小组的任务问题。我们曾提出了两个解决办法：一个是无条件派遣执行小组去，立刻停止一切军事冲突，并调查当地实际情况，把问题带回来提供三人会议解决。另一个更好的办法是先在重庆谈判关于军事、政治问题解决方法的一般原则，然后再派遣执行小组根据已经谈好的原则去具体执行。这两个办法，都还没商得结果。我们向来主张东北的内政与外交问题应分开解决：外交问题，过去一直是政府负责的，现在依然如此；但是内政问题，大家都有责任，必须用政治方法和平解决。这不仅仅是中共的意见，这也是其他民主党派和东北人民的意见。

资料来源：《周恩来在中外记者招待会上关于国民党二中全会的谈话》，见中共中央文献研究室编：《周恩来问答录》，人民出版社 2016 年版，第 73—81 页。

（四）国民党关闭和平谈判之门

1. 中国共产党对和谈失败原因的分析

◎1946 年 1 月 10 日，中国共产党代表与国民党政府代表签署停战协定，13 日午夜起生效。此后，国共在政治协商会议中签订五项协定，和平进程似乎很顺利。但政治协商会议闭幕仅 1 个月，国民党六届二中全会即开始酝酿破坏政协决议，并且东北问题也一直悬而未决。周恩来认为东北问题无法达成协议的原因在于：

目前蒋介石国民党的作法，由于国际形势渐趋缓和，不能不退回到两面派的本来面目。二中全会对政协决议，一方面赞成，表示竭诚信守，努力实践，另方面却又通过许多决议，企图推翻政协决议；对东北问题，一方面承认能接收多少便接收多少，承认我军地位，另方面又不愿政治与军事同时解决，不愿放弃它的接收苏军撤退区的权利，以便有利时好大打；对革新派，一方面放纵，另方面辱骂（说他们只想当常委），对主和派，一方面让革新派痛骂，另方面又为他们解释。这一切都说明蒋想在吓唬与欺骗中把问题拖下去，好达到他的小变不大变的目的。

资料来源：周恩来：《蒋介石两面派的作法和我们的对策》，见中共中央文献研究室、中共南京市委员会编：《周恩来一九四六年谈判文选》，中央文献出版社1996年版，第155页。

◎1946年6月7日，国共在东北再度停战协商。6月17日，蒋介石提出关于东北共产党军队的驻地方案，要点为：（1）东北共产党军队三个师分驻兴安、黑龙江与嫩江三省，由哈尔滨至满洲里之中长路，由政府护路宪警进驻；（2）共产党军队三个师如欲驻留延吉一个师，则其他两师分驻兴安与黑龙江两省，政府派一个师驻嫩江；（3）热河、察哈尔及烟台、威海卫之共产党军队全部撤退。对于蒋介石提出的这一方案，周恩来愤慨地表示："我用了各种方法在各个问题上妥协，但政府的议案竟是不想解决问题的态度。"随后，周恩来与马歇尔会谈，阐述了中国共产党的看法：

关内几点，刚才说六月七日位置，这里有一连串的事，其原因都是六月七日以前种下的。不要说远了，仅五月间政府军就占了中共的城五六个，还有其他的市镇，这才引起了山东的事件。如果说只解决山东这些对于政府有利的事，我们不能接受。因为山东的冲突使我们占了地方，解决了伪军，而别处政府占了许多地方。如仅算山东，这很难公正。如连到别的地方，则不能不定个界限，所以我想恢复一月十三日的位置最公正，双方都无话可说。光说山东，则我方不能接受。

关内，政府要我方从察、热两省退出，又说不出理由，我方无法考虑。如果强要中共考虑，则必提对案，例如要政府从平、津撤退之类，如此势必不能解决纠纷。

关于烟台、威海卫驻军撤退的要求，也未说出理由。如说是海港，则政府已经有了秦皇岛、青岛，作海军基地也够了。烟台是商港，威海卫军港也久不用了。如强要中共考虑，中共也可有要求，如把山东行政统一，要政府由青岛撤退等，因地方政府也可以和美海军合作。

……

至于对东北的方案，我过去曾说过有二原则：（一）关于中共东北军队在东北数目。中共驻军五个师，你提议只三个师，这中间当然有差别，但现在中心不在此。（二）关于军队驻地。中共军的驻地是在我们自己的区域，这点是顾到了。但另外还有一个问题，我也提到过的，就是许多地方双方不驻军，国民党军也不进驻我们的地区。而现在照这个表，政府军驻进我们地区来的竟很多，有哈尔滨、牡丹江、洮安、安东、通化，要进驻很多，和我原来设想距离很远。……

中心问题是蒋是否要解决问题，或是否故意要把问题弄得很复杂，弄得比我原来想的严重万分。如此就很难考虑了。

资料来源：周恩来：《蒋介石的方案是无意解决问题》，见中共中央文献研究室、中共南京市委员会编：《周恩来一九四六年谈判文选》，中央文献出版社 1996 年版，第 446—448 页。

◎1946 年 6 月 20 日，周恩来在与马歇尔会谈中再次强调，蒋介石驻军方案的实质是想发动内战：

政府、蒋有一个意图，正在计划中，说出来也正和我过去估计的一样，即要中共军在整军的过程中撤出铁路线和各大城市。他们要把关内的中共地区分成延安、晋东南上党、冀南大名、山东临沂（现新四军军部所在地）这样几块，原还预备在察、绥间定一个地区，现在则改为察、热间的一个地区，这样关内分成五块。再加东北整军方案中所说的老黑龙江地区，整个地看来，除齐齐哈尔、海拉尔是在长春路上之外，其他没有在铁路线上的，也都不是大城市。所以，自然会要我们退出张垣、承德、威海卫、烟台这些地方。这计划我几乎一个月以前也估计过。他们要打仗，也就是要把我们赶出铁路线和大城市以外，分成一块一块，包围起来，将来第二步再消灭我们。

资料来源：周恩来：《现在已到了绝境，得开出一条新路来》，见中共中央文献研究室、中共南京市委员会编：《周恩来一九四六年谈判文选》，中央文献出版社 1996 年版，第 459 页。

◎1946 年 10 月 11 日，国民党进占张家口，并于同日单方面宣布召开国大，规定 1946 年 11 月 2 日为国大代表报到之日。为此，周恩来在 11 月 16 日的记者招待会上发表严正声明，谴责国民党关闭和谈之门：

现在开幕的一党“国大”，不但使中共及第三方面最近在商谈中的协议成为不可能，并且最后破坏了政协以来的一切决议、停战协定与整军方案，隔断了政协以来和平商谈的道路，同时也很快地彻底揭穿了政府当局十一月八日“停战令”的欺骗性。这一党“国大”还要通过一个所谓宪法，把独裁“合法”化，把内战“合法”化，把分裂“合法”化，把出卖国家与人民利益“合法”化。照这样做下去，中国人民一定要陷入苦痛的深渊。我们中国共产党人坚决不承认这个“国大”。和谈之门已为国民党政府当局一手关闭了。

资料来源：周恩来：《对国民党召开“国大”的严正声明》，见中共中央文献研究室、中共南京市委员会编：《周恩来一九四六年谈判文选》，中央文献出版社1996年版，第691页。

2. 中间人士对国共和谈失败原因的分析

◎1947年3月，政治协商会议中国民主同盟代表张东荪发表《和平何以会死了》一文，认为国民党的专权是国共和谈破裂的原因之一：

国民党的现政府对于让出政府中一部分的问题，无论如何是有限度的。超过了其限度，便是把他的绝对政权分割了。古代式的政府一经分割，立即倒坍。所以国民党认为联合政府是他们的生死关头。无论如何不承认联合政府，而只承认扩大国民政府的基础，就是为此。国民党有要维持其不可分割的绝对政权的苦衷，而又不能出之于口，于是有种种的花样，但花样虽多而百变不离其宗，此即国民党的“以不变应万变”与“以万变保不变”是也。

……

关于国民党方面，我们可以这样说：有些人往往来问我，政府对于和谈究竟有无诚意；我以为与其问政府对于和谈的态度，毋宁问国民党对于政府性质的改变有无决心。使我最发笑的是：青民两党居然要求实行责任内阁制。共产党以数省土地，数十万军队，想换取这个都不可得。所以不拘青民两党说得如何天花乱坠，而国民党所肯让与的总是在他的绝对政权所容许的限度以内的。

资料来源：张东荪：《和平何以会死了》，《时与文》第1卷第3期，1947年3月28日。

◎国共和谈破裂后，代表中间立场的《时与文》杂志发表伍丹戈的《民主路线与中间路线》一文，认为是国民党的反民主导致中国共产党必须“以武力对抗武力”：

这里，我们应该研究的是：左翼党派（即第二方面）是否一定要用武力革命的手段？是否不愿意走“改良的”政治路线？它的“以武力对抗武力”，是怎样形成的？

关于这一点，我们知道，中共从抗战开始，就表示它愿意和国民党政府合作共同抗战，并且公开声明放弃它过去的革命路线，而愿意走“和平的，渐近的，并且是改良的”政治路线。复亮先生也认为在“去年十一月以前，中共也曾经支持过中间性的政治路线，在经济政策上，中共更作了极大的让步，主张保护私有财产，奖励民营企业发展自由资本主义，实行劳资合作，并停止没收土地。在政治上也作了选择性的让步，即放弃苏维埃制度，承认英美式的民主政治。”这些都是证明中共倾向中间路线。所以，中共没有要走革命的左翼路线的企图，是很显然的。

另一方面，第三方面的民主同盟的二中全会政治报告也曾很公道地说，整军方案是中共方面很大的一个让步。当中共签字这个协定时，确实有了与国民党合作的诚意。第一，这个方案的名称，就叫“整编及统编中共部队为国军之基本方案”。中共既愿把军队拿出来整编与统编为国军，中共签字这方案的时候，已决心将党的武力交还给国家。第二，整编与统编的数量，国民党与共产党是五对一的比例，到了统编时期，中共在东北方面十五个师中只有一个师，这显然证明中共已决心放弃武力对峙的计划。因此，中共在能走上政协路线的场合，并没有走“以武力对抗武力”的革命路线，并且还为了“和平”而愿意放弃自己的武力。

然而为什么中共终于走到“以武力对抗武力”的道路？很明显的，这是因为反动派的统治集团，虽然参加政协，并且签订政协协议和整军方案，但他们自始至终就没有一点诚意，他们这一年多来的努力，就是怎样撕毁政协协议，展开扑灭民主运动的全面内战，回到独裁反动的老路，到了去年十一月召开御用国大之后，是最后完成了这个工作，并使“和平的门”完全关闭了。

事实已经很清楚的摆在我们面前：当前的内战是反动派的统治集团为了完成它的扑灭民主运动的计划而发动，并不是左翼党派为了要实现民主革命而产生的。假定左翼党派在这时候，仍然希望要走和平的路，那就只有一个结果，放弃争取民主的任务，束手就擒，使反动派兵不血刃的和平完成他们的反民主工作。所以在这一方面，并不是“代表工人和贫农的革命集团”的“抛开政协路线”，一定要“以武力对抗武力”，而是复亮先生所说的：“国民党统治集团始终坚持这种反动的政治路线，逼迫共产党采取革命的政治路线。”这正是中国人民最惨痛的命运。

资料来源：伍丹戈：《民主路线与中间路线》，《时与文》第1卷第8期，1947年5月2日。

3. 美方参与者对国共和谈失败原因的分析

◎司徒雷登，1946年出任美国驻华大使，参与协调国共关系，1949年8月离开中国。他认为中国共产党在政治协商会议期间是有诚意与国民党合作的：

将军（指马歇尔，引者注）的人格和威望，会议崇高和实际的目标，使各方代表汇聚一堂，在友好、奋进的氛围中制定了五个解决方案。如果方案当时得以通过，国共两党就会结束争端，在民主基础上建立联合政府，并在美国的顾问下对国共双方的军队进行重组和训练。所有与会者在签署协议时，可能都是诚心诚意的，尽管他们肯定对某些细节和最终目标保留自己的意见。当时共产党很坦诚，在后来的讨论中也强调他们的目的是要建立共产主义的中国，但人民现在尚未做好准备，所以最好还是先经过资产阶级民主这个阶段比较适宜。政府代表对共产党和其苏联后台的诚意疑心重重，尽管会议期间大家心情都很爽朗，但国民党的态度始终很含混，他们坚决反对同“阴险”的敌手进行任何形式的合作。

资料来源：[美] 司徒雷登：《在华五十年》，常江译，海南出版社 2010 年版，第 152—153 页。

◎美国总统杜鲁门认为马歇尔调停国共矛盾失败的原因是蒋介石得不到人民的支持：

马歇尔的使命之所以未能获得成功，是由于蒋介石政府得不到中国人民的信仰和支持。蒋委员长的态度和行动和一个旧军阀差不多，他和军阀一样没有能得到人民的爱戴。我毫不怀疑地认为，只要蒋介石稍微迁就些，本身可以达成一项谅解的。

资料来源：[美] 杜鲁门：《杜鲁门回忆录》（下卷），李石译，东方出版社 2007 年版，第 100 页。

4. 国民党人对国共和谈失败原因的分析

◎张发奎，国民党军二级上将，著名爱国将领。他在口述自传中认为，国共谈判失败的原因主要在于蒋介石的两面派行为，即一面同中共谈判，一面“剿共”：

蒋先生自相矛盾。他一面同中共谈判，一面秘密下令高级军官“剿共”。换言之，他谈判与“剿共”同时并举，那就是为什么马歇尔对他发怒且责备他不诚实。

我是反对一边谈判一边作战的。蒋先生应该扪心自问，他有没有能力消灭共军，如果答案是能够，他就不要接受马歇尔的调停；如果答案是不能，他就应该诚心诚意同中共谈判。最初中共所提出的要求并不苛刻。我听说他们要求七个省主席席位与四个部长席，包括内政部，那仍然使政府能控制多数的省份。如果政府在掌握多数省份之际犹无法与中共公开竞争，夫复何言！考虑到政治竞争是非常必要的，我认为他们提出的条件可以接受。

资料来源：张发奎口述，夏莲瑛访谈及记录：《张发奎口述自传》，当代中国出版社 2012 年版，第 329 页。

二、国民党处在全民的包围中

（一）国统区各种矛盾全面激化

1. 军事失败

（1）战场失利

◎解放战争期间敌我实力消长比较：

全面内战爆发时敌我力量对比表（1946 年 7 月）

项　　别		数　　目	百分比
兵　　力	我方	1200000 人	1∶3.58
	敌方	4300000 人	
地区面积	我方	2285800 平方公里	23.8%
	敌方	7311720 平方公里	76.2%
城　　市	我方	464 座（中小城市）	23%
	敌方	1545 座（大中城市）	77%
人　　口	我方	136067000 人	28.6%
	敌方	338933000 人	71.4%

解放战争四年敌我兵力消长比较表（1946—1950 年）

时间 人数 敌我	解放战争开始时 1946 年 7 月	第一年度末 1947 年 6 月	第二年度末 1948 年 6 月	第三年度末 1949 年 6 月	第四年度末 1950 年 6 月
敌方	4300000	3730000	3650000	1490000	580000
我方	1200000	1950000	2800000	4000000	5000000
比例	3.58 ∶ 1	1.9 ∶ 1	1.3 ∶ 1	0.37 ∶ 1	0.11 ∶ 1

解放区逐年发展统计表

	1946 年 6 月	1947 年 6 月	1948 年 6 月	1949 年 6 月
面积（平方公里）	2285800	2199900	2355200	2962800
人口（人）	136067000	131060000	168114000	279247000
城市（座）	464	417	579	1016

资料来源：北京大学国际政治系编：《中国现代史统计资料选编》，河南人民出版社 1985 年版，第 396、405、408 页。

（2）军纪涣散

◎1960 年，吴国桢（1946 年至 1949 年任上海市市长）在美国纽约哥伦比亚大学东亚研究所做的口述回忆录中，谈及解放战争期间国民党军队内部极其严重的腐败情况：

问（指哥伦比亚大学裴斐教授，下同，引者注）：把军饷付给指挥官，这是旧的体制？

答（指吴国桢，下同，引者注）：比那还糟。我经常到上海码头去，那时我们的部队都集中在东北，我看到一箱箱运往东北给部队发饷的中央银行钞票。但一两周后，当我再到码头时，同样的箱子又从东北运回来了，显然指挥官们并未给部队发饷，而是将其运回以购买商品进行囤积，此后将其在黑市抛出，获得巨利，只用所赚的一部分给部队发饷。我将这一情况报告给蒋介石，但他未做任何处理。

再就是有所谓“纸上兵”。一个师本应有一万人，中央政府按这数字付饷给指挥官，但实际人数可能只有七千，甚至更少，于是他将多余的钱装进了腰包。

问：这种事在台湾已被纠正过来，对吗？是你办到的吗？

答：是的。当我任“台湾省主席”时，由“中央政府”给所有部队提供经费的担子都落到了我身上，我坚持每个士兵必须有身份证，我按证发饷。我想告诉你1949年有关汤恩伯将军的一个极为糟糕的例子。当共产党将要过长江时，他是京沪警备总司令，他来见我说：“士兵的薪饷很差，伙食也差，你必须设法改善他们的状况，否则他们很难保卫上海。”我同意提高必要的费用。甚至在这最后关头，上海商界人士对我也很友好，在我的建议下，他们捐出了一笔令汤将军满意的款项。但我告诉汤将军，我不会用现金给他的部队发饷，只会发给他们食品与燃料配给证，我还坚持由一个独立的委员会，对士兵正式点名。汤将军同意了，证发了，士兵清点了，一旅接着一旅，一切顺利进行，至少我认为如此。

然而几天以后，我恰巧到一个庙里参加一个追悼会，仪式之后，与我很熟悉的方丈请我到他的私室去，他表示了对上海未来的悲观。我问他为何如此？他回答说：“市长，您怎么这样有信心？”我说：“在市郊有大约三十万军队，到危急时刻他们会干得很好。”他瞧瞧周围没有人，便悄声说：“市长，情况并非如此，您知道我们这是个很大的寺庙，有三百多名和尚，当您的检查组来点士兵人头时，我们所有的和尚均被事先安排穿上了军服，这个地区点名时答‘到’的，不是真正的士兵，而是我们的和尚。如果这里可能发生这种事，那么别的地方也一定有，所以，您的三十万士兵又在哪里呢？”

资料来源：[美] 裴斐、韦慕庭访问整理：《从上海市长到“台湾省主席”（1946—1953年）——吴国桢口述回忆》，上海人民出版社2015年版，第38—40页。

◎1948年，一位船员向《时与文》杂志投稿，形象地描述一群悄悄藏匿在他船上的从国民党军队中“开小差”的逃兵：

有一个是老当兵的，他把橄榄形的军帽，斜搭在额角上，向厨房闹着要买蛋炒饭吃，但他没有差假证，当宪警检查时，却躲在厨房放蔬菜的大木箱里，吃过饭后，他很坦白地说："现在当一个兵，每月挣钱十万元钱，吃洋烟都不够，老子当了十几年的兵还是一个兵，妈的！朝中无人莫做官，什么八年抗战，荣誉，光荣，都骗不了肚子，没有好的吃，没有暖的穿，是实在的，不瞒你说，现在每一个地方都要征兵，买壮丁，几千万元一个，和你在这里谈谈没有什么关系"，他把声音放低了些，叉开了三个指头，"告诉你：我开小差就干着这项交易，已三次了！每次都得改个名换个姓去顶替，其实，也可说是一桩好事"，他很得意地说："假使，被抽的壮丁，他们家里都有老母妻子，哪个肯去，像我们光棍子可干得，拿了钱又可以大吃大喝，或到破鞋（妓女）那里嫖个痛快，在部队里，只要有钱，和老弟兄们同样可以去玩去逛，弄私菜，喝老酒，打上几圈牌儿消消遣，什么都可以，我们当兵的，想的最穿了，反正总不得好死，土坑子掘上了泥巴，一埋就算老子干了十几年了，糊里糊涂，乐的活一天，过一天，今早不知明晚的事儿，当官的带老婆，讨小老婆，嘴里讲着什么鸟的一套，真有什么鸟毛意思，现在的时候，大家还不是在混混，手臂儿长的，捞几个子儿（钱），花的痛快一点，死了还不是完了吗"？他攥着两只手做手势，装着个鬼脸，又从衣袋里摸出香烟来："老乡！抽支洋烟吗？"

资料来源：《逃兵的话》，《时与文》第3卷第22期，1948年9月17日。

2. 政治腐败

（1）战后"劫收"

◎1960年，吴国桢在美国纽约哥伦比亚大学东亚研究所做的口述回忆录中，谈及国民党因战后劫收导致在民众中威望急剧下降：

答（指吴国桢，下同，引者注）：……当蒋到达上海时，确有数百万人涌上街头欢迎他。那时，国民政府的威望达到了顶点。

接着威望就下降了，这都是因为在接收所谓的敌产中出现了腐败。由于事先并未对接收作周密的安排，没有制定一个确保良好和有效管理的计划，以至出现了狂乱的抢夺。

问（指哥伦比亚大学裴斐教授，下同，引者注）：你这指的是什么？

答：例如，政府所有的各种机构均受权接收敌产，但却没有作集中监督。市长理应接管全市，但陆军将接管日本陆军控制的财产，海军可接管日本海军的财产。使情况更加复杂的是，中央政府的代理机构，又去抢先接收汪精卫傀儡政权在沪拥有或控制的财产。那些代理机构的办事方式简直可恶，对此也许可以原谅，但绝不能认为是恰当的。他们通常的借口是，作为公务人员，八年战争中在内地遭受了这么多的艰难困苦，胜利之后有权为所欲为。但实际上，他们表现得就像是自己人民的征服者。

问：请举例说明他们的所作所为。

答：最好的说明是，那时上海人民给他们取的绰号——“重庆人”，这是仿照人类学术语“北京人”给他们的贬称。他们说“重庆人”只对“五子”感兴趣，即条子（金条）、房子、女子、车子（汽车）和馆子（高级饭馆）。

从这种描述可以清楚地看出，上海人民对派来接收敌产的行政人员的行为是多么不满。总之，这些人只是投机牟利者，正是由于他们的恶劣行径，国民党政府开始很快失去威望。这种情况不仅在上海有，几乎各地都有。

资料来源：[美] 裴斐、韦慕庭访问整理：《从上海市长到“台湾省主席”（1946—1953年）——吴国桢口述回忆》，上海人民出版社 2015 年版，第 1—2 页。

◎1945 年 10 月 24 日，重庆《大公报》发表《休说重庆来》一文，反映了沦陷区人民对“重庆人”的失望之情：

和他们带来的法币关金的购买力一样，“重庆人”在收复区的老百姓眼里在跌价，江东父老对我们这般凯旋的人们最初是刮目相看，再而冷眼静观，现在差不多已经摇头蹙眉了。

前天记者搭乘朋友的车，在路上抛了锚，这位朋友辱骂了一阵司机，挥喝他叫来一辆野鸡汽车，继续我们未完的一段路，索价是一千元。有人说这价格高了，车夫不绝啰里啰唆的讲他的道理，朋友听得不耐烦，喝止他说：“不要多话！要钱就好办，但怕你不要钱。”于是一路无话。这算是“重庆人”的气焰。

记者所住的安乐酒店，近来开了一个光明餐厅，入夜灯红酒绿，轻歌曼舞，门前排了一字长蛇阵的流线型汽车，出入的人不是什么“长”，就是什么“员”，或者崭新戎装，或者笔挺西服，彼此一寒暄，开头就是“我某日某飞来，您呢？”这算是“重庆人”的威仪。

夫子庙白天是那样的冷清，夜幕既降，高朋纷纷“突……突”“滴……滴”由远方来，一席数千金，还大叹“便宜，便宜！”一夜数万金，还大喊“值得，值得！”某人在重庆原是三四等的公务员，到这里独当一面，就也算成了“要人”，接收了三四辆小汽车，嫌它们都不漂亮，拿一百多万又购买了一部。这算是“重庆人”的阔绰。

“嘿！”讲话的人突然拉低声音，“有办法，某路某某号原来是……，先住进去再说。”或者，“某某弄到几部车，要脱手，问问看。”这是“重庆人”的忙碌。

冷眼江东父老观察了近两个月得了一个结论：“重庆人”到了收复区，第一件工作是做衣服，找房子，第二件是弄汽车，第三件是买黄金，第四件是女人。

资料来源：张鸿增：《休说重庆来》，《大公报》1945年10月24日。

（2）召开“伪国大”

◎1946年11月，国民党准备单方面召开“制宪国大”，中国共产党发表声明表示抗议：

关于参加国民政府及国民大会之名单问题，中共代表团一向不认为此等事件可以孤立解决，而置政协决议、停战协议及整军方案任人破坏于不顾；尤不认为在内战重新扩大，民主毫无保障之现况下，可以参加政府，召开国大。就政协本身而言，政府四项诺言，不仅迄未切实履行，且更变本加厉，放纵特务，恣意横行，使人民自由权利毫无保障。国民党二中全会所造成违反政协决议之混淆情形，不仅未加澄清，且更坚持训政约法，一党统治，使政府改组毫无意义。宪草修改原则不仅利用协议三点，企图改变代议制，且更拟动摇其他原则，否定行政院对立法院负责制而回到五五宪草之总统独裁制。在国府委员及行政院政务委员中，中共提议之名额（国府十名，行政院四名）不仅始终未获政府同意，即已确定之国府委员会中否决权问题，亦在发生动摇。国大代表名额，政府又拟增加，在宪草修改原则屡遭损害之际，在民主制与独裁制争论未决之时，何能考虑及此?！在此种严重情况下，中共目前已无提出国府委员及国大代表之可能，若再加以东北内战之严重状态，并有牵入关内之势，则冲突不停，政府何能改组，而国大亦何能从容召开?！

因是，中共代表团特再声明，只有在上述各项问题得到全盘解决与确定解决后，中共方能考虑参加国民政府与行政院之人选及提交国民大会之名单。

资料来源：《中国共产党代表团之声明》，见秦孝仪主编：《中华民国重要史料初编——对日抗战时期》（第七编·战后中国·三），“中央”文物供应社1981年版，第245页。

◎国民党单方面召开“国大”，浙江大学教授严仁赓对“国大”代表的代表性提出尖锐批评：

代表人选，包括在位的军政大官，在朝在野的党人，若干退隐身闲的政客，事业上声望上已经成为成功立脚的名流，地方上缙绅商贾地主士大夫阶级的人物等等。这一群人，通通是所谓社会的“上层”，一多半都是一人之下万人之上可以左右别人的一批有权势的人。说句过分点，不怕挨人家骂的话，内中尚不乏向来以吸吮人民膏血为业的贪官污吏土豪劣绅，混迹其间。说到经济利益，他们和人民大众的，是对立冲突而不是相与相共的。可是他们却被命为人民的代表。他们除去可以代表自己一个人以外，也许勉强能够代表这同阶层里的几个不同的部分，倒是与人口百分之八九十的农工们无干。代表既同属于一个社会阶层，彼此间又没有什么基本的经济利益上的矛盾冲突，因此不管在大会会场上，或是在审查小组内，大家涨红了脖子，拍着桌子嚷着闹着的，当然不会是为着经济的利益了。大家争的，是政权，是“治理人民的权”。

……

我看遍了我们的宪法，虽发现有一些国营事业的规定，也发现了一些社会福利设施的规定，可就是偏偏找不到这个累进课税的规定。连一个简简单单仅只说明人民负担国家支出的原则，类似“人民对于国家支出之负担，应本能力标准，以累进为原则”的一个规定，都也不见。当前我们的税制，是一种超号的累退税制，世难有其匹。难道不想把它在明文规定上先来个小革命，正一正视听吗？莫不是草宪的人，早就想给发了人民财的大官小官，腰缠万贯的大商大贾，预先留出一条躲风避雨的地方？这么大的一个经济国策，我不懂为什么不把它列入宪法？

资料来源：严仁赓：《评宪法之基本经济国策》，《世纪评论》第1卷第5期，1947年1月。

（3）改组政府

◎为迎合美国对国民党政府提出的扩大政府基础，吸收各党派及民主人士参加政府的要求，国民党于1947年4月宣布改组政府完成。学者孙斯鸣讽刺其为“请客式”的改组：

最近酝酿多时的改组政府，分明即欲朝着这个方向走去。唯其结果究竟能否达到理想中的圆满，目前固不能预卜，但至少有几点是很显而易见的。

第一，此项改组，分明尚未脱掉请客式的意味。这里，国民党真是十足的主人。主人的代表，固或许会以所谓自由分子的姿态出现，但他究竟能否吃得消其背后一大批马歇尔所谓的死硬顽固分子，实是一个很大的疑问。

第二，这回请客，客人并没有到齐，主客先拒绝出席，陪客倒到了两批。主人固只有表示欢迎之不暇，以为总算已有了面子，从此可以向不知底细的外人夸耀；但在明眼的旁观者看来，却认为这样的请客，只好算摆摆场面而已，其实真正意义几已全失。

第三，即以这批陪客而论，我们试把名单拿来一看，实在看不出有什么杰出的人才。这样的客人，只好请来伴食，但决不足以担当当世之务。

第四，再就席次分配而论，这回请客，主人确居压倒多数，客人反居绝对少数。加以踞坐高位者尽是主人，只腾出一些无关紧要的位置分给客人。于是主人发言盈庭，客人只好洗耳恭听。客人即欲嗫嚅有言，也早已为主人高声所掩住，当然更休想有别的作为了。

第五，再说那未到的主客，他既不愿出席，也不得列席，主人当然禁止不了他在外面捣乱，于然闹得举室骚然，鸡犬不宁，主人又只好出来动武，客人势孤力弱，自然劝阻不住，终于一桌满汉大席，只好不欢而散。

以上当然是笑话，但也是实情。今日政府天天大吹大擂说改组，其实说穿了还不就是这么回事？这是我们实不忍为当前的政局讳的。

资料来源：孙斯鸣：《中国政党政治往那里走？——一党制乎？两党制乎？多党制乎?》，《世纪评论》第1卷第16期，1947年4月。

◎国民党政府改组后，一位署名张世禄的读者向《观察》周刊投稿，以一碗不愿改变咸味的“和合汤”讽喻国民党的政府改组：

现在国府委员会的名单公布了，各部会也快要改组了；恐怕改组其名，扩大其实。这样，介杂一个“私”的念头，调成了一碗膨胀的和合汤，聊以饗客，恰如左列譬喻：主人请了一位财主的客人，自要百般恭敬。主人只有一碗咸味汤饗客，客人却定要和合汤。于是主人不得不在咸味汤上，又加上一调羹的糖，和一调羹的醋；却又不愿改变它的咸味，又只得再加上一调羹的盐，同时再加些水进去；端上来，勉强算得和合汤吧。那位客人体谅主人这般苦心，勉强承认味道不错。也幸亏那位客人同样厌恶辣味，不然，如果定要主人加上辣味，又不知需要再加若干的盐，才能中和它，再加若干的水才能冲淡它，又不知这碗和合汤膨胀到了什么程度。

这次改组政府，是各党各派成全政府之“美”，但是这些参加政府的党派人们，终不免在那膨胀了的和合汤中，显得渺小，究竟能够发生什么作用？他们始终不能使调味的那位主人取消了“不愿改变咸味”的念头，徒然使国帑虚耗，名器日滥，在目前既无法使得国家免除内乱，在将来能否实现民主，也就不问可知。他们果真不为自身的幸进，也应当在本心上有啼笑俱非之感。

张世禄　四月十七日　南京

资料来源：《读者投书——联合政府》，《观察》第2卷第9期，1947年4月26日。

（4）“行宪国大”

◎1948年3月，“行宪国大”开幕。记者认为“行宪国大”对普通百姓而言，“不过只是一种高贵的点缀而已”：

这次国民大会的召开，本该是极其隆重的，政府办选举，开国大，花了许多金钱，许多精力，经过一年多的筹备，现在才正式开幕。国民大会堂里集合了三千多国民代表，他们来自各业各地，这该是中国有史以来的盛事。可是，尽管国民大会堂熙熙攘攘，一般人民却似乎对之相当淡漠。这种淡漠的态度，还不只是由于中国极大多数人民不懂民主的道理，不知民权的可贵，而实在是因为另有更与他们痛切相关的问题在。即使一般人民懂得一张票的神圣价值，可是如果这张票既不能解决国是，又不能解除切身的痛苦，就是办了选举，仍然是烽火遍地，物价飞涨，流离失所的，依然是流离失所的，求生无门的，依然是求生无门，那么所谓选举者，在人民眼里不过只是一种高贵的点缀而已。

资料来源：志徐：《国民大会开幕》，《世纪评论》第3卷第14期，1948年4月。

◎1948年4月19日，“行宪国大”开始副总统选举。经过第一轮、第二轮的副总统选举，候选人仅剩同属国民党的李宗仁、孙科、程潜三人，李宗仁领先。而在第三轮选举之前，三位候选人都突然宣布退出选举。事因蒋桂积怨，蒋介石不希望李宗仁当选，于是召见程潜，希望其退出选举，并将选票转让给孙科。程潜拒绝了蒋介石转让选票的要求，于4月24日晚愤而宣布“本人已受命放弃继续竞选副总统”。4月25日凌晨，李宗仁以“发觉有人以党之名义压迫统制，使各代表无法行使其自由投票之职权”为由，也宣布放弃竞选。随后，4月25日上午，孙科则以“消弭猜忌纷争”为由声明放弃竞选。一时间，副总统选举形成了无候选人的局面，舆论哗然。蒋介石不得已做出让步，重申“自由竞争”的原则，并派人“疏通劝慰”。三人随后重新参选。4月29日，李宗仁以微弱优势胜出，副总统选举闹剧落幕。事后，记者发文讽刺国民党领导下的民主宪政运动：

副总统选潮已成过去，发的急，收的也快，虽然已经不能完全不着痕迹，只须一念之转，暗流也会渐趋消逝。事后检讨，有人把这次副总统选潮归咎于国民党之不事先提名，致使党人互相竞争。也有人认为各候选人竞选宣传逸出常轨，结果引起彼此猜忌。其实，如果照民主国家选举的惯例说，一党而有四位副总统候选人固属怪事，一党而有两位总统候选人，在同一选区一党而有几个代表候选人，甚至强劝本党应选代表退让友党等，更是荒诞不经。有人作了一个比方说：我们的民主宪政，好像是一个十八世纪的乡下姑娘硬要穿戴起二十世纪最新的服饰，远看很摩登，近看四不像，处处学洋化，举手抬脚就露出破绽来。结果是既没有学到摩登，也失去了朴实的本色。

资料来源：志徐：《副总统选潮》，《世纪评论》第3卷第18期，1948年4月。

3. 经济崩溃

（1）权贵资本

1948年9月，《时与文》杂志发表《中国官僚资本的一张清单》一文，内容转录自国民党立法委员王力航的《论中中交农》的书面报告。文章罗列了“中中交农”四家银行的股东名单，并且揭露其实质就是“官商不分，国家与私人无别”：

南京《大学评论》一卷十期载有立法委员王力航《论中中交农》的一篇书面报告，其中开列了中国官僚资本家的一张名单，可供国人参考，特为转录于后：

中央银行	理事	张嘉璈　孔祥熙　宋子文　陈　行　徐　堪　陈辉德　钱永铭　宋子良　张　群　李国钦　王宠惠　朱家骅
	监事	李　铭　徐陈冕　熊式辉　顾翊群　戴铭礼　谢铭勋
中国银行	官股董事	徐　堪　郭锦坤　吴忠信　吴鼎昌　徐青甫　李　傥　钱永铭　戢翼翘　席德懋　王晓籁　霍宝树　陈　方
	官股监事	俞鸿钧　周雍能　严　庄　王延松　赵季言
	商股董事	宋汉章　宋子文　孔祥熙　贝祖诒　莫德惠　张嘉璈　金润泉　卞寿生　李　铭　陈辉德　杜　镛　徐寄庼
	商股监事	刘攻芸　卢鑑泉　尹任先
交通银行	官股董事	俞鸿钧　宋子良　王正廷　李叔明　刘泗英　戴铭礼　谭伯羽　卢作孚　浦拯东　徐鸿宾　陈　威　程觉民　汤　钜
	官股监事	何浩岩　徐中襄　简　贯三　梁颖文　刘攻芸
	商股董事	钱永铭　赵棣华　周佩箴　李　铭　杜　镛　陈果夫　钟　锷　王承组　吴鼎昌　徐　堪　陈辉德　梁定蓟
	商股监事	徐柏圜　吕咸　温襄忱　贯士毅
中国农民银行	官股董事	李叔明　吴铁城　张万生　顾翊群　甘乃光　狄　膺　戴安国　徐　桴　刘攻芸　梁敬錞　赵家荪
	官股监事	钱天鹤　沈宗濂　贾士毅　陈延祚　沈亦有
	商股董事	陈果夫　周佩箴　徐柏园　刘咏尧　徐青甫　萧铮　毛秉礼　萧赞青　赵志尧　竺芝珊　程远帆
	商股监事	徐　堪　李基鸿　孟昭赞

该报告中说道：“官商股董事的身份，最难明白，登台是官股董监，下台是商股董监，在甲行是官股董监，在乙行是商股董监，而商股董监中，又不乏一品当朝之士……。”总之是官商不分，“国家”与私人无别。我们不管制经济金融则已，否则首先就要管制“国家”银行。我们不打倒奸商则已，否则首先就要打倒官商。不过有一点值得注意，即名单中一一八人，“有的是被邀请做陪客的”，实际上重要角色并没有这许多，或者自己根本没有要出场，只派代表参加罢了。现实“打老虎”之声甚盛，但这名单中的老虎究竟打了几个？悲哀的只是小虎中虎，而不是大虎老虎！

资料来源：文抄公：《中国官僚资本的一张清单》，《时与文》第3卷第22期，1948年9月17日。

◎1947年3月，在物价持续上涨的背景下，北京大学教授樊弘抨击国民党政府代表的是投机商人和官僚资本家阶级的利益：

为什么政府要以征收累退税的发行通货的方法来弥补政府的开支呢？……这种办法，既只对于投机的奸商有利益，而对于工业资本家、公教人员、劳苦大众和前线的士兵都无利益，可是政府还要继续发行钞票。我以为此中最主要的原因，必是由于政府受制于投机的商人利益，和与投机商人的利益混合在一起的官僚资本家阶级的利益了。政府为了少数的奸商或官僚资本家的利益，而置大众的利益于不顾，至于一再丧失政府的威信，其结果非叫国民政府以牟利为目的的官僚资本家阶级整个垮台不可。

资料来源：樊弘：《物价继涨下的经济问题》，《世纪评论》第1卷第11期，1947年3月15日。

（2）物价飞涨

◎1947年至1948年上海米价飞涨：

上海米价飞涨情况表（1947—1948年）

单位：元

年份	月	每市担	伪法币
1947	1	1	60000
	6	1	500000
	12	1	1000000
1948	1	1	1000000～1580000
	2	1	2400000～3600000
	3	1	4200000～4500000
	4	1	4500000～5000000
	5	1	5000000～7500000
	6	1	9000000～23000000
	7	1	28000000～40000000
注：到1948年7月止，上海大米价每担已涨到四千万蒋币，与同年1月（一百万元）涨了40倍，比1947年1月（六万元）涨了650倍，比战前米价（十万元一担）涨了400万倍			

资料来源：北京大学国际政治系编：《中国现代史统计资料选编》，河南人民出版社1985年版，第415页。

◎1948年8月19日，国民政府颁布《财政经济紧急处分令》，进行币制改革，发行金圆券，以300万元法币折合1元金圆券的比率，收兑流通法币。后又在《整理财政及加强管制经济办法》中规定："全国各地各种物品及劳务价格，应照1948

年8月19日各该地各种物品及劳务价格，依兑换率折合金圆出售。”即一切市场物价均限在8月19日当天的货价标上，不得随意涨价。与此同时，公教人员的薪给数目也被固定，不得随物价而增加。但“八·一九”限价实际不仅没能遏制住物价，反而推动物价暴涨。而被冻结住薪给的教育界人士因此几乎无法维持生计。记者丁尘发表《争温饱的浪潮》一文，反映了教育界在物价飞涨下的艰难状况：

本来，教育界的清苦，多少年来都是大家有目共睹的事实，吃不饱饿不死。可是，当作为起死回生万灵丹的金圆券问世以后，固然仍是吃不饱，但却可以饿得死了。在这饿得死之前虽然还有个片刻的黄金时代，那就是刚刚币制改革之后，一个小学教员的月薪可以买到八袋面，一个大学教授的月薪可以买到二十袋面。这黄金时代仅仅是片刻的，在挤购、抢购、限价之下，粮食日用品通通不翼而飞，要吃要用只有求之于黑市，黑市的行情，片刻之间变化莫测，如果要用表格显示出来，就是一条红线成直线的往上升，尽管报纸上的行情表还是照八一九的限价刊出来。在国家的法令下薪金冻结了，黄金时代过去之后，这被冻结的薪金，一个小学教员只能买到一袋多面，一个大学教授只能买到两三袋面，甚至连这个都要有力气去“挤购”才能得到，整天看到妻儿子女愁哭的面，谁又能安心地走入教室呢？如北大教授停课宣言所说：“当然，我们宁肯饿死而不离开工作岗位，但是我们和我们的眷属都在为饥寒所迫的时候，难以安心工作。”

资料来源：丁尘：《争温饱的浪潮》，《世纪评论》第4卷第19期，1948年11月。

4. 社会动荡

◎对于1947年的“五二〇”运动，北京大学王铁崖、沈从文、吴之椿、俞平伯、袁家骅、陈振汉、杨人楩、杨西孟、樊弘、楼邦彦等31名教授发表宣言，认为政府应对学生运动表示了解与同情：

罢课游行，以致荒废学业，自非我们所能赞同，但是青年学生具有不满政治现状的情绪，以纯洁的心地提出具体主张，殊不应乱予曲解，尤不应横加污蔑。他们绝不是受胁制玩弄供利用的工具，其行动亦不能认为是胁迫群众煽动暴乱的阴谋。……

我们站在教育岗位上的人，自当劝导青年学生先行复课，以免牺牲学业，同时更希望政府对于青年学生的运动予以了解和同情。青年学生运动的起因是不满现实，唯有改变现实才能平息他们的不满。推诿与压制，则结果适得其反。殷鉴不远，不敢不告。

资料来源：《北京大学三十一教授对于最近学潮的态度》，《世纪评论》第1卷第22期，1947年6月。

◎对于1947年的“五二〇”运动，《观察》周刊主编储安平认为学生运动是政府逼出来的，并且对学生的勇气给予高度的礼赞：

我们认为这次全国的学潮，完全是政府逼出来的。学生的意志绝对是自发的，而非被动的；他们的动机绝对是纯洁的，而非卑鄙的；他们的精神绝对是勇敢的，而非怯懦的。……在这次学潮之初，学生似乎都是为了自己的问题，然而经过水龙先生、皮带先生、木棍先生、石子先生的教训，学生在心灵上又骤然跨前一步，孕育出一种更为崇高更为伟大的精神。他们了然他们在今日这个时代中已肩负一种新的任务，亦即历史的任务。他们现在正企图以他们的热血来转旋这个天地！南京学生饥饿请愿团的主席曾说过：“现在公教人员和老百姓不敢喊。他们不敢喊，我们要替他们喊出来！”本刊北平通信亦说，北平的学生都以为这一次的学潮，就是一个“新五四运动”的序幕，他们要替人民呼喊。他们已深深觉得，单单为了自己的利益争，这个争是渺小的，必要替广大的人民争，这个争才是伟大的。现在全国的教授，特别是北方各校的教授，都站在学生的后面，全国的开明的进步分子，也都站在学生后面，这是一个坚强的阵线，一幅动人的图画，一首伟大的史诗。……我们坚信，在当前这种黑暗危急的局面下，学生将永远发挥其力量，以挽救国家的命运。在这样轰轰烈烈的学生运动中，终会爆出光彩夺目的火花，而新的中国就在这火花中孕育生长！

资料来源：储安平：《学生扯起义旗·历史正在创造》，《观察》第2卷第14期，1947年5月31日。

◎美国驻华大使司徒雷登认为，学潮迭起、社会动荡的原因在于国民党统治之下生存环境的恶化：

物价疯狂暴涨，生活费用急剧上升，1947年到1948年之间新出现的经济政治问题让学生越来越难以控制情绪。其中最明显的要数伙食暴乱。……随着吃的越来越少，越来越难以下咽，学生开始责怪政府和平谈判无能，无法改善民众生活。同共产党的战争毕竟是内战，和当时抗击日本外敌不同，没有激起学生多少爱国情怀。他们更同情社会主义激进运动，大多数人认为现任当局是无可救药的反动派。沮丧、绝望的心态弥漫在各个学生群体之间。不光是吃的东西不好，衣物、取暖、课本、试验器材、课程质量、毕业生就业问题等等，所有和生活息息相关的事情都和糟糕的饮食一样惨不忍睹。……即使对最为理想主义的学生来说，生存问题也要比国家大事和意识形态纠纷重要得多。

资料来源：[美] 司徒雷登：《在华五十年》，常江译，海南出版社2010年版，第177—178页。

（二）人民革命战线的巩固和扩大

1. 解放区的土地改革与民众的广泛发动

（1）解放区的土地改革纲领和政策

◎1947年10月10日，中共中央正式公布施行《中国土地法大纲》，提出彻底废除封建性及半封建性剥削的土地制度：

第一条：废除封建性及半封建性剥削的土地制度，实行耕者有其田的土地制度。

第二条：废除一切地主的土地所有权。

第三条：废除一切祠堂、庙宇、寺院、学校、机关及团体的土地所有权。

第四条：废除一切乡村中在土地制度改革以前的债务。

第五条：乡村农民大会及其选出的委员会，乡村无地少地的农民所组织的贫农团大会及其选出委员会，区、县、省等级农民代表大会及其选出的委员会为改革土地制度的合法执行机关。

第六条：除本法第九条乙项所规定者外，乡村中一切地主的土地及公地，由乡村农会接收，连同乡村中其他一切土地，按乡村全部人口，不分男女老幼，统一平均分配，在土地数量上抽多补少，质量上抽肥补瘦，使全乡村人民均获得同等的土地，并归各人所有。

第七条：土地分配，以乡或等于乡的行政村为单位，但区或县农会得在各乡或等于乡的各行政村之间作某些必要的调剂。在地广人稀地区，为便于耕种起见，得以乡以下的较小单位分配土地。

第八条：乡村农会接收地主的牲畜、农具、房屋、粮食及其他财产，并征收富农的上述财产的多余部分，分给缺乏这些财产的农民及其他贫民，并分给地主同样的一份。分给个人的财产归本人所有，使全乡村人民均获得适当的生产资料及生活资料。

……

第十一条：分配给人民的土地，由政府发给土地所有证，并承认其自由经营、买卖及在特定条件下出租的权利。土地制度改革以前的土地契约及债约，一律缴销。

第十二条：保护工商业者的财产及其合法的营业，不受侵犯。

第十三条：为贯彻土地改革的实施，对于一切违抗或破坏本法的罪犯，应组织人民法庭予以审判及处分。人民法庭由农民大会或农民代表会所选举及由政府所委派的人员组成之。

……

第十六条：在本法公布以前土地业已平均分配的地区，如农民不要求重分时，可不重分。

资料来源：中央档案馆编：《解放战争时期土地改革文件选辑》，中共中央党校出版社1981年版，第85—88页。

◎1948年1月，毛泽东在《关于目前党的政策中的几个重要问题》一文中就土地改革和群众运动中的“左”倾问题提出纠正意见，努力避免土地改革过程中的过激化倾向：

一、必须将贫雇农的利益和贫农团的带头作用，放在第一位。……“贫雇农打江山坐江山”的口号是错误的。在乡村，是雇农、贫农、中农和其他劳动人民联合一道，在共产党领导之下打江山坐江山，而不是单独贫雇农打江山坐江山。在全国，是工人、农民（包括新富农），独立工商业者，被反动势力所压迫和损害的中小资本家，学生、教员、教授、一般知识分子，自由职业者，开明绅士，一般公务人员，被压迫的少数民族和海外华侨，联合一道，在工人阶级（经过共产党）的领导之下，打江山坐江山，而不是少数人打江山坐江山。

……

三、必须避免对中小工商业者采取任何冒险政策。各解放区过去保护并奖励一切于国民经济有益的私人工商业发展的政策是正确的，今后仍应继续。减租减息时期鼓励地主富农转入工商业的政策也是正确的，认为“化形”而加以反对和没收分配是错误的。地主富农的工商业一般应当保护，只有官僚资本和真正恶霸反革命分子的工商业，才可以没收。这种应当没收的商业，凡属有益于国民经济的，在国家和人民接收过来之后，必须使其继续营业，不得分散或停闭。对于一切有益于国民经济的工商业征收营业税，必须以不妨碍其发展为限度。在公营企业中，必须由行政方面和工会方面组织联合的管理委员会，以加强管理工作，达到降低成本、增加生产、公私两利的目的。私人资本主义企业也应当试行这种办法，以达到降低成本、增加生产、劳资两利的目的。工人生活必须酌量改善，但是必须避免过高待遇。

……

十一、……土地法大纲上规定的经过人民法庭审讯判决的这一斗争方式，必须认真实行，它是农民群众打击最坏的地主富农分子的有力武器，又可免犯乱打乱杀的错误。应在适当时机（在土地斗争达到高潮之后），教育群众懂得自己的远大利益，要把一切不是坚决破坏战争、坚决破坏土地改革，而在全国数以千万计（在全国约三亿六千万乡村人口中占有约三千六百万之多）的地主富农，看作是国家的劳动力，而加以保存和改造。我们的任务是消灭封建制度，消灭地主之为阶级，而不是消灭地主个人。必须按照土地法给以不高于农民所得的生产资料和生活资料。

资料来源：《关于目前党的政策中的几个重要问题》，见《毛泽东选集》（第四卷），人民出版社 1991 年版，第 1268—1271 页。

（2）解放区民众的广泛发动

◎解放战争期间人民群众的支前情况：

三大战役人民支援前线统计表（1948—1949 年）

项目 / 数目 / 战役	辽沈战役	淮海战役	平津战役
民工	160 万人	225 万人	154 万人
挑子		42400 副	
担架	13800 副	73900 副	20000 副
小车		410900 副	20000 副
大车	6750 辆	3070 辆	380000 辆
汽车		250 辆	
牲畜	30000 头	6300 头	1000000 头
船只		13630 条	
粮食	7000 万斤	57000 万斤	31000 万斤

资料来源：北京大学国际政治系编：《中国现代史统计资料选编》，河南人民出版社 1985 年版，第 410 页。

◎1950 年，毛泽东在中共七届三中全会的讲话中，对土地改革对民众的动员作用给予充分肯定：

我们已经在北方约有一亿六千万人口的地区完成了土地改革，要肯定这个伟大的成绩。我们的解放战争，主要就是靠这一亿六千万人民打胜的。有了土地改革这个胜利，才有打倒蒋介石的胜利。

资料来源：《不要四面出击——毛泽东在中共七届三中全会上的讲话》，见中央档案馆、中共中央文献研究室编：《中共中央文件选集（1949 年 10 月—1966 年 5 月）》（第三册），人民出版社 2013 年版，第 145 页。

◎淮海战役期间，华东野战军后勤部部长刘瑞龙回忆民众积极支援前线的情况：

广大群众和支前民工热爱子弟兵，他们全力以赴支援前线，付出了巨大的代价。民工运粮途中，忍饥不吃车上粮，好让战士吃饱打仗。遇上敌机轰炸，民工总是先隐蔽好粮车，自己再去隐蔽。雨雪中运粮，民工就脱下蓑衣、棉衣盖好粮车，自己穿着单衣顶风冒雪推车前进。苏北宿迁县大兴区运输队千余民工，在风雪泥泞中跋涉运粮。有时一天只吃上一顿饭，奋战四昼夜，将九万斤大米运到部队。该线运输中队长高全忠，在一次敌机轰炸时，为保护粮车，以身殉职。豫皖苏区夏邑县万余民工雪地扛面支前。该线一等支前模范王登祥赤脚扛运，往返六〇〇里，冻烂了四个脚趾头，仍坚持完成任务。渤海一专区民工丁自明在敌人火力封锁下，四次到火线抢救伤员。冀鲁豫区东明县担架队在转运伤员时，突然遭到敌机轰炸扫射，一副担架的四名民工同时扑到伤员身上掩护伤员。结果一个民工受伤，而伤员安然无恙。后方医务人员热情服侍伤员，精心为伤员治疗。济南市接受伤员六〇〇〇人，而自动报名到医院服务的私营医护人员和市民、学生达七〇〇〇多人，有五〇〇余人自动报名为伤员献血。雪涡县妇女会干部许秀英热情照料伤员，给伤员喂水喂饭，洗补衣裳。伤病员都尊称她是“人民战士的母亲”。人民的热爱，极大地鼓舞了全体指战员的斗志。

资料来源：刘瑞龙：《人民全力支前，保证了淮海战役的胜利》，见中共中央党史资料征集委员会主编：《淮海战役》（第三册），中共党史资料出版社1988年版，第184页。

◎1948年3月，在国统区公开发行的《观察》周刊发表文章，充分肯定土地改革对解放区民众的动员作用：

农村生产的停滞，其主要原因，当在于土地分配的不合理，与地主阶级的封建性。如何使耕者有其田，再进而为较新技术的集体生产，确是中国农村应当解决的问题。有人主张农村须先求安定，但不安定的原因何在呢？那并不是共产党的“捣乱”，他的在农村中的“捣乱”是建筑在过去农村的落伍与不合理上。主张戡乱者，如果只注意枝节与现象，而不注意“乱源”，乱是戡不下去的。

现在解放区中的土地，在军事与生活双重目的下，地上与地下都变革了。这个剧烈的变革，使得具有旧意识的人非常震惊。解放区深厚的军事力量，是从这种变革产生出来的。兵源粮源没有问题，在他的新社会秩序下，可以施行“空心战术”，后方不要任何警备兵力，试问政府区，能在任何地方不用兵力警备吗？全国二千多个县市局中，在共军手中的约为四百九十个左右，相当于四分之一，其占领面积约为二百余万平方千米，人口有一亿三千万至六千万。

地上的土地变革，就是中共的土地改革运动，地下的土地变革，就是中共的掘土战术，也就是地道战。这两种变革，使得地上地下都变了形。要研究目前解放区的本质，与土地的变革是分不开的。

……

解放区由这个土地法大纲的实施，不但人与人的关系改变了，农民与土地的关系也变了，这个地上的变革是空前的，他含有最强烈的阶级性，使得贫雇农翻了身，成为他们的主力，更效死于他们的政权的拱卫，当然也因此会淘汰了他们认为阶级与出身有问题的分子。但这并不是他们所顾及的，他们在进行土地改革运动中也还进行着三查的整风运动，三查的结果，会使得他们认为“不纯”的纯起来。有人认为三查会使得中共内部分化，这个判断是错误的。或许分化出来的正是他们所愿意扬弃的。乡村是中共的基地，他们要确实的把握住农村，土地改革运动，会使得他们在土地上生根成长乃至壮大。

资料来源：《土地改革·地道战》，《观察》第 4 卷第 6 期，1948 年 3 月 3 日。

◎国统区的《世纪评论》杂志发表文章，充分肯定解放区土地政策的动员作用：

解放区的较温和的土地政策的厘定，相对增加了生产，奠定了后方足食足兵的基础。在军事行动中，政治控制下的经济设施是渐趋温和，且保证中小地主的生存权利，及若干程度的优裕。而以有考虑的态度重分配土豪官绅的所有予贫农雇农，以坚定其农工群众。对照着这种积极性的经济政策，政府在经济上仍是消极的，新币制的改革是面临社会经济的总崩溃，就因为这种崩溃足致军事上恶化到不可收拾的地步。

资料来源：颜回：《在开展中的搏斗——在决战前双方在政治上的布置》，《世纪评论》第 4 卷第 12 期，1948 年 9 月。

◎一位署名施若霖的学者在《观察》杂志发表文章认为，彻底的土地政策是中国共产党与国民党相抗衡的重要因素：

中国国民党与中国共产党的战斗已达二十个年代，他们两党关于土地问题的斗争，迄今已达到非常尖锐的阶段。诚然，大部的农民利益代表着整个中华民族的利益，在这广大的农村的杀伐的战场中，他们也无非要获得广大农民的同情和拥护。

在这里，谁最能彻底实行土地改革，便是谁最能获得广大农民的同情和拥护，而因之获得在农村中的战斗胜利。我们很中立而无庸置疑地说，中共在逐步的土地改革上，是相当坚强了他们的经济和军事基础的，在激烈的内战炮火下，中共能够与国民政府分庭相抗，未尝不是农村人民之力。他们为了最后胜利，实践了土地改革。国民党则为了他们一部分地主阶级利益的立场，对于土地改革总是因循姑息，迟迟其行。

资料来源：施若霖：《论中国土地改革》，《观察》第2卷第21期，1947年7月19日。

◎1947年，美国友好人士韩丁在晋冀鲁豫解放区北方大学任英语教员，1948年作为土地改革工作队观察员参加了山西潞城县张庄的土地改革运动。他亲身经历了土地改革后中国农村翻天覆地的变化：

新发布的《土地法大纲》在一九四六年至一九五〇年中国内战期间的作用，恰如林肯的《黑奴解放宣言》在一八六一年至一八六五年美国南北战争期间的作用。林肯的《黑奴解放宣言》无偿地解放了价值三十亿美元的奴隶，关闭了正在进行军事交锋的工业北方和蓄奴南方之间的和解的大门，把争端的焦点从区域自治转移到奴隶制度，为千百万解放了的黑人投入北军扫清了道路，使战争以摧枯拉朽之势深入到南方境内的各个角落。

毛泽东的《土地法大纲》无偿地没收了价值二百亿美元的土地，使共产党和国民党之间绝无和解的可能，把战争的主要目标从保卫解放区转移到全国范围内打倒地主和买办阶级，促使了蒋军大批地向人民解放军投诚，推动了中国内地农民的骚乱，鼓舞了国民党后方都市中工人、学生、商人和职员的示威运动。

资料来源：［美］韩丁：《翻身——中国一个村庄的革命纪实》，韩倞等译，北京出版社1980年版，第7页。

2. 民主人士表明了参加新民主主义革命的立场

（1）李公朴、闻一多案

◎1946年7月19日，《大公报》发表《李闻被刺之巨波——中共向政府抗议》一文，全文刊登了中国共产党就李公朴、闻一多事件向国民党政府表示的抗议：

周氏于记者招待会上发表中共代表团为李闻被刺事件致政府代表之抗议书。全文如下：哲生、铁城、布雷、力子、雪艇、厉生、立夫、岳军先生公鉴：并转蒋主席赐鉴：敬启者，李公朴、闻一多两先生因热心奔走和平民主运动，竟先后在昆明被暗杀致死，闻先生之公子亦伤重垂危。远道闻之，悲愤交集。政府既一面大举进攻鄂豫、山东、山西及苏皖各解放区，准备造成全面内战，另一面从容指使特务机关在大后方暗杀和平民主领袖，如此野蛮卑鄙手段，虽德意日法西斯国家政府，犹不敢肆意为之；中国号称反法西斯胜利国家，且四项诺言言犹在耳，而特务暴行接踵而至，遍及全国。殴打未已，暗杀继之，一城之内，五日之间，竟至上演杀人惨案两起，不知政府当局何以自解？且据昆明来信所云，李先生被难之日，即有再杀闻先生之风言。且李闻两先生之外，还传说重庆有邓初民先生等，上海有沈钧儒、罗隆基先生等有为暗杀对象，人心惶惶，举国震怒。政府当局如果稍有悔悟，犹惧春秋笔诛，应急起制止，以谋善后。恩来等闻此凶耗，夜不成寐，除对李公朴、闻一多先生事件表示严重抗议外，特要求立即采取下列措施，并命令公布全国：（一）立即撤换昆明警备司令，限期缉拿凶手交法院问罪，并由政协派员陪审；（二）公葬死者，通令全国追悼，并对死者家属以抚恤；（三）严格责成各地政府及军警机关负责保卫各党派及一切民主人士之安全；（四）重申四项诺言，彻底予以实施；（五）彻查政协会议以后各地所发生之惨案，惩办祸首；（六）取消一切特务机关；（七）释放一切政治犯。恩来等认为政府必须实行上列各项最低要求，方足表示政府有重返和平民主之意。特此奉达，并希于三日内赐复，无任企盼，并颂公祺。周恩来、董必武、吴玉章、叶剑英、陆定一、邓颖超、李维汉谨启。

资料来源：《李闻被刺之巨波——中共向政府抗议》，《大公报》1946年7月19日。

◎李公朴、闻一多事件发生后，美国政府对国民党政府表示谴责：

最近昆明发现有声望之教育阶层人士，惨被暗杀案件，美国人民未尝无闻。此案责任属谁，姑置勿论，其结果适使美国人民对中国局势益加关注。且信中国对社会问题，不采民主方法，仍欲凭藉武力，利用军队，或特务警察，以求解决。吾人对于中国国民期望和平民主之信心，虽已为近来发生事端所动摇，然尚未泯灭。美国政府仍坚持协助中国，俾能于真正民主政府之下，建立和平与稳定经济，然照此间观感，中国国民之期望，为黩武军人及少数政治反动分子所遏阻，此辈不明现时代之开明趋向，对国家福利之推进，不惜予以阻扰，此种情势，实为美国国民所深厌恶。倘若中国内部之和平解决办法，不即于短期内表现真实进步，则美国舆论对中国之宽宏慷慨态度，势难继续，且本人必须将美国立场重新审定。本人深望阁下能于最近期内惠予好音，使贵我两国间所相互宣布之目的，获致完成。

资料来源：《杜鲁门总统致蒋主席说明美政府对中国内部现状之态度函译文》，见秦孝仪主编：《中华民国重要史料初编——对日抗战时期》（第七编·战后中国·三），“中央”文物供应社1981年版，第209页。

（2）“取缔民盟”案

◎对于国民党政府宣布中国民主同盟为“非法团体”、予以取缔一事，北京大学、清华大学、燕京大学等校的周炳琳、楼邦彦、金岳霖、戴世光、樊弘、俞平伯、朱光潜、许德珩、杨人楩、朱自清、冯至、陈振汉等48名教授联名抗议：

政府此举旨在消灭民盟，且不论其直接效果如何，实对民主宪政的前途留下极恶劣的影响。盖容忍反对的意见，尊重异己的政党，实为民主政治的基本要素。今政府压迫民盟之举，实难免于“顺我者生，逆我者死”之诟病。充此而言，势必至于唯依附政府之政党始能活动，唯顺从当局之人士始得自由。一不合作，遂谓之“叛”，稍有批评，遂谓之“乱”，又且从而“戡”之。试问人民的权利何在？人民的自由何在？我们即使不为民盟不平，也不能不为国家前途，为人民安全，感到深切的忧虑。政府如简捷了当明白宣告不复实行宪政，我们即无一句话可说。政府既尚宣称维护民权保障自由，则我们还愿意郑重其忠言：对于一个异见的在野政团如民盟者横施压迫，强加摧残，这是不民主，不合理，而且不智的举动。

……

据上所言，为民主宪政前途计，为人民基本权利保障计，我们愿意以自由国民的立场，向政府严正陈言：（一）对于宣布民盟违法团体一事，应当重做决定；（二）倘民盟竟被解散，其善后各事之处理必须照公平合理之原则，不得稍有蹂躏人权之举；（三）恢弘气度，责已容人，继是贤明执政的作风，政府于此尚须多加留意。义之所在，不容缄然，愿与全国人士共勉之。

资料来源：北大清华燕京48名教授：《我们对于政府压迫民盟的看法》，《观察》第3卷第11期，1947年11月8日。

◎中国民主同盟被迫解散后一个星期，黄炎培在《国讯》上发表《我与民盟》，对国民党当局的卑劣行径公开表示抗议：

一部大历史，信而见疑，忠而被谤者，不知凡凡，民盟已矣。自我发之，自我收之，知我罪我，其惟春秋。我只平心静气地问一句话：请大家公正检讨民盟从创始到结束，前前后后所有文件，曾有一字一句，足以构成危害国家颠覆政府的罪行否？

资料来源：黄炎培：《我与民盟》，《国讯》第439期，1947年11月15日。

◎1948年1月5日，中国民主同盟在其一届三中全会开幕之际在香港发表紧急声明，表示不接受国民党解散民盟的命令：

中国民主同盟中央执行委员会在第三次全体大会开幕之日，我们全体出席委员首先决议向全世界全中国人民郑重声明：

我们代表本盟全体盟员一致否认南京反动独裁政府内政部发言人，于三十六年十月二十七日宣布本盟为“非法团体”之无理而又狂妄的举动，我们认为南京反动独裁政府对于本盟合法地位的取消，是根本违法的，即依照他们自己的“法律程序”，亦未经过所谓“国务会议”与“行政院”正式公布解散的命令，而仅由所谓内政部发言人口头发表声明。此种行为，益足以证明其坚持独裁专制而已。

同时，我们更代表本盟全体盟员表示不能接受本盟总部于去年十一月五日在南京反动独裁政府的劫持与威胁之下，未经合法会议而发表的："辞职""解散总部"及"停止盟员活动"与声明。

同人等兹依遵本盟组织规定程序，召开本届全会，恢复领导机构，决定继续奋斗方针……

资料来源：《中国民主同盟一届三中全会紧急声明》，见中国民主同盟中央文史资料委员会编：《中国民主同盟历史文献（1941—1949）》，文史资料出版社 1983 年版，第 363 页。

（3）民主人士的立场转变

◎1948 年 1 月 19 日，中国民主同盟一届三中全会发表宣言，宣布接受新民主主义革命的立场：

一、本盟为求中国民主和平独立统一的实现而奋斗，此一目标，始终不变。惟因国际与国内形势的转变，为何方能达到这一目标，今天则与二中全会时显已不同，过去本盟主张以"和平"求民主，以"公开"争合法。但在今天，南京国民党反动集团既已关闭和平之门，且不复容许任何不同意一党专政的反对党存在，则欲实现中国的和平民主，已不可能由谈判妥协中求之。我们必须粉碎一个独裁反动贪污腐化的政权，才能建立一个和平民主廉洁有效能的新政权。我们今后必须发动，领导中国人民积极从事此项斗争。我们过去一贯的主张反对内战，恢复和平，今日也依然如此。但我们所要反对的是国民党反动集团所进行的反人民的内战，我们所要求的是真正的永久的民主的和平。

……

四、为反对独裁卖国，实现真正的民主的和平，本盟愿伸出手来，欢迎一切民主党派的合作，而且要与一切民主党派结成坚强的民主统一战线。中国共产党为民主事业而奋斗的历史，日寇投降以来，为实现国内和平的努力，是值得每个爱国的中国人赞佩，本盟今后要与他们携手合作。

资料来源：《中国民主同盟一届三中全会宣言》，见中国民主同盟中央文史资料委员会编：《中国民主同盟历史文献（1941—1949）》，文史资料出版社 1983 年版，第 375—376 页。

◎1948 年 1 月 13 日，在上海的黄炎培赋诗一首，表示支持中国民主同盟一届三中全会的决定，迈出了他由中间立场向新民主主义革命立场转变的重要一步：

口纵予瘏岂忍缄，
心无私欲有民岩。
倘劳行者怀居者，
犹是张园隔枣岚。

资料来源：中国社会科学院近代史研究所整理：《黄炎培日记》（第十卷），华文出版社

2008年版，第49页。

◎1949年1月22日，中国民主同盟领导成员以及各方面民主人士发表对时局意见，宣布接受新民主主义革命的立场：

我们现在已经先后进入解放区来了。回忆去年五月一日，中共中央号召全国，建议召开包括各民主党派、各人民团体、各民主人士的政治协商会议，以加速推翻南京卖国独裁统治，实现人民民主联合政府。我们一致认定，这一解决国是的主张，正符合于全国人民大众的要求。用特通电响应，并先后进入解放区，在人民解放战争进行中愿在中共领导下，献其绵薄，共策进行，以期中国人民民主革命之迅速成功，独立、自由、和平、幸福的新中国之早日实现。

……

李济深　沈钧儒　马叙伦　郭沫若　谭平山　彭泽民　章伯钧　茅　盾
蔡廷锴　周建人　符定一　章乃器　李德全　胡愈之　沙千里　朱学范
陈其尤　黄镇声　朱蕴山　邓初民　翦伯赞　王绍鏊　吴　晗　许广平
楚图南　丘　哲　韩兆鹗　冯裕芳　许宝驹　田　汉　洪　深　侯外庐
沈兹九　宦　乡　杨　刚　曹孟君　刘清扬　张曼筠　施复亮　孙起孟
严信民　李民欣　梅龚彬　沈志远　周　颖　安　娥　吴茂荪　何　惧
林一元　赖亚力　袁　震　沈　强　王蕴如

资料来源：《中国民主同盟领导成员暨各方面民主人士发表对时局意见》，见中国民主同盟中央文史资料委员会编：《中国民主同盟历史文献（1941—1949）》，文史资料出版社1983年版，第505、508页。

三、“国民党自己打倒了自己”

（1）蒋介石个人的集权和专断

◎吴国桢认为国民党领导层的腐败与蒋介石的集权专断密切相关：

整个领导都烂掉了。在这点上，我甚至也不能排除蒋介石本人，他比其他任何人都应更多地受到责备，他从不知道如何授人以权，尽管他精明，他却自负，以致认为自己是全世界最好的战略家。当位于南京以北约一百英里的徐州激战正酣时，我到他家中的办公室去，见他正用军用电话指挥作战，他实际上是越过野战司令官，直接给师长们下命令。他多半是以对他本人的忠诚与否，而不是按他们的能力来挑选指挥官，只要一个人对他忠诚，有点腐败他也不在乎。

……

在关键时期，中国的领导权仅仅由一个人也就是蒋介石把持着，他非常嗜权，他做的一切都是为了保全和扩大权力。因此，他一方面采取措施，压制人民要求改革的呼声，另一方面在自己周围只用些愿意充当工具的人。可能有种意见认为，他本人从不腐败，但在中国人中几乎都公开认为，他对下属的腐败是乐意的，因为一个人如果变得腐败了，那么对他就更加唯命是从了。

资料来源：［美］裴斐、韦慕庭访问整理：《从上海市长到“台湾省主席”（1946—1953年）——吴国桢口述回忆》，上海人民出版社 2015 年版，第 40—41、199 页。

◎张发奎认为国民党将领的欺瞒作风与蒋介石的个人好恶有关：

政府军当时还有足够的兵力去追击广宽战线上分布的共军，我们仍然比共军强大。只是胜利后，政府军的将领趾高气扬，居功自傲，他们小看了共军，他们以为只要服从领袖就万事大吉。蒋先生失去大陆的主要原因是：大多数高级军官告诉他，他们一定能消灭共军，看上去信心十足，人人都不敢说出相反的观点，于是个个都拍拍胸脯说“一定成功！”我们中国人忌讳批评死者，然而历史批评是难以避免的。我不必点明所有夸下的海口的将领，只举胡宗南为例吧！

1947 年 3 月 17 日我去南京。在蒋先生官邸举行的会议上，我听到一战区司令长官胡宗南说，他手下的部队将迅速收复延安。蒋先生闻言笑容满面，他爱听好消息，听到坏消息则生气。3 月 19 日，胡部的确占了延安，胡宗南告捷，蒋先生很高兴，我深受感动。接着刘斐告诉我，共军已经撤离延安，在胡部抵达前甚至连伤员都疏散了。

资料来源：张发奎口述，夏莲瑛访谈及记录：《张发奎口述自传》，当代中国出版社 2012 年版，第 331 页。

（2）革命理想信念的丧失

◎张治中认为国民党的病源在于离开了三民主义，丧失了革命立场：

现在我们正面临着困难的局面。这个局面是病的现象，而不是病的根源。我们病的根源在哪里？我们不可以讳疾忌医而不愿加以检查。如果单从现象上着眼，医药乱投，将是自杀的做法。然后追问：我们的病根在哪里？一句话，病根就在国民党本身，就在国民党离开了三民主义，丧失了革命主张！我们是革命的政党，但是取得政权之后就不革命了，三民主义的党取得政权之后就不要三民主义了。真是咎由自取，罪有应得！何以见得我们不革命、不实行三民主义？拿民权主义来讲，在许多省份许多地方，民权变成自欺欺人的话，大部分的权柄都落在贪官污吏、土豪劣绅、地痞流氓之手，所谓“民权”，变成官权，变成土豪劣绅的权，地痞流氓的权。所谓民生主义，主要应在实行平均地权，节制资本，而外间盛传我们是官僚资本、豪门资本。当然，我们现在还没有很大的资本家，但是外间所指斥的官僚资本、豪门资本，能说是毫无根据吗？至于平均地权，不仅孙总理所念念不忘的“耕者有其田”杳不可迹，连起码的“二五减租”也谈不到，二十年来本来很可以做到的事情，一样也没有做，民生主义在哪里？土地问题是农民问题的核心，而农民人数又占全国人口的百分之八十五以上，问题的重要性可想而知，但是我们虚度了二十多年的光阴，面对着这个核心问题不加解决，这是多么可惜的事情！最后，我肯定地说，从以上分析，我们的病根很清楚，就是不革命，不实行三民主义。我们的敌人不是别人，正是我们自己，正是国民党本身。

资料来源：张治中：《我与共产党》，文史资料出版社 1980 年版，第 103—104 页。

◎毛子水，人称五四运动时期的“百科全书式学者”，1932 年担任北京大学图书馆馆长。他认为国民党失败的原因在于丢弃了三民主义：

国民党所以为世人唾骂，最大的罪名就是柄政 20 多年，天天喊“三民主义”，一直到现在，一民也没有做好，这似乎是应该骂的。

资料来源：毛子水：《国民党和中国的现状》，《申报》1948 年 10 月 3 日。

◎1948 年 8 月 10 日，北京大学政治、经济两系联合主办了一次时事座谈会，讨论国民党革新的问题。北京大学教授樊弘认为，国民党的问题就在于实际行动都是反三民主义的：

樊弘教授说，国民党是一个极其复杂的党，中间有好人，也有坏人。我们现在指的国民党不包括香港李××们的国民党，也不包括我们学校（按指北大）开明的国民党教授。南京国民党人，大约可以分为三类：一类是混水摸鱼，一类是买办、官僚、土豪劣绅，还有一类是开明分子。希望国民党改善，改善是好的，但是他们都是空想主义，他们所希望的事办不到的。正如我太太生了小孩，奶不够吃，我想有奶，根本不可能。欲实行三民主义必须使财产关系与三民主义不相冲突，但从民族主义说，买办推销洋货，即使中国货比外国货好，也非说外国货好不行，因为中国的民族工业被他摧毁了，他才可以赚钱，赚了钱，就可以在政治舞台上有地位，那时候，外国人拍一拍肩膀，他又可以反过头来对中国人声称执行马歇尔计划了。谈民权，军阀与官僚对人民的关系，犹猫之于老鼠，实行民权主义，把猫权交给老鼠，根本不可能。谈民生，让资本家节制自己的资本，大地主平均自己的地权，根本不可能，因为他们本质上都是反三民主义的。

资料来源：秋蝉：《北方教授看国民党革新》，《时与文》第 3 卷第 18 期，1948 年 8 月 20 日。

（3）军政干部的腐败作风

◎宋希濂，国民党高级将领。他回忆，1948 年 7 月下旬至 8 月上旬，蒋介石在南京召集了一次历时 7 天的重要军事会议，也是兵败大陆前最后一次全面军事会议。会上，蒋介石痛斥抗战胜利后国民党高级官员腐败堕落：

我们在军事力量上本来大过“共匪”数十倍，制空权、制海权完全在我们手中，论形势较过去在江西“围剿”时还要有利。但由于在接收时许多高级军官大发接收财，奢侈荒淫，沉溺于酒色之中，弄得将骄兵逸，纪律败坏，军无斗志。可以说：我们的失败，就是失败于接收。

资料来源：宋希濂：《回忆 1948 年蒋介石在南京召集的最后一次重要军事会议实况》，见中国人民政治协商会议全国委员会文史资料研究委员会编：《文史资料选辑》（第十三辑），中华书局 1961 年版，第 15 页。

◎1948 年，美国驻上海总领事卡波特致信美国远东司司长巴特沃思，揭露国民党内部的腐败问题：

国民党政府把事情搞得一团糟，然而我觉得还得添上一句，那就是援助原是在自助的基础上给予的，可是尽管有过几次意图不错的努力，自助显而易见是缺乏的。与过去同样无能的贪官污吏仍然占据着同样的位置（只有一些乐队演奏员座位的调换）；与过去同样的政府丑闻、社会不正义仍然到处泛滥；与过去同样的将军率领着同样可怜的强拉来的壮丁，犯着与过去同样的错误；与过去同样的传统——面子、敲诈勒索、东方式的拐弯抹角、只忠于自己的家庭，以及所有其他一切——都仍然严格地保持着。爱国主义和自我牺牲在政府官员中是看不到的，因而人民不信任这个政府也是自然而然的。

资料来源：资中筠：《追根溯源——战后美国对华政策的缘起与发展（1945—1950）》，中国社会科学出版社 2007 年版，第 323 页。

◎司徒雷登在回忆录中谈及国民党的腐败：

在国民党内部，我有很多私交甚笃的朋友，我由衷地敬佩他们，因为他们拥有卓越的协作精神、公共意识，且都是饱学之士。但是，从国民党获得政权那天起，各级官员就受贿、贪污、人浮于事、效率低下、乱搞裙带关系、大行派系斗争等现象就没有停止过。国民党推翻了腐败的军阀政权，却也把那些政权的恶劣行径继承了下来。日本宣布投降以后，国民党试图通过集合军队力量和派遣秘密警察的方式击溃共产主义，但在国民党内部，腐败现象却未有一丝收敛。国民政府正日益失去民众的支持和尊敬。

资料来源：［美］司徒雷登：《在华五十年》，常江译，海南出版社 2010 年版，第 224—225 页。

（4）长期漠视民众导致民心丧失

◎储安平，民国时期著名评论家。他认为国民党执政已导致民穷财尽、鸡犬不宁：

国民党身当执政，且已执政了 20 年，对于今日国家的治乱，所负责任尤重于他人。再进一步说，今日国民党要打共产党，可是请问共产党在中国之有今日，究竟是谁的责任。假如国民党 20 年来的治绩是政治清明、经济繁荣、社会安定、民生康乐，今日的共产党的势力会不会膨胀到这样大的地步。

国民党今日只知攻击共产党，企图消灭共产党，而竟不反躬自省釜底抽薪，在从本身改善革新做起，实可谓缘木而求鱼。即使共产党短于实力，完全打垮，而若政治依然黑暗，人心如此涣散，民穷财尽，鸡犬不宁，如此国家，尚有何为！国家治乱，系于一念，悬崖勒马，固未为晚。

资料来源：储安平：《政治上的责任心》，《客观》第 2 期，1945 年 11 月 17 日。

◎1949 年 7 月 30 日，时任美国国务卿艾奇逊向当时的美国总统杜鲁门写信报告，美国国务院将发布《美国与中国的关系》白皮书，信中认为国民党的作风已导致其自绝于人民：

在我们看来，显然只有一个新生而进步的中国政府，才能重新获得人民热诚的拥护，才能有效地和日本作战。美国官员曾屡次把他们对这种情势的关切，提供给蒋委员长注意，他也屡次向他们保证，将予以纠正。可是他很少或者并未作有效的努力去纠正，并渐渐闭门不纳那些向他作逆耳忠告的中国官员。若干美国观察家除了关切中国中央政府这种颓废对作战必有的影响而外，他们还关切国民党的这种每况愈下势力影响到它最后与中共政治或军事的斗争。他们在 1943 年及 1944 年便担心国民政府设若如此自绝于国人，自己脱离人民，则在战后竞争权力时，恐即无力维护其权力。尽管如此，我们为了显见的理由，仍旧全力援助国民政府。

资料来源：《艾奇逊致杜鲁门总统的信》，见中国现代史资料编辑委员会编：《美国与中国的关系》（上卷），中国现代史资料编辑委员会 1957 年版，第 6 页。

◎美国历史学家费正清认为，国民党失败的原因在于失败的政策导致失掉大部分民心：

蒋介石和国民党在这种情况下会打输了内战，真是一件不可思议的事情。他们失败的原因，不仅仅由于战场上的愚蠢，也由于后方的无能。

国民党的无能开始表现于他们经济管理的混乱，继续不断滥发钞票，造成通货膨胀日甚一日。从日本人手里接收沿海城市一事，主要成为腐败的攫夺，完全不去用之于工业生产。消费品一直供应不足。由于“自由中国”工业生产处于停顿状态，在收复地区也没有充分将生产搞上去，以致失业情况严重。同时，国民党还利用他们的过分提价了的法币，按极不公平的比价收购了日本占领时期发行的纸币。在很多地区，饥饿和囤积居奇比比皆是。国民党军队回到过去日军占领过的省份，徒然增加了捐税和摊派的负担。这是历史上大发洋财的一次机会。

其次，国民党政府处理它的公民问题也极其不当，失掉大多数中国人的民心。它开始时是在日本投降后利用日本人和他们的傀儡伪军去打共产党。当人人都在谈论和渴望和平的时候，这种以中国人打中国人的办法极不得人心。在日本占领下供过职的中国人也曾经盼望着解放，而国民党对这些人一律看成敌人，认为不值得加以补偿。同样，在光复后中国的师生都被追究他们与日本合作的过错，而施以三民主义的思想改造。这就是把受日本统治的罪责加之于幸存下来的学生身上，而不去动员他们，争取他们的支持。这个政府一味向人民加税，而任由囤积居奇、营私舞弊的官吏不负责任何捐税负担。实际上这代表了最坏的一种"官僚资本主义"，官吏们牺牲公众，以填充一己的私囊。

国民党的第三个失败政策，在于漠视乃至镇压公众的和平运动。这种运动是广泛而真诚的，不是像国民党声称的简单的共产党的阴谋。学术界都要求从战争转换到民权运动方面来，并要求国民党终止依靠美国打内战的政策。政府用暴力镇压学生，从而再有效不过地驱使他们和政府敌对起来，正像他们的愚蠢的经济政策驱使了城市中产阶级和工业资产阶级成为异己一样。

国民政府就是这样丧失了公众的拥护，而且看来就是比共产党更厉害的内战挑动者。国民政府已经变得如此之军事化，以致它对内战只想到军事解决，至于作为政府应为公众服务些什么，一概置之不顾，这是显而易见的了。

资料来源：[美] 费正清：《伟大的中国革命（1800—1985 年）》，刘尊棋译，世界知识出版社 2000 年版，第 315—317 页。

后 记

为了推进习近平新时代中国特色社会主义思想进教材进课堂进头脑，引导广大师生深入学习领会习近平总书记关于中共党史、中国近现代史的重要讲话精神，在“中国近现代史纲要”课教学中回应和抵制历史虚无主义，由福建省高校思想政治理论课教学指导委员会“中国近现代史纲要”分教学指导委员会、福建师范大学马克思主义学院、李方祥名师工作室共同牵头，组织福建师范大学、福建农林大学、福建师范大学协和学院、（浙江）嘉兴学院等高校思想政治理论课的骨干教师共同编写了《史海求真——“中国近现代史纲要”课基本问题文献精编》。福建省高校思想政治理论课教学指导委员会副主任、福建师范大学马克思主义学院院长李方祥教授负责全书的总体规划设计和审定工作，福建师范大学马克思主义学院副教授李颖博士负责全书的提纲设计、修改、统稿以及协调工作。

本书专题编写具体分工如下：

专题一　缪　姝（福建师范大学马克思主义学院）

专题二　朱新屋（福建师范大学马克思主义学院）、李秋烟（福建师范大学协和学院）

专题三　李秋烟（福建师范大学协和学院）、汪炜伟（福建师范大学马克思主义学院）

专题四　郑志强（嘉兴学院）

专题五　陈　文（福建农林大学马克思主义学院）

专题六　李方祥（福建师范大学马克思主义学院）

专题七　李　颖（福建师范大学马克思主义学院）

本书的编写得到了中共福建省教育工委副书记王建南研究员和福建省教育厅思政处陈晓风处长的热情鼓励、指导和帮助，大力支持将本书纳入福建省委教育工委主持的“马克思主义理论教学与研究文库”。福建师范大学马克思主义学院硕士研究生程福根、张太帅、张小清、张埔华、任秋燚、朱国鹏、丰艳、李少霞等同学参加了部分文献史料的搜集、整理、校对等具体工作。在此编写组向对本书的出版付出大量心血的领导和学术界同仁一并致以衷心的感谢。

编　者

2018 年 8 月

图书在版编目(CIP)数据

史海求真："中国近现代史纲要"课基本问题文献精编 / 李方祥主编. --福州：福建人民出版社，2019. 1

(马克思主义理论教学研究文库)

ISBN 978-7-211-07697-0

Ⅰ. ①史… Ⅱ. ①李… Ⅲ. ①中国历史—近现代—高等学校—教学参考资料 Ⅳ. ①K25

中国版本图书馆 CIP 数据核字（2018）第 291530 号

史海求真

SHIHAI QIUZHEN

——"中国近现代史纲要"课基本问题文献精编

主　　编：李方祥
执行主编：李　颖
责任编辑：季奎奎
出版发行：福建人民出版社　　**电　　话**：0591-87533169(发行部)
网　　址：http://www.fjpph.com　　**电子邮箱**：fjpph7211@126.com
地　　址：福州市东水路 76 号　　**邮政编码**：350001
经　　销：福建新华发行（集团）有限责任公司
印　　刷：福建省金盾彩色印刷有限公司
地　　址：福州市仓山区建新镇红江路 8 号浦上工业园 D 区 24 幢
开　　本：700 毫米×1000 毫米　1/16
印　　张：25.5
字　　数：446 千字
版　　次：2019 年 1 月第 1 版　　2019 年 1 月第 1 次印刷
书　　号：ISBN 978-7-211-07697-0
定　　价：70.00 元